Der große ADAC-Ratgeber

Garten

Rosen

Der große ADAC-Ratgeber
Garten
Rosen

EIN
ADAC
BUCH

AUTOREN:
Karin Greiner und Dr. Angelika Weber,
unter Mitarbeit von Monika Bartels-Eder und Karin Heimberger

ZEICHNUNGEN:
Ruth Fritzsche

Dieses Buch entstand in Zusammenarbeit zwischen dem ADAC Verlag, München, und dem Verlagshaus Stuttgart

Projektleitung: Michael Dultz, Rudolf Radler
Redaktionsleitung: Siegrid Kroeber, Mariele Radmacher-Martens
Textredaktion:
Annette Baldszuhn, Dr. Helga Hofmann, Ulrike Pichler
Bildbeschaffung: Ingrid Both, Silvestris Fotoservice, Kastl
Korrektorat: René Rilz
Herstellung: Dieter Lidl, Hans-Joachim Preußer
Produktionskoordination: John C. Bergener, Hans-Joachim Preußer
Graphische Gestaltung: Günter Stahl
Layout: Dieter Lidl, Günter Stahl
Titelgestaltung: Graupner & Partner, München
Satz und Litho: Libro, Johannes Witt GmbH & Co KG, Kriftel
Druck und Bindearbeiten: Mohndruck Graphische Betriebe GmbH, Gütersloh

Gedruckt auf »BRO-MM plus«
der Papierfabrik Scheufelen, Lenningen
Hergestellt aus 100% chlorfrei gebleichtem Zellstoff (TCF)

Printed in Germany

Bildnachweis siehe Seite 240

ISBN 3-87003-669-9

Inhalt

Die Rose – Königin der Blumen

Ein Paradies vor der Tür

Gesunde Rosen sind keine Zauberei

Märchenhafte Blütenträume

Die Rose – Königin der Blumen

Geschichte und Botanik

Heute wie einst verschönern Rosen jeden Garten und laden zum Lustwandeln ein. Vor allem alte Sorten erinnern an den Zauber vergangener Tage.

Rosen öffneten ihre Blüten schon zu Zeiten, als noch kein Mensch sie bewundern konnte. Die edle Gestalt und ihre so unverwechselbare Ausstrahlungskraft heben die Rose aus der Menge der übrigen Pflanzen hervor, so daß sie seit Menschengedenken als eine Perle der Schöpfung verehrt wird. Wie tief die Königin der Blumen mit der Kultur vieler Völker verwurzelt ist, läßt sich durch unzählige Mythen, Geschichten und künstlerische Darstellungen belegen. Ihr Werdegang zu einer der bedeutendsten Gartenpflanzen begann schon vor etwa 5000 Jahren. Seither versuchten sich Züchter aller Epochen darin, den Adelsstand der Rose noch zu erhöhen, und schufen eine fast unüberschaubare Fülle verschiedenster Sorten – eine schöner als die andere.

Rosen in Mythos und Geschichte

Die große Verehrung der Rose in zahlreichen Kulturen belegen viele Kunstwerke, wie etwa diese indische Miniatur aus dem 17. Jh., die ein Fasanenpaar mit einer Rose und einer Tulpe zeigt.

Die Reize dieser stachelbewehrten Pflanzenschönheiten begeisterten die Menschen zu allen Zeiten. Die Rose nahm für sie nicht nur eine herausragende Stellung im Reich der Blumen ein, sondern wurde auch mit einer vielfältigen Symbolik belegt und in Mythen und Sagen verewigt. Als Verkörperung von Liebe, Reinheit und Eleganz inspirierte sie Maler, Bildhauer und Dichter.

Legenden um die Rose

Eine Fülle von Geschichten, die sich um Rosen ranken, findet sich in den Mythologien der verschiedensten Völker; viele stammen aus der Antike. Vor allem die Erzählungen der Griechen und Römer wirkten sich nachhaltig auf die Assoziationen aus, die Rosen noch heute wecken.

Glaubt man der römischen Sage, so wurde die Rose einst von Flora, der Göttin der Blumen, erschaffen. Sehr zum Ärger des Liebesgottes Amor hatte sich Flora stets aufs neue seinen Annäherungen widersetzt. Eines Tages fand Amor sie jedoch schlafend vor, schoß heimlich einen seiner Liebespfeile in ihr Herz und machte sich auf und davon. Als Flora erwachte, war sie in sehnsüchtiger Liebe zu Amor entbrannt. Doch der Gott rächte sich für die zuvor erlittene Schmach, indem er sich Flora für immer entzog. In ihrem Schmerz schuf die Göttin eine Blume mit einer Blüte in blassem Rot, der Farbe der Sehnsucht, und einem Stengel, so biegsam wie der Bogen Amors. Hinzu fügte sie Blätter in frischem Grün als ein Symbol der Hoffnung, daß der Geliebte vielleicht doch noch wiederkehren möge. Aber auch Stacheln gab sie der Blume – als Zeichen für ihr gebrochenes Herz. So war die Rose entstanden, Sinnbild für Liebe, Sehnsucht, Hoffnung und Schmerz.

Aufgrund seines göttlichen Ursprungs galt das edle Gewächs den Griechen und Römern fortan als Symbol für Jugend, Unschuld, tiefe Zuneigung, Schönheit und Fruchtbarkeit der Natur. Welche andere Blume als eine reine, weiße Rose wäre daher würdig gewesen, Aphrodite, die Göttin der Liebe, zu begleiten? Deren Priesterinnen wandelten auf weißen Rosenblättern und trugen Kränze aus weißen Rosen im Haar. Sogar die Entstehung leuchtend roter Rosen wurde mythologisch verklärt: Aphrodites Blut habe demnach die weißen Rosen rot gefärbt, als die Göttin sich einmal an deren Dornen verletzte.

Doch auch in anderen Kulturen sind Rosen stets verehrt worden. Einer indischen Sage nach soll Lakschmi, die hinduistische Göttin des Glücks, der Liebe und der Schönheit, aus einer Rosenblüte mit 108 großen und 1008 kleinen Blütenblättern geboren worden sein. Im alten Persien gab es eine Vielfalt von Rosen. Sie waren so beliebt, daß man sie buchstäblich zum Inbegriff der Blumen kürte: Das persische Wort für Rose ist gleichbedeutend mit Blume.

Wie in der griechischen Mythologie wurde auch im Islam die Rose als Königin der Pflan-

Evelyn de Morgan stellte im 19. Jh. Flora inmitten von Rosen, anderen Blumen und Früchten dar.

Tip

Nach wie vor gelten weiße Rosen als Symbol für Reinheit, rote Rosen als Zeichen inniger Liebe. Will man einer alten Tradition folgen, sollte man zu einer Hochzeit deshalb weiße Rosen verschenken. Allein dem Bräutigam bleibt es vorbehalten, seiner Braut rote zu überreichen.

Edward Burne-Jones symbolisierte im 19. Jh. mit weißen Rosen die Jugend der „Prinzessin Sabra".

zenwelt glorifiziert. In einer Legende beklagen sich eines Tages die Blumen bei Allah über die völlige Gleichgültigkeit und Pflichtvergessenheit ihrer Herrscherin, der Lotusblume. Allah ernennt daraufhin die weiße Rose zu ihrer neuen Königin.

Solche und ähnliche Erzählungen über die Rose sind mit dem Glauben und Brauchtum noch vieler anderer Nationen verwoben. Selbst im Christentum verbreiteten sich mystische Geschichten um die Rosen. So sollen sie etwa ihre Stacheln erst nach dem Sündenfall von Adam und Eva erhalten haben, um bis zum Ende aller Tage die Menschen an ihre Laster zu gemahnen.

Mittelpunkt in vielen Kulturen

Rosen blieben jedoch nicht nur der religiösen Symbolik vorbehalten. Als Sinnbild der Schönheit, Liebe, Tapferkeit und des Reichtums spielten sie auch bei ganz und gar weltlichen Anlässen eine bedeutende Rolle. Im Römischen Reich flocht man beispielsweise den Legionären als Anerkennung für außerordentliche militärische Leistungen Kränze aus Rosen. Als Objekte eines pompösen Luxuslebens wurden Rosen bei Festen und anderen feierlichen Anlässen in maßloser Fülle verschwendet. In der Umgebung von Paestum bei Neapel baute man dafür Rosen in großem Stil an und importierte zusätzlich ganze Schiffsladungen voll aus Alexandria. Der Rosenanbau verdrängte im südlichen Italien die Kultur von Oliven und Getreide in solchem Maß, daß Weizen aus Ägypten eingeführt werden mußte.

Der grausame und prunksüchtige Kaiser Nero soll bei einem einzigen Gelage vier Millionen Sesterzen zur Beschaffung von Rosen ausgegeben haben – eine zu jener Zeit enorme Summe Geldes. Auch Kleopatra huldigte wohl dem Rosenkult. Für ein Gastmahl zu Ehren ihres Geliebten Mark Anton soll sie angeordnet haben, den Boden kniehoch mit Rosenblüten zu bedecken.

In der Antike waren Rosen der Inbegriff von Luxus – bei römischen Gelagen wurden sie in so verschwenderischer Fülle verstreut, wie es auf dem Gemälde „Unter Blumen begraben" von P. A. Swadorski zu sehen ist.

Wie groß die Macht der Rosen in den Augen der Menschen war, belegt noch ein weiteres Beispiel aus der Geschichte. Saladin, Sultan von Ägypten und Syrien, besiegte 1187 n. Chr. ein großes Kreuzfahrerheer und nahm Jerusalem ein. Um die Omar-Moschee, die von den Christen in eine Kirche umgewandelt worden war, vom christlichen Glauben zu reinigen, schickte er 500 Kamele, beladen mit kostbarem Rosenwasser, nach Jerusalem. Damit wurden die Gebäude und Höfe gesäubert. Dasselbe geschah 1453 mit der von Christen erbauten Hagia Sophia in Konstantinopel, dem heutigen Istanbul, als diese von Mohammed II. in Besitz genommen und in eine Moschee umgewandelt wurde.

Doch galt die Rose bei den Römern, Ägyptern und Griechen auch als eine Blume des Todes und wurde häufig auf Gräbern angepflanzt.

Die Rose in der mitteleuropäischen Kultur

Auch in der mitteleuropäischen Kultur spielten Rosen über Jahrhunderte eine wichtige Rolle. Märchen und Lieder sowie Abbildungen in Stein und auf Leinwand zeugen davon. Wer kennt nicht das Märchen von Dornröschen, der Königstochter, die 100 Jahre in einem von Rosen und Dornen abgeschirmten Schloß schlafen mußte, bis sie von einem Prinzen wachgeküßt wurde?

Eine andere romantische Geschichte handelt von der Schönen und dem Biest. Ein Mann befragt darin seine drei Töchter nach ihrem größten Wunsch. Die vom Vater besonders geliebte Jüngste wünscht sich anstelle von Kostbarkeiten nur ein einfaches Geschenk: eine rote Rose. Nach langer Suche entdeckt der Vater die allerschönste Rose dann im verwunschenen Garten eines Ungeheuers und pflückt sie. Das Biest verlangt für den Diebstahl sein Leben, verliebt sich aber in das Mädchen und verwandelt sich, als seine Liebe erwidert wird, in einen Prinzen.

Auch berühmte Maler und Bildhauer aus verschiedenen Jahrhunderten haben in ihren Werken oft Rosen dargestellt. Das Gemälde „Geburt der Venus“ des Renaissancemalers Botticelli zeigt die Göttin von rosafarbenen Rosenblüten umgeben. Die flämischen Blumenmaler des 16./17. Jh. wie Jan Bruegel d. Ä. oder Daniel Seghers fanden ebenfalls in Rosen ein beliebtes Motiv. Und zu Beginn des 19. Jh. verewigte der französische Künstler Pierre-Joseph Redouté die berühmte Rosensammlung der Kaiserin Josephine in seinem bedeutendsten Werk „Les Roses“. Doch nicht nur in der bildenden Kunst, auch in Liedern und Gedichten spielten Rosen eine besondere Rolle. Goethes Gedicht vom „Heideröslein“, von Schubert zu einem Kunstlied vertont, oder Richard Strauß' „Rosenkavalier“ sind Beispiele hierfür.

In der christlichen Religion nahm die Rose keine ganz eindeutige Stellung ein. Einerseits war sie lange Zeit als Sinnbild römischer Verschwendungssucht verpönt und galt zudem als heidnisches Symbol, denn mit Rosenhecken waren z. B. heidnische Friedhöfe und Kampfstätten umzäunt. Die Stacheln sollten von diesen Plätzen böse Geister abhalten, die roten Blüten standen für Blut und Tod. Andrerseits schmücken Rosetten aus Stein die Fassaden von Kathedralen, und durch Kirchenfenster in Rosettenform dringt Licht in die Gotteshäuser. Nach einem aus heidnischen Zeiten überlieferten Brauch wurden Rosen in England über

Tip

Wie in ältester Zeit werden auch heute noch Rosen auf Gräber gepflanzt. Es empfehlen sich dafür niedrige, pflegeleichte Sorten, etwa Zwergrosen oder schwachwüchsige Bodendeckerrosen. Am besten wählt man Sorten, die sauber verblühen und regenfest sind, damit die Sträucher auch dann hübsch aussehen, wenn sie nicht ständig geputzt und geschnitten werden.

Tip

Mit Hilfe bestimmter Rosensorten kann man dem Garten einen sehr romantischen, märchenhaften Charakter verleihen. Hohe Wildrosen oder Strauchrosensorten wie 'Centenaire de Lourdes' eignen sich für dichte Hecken, die eine stachelige, doch blühende Umgrenzung des Grundstücks oder Sitzplatzes bilden. Kletterrosen wie 'Bobby James' schwingen sich sogar selbständig in Baumkronen hinauf.

Eine völlig undurchdringliche Rosenhecke umrankte das ganze Schloß, in dem Dornröschen in einen hundertjährigen Zauberschlaf fiel, bis endlich ein Prinz die Königstochter erlöste. Szenen aus dem Märchen wurden immer wieder ins Bild gesetzt, etwa in dem Gemälde „Dornröschen“ von Richard Eisermann aus dem 19. Jh.

Der berühmte Rosenmaler Pierre-Joseph Redouté verewigte im 18. Jh. die Rosen seiner Zeit.

Beichtstühlen aufgehängt – daher rührt der Ausdruck *sub rosa*, was soviel heißt wie „unter dem Siegel der Verschwiegenheit". Nicht zuletzt wird auf religiösen Bildern die Jungfrau Maria häufig von Rosen umgeben dargestellt: als Zeichen ihrer Jungfräulichkeit.

Eine stilisierte Rose bildet die Grundform der Fensterrosetten im Straßburger Münster.

Rosenkränze, die in der katholischen Kirche zum Beten verwendet werden, haben ihren Ursprung vermutlich in Perlenketten, die mit Rosenöl parfümiert waren. Denkbar ist ebenfalls die Herleitung von dem lateinischen Wort *rosarium*. So hießen zum einen die Rosengärten, zum andern aber auch die Kreuzgänge in mittelalterlichen Klostergärten, in denen die Mönche betend wandelten.

Sogar Kriege wurden unter dem Zeichen der Rose geführt. In den sog. Rosenkriegen kämpften Mitte des 15. Jh. die zwei Adelsgeschlechter York und Lancaster um den englischen Thron. Das Wappen des Hauses York schmückte eine weiße Rose, nämlich *Rosa* x *alba* 'Semiplena', das Wappen des Hauses

Sinnbild der Keuschheit sind die Rosen auf Martin Schongauers Bild „Maria im Rosenhag" (15. Jh.).

Lancaster die rote *Rosa gallica* 'Officinalis'. 30 Jahre dauerten die Machtkämpfe um die Erbfolge, aus deren letzter Schlacht 1485 Heinrich Tudor, der mit der Linie Lancaster verwandt war, siegreich hervorging. Als Heinrich VII. ordnete er Frieden an, ehelichte eine Adelige aus dem Hause York und verband die beiden Wappen zur Tudor-Rose, einer kleineren weißen Rose, die auf einer roten Rose steht – ein Symbol für die Vereinigung der beiden

Tip

Rosenhecken kann man außer zur dekorativen Umfriedung des Grundstücks auch zur Abtrennung einzelner Gartenbereiche oder als niedrigen Sichtschutz an der Terrasse anlegen.

Tip

An die englischen Rosenkriege erinnert *Rosa* x *damascena* 'Versicolor', die 1551 in einem Kloster entdeckt wurde und wegen ihrer rot-weiß gescheckten Blüten auch 'York und Lancaster' genannt wird. Mit ihren auffallenden Blumen verdient sie im Garten einen freien, gut einzusehenden Standort.

Die Tudor-Rose vereinte als ein Zeichen des Friedens die Wappen der beiden englischen Adelshäuser York und Lancaster.

Tip

Im alten Persien und in Griechenland kannte man bereits früh Verfahren, Rosenöl und Rosenwasser für kosmetische Zwecke zu gewinnen. Viele Liebhaber haben in letzter Zeit diese Kunst wiederentdeckt. Aus den Blütenblättern besonders intensiv duftender Sorten lassen sich sowohl selbstgemachte Kosmetika wie auch köstliche Gaumenfreuden bereiten. Anleitungen dazu sind auf Seite 104 ff. zu finden.

Rosen und ihre Verwendung als Heilpflanzen wurden bereits in Gesundheitslehren des Mittelalters beschrieben. Diese Ende des 14. Jh. entstandene italienische Buchmalerei entstammt dem sog. Hausbuch der Cerruti.

Tip

Die schon in der Antike bekannten Methoden, den Ertrag an Rosen durch Unterglaskultur zu steigern, werden noch heute fast unverändert angewandt. Die Pflanzen können so vier- bis fünfmal im Jahr einen neuen Blütenflor bilden und Schnittrosen liefern.

Häuser. Noch heute ist die Tudor-Rose das Zeichen des englischen Königshauses, das „Royal Badge".

Die allgemeine Bewunderung für die Rose und ihre Eigenschaften schlug sich auch in vielen Redewendungen nieder und gab Burgen, Städten und Landstrichen ihren Namen. So locken die „Rosenlippen" eines hübschen Mädchens, und „auf Rosen gebettet" sind diejenigen, die in Wohlstand und Zufriedenheit leben. Ein Gebirgsstock in den Dolomiten trägt gar den Namen „Rosengarten". Einer alten Tiroler Sage nach lebte hier der Zwergenkönig Laurin. Noch heute kann man bei einem schönen Alpenglühen seine „Rosen" weithin rot leuchten sehen.

Der lange Weg der Rosenzucht

Die Geschichte der Rosenkultur reicht weit zurück. Bereits aus dem Alten China und der Antike existieren ausführliche Berichte von der Liebe zu Rosen, die im Römischen Reich einen Höhepunkt erlangte. Nach dem Niedergang dieser Epoche waren Rosen allerdings zunächst verpönt und kamen mit Billigung der Kirche nur noch als Heilpflanze zu Ehren. Als jedoch die Kreuzfahrer des Mittelalters und später die Handelsreisenden und Seefahrer aus fremden Ländern bisher unbekannte Arten dieser Pflanzengattung mit nach Europa brachten, begann erneut ein regelrechter Rosenboom.

Erste Zeugnisse

Die Entwicklungsgeschichte der Rosen läßt sich natürlich noch viel weiter zurückverfolgen: bis ins Erdaltertum. Fossile Blätter sowie andere Teile von Rosen wurden in Nordamerika, Europa und Japan gefunden, und bei einigen davon ergaben Altersbestimmungen, daß die Pflanzen bereits vor 40 Millionen Jahren geblüht hatten. Als der Mensch seßhaft wurde, dauerte es nicht lange, bis er sich mit den schmucken Gewächsen umgab. Aus China mit seiner uralten Gartenkultur ist bekannt, daß schon vor fast 5000 Jahren, zur Zeit der Chin-Nun-Dynastie (2737–2697 v. Chr.), Rosen angepflanzt wurden. Der chinesische Philosoph Konfuzius beschrieb um 500 v. Chr. ausgedehnte Rosengärten in den kaiserlichen Anlagen Pekings.

Anfang dieses Jahrhunderts entdeckte Sir Arthur John Evans auf Kreta bei Ausgrabungen am Palast von Knossos auf Tonscherben und Fresken aus dem 17. Jh. v. Chr. Darstellungen von Rosen, Lilien und Krokussen. Bei den rosafarbenen Rosenblüten handelt es sich

Die Essigrose wurde schon im klassischen Altertum von Asien nach Südeuropa eingeführt.

wahrscheinlich um eine Form der Essigrose *(Rosa gallica)*, die aus dem westlichen Asien eingeführt worden und seit dem klassischen Altertum in Südeuropa eingebürgert war.

Nach dem Untergang der minoisch-mykenischen Kultur auf Kreta folgt eine lange Zeit, aus der keine Zeugnisse über Rosen bekannt sind. Erst im 9. Jh. v. Chr. tauchen sie in den Werken Homers auf und fehlen von da an bei fast keinem bedeutenden griechischen Dichter. Die Lyrikerin Sappho besang sie in ihren Naturliedern als Königin der Blumen, und auf der Insel Samos schrieb Anakreon das wohl erste Gedicht, das der Rose gewidmet war. Die griechische Insel Rhodos trägt sogar den Beinamen „Roseninsel". Auf ihr blühten in der Antike Rosen so üppig, daß sie auf Wappen und Münzen abgebildet wurden.

Von Griechenland aus gelangte die Rose schließlich nach Rom. Berühmte Dichter und Redner wie Cato, Cicero, Vergil, Horaz und Ovid verewigten sie in Gedichten und Traktaten. Seneca beschrieb in seinem Werk „Naturwissenschaftliche Untersuchungen" ein verfeinertes Kulturverfahren, bei dem die Pflanzen in Treibhäusern gezogen wurden.

Mit dem Niedergang des Römischen Reiches und dem Erstarken des Christentums verschwand die Rose aus den schon erwähnten Gründen für geraume Weile aus den Gärten und Geschichtsbüchern.

Vom Mittelalter bis zur Neuzeit

Erst mit Karl dem Großen kehrte im 8. Jh. die Rose in die europäischen Gärten zurück. In seiner Landgüterordnung, in der fast 100 verschiedene Pflanzen jedermann zum Anbau empfohlen wurden, stand die Rose nach der Lilie an zweiter Stelle. Die Hundsrose *(Rosa canina)*, die durch römische Legionäre eingeführte Weiße Rose (*Rosa* x *alba*) und vor allem die Essigrose *(Rosa gallica)* wurden im frühen Mittelalter hauptsächlich als Heilpflanzen in den Kloster- und Kräutergärten gezogen und auch in verschiedenen sog. Kräuterbüchern beschrieben. So empfahl etwa Hildegard von Bingen in ihren medizinischen Büchern Rosen als Heilmittel.

Mit den Kreuzzügen gelangte im Mittelalter auch die Damaszener-Rose (*Rosa* x *damascena*) nach Frankreich, vermutlich von Syrien aus. Thibaut IV. de Champagne, König von Navarra, hatte eine gefüllte Essigrose im Reisegepäck, als er 1250 aus dem Heiligen Land nach Provins auf sein Schloß zurückkehrte. Im Lauf der Zeit soll dort daraus die Apotheker-Rose (*Rosa gallica* 'Officinalis') entstanden sein, die in Provins dann über Jahrhunderte hinweg zur Gewinnung von Rosenöl angebaut wurde. Überhaupt wurde das mittelalterliche Frankreich zu einer Hochburg der Rosenkultur, die Rose avancierte bald zur königlichen Pflanze, sie galt als Blume des Hochadels, die man nur mit ausdrücklicher Genehmigung des Feudalherrn ziehen durfte.

Kreuzfahrer brachten fremdländische Rosen auch nach England, wo bis dahin nur die Hundsrose und die Wein- oder Schottische Zaunrose *(Rosa rubiginosa)* wuchsen. Durch die Ausbreitung des Islam wiederum eroberten Arten wie etwa die asiatische Moschusrose *(Rosa moschata)* Nordafrika und Spanien.

Doch auch im Fernen Osten waren Rosen begehrt und weit verbreitet. Die chinesischen Kaiser der Ming-Dynastie (1368–1644) kultivierten in ihren Gärten verschiedene Formen der Chinesischen oder Bengalrose *(Rosa chinensis)*, der Cherokee-Rose *(Rosa laevigata)*, der Teerose *(Rosa odorata)* und der Vielblütigen Rose *(Rosa multiflora)*. Die besonderen Eigenschaften dieser Rosen sollten später einmal die gesamte europäische Rosenkultur revolutionieren.

Den üppigen Flor der Vielblütigen Rose wußten bereits die Kaiser der Ming-Dynastie zu schätzen und kultivierten die Stöcke in den Gärten ihrer Paläste.

Die Apotheker-Rose (oben) wurde in Frankreich schon früh zur Gewinnung von Rosenöl angebaut. Im Mittelalter schmückten Rosen zahlreiche Gärten des Hochadels, wie die Miniatur „Emilia im Garten" (links) zeigt, gemalt vom sog. Cœur-Meister, einem Meister der Französischen Schule im 15. Jh.

Die Île de Bourbon gab den Bourbon-Rosen ihren Namen. Eine der schönsten Rosen aus dieser Gruppe ist 'Boule de Neige', die ihre weißen Blütenbälle unermüdlich öffnet.

Die zweifarbige Bourbon-Rose 'Variegata di Bologna' wurde 1909 speziell für die damals berühmte Bonfiglioli-Gärtnerei in Bologna gezogen. Das Weiß ihrer gefüllten Blüten wird von kräftig purpurnen Streifen durchzogen.

Von der Neuzeit bis heute

Ab dem 16. Jh. wuchsen Rosen in vielen europäischen Gärten, sie wurden beschrieben und erforscht. Es erschienen Bücher über ihre Vermehrung und Pflege, in Gärtnereien konnte man bereits verschiedene Sorten der Essigrose, der Weißen wie auch der Damaszener-Rose erstehen. Um neue Sorten zu erzielen, ließ man das Prinzip des Zufalls walten, denn die Gesetze der Vererbungslehre waren zu dieser Zeit noch nicht bekannt. Man pflanzte die verschiedenen Rosen einfach nebeneinander und wartete ab, was dabei herauskam.

● Nostalgische Pracht

So waren an der Entstehung der Zentifolien, auch Centifolia-Rosen genannt (*Rosa centifolia*, siehe Seite 24), wahrscheinlich vier verschiedene Wildarten beteiligt: Essig-, Hunds- und Moschusrose sowie *Rosa phoenicea*. Im 16. und 17. Jh. bemühten sich vor allem niederländische Züchter um diese neue Rosengruppe und brachten eine stattliche Anzahl von Sorten in den Handel. Um 1700 ergab die zufällige Mutation (siehe Seite 96 f.) einer Zentifolie die erste Moosrose (siehe Seite 25).

Um die Wende des 18. zum 19. Jh. begann für die Rosenzucht eine bedeutende Epoche. Kaiserin Josephine machte mit ihrer umfangreichen Rosensammlung Malmaison zu dem berühmtesten Rosengarten ihrer Zeit (siehe Seite 36 f.).

Moosrosen wie die Sorte 'Muscosa' werden schon seit fast 300 Jahren angepflanzt.

Auf die gefüllte 'Rose du Roi' gehen sämtliche Remontant-Rosen zurück, die mehrmals blühen.

Als ausschlaggebend für die weitere europäische Rosenkultur erwies sich vor allem die Einführung fernöstlicher Rosen, die sich durch eine besonders lange Blütezeit auszeichneten. Eine entscheidende Rolle übernahm z. B. ab 1809 die Teerose *(Rosa odorata)*, vermutlich eine Naturhybride aus der Chinesischen Rose und einer Kletterrose *(Rosa gigantea)*. Aus ihr gingen damals viele Sorten von Teerosen (siehe Seite 24) hervor.

Ein wichtiger Hafen für französische Schiffe, die zwischen dem Nahen Osten und Europa verkehrten, war die Île de Bourbon, heute Réunion, eine östlich von Madagaskar gelegene Insel. Hier entdeckte 1817 der französische Botaniker Bréon in einer Rosenhecke, in der Chinesische sowie Damaszener-Rosen zusammengepflanzt worden waren, eine Hybride dieser beiden Arten. Er nahm sie mit nach Frankreich, wo aus ihren Samen die erste Bourbon-Rose mit halbgefüllten rosa Blüten und einem zweiten Flor im Herbst gezogen wurde. Nachkommen aus der Kreuzung dieser Damaszener-Hybriden mit Essigrosen sind die heutigen Bourbon-Rosen.

Um 1800 wurde in einem italienischen Garten eine Rose entdeckt, die die gerade dort weilende englische Herzogin von Portland mit in ihre Heimat nahm, wo die Pflanze den Namen

'Duchess of Portland' erhielt. Natürlich durfte ein Stock dieser Portland-Rose in der Sammlung der französischen Kaiserin nicht fehlen. Und so entstand ebenfalls in Frankreich aus Portland-Rose und China-Rose 1816 die 'Rose du Roi', aus der durch weitere Kreuzungen mit China-Rosen und Bourbon-Rosen etwa um 1837 die Remontant-Rosen (siehe Seite 26) hervorgingen. Diese Rosengruppe gilt heute als das Bindeglied zwischen Alten und Modernen Rosen. Die öfterblühenden Remontant-Rosen entfachten damals ein wahres Züchtungsfieber. Zwischen 1837 und 1900 wurden etwa 4000 Sorten gezüchtet, die inzwischen allerdings größtenteils wieder vom Markt verschwunden sind. Heute gibt es noch etwa 100 von ihnen, deren berühmteste wohl 'Frau Karl Druschki' ist.

In Amerika entstand mit 'Champneys' Pink Cluster' eine ganz neue Rosengruppe: die Noisette-Rosen.

Doch auch in Amerika erprobten Rosenfreunde ihr Geschick darin, neue Formen mit verbesserten Eigenschaften zu erzielen. So züchtete Champneys in South Carolina 1802 aus einer Moschusrose und der China-Rose 'Parson's Pink China' eine neue Rose und gab ihr den Namen 'Champneys' Pink Cluster'. Mit dieser Kreuzung war die erste Noisette-Rose (siehe Seite 25 f.) geschaffen.

● Moderne Eleganz

Um die Mitte des 19. Jh. begann eine neue Ära in der Kultur von Rosen: die Zeit der Teehybriden (siehe Seite 21), über deren Anfänge unter den Fachleuten keine rechte Einigkeit herrscht. Viele führen als die erste Sorte dieser Rosenklasse 'La France' (1867) an. Andere sind jedoch der Meinung, die erste Teehybride sei 'Brown's Superb Blush' gewesen, eine Kreuzung aus 'Hume's Blush Tea-scented China' und vermutlich einer Essigrose. Unbestritten ist jedoch, daß Schritt um Schritt in dieser neuen Klasse die elegante Form und mehrmalige Blüte der Teerosen mit der Robustheit und dem üppigen Flor der Remontant-Rosen vereint wurde. Die Epoche der Modernen Rosen brach an.

Die Begeisterung, Rosen zu züchten, verbreitete sich schnell über die ganze Welt, und so entstanden vor allem in Europa und Amerika Rosenschulen, die eine große Anzahl neuer Rosentypen und -sorten hervorbrachten. Die älteste deutsche Rosenschule wurde 1868 von Heinrich Schultheis in Bad Nauheim gegründet.

Damals revolutionierte eine neue Erkenntnis die mühselige Arbeit der Züchter. 1866 veröffentlichte der Ordensmann und Botaniker Gregor Mendel seine Vererbungslehre und ermöglichte dadurch wesentlich gezieltere Kreuzungsversuche (siehe Seite 93 f.). So fehlte in der Farbskala der Teehybriden ein reines Gelb. Erst durch das Einkreuzen einer goldgelben Wildrose, der Fuchsrose *(Rosa foetida)*, und nach vielen Experimenten entstanden 1888 in Frankreich die ersten gelben Teehybriden, die jedoch sehr anfällig für Sternrußtau (siehe Seite 118 f.) waren. Amerikanischen, französischen und deutschen Züchtern gelang es in den folgenden Jahrzehnten, widerstandsfähigere und frosthärtere gelbblütige Sorten zu züchten, etwa die äußerst gesunde 'Gloria Dei'.

Diese noble Pflanzenschönheit ist sicher eine der berühmtesten Rosen überhaupt. Ihre Geschichte begann am 15. 6. 1935, dem Datum, das der französische Züchter Meilland in seinen Annalen als ersten Bestäubungstag festgehalten hat. Die aus der Kreuzung entstandene und 1936 erstmals erblühte gelbe Rose mit dem rosafarbenen Rand erhielt den Namen 'Mme A. Meilland'. Da sie außergewöhnlich robust und winterhart war, erweckte sie weltweit großes Interesse. Noch bevor der Zweite Weltkrieg ausbrach, waren Vermehrungstriebe dieser Rose zu Züchtern in den USA, in Deutschland und Italien gebracht worden, wodurch sie die Kriegswirren überleben

Mit den Teehybriden, zu denen die Sorte 'Duftzauber' gehört, brach Mitte des 19. Jh. das Zeitalter der Modernen Rosen an. Eigenschaften wie ihre elegante Knospen- und Blütenform, ihre Reichblütigkeit und ihr oft starker, betörender Duft verhalfen ihnen bald zu einem wahren Siegeszug. Seither wurden viele tausend neuer Sorten mit einer reichen Farbpalette gezüchtet.

Tip

Besonders schöne Blütenstiele von Teehybriden machen sich einzeln in einer Vase hervorragend. Ähnlich wie bei den auffälligen Orchideen kommt die elegante Form der Rose so am wirkungsvollsten zur Geltung. Gut geeignet sind z. B. Blüten der Sorten 'Barkarole' oder 'Duftwolke'.

Tip

Kaum eine andere Rose wurde so oft verkauft wie 'Gloria Dei' – über 100 Millionen Pflanzen sollen es weltweit sein. Im Garten verdient sie einen besonderen Platz, etwa an der Terrasse, wo sie ihre ganze Schönheit entfalten kann. Die Begleitpflanzen sollten sparsam gesetzt werden und eher zurückhaltend wirken, damit 'Gloria Dei' voll zur Geltung kommt.

Tip

Durch die vielfachen Kreuzungen haben sich die Unterschiede zwischen Polyantha-Hybriden und Floribunda-Rosen mittlerweile weitgehend verwischt. Vor allem amerikanische Züchter trennen diese beiden Klassen heute nicht mehr, sondern führen alle zugehörigen Sorten unter der Bezeichnung Floribunda-Rosen.

Teehybriden wie die 'Gloria Dei' sind vor allem wegen ihrer prächtigen Blüten so begehrt.

konnte. Erst nach dem Krieg erfuhr der Züchter Meilland, was aus seiner gelben Schönheit geworden war. In den USA erhielt sie aus Anlaß des Kriegsendes den Namen 'Peace', Friede, die Italiener tauften sie mit ihrem Wort für Freude 'Gioia', und in Deutschland wurde sie 'Gloria Dei' genannt, Ruhm Gottes.

Eine weitere Sortengruppe, die Polyantha-Rosen, ging aus der Kreuzung von China-Rosen mit Zwergformen der Vielblütigen Rose *(Rosa multiflora)* hervor. Die ersten derartigen Züchtungen blühten zwar reich und waren winterhart, doch ihre Blumen blieben klein und waren ohne Duft – bis schließlich 1910 der dänische Züchter Svend Poulsen Teehybriden einkreuzte und dadurch die heutigen, größerblütigen Polyantha-Hybriden (siehe Seite 21 f.) erzielte.

Poulsens erklärtes Ziel war es, Rosen zu schaffen, die an das kalte Klima und die kurzen Sommer Skandinaviens angepaßt waren. Er entwickelte aus Kreuzungen der ersten Polyantha-Hybriden, Teehybriden und verschiedenen anderen Rosen eine neue Gruppe, die sog. Floribunda-Rosen (siehe Seite 21 f.). Sie zeichnen sich durch vielblütige, in kräftigen Farben leuchtende Blütenstände und einen lange haltbaren Flor aus.

Auch die Züchtung moderner Kletterrosen nahm im 19. Jh. ihren Anfang mit der Einführung ostasiatischer Wildarten, die mit ihren unterschiedlichen Eigenschaften das Aussehen der verschiedenen europäischen Rosengruppen entscheidend beeinflußten. So bildete etwa *Rosa multiflora* 'Carnea', die 1804 nach England gebracht worden war, die Grundlage zahlreicher einmalblühender, vielblütiger Kletterrosen, z. B. 'Veilchenblau'.

Polyantha-Hybriden wie 'Muttertag' bringen unentwegt große Büschel kleiner Blüten hervor.

Floribunda-Rosen bestechen durch häufig fast edelrosengleiche Blüten in leuchtenden Farben.

Auch *Rosa wichuraiana*, 1880 nach ihrem deutschen Entdecker Max Ernst Wichura benannt, wurde zur Züchtung verwendet und steht im Stammbaum so robuster Sorten wie 'American Pillar' oder 'New Dawn'.

Die gleichfalls aus Asien stammende Moschusrose war in Europa schon früh in Kultur. Etwa ab 1800 kreuzte man sie mit verschiedenen anderen Arten, beispielsweise der Chinesischen oder der Vielblütigen Rose. Die Nachkommen daraus wurden zu den Stammeltern vieler heutiger Öfterblühender Strauchrosen.

Die Kletterrose 'American Pillar' erklimmt selbst die hohen Mauern einer alten Steintreppe.

Eine kleine Gruppe innerhalb der Kletterrosen sind die sog. Kordesii-Hybriden. Sie nahmen ihren Ursprung in einem Zufallssämling aus der Kartoffelrose *(Rosa rugosa)* und *Rosa wichuraiana*, der den Namen 'Max Graf' erhielt. Der deutsche Züchter Wilhelm Kordes, der um 1925 einen Sämling dieser Pflanze erhalten hatte, zog daraus einen weiteren Sämling, der seinerseits die Grundlage für die nach Kordes benannten Rosen bildete. Sie zeichnen sich aus durch Robustheit und gute Winterhärte sowie immer wiederkehrende Blüten. Sorten wie 'Parkdirektor Riggers', 'Ilse Krohn Superior' oder 'Dortmund' zählen zu dieser Gruppe.

Bei den Zwergrosen, auch Miniaturrosen oder Zwerg-Bengalrosen genannt, handelt es sich um kleinwüchsige Formen der Chinesischen Rose, die Anfang des 19. Jh. vermutlich über Mauritius aus China nach Europa kamen. Eine der ersten Züchtungen war 'Pompon de Paris'. Sie wurde etwa ab 1823 als Treibhausrose kultiviert.

Durch unermüdlichen Fleiß und von steter Begeisterung getragen, ist es den Züchtern gelungen, die heute existierende Rosenvielfalt zu schaffen. So entstanden auch völlig neue Gruppen, etwa die Hochstamm- oder die Bodendeckerrosen. Inzwischen gehen die Bestrebungen der Züchter in erster Linie dahin, nicht nur immer ausgefallenere Farben oder Blütenformen, sondern auch besonders krankheitsresistente, dauerblühende und unempfindliche Sorten auf den Markt zu bringen.

So gelang es dem Engländer David Austin z. B., durch die Kreuzung Alter und Moderner Rosen die Vorzüge beider Gruppen in einer neuen Rosenklasse zu vereinen. Gefüllte, duftende Blüten in warmen, nostalgischen Farben, verbunden mit der langen Blütezeit und Widerstandsfähigkeit neuerer Züchtungen – so präsentieren sich nunmehr die sog. Englischen Rosen. Eine der ersten Züchtungen war die prächtige, rosablühende 'Constance Spry'.

Die rotblühende 'Dortmund' zählt zur Gruppe der Kordesii-Rosen. Besondere Robustheit, sehr gute Frosthärte und ein unermüdlicher Blütenreichtum machen diese Kletterrosen vielseitig einsetzbar.

Die Englische Rose 'Constance Spry' besitzt große rosarote Blütenbälle vom Charme Alter Rosen.

Klassifizierung der Rosen

Die überwältigende Fülle verschiedener Rosen, die im Lauf der Jahrhunderte zufällig durch eine Laune von Mutter Natur oder aber gezielt durch die Hand des Züchters entstanden sind, verlangte dringend nach einer übersichtlichen Einteilung. Die streng nach rein botanischen Gesichtspunkten erstellte wissenschaftliche Systematik der Rosen beschreibt zwar die Merkmale der natürlichen Arten mit ihren oft sehr unterschiedlichen Formen, doch vermischten sich diese durch die züchterischen Eingriffe, und es kamen neue Varietäten und zahlreiche Sorten hinzu. Deshalb versuchten Botaniker und Rosenzüchter schon bald nach Beginn der neuzeitlichen Züchtungseuphorie, eine sinnvolle Ordnung in die immer weiter zunehmende Vielfalt der Rosen zu bringen. Heutzutage teilt man die einzelnen Rosenklassen weniger nach ihren verwandtschaftlichen Beziehungen als vielmehr nach ihren Verwendungsmöglichkeiten und ihren augenfälligen Merkmalen ein. Je nach Auffassung und Nationalität nehmen die Fachleute dabei verschiedene Untergliederungen vor. So werden etwa die Teehybriden entweder als eigene Klasse, als Edelrosen, geführt oder, wie auch in diesem Band, zusammen mit den übrigen Beetrosen beschrieben.

Die enorme Zahl von Sorten in den Rosenklassen ist gleichbedeutend mit einer ebensolchen Fülle unterschiedlicher Kombinationen von Eigenschaften wie Blütenfarbe, Wuchsform und Verwendung. Doch ob Zentifolien mit ihren seidigen, gefältelten Blüten oder edel geformte Teehybriden: die Grundlage aller Rosenschöpfungen waren und sind letztlich die Wildrosen und ihre auf natürliche Weise entstandenen Hybriden.

Wildrosen und ihre Abkömmlinge

Zu den Wildrosen zählt man die natürlich vorkommenden Arten und deren Abkömmlinge, die sich ihren Wildcharakter noch weitgehend bewahrt haben und züchterisch kaum verändert wurden. Etwas über 100 Arten sind bekannt, deren ursprüngliche Heimat in den gemäßigten und subtropischen Klimazonen

Tip

Als Hybride oder Bastard bezeichnet man eine Pflanze, die aus der Kreuzung verschiedener Arten hervorgegangen ist. Sie erhält einen Namen, der in der Mitte ein x trägt, wie etwa *Rosa* x *alba* oder *Rosa* x *damascena*. Dabei sind durchaus nicht alle Bastarde durch Zuchtmaßnahmen entstanden, gelegentlich sind sie auch das Ergebnis einer spontanen, natürlichen Kreuzung.

Die Rosen werden sowohl ihrer äußeren Form als auch ihren Verwendungszwecken nach in verschiedene Klassen eingeteilt: Von links nach rechts: rote Kletterrose (Climber), gelbe Floribunda-Rose, gelb-rosa Teehybride, gelbe Wildrose, rosa Strauchrose, rote Zwergrose und orangerosa Kletterrose (Rambler).

'Marguerite Hilling', eine Sorte der Mandarinrose, zeigt den Wildcharakter in verfeinerter Form.

der nördlichen Erdhalbkugel, insbesondere in Europa, Nordafrika, Nordamerika und Asien lag. In die südliche Hemisphäre wurden Rosen vom Menschen eingeführt, ebenso paßte man sie durch Züchtung z. B. an heiß-trockenes Klima an.

Wildrosen bilden die Grundlage für die heute bestehende Rosenvielfalt. Durch ihr breites Spektrum an Eigenschaften brachten sie immer wieder neue Aspekte in die Arbeit der Züchter. So blühen europäische und nordamerikanische Wildrosen nur einmal, die asiatischen dagegen mehrmals. Letztere waren es auch, die mit teilweise gelben Blüten die Farbpalette der Rosensorten nachhaltig bereicherten. Wildrosen bilden in der Regel winterharte, dichte Sträucher, doch kommen ebenso kriechende, bodenbedeckende Formen wie die Kriechrose *(Rosa arvensis)* oder Kletterkünstler wie die Vielblütige Rose *(Rosa multiflora)* vor. Ihr äußeres Erscheinungsbild variiert auch sonst stark. Ob sich ihre Laubblätter aus drei, fünf, sieben, neun oder noch mehr Fiederblättchen zusammensetzen, ob ihre Triebe feine Härchen oder wehrhaft anmutende Stacheln tragen, ob ihre Blüten duften oder nicht – Wildrosen lassen die vielfältigen Möglichkeiten der aus ihnen gezüchteten Gartenformen bereits erahnen. Den meisten gemeinsam ist eine einfache, fünfblättrige Blüte, doch weisen einige Hybriden auch halbgefüllte oder gefüllte Blüten auf. Im Herbst schmücken sich die schönen Wilden mit Hagebutten in den unterschiedlichsten Farben und Formen.

Beetrosen

Wie der Name schon vermuten läßt, eignen sich Rosen dieser Klasse gut zur Pflanzung in einem Beet. Die meisten Sorten bleiben im Wuchs recht kompakt, nur wenige erreichen mehr als 100 cm Höhe – und auch diese lassen sich durch Schnitt kleiner halten, so daß man sie in Gruppen in ein Beet pflanzen kann. Alle Beetrosen sind öfterblühend, sie unterscheiden sich aber in der Wuchsform sowie in der Größe und Anordnung der Blüten. Aufgrund ihrer ähnlichen Verwendung werden in diesem Buch Teehybriden, Floribunda-Rosen, Polyantha-Hybriden und Zwergrosen unter dem Begriff Beetrosen zusammengefaßt, auch wenn man Teehybriden und Zwergrosen in der Literatur wie in Gartenkatalogen häufig als eigene Gruppe behandelt findet.

Teehybriden

Teehybriden werden oft auch als Edelrosen oder Großblütige Rosen bezeichnet. Aus meist schlanken Knospen öffnen sich unermüdlich den ganzen Sommer über große Blüten. Die Blumen sind in aller Regel gefüllt und stehen einzeln oder nur zu wenigen auf langen Stielen. Einige bezaubern durch einen wunderbaren Duft, viele eignen sich hervorragend zum Schnitt. Die Farbpalette dieser Rosengruppe erscheint schier unerschöpflich: Sie reicht von reinem Weiß über Rosa- und Rottöne bis hin zu Gelb in sämtlichen Schattierungen, ja sogar fliederfarbenen Tönen. Die Triebe wachsen meist straff aufrecht, so daß die Pflanzen manchmal etwas sparrig wirken.

Floribunda-Rosen und Polyantha-Hybriden

Die Floribunda-Rosen und Polyantha-Hybriden lassen sich heute kaum mehr unterscheiden, da sich die Eigenschaften durch intensive

Teehybriden wie 'Wimi' werden wegen ihrer sehr eleganten Blüten als Edelrosen bezeichnet.

Floribunda-Rosen, Polyantha-Hybriden und Teehybriden wirken in Beete oder Rabatten gepflanzt am schönsten.

Tip

Wildrosen passen mit ihren einfachen Blüten ausgezeichnet in Naturgärten. Eine Gruppe verschiedener Wildrosen ergibt nicht nur ein buntes Blütenbild, sondern bietet auch zahlreichen Vogel- und anderen Tierarten Brut- und Schutzplätze sowie einen reich gedeckten Tisch.

Tip

Wer ausreichend Platz im Garten hat und von einem strengen Holz- oder Drahtzaun nur wenig hält, für den ist eine Hecke aus Wildrosen genau das richtige. Da Wildrosen auf ihren eigenen Wurzeln wachsen, d. h. nicht veredelt sind, und rasch Ausläufer treiben, verwachsen sie meistens ziemlich schnell zu einer fast undurchdringlichen Grundstückseinfriedung.

Die Blüten von Polyantha-Hybriden wie z. B. 'Sarabande' (links) und Floribunda-Rosen wie etwa 'Bonica '82' (rechts) sitzen immer in Büscheln zusammen.

Tip

Durch vielfältige Einkreuzungen von Teehybriden entstanden sehr großblumige Floribunda-Rosen, die in manchen Katalogen als Floribunda-Grandiflora-Hybriden geführt werden. In der Verwendung und Pflege unterscheiden sich diese aber nicht von den anderen Sorten.

Tip

Wer in die Pflanzgefäße auf Balkon und Terrasse nicht alljährlich einjährige Blumen einsetzen will, ist mit Zwergrosen, z. B. als Auflockerung zwischen Miniaturkoniferen, gut beraten. Am richtigen Standort benötigen sie kaum Pflege und bringen unermüdlich freundliche Farbtupfer in Kästen und Kübel.

Tip

Niederliegende Bodendeckerrosen wirken sehr reizvoll, wenn sie als dichte Teppiche über Mauern oder neben Treppen herabwallen. Dafür geeignete Sorten sind z. B. 'The Fairy', 'Immensee' und 'Repandia'.

Züchtungsarbeit weitgehend vermischt haben. Deshalb werden sie oft nur noch unter der Bezeichnung Floribunda-Rosen, gelegentlich auch Floribunda-Hybriden, oder als Büschelblütige Rosen geführt. Wie die Teehybriden blühen sie das ganze Rosenjahr hindurch unermüdlich, doch stehen ihre Blüten stets in Büscheln beisammen. Die Einzelblüten der unterschiedlich großen Blütenstände sind häufig kleiner als die der Teehybriden, aber etliche neuere Züchtungen bestechen auch durch vergleichsweise große und stärker duftende Blumen. Floribunda-Rosen gibt es mit gefüllten, halbgefüllten oder einfachen Blüten. Sie zeichnen sich durch eine enorme Vielfalt an nicht selten kräftig leuchtenden Farbtönen aus und sind ausgesprochen widerstandsfähig, winterhart und pflegeleicht. Im allgemeinen wachsen sie buschig und gut verzweigt, wobei die Höhe der zahlreichen verschiedenen Sorten der Floribunda-Rosen stark variiert.

Zwergrosen eignen sich nicht nur für die Topfkultur, sie fassen auch Beete und Rabatten reizvoll ein.

Zwergrosen

Zwerg- oder Miniaturrosen wirken wie kleine Ausgaben der höherwüchsigen Beetrosen. Sie zeigen die gesamte Schönheit und das Farbspektrum der Großen, werden aber in der Regel nur zwischen 15 und 40 cm hoch. Die kleinen, zierlichen Blüten stehen einzeln oder in Büscheln an den häufig sehr reich verzweigten Trieben und erscheinen den ganzen Sommer über. Der Duft allerdings ist den meisten Sorten durch die Züchtung verlorengegangen. Zwergrosen eignen sich in idealer Weise zur Bepflanzung von Blumenkästen und Trögen, aber auch zur Einfassung von Rabatten und Wegen.

Bodendeckerrosen

Unter dem Begriff Bodendeckerrosen, auch Bodenbedeckende Rosen genannt, werden alle sich mehr oder weniger flächig ausbreitenden Rosen verschiedenster Herkunft und Wuchsform zusammengefaßt, Sorten also, die sich zum Begrünen größerer freier Bereiche eignen und zuweilen meterlange Triebe besitzen. Darunter sind sowohl flach niederliegende als auch aufrecht buschig wachsende Rosen zu finden und ebenso Sträucher mit überhängenden Zweigen. Je nach Wuchsform können sie 25 cm, aber auch teilweise bis weit über 100 cm hoch werden. Wichtigstes gemeinsames Merkmal ist die dichte Belaubung, die nur noch wenig Licht bis zum Boden durchdringen läßt und damit das Aufkommen von Unkraut verhindert. Ihre Blüten zeigen die unterschiedlichen Merkmale der jeweiligen Stammsorten, sind jedoch oft etwas kleiner. Ob gefüllt, halb gefüllt oder einfach, duftend oder nicht, einmal- oder öfterblühend – diese Rosenklasse bietet eine reiche Auswahl an Formen und Farben.

Strauchrosen

Höher und breiter als Beetrosen wachsen die Strauchrosen, so daß sie in der Regel üppig ausladende Sträucher bilden. Den sog. Alten Rosen werden in dieser Gruppe die Modernen Rosen zur Seite gestellt, die ihrerseits nochmals in einmal- und öfterblühende Sorten unterteilt werden. Aufgrund ihrer ganz unterschiedlichen Abstammung zeigen sie mannigfaltige Blüten-

Wuchsformen der Bodendeckerrosen (von oben nach unten): schwachwüchsig niederliegend, steif aufrecht, buschig, bogig überhängend, starkwüchsig niederliegend

formen und -farben, aufrechte Triebe kommen ebenso vor wie bogig überhängende.

Alte Rosen

Alte Rosen nennt man im allgemeinen diejenigen Strauchrosen, die zu Klassen gehören, die vor den ersten Teehybriden entstanden sind. Doch auch später gezüchtete Sorten werden noch dazugezählt, sofern bei ihnen die Merkmale dieser Klassen deutlich ausgeprägt sind, wie es z. B. bei 'La Reine Victoria' der Fall ist. In diesem Sinn gehören zu den Alten Rosen die Alba-, Bourbon-, Tee-, China-, Damaszener-, Gallica-, Moos-, Noisette- und die Remontant-Rosen sowie die Zentifolien. Allerdings sollte der Begriff Alte Rosen heute besser als Stilbezeichnung denn als zeitliche Einordnung verstanden werden, nachdem es einigen Züchtern gelungen ist, in den Englischen Rosen (siehe Seite 26) den Charme der klassischen, warmen Farben und den Duft der Alten Rosen mit den Vorzügen der Modernen Rosen zu verbinden.

● Alba-Rosen

Rosen dieser sehr alten Klasse wurden schon vor 2000 Jahren von den Römern gezogen. Ihre Abstammung ist nicht ganz unumstritten. Vermutlich waren aber die Hundsrose *(Rosa canina)* und Damaszener-Rosen daran beteiligt. Alba-Rosen bilden vielstämmige, beinahe undurchdringliche Sträucher von 2 bis 3 m Höhe. Ihre Triebe tragen meist relativ wenige Stacheln und auffallend graugrünes, großblättriges Laubwerk. Namengebend sind wohl die weißen Blüten dieser Rosen, die manchmal rosa übertönt sein können, stets aber wunderbar und stark duften. Im Herbst schmücken sich die Sträucher mit zahlreichen länglichen, roten Hagebutten.

● Bourbon-Rosen

Die ersten Bourbon-Rosen entstanden auf der Île de Bourbon, heute Réunion, als Hybriden einer Chinesischen Rose und einer Damaszener-Rose (siehe auch Seite 15). Sie zeichnen sich aus durch ständig wiederkehrende Blüten und robusten Wuchs. Die Sorten zeigen keine einheitlichen Merkmale, sondern ähneln mehr oder weniger stark einer der Ausgangsformen. So findet sich die Blütenform der China-Rosen z. B. bei 'La Reine Victoria', die der Damaszener-Rosen bei 'Souvenir de la Malmaison'. Die Triebe sind teils biegsam und verzweigt, teils steif und eher aufrecht, doch allen gemeinsam

Die Blüten der Bourbon-Rose 'Souvenir de la Malmaison' ähneln denen der Damaszener-Rosen.

Tip

Als Parkrosen werden in Katalogen häufig die Abkömmlinge von Wildrosen oder Zuchtsorten bezeichnet, die sich ihren natürlichen Charme bewahrt haben. Sie stellen aber eigentlich keine gesonderte Rosengruppe dar.

Bei der Bourbon-Rose 'La Reine Victoria' ahnt man noch die Blütenform der China-Rosen.

Tip

Rosen wie zu Großmutters Zeiten begeistern derzeit wieder viele Gartenbesitzer. Ihre dicht gefältelten Blüten in nostalgischen Farbtönen und ihr oft betörender Duft machen sie zu romantischen Anziehungspunkten. Einige Rosenzüchter haben sich auf Alte Rosen spezialisiert und bieten eine umfangreiche Auswahl dieser Sorten.

Tip

Zentifolien kann man etwas stärker zurückschneiden als andere Alte Rosen. Die beste Zeit für einen Auslichtungsschnitt ist das Frühjahr, doch sollte man darauf achten, nur so viel Holz wegzunehmen, daß den Sträuchern nicht der Charme ihrer überhängenden Zweige verlorengeht.

Tip

Bei Zentifoliensorten mit sehr lockerem Wuchs empfiehlt sich eine Stütze, damit sie sich in voller Blüte nicht zu weit zum Boden neigen. Am besten sollte man sie bereits im Mai vorsichtig an einem Pfahl festbinden.

Tip

China-Rosen eignen sich durch ihren lichten, zierlichen Wuchs gut zur Pflanzung in Gruppen oder zwischen andere Gewächse, etwa Stauden oder Gräser, die ihre Anmut noch unterstreichen und ihnen dabei optisch mehr Fülligkeit verleihen. In Containern und Trögen können sie Innenhöfe und Terrassen verschönern.

Tip

Teerosen können nur in ausgesprochen milden Klimaregionen, etwa in Weinbaugebieten, problemlos im Freien gezogen werden. Doch ist ihre Kultur unter Glas sehr beliebt. Für Wintergärten und Gewächshäuser stellt eine Teerose stets einen ganz besonders anmutigen Schmuck dar.

ist der starke, zuweilen auch kletternde Wuchs. Je nach Sorte werden die Sträucher ganz unterschiedlich hoch. Das Farbspektrum der Blüten reicht von Karminrot über sämtliche Rosaschattierungen bis hin zu cremefarbenen Tönen. Die Blumen sind in der Regel schalenförmig und verströmen häufig einen intensiven Duft.

- Zentifolien

Vermutlich aus einer Kreuzung verschiedener Wildrosen entstanden in den Niederlanden die Zentifolien (siehe auch Seite 16). Ihre rundlichen Blüten sind dicht mit vielen Blütenblättern gefüllt und schimmern in warmen, klaren Rosatönen. Einige wenige Sorten bringen auch weiße oder purpurfarbene Blumen hervor. Zentifolien blühen nur einmal im Jahr, sind aber berühmt für ihren starken Duft. Sie zeigen einen offenen, lockeren Wuchs und bilden aufrechte Sträucher von 1 bis 2 m Höhe. Die Triebe neigen sich anmutig unter der Fülle der Blüten. Sie sind meist mit einer Mischung aus großen und kleinen Stacheln besetzt und tragen große, rundliche Blätter mit breitgezähntem Rand.

- China-Rosen

China-Rosen sind Mutationen (siehe Seite 96 f.) und Kreuzungen der Chinesischen Rose *(Rosa chinensis)*, die zwei für die Rosenzucht wichtige Eigenschaften mitbrachten: Sie blühen wiederholt während des ganzen Sommers und verfügen im Farbspektrum ihrer Blumen neben Rosa, Weiß und Gelblichorange auch über ein reines Rot. Und anders als bei den übrigen Rosen wird ihre Blütenfarbe nach dem Öffnen der Knospen immer intensiver, anstatt zu verblassen. Die mittelgroßen Blüten erscheinen oft in Büscheln, sind halb gefüllt oder gefüllt, selten einfach, und duften leicht. Meist bilden China-Rosen zierliche, niedrige Sträucher, in warmem Klima können sie aber auch höher werden. Ihre Triebe sind biegsam und gut verzweigt, jedoch etwas spärlich mit spitzen Blättern besetzt. Am besten gedeihen Rosen dieser Klasse an einem sonnigen Standort. Bei vielen Sorten ist ein Winterschutz zu empfehlen.

- Teerosen

Die ebenfalls aus China stammenden Teerosen *(Rosa odorata)* entstanden als Hybriden aus der Chinesischen Rose *(Rosa chinensis)* und einer Kletterrose *(Rosa gigantea)*. Ihre duftenden, halbgefüllten oder gefüllten Blumen öffnen sich aus schlanken Knospen. Die Palette der Blütenfarben erstreckt sich von Weiß über Gelb- und Rosatöne bis hin zu Hellrot. Teerosen bilden zierliche Sträucher oder Kletterformen mit lichtem, spitzem Laub. Welche Höhe sie erreichen, hängt entscheidend von Klima und Standort ab, denn die wärmeliebenden Pflanzen reagieren auf kalte, nasse Witterung sehr empfindlich. Ein geschützter Platz und eine ausreichende Winterabdeckung sind bei fast allen Sorten unumgänglich.

- Damaszener-Rosen

Die geschichtlich sehr alten Damaszener-Rosen lassen sich in zwei Gruppen unterteilen: in die sommerblühende, d. h. einmalblühende Form, entstanden als Naturhybride zwischen der Essigrose *(Rosa gallica)* und *Rosa phoenicea*, und in die sog. herbstblühende, mehrmalsblühende Form, eine Kreuzung aus Essigrose und Moschusrose *(Rosa moschata)*. Beide duften und bringen seidige, weiße oder rosafarbene, nickende Blüten hervor, die halb gefüllt oder gefüllt sind und immer in Büscheln zusammenstehen. Damaszener-Rosen bilden 1–3 m hohe, lockere Sträucher mit bogig abstehenden, dicht bestachelten Trieben. Ihre länglichen, häufig recht weichen Blätter schimmern meist graugrün und sind an der Unterseite flaumig behaart. Im Herbst zieren längliche, schmale Hagebutten die Sträucher, die äußerst robust und winterhart sind.

Damaszener-Rosen wie 'Mme Hardy' zeichnen sich durch leicht nickende Blüten aus.

'Charles de Mills', eine Gallica-Rose, entwickelt besonders schön gefärbte, dichtgefüllte Blüten.

● Gallica-Rosen

Die Gallica-Rosen zählen zu den ältesten Gartenrosen überhaupt. Sie sind im Lauf der Jahrhunderte aus der Wildart *Rosa gallica*, der Essigrose, entstanden. Meist bilden sie kleine, aufrechte Sträucher mit kräftigen, borstig bestachelten Trieben. Die dunkelgrünen Laubblätter setzen sich aus ovalen, grob strukturierten Fiederblättchen zusammen. Aus den kugeligen Knospen der Gallica-Rosen, die entweder einzeln oder in kleinen Gruppen aufrecht am Ende der Triebe stehen, entfalten sich Blüten, deren außerordentlich breites Farbspektrum von Rosa über Purpur bis Violett reicht. Einige Sorten zeigen auch gestreifte oder gefleckte Blumen. Die halb- bis dichtgefüllten Blüten erscheinen nur einmal im Sommer, duften aber häufig sehr stark. Fast alle Sorten sind robust und winterhart und gedeihen mit einem Minimum an Pflege.

● Moosrosen

Moosrosen sind Zentifolien (siehe Seite 24), die durch Mutation (siehe Seite 96f.) an ihren Kelchblättern und Blütenstielen moosartige Auswüchse entwickelt haben. Dieses „Moos" ist je nach Sorte, Wuchskraft und Jahreszeit unterschiedlich ausgeprägt. Es kann daunig weich oder borstig hart, grün, bräunlich oder rötlich gefärbt sein. Die geschlossenen Knospen wirken durch diese Bemoosung besonders geschützt, zuweilen erinnern sie regelrecht an pelzige Mützen wie bei 'Cristata', die deshalb auch 'Chapeau de Napoléon' genannt wird. Bei einigen Sorten sind die Borsten mit Öldrüsen besetzt, deren Absonderungen die Pflanzen in einen harzigen Duft hüllen. Form und Farbe der Blüten zeigen sich sehr variabel: Es gibt weiße, rosafarbene, violette und karminrote, gefüllte und ungefüllte Blumen. Im Duft gleichen Moosrosen ihren Vorfahren, den Zentifolien, und ebenso im Wuchs. Meist bilden sie aufrecht wachsende, kräftige Sträucher, doch kommen auch klein bleibende oder hohe, beinahe kletternde Formen vor. In der Regel blühen die robusten Moosrosen nur einmal, manchmal mit schwächerer Nachblüte, allerdings gibt es mit einigen öfterblühenden Sorten auch hierbei Ausnahmen.

Die Knospen der Moosrose 'Cristata' sehen fast wie kleine Pelzmützen aus.

● Noisette-Rosen

Diese in Amerika entstandenen Rosen sind Kreuzungen zwischen China-Rose und der Moschusrose (siehe auch Seite 17). Ihre Blüten stehen immer zu Büscheln vereint und erscheinen den ganzen Sommer über. Die fein duftenden Blumen sind halb gefüllt oder gefüllt, und sie erblühen vorwiegend in gelben, manchmal

Tip

Gallica-Rosen eignen sich wegen ihres niedrigen Wuchses auch zur Pflanzung in kleinen Gärten. Sie sind pflegeleicht und gedeihen selbst auf kargen Böden. Empfehlenswerte Sorten sind beispielsweise 'Tuscany' und 'Rosa Mundi', die gestreifte Blüten zeigt.

Tip

Die Wildform der Gallica-Rosen, die Essigrose, paßt ausgezeichnet in naturnahe Gärten. Im Frühsommer schmücken sich die dichten Sträucher mit einfachen, rosafarbenen Blüten. Ihre ziegelroten Hagebutten zieren im Herbst nicht nur den Garten, sondern dienen außerdem den Vögeln als wichtige Nahrungsquelle.

Tip

Noisette-Rosen lassen sich auch gut in Pflanzgefäßen an einem geschützten, sonnigen Standort, beispielsweise in einem Innenhof, aufstellen. Dafür geeignete Sorten wie etwa 'Maréchal Niel' erreichen so zwar nicht ihre volle Größe, erfreuen aber nichtsdestoweniger mit einer Fülle zartfarbener, duftender Blüten.

Noisette-Rosen benötigen einen sonnigen, geschützten Standort, damit sie sich zu solch üppiger Schönheit entwickeln können wie hier z. B. im Schutz eines Baums 'Mme Alfred Carrière'.

auch in weißen oder rosa Farbtönen. Charakteristisch für Noisette-Rosen ist der starke, kletternde Wuchs, der die meisten Sorten recht elegant wirken läßt. Nur wenige wachsen dagegen eher buschig. Ihr zartes, hellgrünes Laub verteilt sich gleichmäßig über die langen, biegsamen Triebe. Diese Rosen brauchen sonnige, geschützte Standorte, um ihre volle Höhe und Blühfreudigkeit entwickeln zu können, und sie sind recht frostempfindlich.

Tip

Englische Rosen wirken besonders schön, wenn man sie in Gruppen von zwei bis drei Sträuchern pflanzt. Dadurch erscheinen sie buschiger und ergeben ein harmonisches Gesamtbild. Auch können Blühpausen der einen Pflanze durch den Flor der benachbarten überbrückt werden.

- Remontant-Rosen

An der Entstehung der Remontant-Rosen waren vielerlei Rosengruppen beteiligt (siehe Seite 16 f.), daher zeigen die Sorten kein einheitliches Erscheinungsbild. Gemeinsam ist ihnen eine gute Winterhärte und die Fähigkeit zu remontieren, d. h., mehrmals im Jahr Blüten hervorzubringen. Wirklich dauerblühend sind sie jedoch nicht. Die meisten bilden kräftige, aufrechte Sträucher von 1 bis 2 m Höhe, deren stark stachelige Zweige mit großblättrigem, festem Laub besetzt sind. Die rundlichen, vorwiegend halb oder ganz gefüllten Blüten leuchten in allen erdenklichen Rosatönen. Auch kräftig dunkelrote, violette, cremeweiße oder gesprenkelte kommen vor. Viele Sorten verströmen einen angenehmen Duft.

Die auffällig gestreifte Remontant-Rose 'Ferdinand Pichard' blüht immer wieder bis zum Herbst.

Die Form Alter Rosen, doch neue Farben zeichnen die Blüten der Englischen Rosen aus.

Englische Rosen

Die Englischen Rosen, Kreuzungen Alter und Moderner Rosen, bestechen durch die Vorzüge beider Gruppen: Anmut, Schönheit und der natürliche Strauchwuchs der alten Sorten sind hier mit dem zuverlässigen, wiederholten Blühen der Modernen Rosen gepaart. Hinzu kommt ein um Apricot-, Gelb- und Karmintöne erweitertes Farbspektrum. Auch den starken Duft haben viele Englische Sorten von den Alten Rosen geerbt. Gewöhnlich sind sie außerordentlich gesund und widerstandsfähig.

Moderne Strauchrosen

Hierzu zählt man alle in neuerer Zeit entstandenen, hoch wachsenden Strauchrosen, sofern sie nicht ihrem Typ nach zu einer der alten Rosengruppen gehören. Die Fülle der Sorten wird gewöhnlich in einmal- und öfterblühende unterteilt. Bedingt durch die ganz unterschiedliche Abstammung, lassen sich die Merkmale dieser Rosenklasse nicht einheitlich beschreiben. Blüten in den verschiedensten Farben und Formen, duftende und duftlose, einfache und gefüllte, hochwüchsige Sträucher, breit ausladende oder eher niedrige, ja sogar kletternde Sorten sind darunter, so daß sich für jeden Garten die passende Sorte findet.

Prächtig blühende Kletterrosen, die einen Rosenbogen aus Holz umranken, sind aus den Bauerngärten nicht wegzudenken.

Tip

Sorten mit leuchtenden Farben wie 'Lichtkönigin Lucia' kommen, einzeln oder in Gruppen gepflanzt, vor dunkelgrünen Laubgehölzen oder Koniferen optimal zur Geltung. Attraktiv wirken sie auch in der Kombination mit Stauden.

Kletterrosen

Kletterrosen sind sog. Spreizklimmer, d. h., sie haben weder spezielle Haftorgane noch Ranken, mit denen sie sich festhalten könnten. Vielmehr spreizen sie sich mit Hilfe ihrer Stacheln in den Unebenheiten eines geeigneten Untergrunds ein und klettern so nach oben. Einmal- oder öfterblühend, tragen sie entweder große einzelnstehende oder aber kleine, in Büscheln zusammengefaßte Blüten. Es hat sich inzwischen zunehmend eingebürgert, die Kletterrosen auch nach ihrer Wuchsart zu unterscheiden. Rambler besitzen biegsame, dünne, ohne Stütze am Boden dahinkriechende Triebe und blühen in der Regel einmal im Jahr in dichten, kleinblütigen Büscheln. Sollen sie klettern, muß man ihnen von Anfang an eine Stütze anbieten, an der sie emporwachsen oder notfalls hochgebunden werden können. Einige Rambler vermögen ohne Mühe selbst hohe Bäume zu erklimmen. Die häufig nachblühenden Climber dagegen zeichnen sich durch dicke, aufrechte Triebe mit kräftigen Stacheln aus, mit denen sie sich gut verhaken können. Ihre steifen Zweige sind durchaus in der Lage, sich einige Meter ohne Stütze in die Höhe zu recken, so daß sich etliche Sorten auch als frei stehende Strauchrosen verwenden lassen. Die großen Blüten sitzen meist in lockeren Büscheln beieinander.

Zur Entwicklung der Kletterrosen haben vor allem solche Wildrosen beigetragen, die kletternde oder kriechende Triebe hervorbringen, z. B. die Vielblütige Rose *(Rosa multiflora)*, die Moschusrose *(Rosa moschata)*, die Kriechrose *(Rosa arvensis)* sowie *Rosa wichuraiana* und *Rosa sempervirens* (siehe auch Seite 18 f.).

Stamm- und Trauerrosen

Stamm- und Trauerrosen sind keine natürlich gewachsenen Formen, sondern Sorten, die auf den Stamm einer Wildrose veredelt wurden. Je nach dem Wuchs dieser Sorten fallen die Kronen der Hochstämme recht unterschiedlich aus. Für Trauerrosen werden auf die Unterlagen Kletterrosen, insbesondere Rambler, oder Bodendeckerrosen mit langen Trieben aufveredelt, deren biegsame Zweige dann fließenden Kaskaden gleich nach unten fallen. Sie tragen deshalb auch die Bezeichnung Kaskadenrosen. Für Stammrosen dagegen verwendet man Teehybriden, Floribunda-Rosen, Zwergrosen oder Bodendeckerrosen. Stamm- wie auch Trauerrosen benötigen speziellen Winterschutz und Schnitt (siehe Seite 60 f.).

Auf Stamm gezogene Kletterrosen bezeichnet man oft auch als Kaskadenrosen – ein sehr treffender Name angesichts der wahrhaft überschäumenden Blütenfülle.

Die Triebe von veredelten Rosen entspringen der verdickten Veredelungsstelle am Wurzelhals.

Botanisches über die Rose

Rosen nehmen unter den Gartenpflanzen eine herausragende Stellung ein, da sie über Jahre am selben Platz stehen können und durch ihre reiche, oft monatelang ununterbrochen erscheinende Blütenpracht erfreuen. Ab dem Frühjahr bilden sie zunächst weiche Sommertriebe, die allmählich hart werden und verholzen. Man zählt sie deshalb zu den Gehölzen. Da sie keinen Stamm, sondern von der Basis aus mehrere gleichrangige Triebe entwickeln, sind Rosen Sträucher.

Die Gattung der Rosen, botanisch *Rosa*, gehört zur großen Familie der Rosengewächse *(Rosaceae)*. In ihrer Verwandtschaft finden sich so unterschiedliche Pflanzen wie etwa Apfel, Pflaume, Pfirsich und Kirsche, ebenso Erdbeere und Brombeere, aber auch Eberesche, Feuerdorn, Frauenmantel oder Fingerkraut.

Die bestehende Vielfalt der heutigen Gartenrosen stammt direkt oder indirekt von Wildrosen ab, und zahlreiche Sorten sind auf Wildrosenwurzeln veredelt, d. h., die sehr robusten, wüchsigen Wurzeln dieser Rosen bilden die Unterlage für mannigfaltige, oft empfindlichere Zuchtprodukte (siehe auch Seite 101). Die Veredelungsstelle ist mehr oder weniger deutlich als Verdickung über dem Wurzelhals zu erkennen. Hin und wieder treiben aus dem Wurzelstock sog. Wildtriebe aus, die entfernt werden müssen. Man erkennt sie an ihren Blättern, die nicht wie bei Edelrosen fünffiedrig sind, sondern meist sieben oder mehr Fiederblätter aufweisen.

Wie alle höheren Pflanzen besteht ein Rosenstock aus Sproß und Wurzel. Rosenwurzeln reichen tief in den Boden hinab. Sie geben zum einen der Pflanze guten Halt, zum andern sichern sie die Versorgung der Triebe mit Wasser und Nährstoffen, sogar in Trockenperioden. Den Sproß bilden einige dicke Basistriebe sowie die jungen, verzweigten Triebe, die Blätter, Blüten und später Hagebutten tragen.

Tip

Um einen Wildtrieb vollständig zu beseitigen, empfiehlt es sich, seine Ansatzstelle freizugraben und ihn dann mit einem Ruck nach unten abzureißen. Wird er abgeschnitten, besteht die Gefahr, daß er nur teilweise entfernt wird und bald wieder nachtreibt.

Die Rose besteht wie sämtliche höheren Pflanzen aus Sproß und Wurzel. Die Hauptwurzel und die feinen Faserwurzeln münden in den Wurzelhals, aus dem bei veredelten Pflanzen die bestachelten Triebe wachsen. Sie tragen das fiedrige Laub und die Knospen, aus denen sich die Blüten und später dann die Hagebutten entwickeln. Oft treiben unterhalb der Veredelungsstelle sog. Wildtriebe (rechts im Bild) aus.

Stacheln

Die Zweige einer Rose sind mehr oder weniger dicht mit Stacheln besetzt, mit denen sicherlich jeder Gärtner schon einmal Bekanntschaft gemacht hat. Es handelt sich dabei um Auswüchse der äußersten „Hautschicht", der sog. Epidermis, die direkt der Rinde aufsitzen. Das bekannte Sprichwort „Keine Rose ohne Dornen" ist botanisch gesehen nicht korrekt, denn Dornen stellen umgebildete Blätter oder Triebe dar. Im Unterschied zu Dornen lassen sich Stacheln mit dem Finger wegdrücken, ohne daß dabei die Rinde verletzt würde. Die Farbe und Form von Rosenstacheln variiert stark, es gibt gerade und hakenförmige, nadeldünne und dreieckige dicke sowie grüne, leuchtend rote,

Rosenstacheln sind charakteristisch: bandartig verbreitert bei der Stacheldrahtrose (links), hakenförmig gebogen bei Kletterrosen (Mitte), nadelförmig bei der Strauchrose 'Frühlingsanfang'.

Rosen unterscheiden sich durch die Art ihrer Verzweigung: Floribunda-Rosen (ganz links) haben meist einen buschigen, Teehybriden (Mitte links) einen steif aufrechten, fast sparrigen Wuchs. Einige hohe Beetrosen und manche Strauchrosen (Mitte rechts) wachsen buschig aufrecht, hohe Strauchrosen (ganz rechts) dagegen locker verzweigt.

schwarze und bräunliche. Doch auch gänzlich stachellose Rosen kommen vor. Bei Kletterrosen dienen die meist hakenförmig gebogenen Stacheln dazu, der Pflanze beim Emporklettern an Bäumen, an Zäunen oder Mauern Halt zu geben.

Wuchsform und Art der Verzweigung

Schon bei den Wildrosen treten unterschiedliche, an den jeweiligen Lebensraum angepaßte Wuchsformen und charakteristische Verzweigungstypen auf, die sich natürlich bei den Gartenrosen wiederfinden. Von flach niederliegend über breit ausladend bis straff aufrecht wachsend, strauchig oder kletternd – Rosen gibt es in den verschiedensten Erscheinungsformen. Die Triebe sind, je nach Sorte bzw. Rosengruppe, mehr oder weniger stark verzweigt und können regelmäßig oder eher ungleichmäßig angeordnet sein, wobei sie bei locker verzweigten Sorten weiter auseinander stehen als bei gut oder dicht verzweigten.

Doch Wuchsform, Ausdehnung und Wuchsstärke einer Rosenpflanze hängen nicht nur von der Gruppenzugehörigkeit oder der Sorte, sondern auch vom Klima, von der Bodenqualität und Nährstoffversorgung sowie von der Veredelungsunterlage ab. In strengen Wintern können vor allem Beet-, Kletter- und Öfterblühende Strauchrosen Frostschäden davontragen und müssen dann mehr oder weniger stark zurückgeschnitten werden (siehe auch Seite 116). Daher erreichen beispielsweise Strauchrosen in kalten Regionen meist nur eine geringere Größe als in klimatisch begünstigten Gegenden, etwa in Weinbaugebieten.

Belaubung

Rosen gehören zu den sommergrünen Gehölzen, d. h., sie werfen bei Frostbeginn im Herbst ihre Blätter ab. Das Laub der Rosen bezeichnet man als unpaarig gefiedert, was bedeutet, daß jedes Blatt aus einer ungeraden Zahl kleiner Fiederblättchen zusammengesetzt ist. Bei den Teehybriden, Kletter- und Strauchrosen sind dies meist fünf, bei Floribunda-Rosen fünf bis sieben. Wildrosen haben in der Regel sieben- bis neunfiedriges Laub, aber es gibt auch Ausnahmen. So zählt man bei einigen asiatischen Rosenarten bis zu 15 Fiederblättchen. Die einzelnen Blättchen sind vorwiegend eiförmig oder elliptisch und am Rand mehr oder weniger tief gezähnt. Sie können kahl oder behaart sein, bei einigen Arten wie der Weinrose *(Rosa rubiginosa)* sind sie zudem noch mit Drüsen besetzt, die stark duftende ätherische Öle produzieren. Die Beschaffenheit der Blätter variiert von zart und dünn bis ledrig und derb, ihre Oberfläche kann glänzend oder matt erscheinen. Je nach Sorte oder Art sind die Blätter heller oder dunkler grün, blaugrün oder bronzegrün, im Austrieb auch oft rötlich gefärbt.

Bei genauerem Hinsehen kann man in den Blattachseln kleine, punktförmige Gebilde erkennen, die sog. schlafenden Augen oder Triebknospen. Diese Knospen bleiben in Ruhestellung und sind sozusagen die Reserve für den Fall, daß die höher gelegenen Knospen oder Triebteile ausfallen. Frieren die Triebe im Winter zurück oder werden sie gezielt entfernt wie beim Schnitt der Beetrosen, entwickeln sich aus den schlafenden Augen neue Zweige.

Knospen und Blüten

Die farbenprächtigen Rosenblüten stehen entweder einzeln an den Zweigenden oder aber in unterschiedlich großen Blütenständen. Stattliche Einzelblüten zeichnen z. B. viele Teehybriden aus, kleine dagegen die meisten Wildrosen, während der Flor einer Reihe von Floribunda-,

Tip

Der Wuchs einer Rosenpflanze läßt sich gezielt durch Schnittmaßnahmen beeinflussen und verändern. So kann man etwa Beetrosen durch regelmäßigen Schnitt kompakter halten oder Kletterrosen an einem Spalier in eine bestimmte Form zwingen.

Tip

Größe und Farbe der Rosenblätter hängen außer von der Sorte bzw. Art auch vom Nährstoffgehalt des Bodens und damit von der Nährstoffversorgung der Pflanze ab. Gefleckte oder gelbe Blätter sind häufig ein Hinweis auf falsche Ernährung der Rose (siehe auch Seite 114 f.).

Die Zahl der Fiederblättchen an einem Rosenblatt schwankt bei den Wildarten und Sorten in der Regel zwischen fünf und neun. Die Kastanienrose besitzt sogar 15 Fiederblättchen.

Die Blütenformen der Sorten variieren ebenso wie die Gestalt ihrer Blütenblätter, wobei die Übergänge auch fließend sein können. Die Skala der Blütenformen reicht von ① schalenförmig, ② becherförmig, ③ flach gebaut und ④ hoch gebaut über ⑤ kugelig, pomponartig, ⑥ rosettenförmig, ⑦ geviertelt bis zu ⑧ einfach. Die Blütenblätter können elliptisch, herzförmig oder gewellt sein.

Strauch- und Kletterrosen durch oftmals dichte Blütenbüschel so üppig wirkt. Manchmal tragen solche Triebe 50 bis 100 Blumen und mehr. Wie oft an den Zweigen neue Blüten erscheinen, hängt von der jeweiligen Rosengruppe ab. Die einmalblühenden Arten und Sorten, so die Mehrzahl der Wildrosen, entfalten ihre Blumen in der Regel im Mai/Juni. Einige remontieren, d. h., sie blühen im Lauf des Sommers nochmals nach. Die öfterblühenden Rosen, zu denen etwa die Beetrosen, viele Strauch- und Kletterrosen und einige Bodendeckerrosen gehören, bilden dagegen gewöhnlich von Juni bis in den Spätherbst hinein immer wieder neue Blüten aus.

So verschieden die einzelnen Rosenblüten, auch Blumen genannt, wirken mögen, in ihrem grundlegenden Aufbau sind sie alle gleich. Ihr Blütenstiel verdickt sich zum Fruchtknoten oder Kelch, der die Fruchtblätter mit Griffel und Narbe umschließt und später zur Hagebutte heranreift. Am oberen Rand des Kelchs stehen in der Regel fünf kleine grüne Blättchen, die Kelchblätter. Sie umhüllen die geschlossene Knospe, sehen je nach Art oder Sorte unterschiedlich aus und stellen damit ein wichtiges Erkennungsmerkmal dar. Bei der überwiegenden Zahl der Zuchtrosen fallen die Kelchblätter vor der Fruchtreife ab. Bei den Moosrosen sind Fruchtknoten, Kelchblätter und Blütenstiele auffällig mit „Moos" besetzt (siehe Seite 25). Diese Wucherungen enthalten Drüsen, die ätherische Öle produzieren und bei Berührung einen harzigen, intensiven Duft verbreiten.

Die augenfälligste Erscheinung der Rosenblüte sind jedoch die Blütenblätter, in der Fachsprache Petalen genannt. Anzahl, Form und Farbe variieren in höchstem Maß. Die meisten Wildrosen besitzen fünf Blütenblätter, einige Gartensorten fünf bis zehn. Haben sich die Blumen voll geöffnet, sind ihre Staubgefäße deutlich sichtbar. Diese Blüten nennt man einfach. Blüten mit 10 bis 20 Blättern werden als halb gefüllt, solche mit 20 bis 40 Blättern als gut gefüllt, Blumen schließlich mit über 40 Blättern als stark oder dicht gefüllt bezeichnet. Besonders einige der Alten Rosen weisen 100 Blütenblätter und mehr auf.

Das Formenspektrum der Petalen reicht von breitrund oder oval über herzförmig bis hin zu Typen mit gewelltem oder gefranstem Rand. Neben der Zahl bedingt auch die Anordnung der Blütenblätter sowie der Winkel, bis zu dem sich die Blume öffnet, die charakteristische Blütenform einer Rose. So lassen sich flache, schalenförmige, kugelige, hochgebaute und rosettenförmige Blüten unterscheiden. Sie können – vor allem bei Alten Rosen – zudem noch geviertelt sein, d. h., ihre Blätter gruppieren sich dicht zu deutlich erkennbaren Viertelkreisen.

Nicht weniger variabel als Farbe und Form der Blüten ist deren Größe. Die kleinsten unter ihnen messen kaum 2 cm im Durchmesser, die größten fast 15 cm. Nach der heute üblichen Einteilung der Blütengröße in verschiedene Kategorien spricht man von kleinen Blüten bei einem Durchmesser von 3 bis 5 cm, von mittelgroßen Blüten bei einem Durchmesser von 5 bis 8 cm und von großen Blüten bei einem Durchmesser von 8 bis 12 cm und mehr.

Die Narben im Zentrum der Rosenblüte werden von einem Kranz von Staubgefäßen umgeben, deren Anzahl sich von Sorte zu Sorte unterscheidet. Ihre Färbung variiert von Gelb über Orange bis Braun.

Charakteristische Formen der Knospen von Rosen, kurz vor der Entfaltung: kugelig-rund (ganz links), eiförmig-oval (Mitte links), schlank (Mitte rechts), spitz (ganz rechts).

Staubgefäße und Blütenblätter geben nicht nur der geöffneten Blüte, sondern auch den geschlossenen und den sich gerade entfaltenden Knospen ihre Form. Je kürzer und zahlreicher die Blütenblätter sind, desto breiter wird eine Knospe ausfallen. So lassen sich unter den vielfältigen Knospenformen der Rosen schlanke, spitze, eiförmige, kugelige und kegelförmige unterscheiden. Heute geht der Trend bei den Züchtungen, vor allem bei den Edel- und anderen Schnittrosen, sogar dahin, der „perfekten" Gestalt der Knospen mehr Bedeutung einzuräumen als der geöffneten Blüte.

Ein weiteres wichtiges Beurteilungskriterium für Rosenliebhaber ist das Verhalten der Blumen beim Verblühen. Bei einigen Sorten bleiben die verwelkten Blütenblätter am Kelch kleben und vertrocknen dort zu unansehnlichen Ballen. Andere Sorten dagegen werfen die welkenden Blütenblätter ab, und zurück bleibt nur der Kelch oder Stiel. Solche Rosen bezeichnet man als sauber verblühend bzw. man sagt, die Blüte reinigt sich selbst.

Die Farbe der Rosen

Rosen blühen in fast allen erdenklichen Farben. Von Weiß über Gelb, Orange, Rosa und Rot bis hin zu Flieder- und Violettschattierungen reicht die Palette. Hinzu kommen sämtliche Zwischentöne, sogar zweifarbige und gestreifte Sorten werden angeboten. Nur reines Blau und Tiefschwarz fehlen. Dabei ist die genaue Beschreibung eines Farbtons nicht ganz einfach, hängt dieser doch sehr stark vom subjektiven Empfinden des einzelnen ab. Aber auch Beleuchtung, Witterung und Standort nehmen Einfluß auf die Farbwirkung (siehe Seite 38f.). Außerdem ändern viele Rosenblüten von der Knospe bis zum Verblühen ihren Farbton. Bei einigen geht es dabei nur um Nuancen, wobei in der Regel die Knospen intensiver leuchten, weil die Blütenblätter mit der Zeit etwas verblassen. Manche jedoch bestechen auch durch einen faszinierend deutlichen Farbwechsel. So wandelt sich z. B. bei

Tip

Bei naßkalter Witterung kann es vorkommen, daß sich einzelne Blüten nicht richtig entfalten und die Blütenblätter verkleben. Sie werden dann schnell braun und verfaulen buchstäblich am Stiel. Diese Erscheinung wird als Mumienbildung bezeichnet. Bemerkt man frühzeitig, daß die Blütenblätter aneinanderhaften, kann man versuchen, sie vorsichtig mit der Hand voneinander zu lösen. Andernfalls müssen die Mumien abgeschnitten werden.

Die dunkel karminrot-violetten Blütenblätter der Gallica-Rose 'Tuscany Superb' schimmern wie kostbarer Samt.

Tip

Blüten, die an den Blütenstielen vertrocknen, sehen nicht nur unschön aus, sondern sind oft auch ein Herd für Krankheitskeime, insbesondere Pilzkrankheiten. Man sollte sie deshalb umgehend abschneiden und entfernen. Bei öfterblühenden Sorten regt dieses Ausputzen außerdem die Bildung neuer Knospen an.

Für die Rosatönung der Blüten sind Anthocyane verantwortlich. Bei manchen Sorten sind die Ränder der Blütenblätter dunkler gefärbt als die Mitte, was auf eine unterschiedliche Verteilung der Farbpigmente zurückzuführen ist.

'Rumba' das Gelbrot der Knospe über ein leuchtendes Gelb bei der jungen Blüte zu einem kräftigen Rot bei der verblühenden Blume. Bei bestimmten Rosen zeigen die Außen- und Innenseiten der Blütenblätter unterschiedliche Farben, oder aber die Ränder sind anders getönt als die übrige Blattfläche.

Die Blumen einiger rotblühender Sorten neigen dazu, im Verblühen violett oder blaurot zu werden: sie verblauen. Doch seit langem bemühen sich die Züchter darum, Rosen ohne diese unerwünschte Eigenschaft zu ziehen. Mittlerweile gibt es unter den unzähligen roten Rosensorten viele, die ihre Blütenfarbe unverändert beibehalten (siehe Sortenbeschreibungen Seite 124–231).

Die Farbwirkung entsteht durch verschiedene Pigmente, die in den Zellen des jeweiligen Gewebes eingelagert sind. Nach ihrer chemischen Zusammensetzung unterscheidet man einige Substanzgruppen, die ganz spezifische Tönungen hervorrufen. So ist etwa Chlorophyll für das Grün verantwortlich. Es findet sich bei Rosen hauptsächlich in Blättern und Stielen, in den Blüten dagegen nur in Ausnahmefällen, beispielsweise bei der Sorte 'Viridiflora'. Anthocyane bewirken die Rottöne von Rosa bis Violett, dazu auch Blau. Flavonoide lassen die Blume gelb erscheinen. Je nach Menge der vorhandenen Farbstoffe und ihrem Verhältnis zueinander ergeben sich für die Blätter und Blüten der Rosen dann sehr vielfältige Farbnuancen. Treten während des Blühens chemische Veränderungen der Pigmente auf, kann es dadurch zu mehr oder weniger deutlichen Abweichungen im Erscheinungsbild kommen.

Die leuchtende Gelbfärbung der Blütenblätter wird durch Flavonoide bewirkt.

Unter den Alten Rosen finden sich viele Sorten, die wie die Zentifolie 'Fantin Latour' einen ganz betörenden Duft verströmen.

Der Duft der Rosen

Ein charakteristisches Merkmal, das viele Rosen von anderen Gartenpflanzen abhebt, ist der Duft. Vor allem bei den Alten Rosen, aber auch unter einigen Modernen finden sich Sorten mit geradezu betörendem Rosenduft. Die Duftstoffe sind flüchtige ätherische Öle, die hauptsächlich in den Blütenblättern gebildet und durch winzige Drüsen an deren Oberseite in die Luft abgegeben werden. Die Intensität des Duftes hängt dabei nicht nur von der Rosensorte ab, sondern auch vom Wetter, der Tageszeit und dem Öffnungszustand der Blüte.

Außerdem empfindet jeder Mensch Gerüche ganz unterschiedlich und wertet sie subjektiv. So wird der Duft einer Rose von dem einen als „wunderbar und zart" beschrieben, von manch anderem jedoch gar nicht wahrgenommen.

Untersuchungen haben ergeben, daß dunkel gefärbte Rosen meist stärker duften als helle, dichtgefüllte Rosen intensiver als wenig gefüllte. Auch die Duftnoten der verschiedenen Sorten sind keineswegs gleich. Neben dem typischen Rosenduft lassen sich in den Wohlgerüchen auch Anklänge an das Aroma von Veilchen, Zitronen, Iris, Klee und Kresse entdecken. Die ätherischen Öle der Rosen werden, wie schon seit Jahrhunderten, zur Herstellung von Rosenöl und Parfum verwendet.

Früchte

Wenn der Sommer vorbei ist, schmücken sich Wildrosen ebenso wie einige Gartenrosen mit ihren Früchten, den Hagebutten. Diese werden von dem fleischigen Kelchbecher gebildet und enthalten die dicht aneinandergereihten, meist stark behaarten Samen, die botanisch korrekt als Nüßchen zu bezeichnen sind. In Form und Farbe geben sich Hagebutten, je nach Art und Sorte, außerordentlich verschieden. So findet man kugelige, ovale, birnen- und flaschenförmige Früchte mit hell- oder dunkelroter, orangefarbener, grüner, schwarzer oder brauner Färbung. Sie können kahl oder behaart, manchmal auch bereift sein und bleiben oftmals bis in den Winter hinein an den Zweigen haften. Vielen Gartenrosen, und zwar meist den gefüllten Sorten, ist die Fähigkeit, Hagebutten zu bilden, allerdings verlorengegangen, sie sind steril.

Botanische Untergliederung

Die Vielfalt der Rosenarten, -gruppen oder -sorten ist für den Laien oftmals unübersichtlich, die Namen und botanischen Bezeichnungen kaum einleuchtend. Doch wer sich ein wenig damit befaßt, wird problemlos damit umgehen können. Mit seiner Einteilung der Pflanzen nach botanischen Kriterien sorgte bereits 1753 der schwedische Naturforscher Carl von Linné für eine bessere Übersicht. Er führte damals die sog. binäre Nomenklatur ein, die den Pflanzen eindeutige Namen gab und das Pflanzenreich nach einem sinnvollen, noch heute weitgehend gültigen System untergliederte. Demgemäß gehören Einzelpflanzen, die sich in vielen wesentlichen Merkmalen gleichen, zu einer Art; diese bildet gemeinsam mit ähnlichen Arten eine Gattung. Verwandte Gattungen werden wiederum zu Familien und diese schließlich zu Ordnungen zusammengefaßt. So findet sich in der Ordnung der Rosenartigen *(Rosales)* die umfangreiche Familie der Rosengewächse *(Rosaceae)* mit der Gattung der Rosen *(Rosa)*. Diese umfaßt etwa 100 Arten, lauter natürlich vorkommende Wildrosen wohlgemerkt, zu den Arten zählt nicht die Fülle der gezüchteten Gartenformen. Innerhalb dieser Arten wird häufig eine weitere Gliederung in Unterarten, Varietäten oder Formen vorgenommen.

Die botanische Benennung der einzelnen Arten besteht aus dem Gattungsnamen, der voransteht und stets groß geschrieben wird (im gegebenen Fall *Rosa*), und dem klein geschriebenen Artnamen, der meist von einer Eigenschaft, der Herkunft oder dem Entdecker der Pflanze herrührt. Beispiele dafür sind *Rosa multiflora*, die Vielblütige Rose, oder auch *Rosa chinensis*, die Chinesische Rose.

Bei der überwältigenden Mehrzahl der Gartenrosen aber handelt es sich um Hybriden (siehe Seite 20) oder Sorten. Sorten sind gärtnerische Züchtungsprodukte, die durch oft langwierige Kreuzungsversuche entstanden. Sie tragen zur besseren Unterscheidung nicht lateinische, sondern deutsche oder fremdsprachige Namen, die immer in einfachen Anführungszeichen oben und zudem groß geschrieben werden, z. B. 'Olympisches Feuer'.

In Katalogen und Fachbüchern über Rosen findet man häufig auch Angaben dazu, aus welcher Kreuzung die einzelnen Rosensorten hervorgegangen sind. Waren an ihrer unmittelbaren Entstehung nur je eine Vater- und Muttersorte beteiligt, so verbindet man die Namen der Eltern mit einem dazwischengestellten x. So brachte etwa die Kreuzung 'Southampton' x 'Taifun' die Sorte 'Amber Queen' hervor. Ist dagegen ein Elternteil selbst ein Kreuzungsprodukt, wird dies durch eine Schreibweise mit runden Klammern gekennzeichnet; z. B. gibt 'Tchin-Tchin' x ('Baby Bettina' x 'Duchess of Windsor') die Kombination an, aus der die Zwergrose 'Orange Meillandina' hervorging. Komplizierter wird die Angelegenheit, wenn noch mehr verschiedene Rosen ein Erbteil beigesteuert haben, die dann alle in eckige Klammern eingeschlossen werden, wie es bei 'Fashion' x [('Kordes' Sondermeldung' x 'Orange Triumph') x 'Phyllis Bide']. den Eltern von 'Clair Matin', der Fall ist.

Einige Rosen brachten auch sog. Sports hervor. Mit diesem englischen Wort für „Spielart" werden Mutationen bezeichnet, d. h. plötzlich auftretende Abweichungen im Erbgut, die die äußerlichen Merkmale einer Rose verändern (siehe Seite 96 f.).

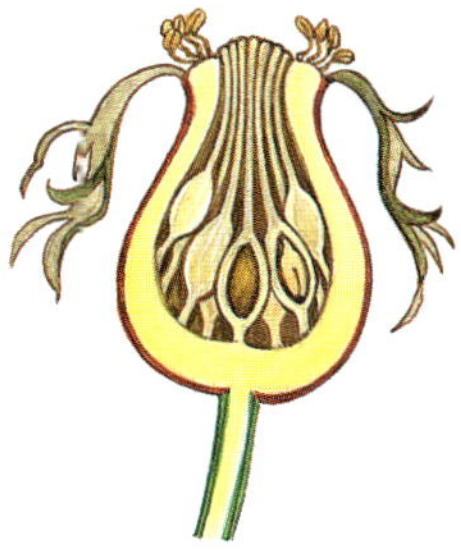

Von der Blüte (oben) zur Frucht (unten): Kron- und Staubblätter vergehen, der fleischige Kelchbecher unterhalb der Blütenblätter schwillt jedoch an, während in ihm kleine Nußfrüchte heranreifen.

Tip

Bei Beetrosen und anderen Gartensorten wird Verblühtes in der Regel abgeschnitten. Man verzichtet damit bewußt auf die Hagebutten – zugunsten eines erneuten und üppigen Blütenflors.

In naturnahen Gärten bleiben die Hagebutten am Strauch und dienen Vögeln als Winterfutter.

Ein Paradies vor der Tür

Mit Rosen gestalten

Mit Rosen läßt sich jeder Gartenwinkel verzaubern. Ob romantisch verträumt oder streng modern – immer kann man die passende Rose finden.

Blüten wie Samt und Seide, Blätter grün wie die Hoffnung und der spannungsreiche Kontrast zwischen schmeichelnder Blütenpracht und spröden Stacheltrieben – welche Pflanze wäre besser geeignet, einen Garten in ein Paradies vor der Haustür zu verwandeln? Rosen bieten diese Merkmale in vollendeter Harmonie, krönen ihre Erscheinung darüber hinaus mit einer schier unglaublichen Fülle an Farben, Formen und Strukturen. Die Königinnen des Pflanzenreichs spielen denn auch stets eine herausragende Rolle und verlangen, von den Pflanzen in ihrer Umgebung hofiert zu werden. Allein als Blickfang an einem gut sichtbaren Platz oder in Begleitung passender Gewächse verleihen sie vielen Stellen im Garten einen geradezu märchenhaften Charme.

Auswahl mit Geschick

Rosen faszinieren die Menschen schon seit Urzeiten. Und in nahezu allen Kulturepochen pflanzten sie die edlen Gewächse, um sich an der Schönheit ihrer Blüten erfreuen zu können. Allerdings wandelte sich je nach herrschender Weltanschauung die Weise, in der Rosen in umfriedeten Bereichen eingesetzt wurden. Selbst heute noch unterliegt die Art der Gartengestaltung dem Zeitgeist.

Tip

Wer bei der Auswahl von Rosen deren unterschiedliche Blütezeiten beachtet, kann sich vom Frühsommer bis weit in den Herbst an den edlen Blumen erfreuen. Den Auftakt bilden die Wildrosen, die meist schon im Mai ihre Pracht entfalten, bevor im Sommer die hohe Zeit der Rosenblüte einsetzt. Viele Beetrosen blühen sogar noch bis zum ersten Frost.

Im Deutschen Rosarium in Dortmund kann man sich über Gestaltungsmöglichkeiten mit Rosen informieren. Eindrucksvoll präsentieren sich Bodendecker-, Beet-, Kletter- und Strauchrosen in Kombination mit bunten Stauden und Sommerblumen.

Wenn auch regelrechte Philosophien darüber entwickelt wurden, wie Rosen zu verwenden und zu kombinieren seien, so haben im Grund doch alle denkbaren Gestaltungsmöglichkeiten ihre Berechtigung – auch wenn sie gelegentlich sehr auf den Geschmack eines einzelnen ausgerichtet sein mögen. Nur ganz bestimmte Grundsätze sollte man bei der Pflanzung von Rosen stets beachten, damit gewährleistet ist, daß sie bestmöglich zur Geltung kommen. Ihre wahre Pracht entfalten sie erst, wenn man ihre herausragende Rolle akzeptiert und sie dementsprechend pflanzt.

Tip

Im Naturgarten sollte man in erster Linie heimische Wildrosen verwenden, also z. B. Kriechrose, Rotblättrige Rose, Alpen-Rose, Bibernellrose, Weinrose oder Filzrose. Kombiniert mit heimischen Wildstauden, ergeben sie sehr reizvolle Ensembles von ganz urwüchsigem Charme.

Der Rosengarten im Wandel der Zeit

Schon in der Antike, in der Rosen als königliche Blumen geschätzt waren (siehe Seite 14), wurden allerorts Rosengärten angelegt. Man wollte bei jedem Anlaß in ihrem Prunk schwelgen können.

Ausgehend von Klostergärten, in denen Rosen wohl hauptsächlich als Heilpflanzen gezogen wurden, und von Adelsgärten, wo ihr Schmuckwert an erster Stelle kam, entstanden in Europa nach dem Mittelalter im Lauf der Zeit Rosengärten, deren Architektur der jeweiligen Lebensauffassung entsprach. Zum einen waren dies streng symmetrische Anlagen, in denen sich die Pflanzenwelt grundsätzlich der ordnenden Hand des Gärtners zu unterwerfen hatte. Rosen standen darin als Dekorationsobjekte zwischen geometrischen Mustern aus Buchsbaumhecken. Zum andern jedoch gestaltete man Gärten auch nach dem Vorbild der Natur, in denen sich alles frei entfalten durfte und die Rosen inmitten anderer Pflanzen wucherten. Bis in die heutige Zeit haben sich diese beiden extrem unterschiedlichen Anschauungen bewahrt: Rosen als kunstvoll gebändigte Skulpturen in der formalen Gartenanlage und Rosen in ungezügeltem, freiem Wuchs im Naturgarten.

Um die Vielfalt der einzigartigen Gewächse zu erhalten und zur Schau zu stellen, wurden Rosen aller Klassen und Sorten seit langem an zahlreichen Orten gesammelt. Schon Kaiserin Josephine, die erste Frau Napoleon Bonapartes, besaß zu Beginn des 19. Jh. eine sehr umfangreiche Rosensammlung in ihren Gärten in Malmaison. Sie verpflichtete nicht nur

Vor allem Kletterrosen begeistern jeden Betrachter. Im Rosengarten in Baden-Baden überspannen hohe Rosenbögen, umrankt von einer üppigen Blütenfülle, die Spazierwege.

Einige der berühmtesten Sammlungen Alter und Moderner Rosen befinden sich in Frankreich. Im Parc de Bagatelle im Bois de Bologne in Paris werden schon seit fast hundert Jahren Rosen ausgestellt und preisgekrönt.

ihre Obergärtner, sondern außerdem Napoleons Armeeführer, sämtliche bekannten Sorten zusammenzutragen, und machte auf diese Weise Malmaison zum berühmtesten Rosengarten ihrer Zeit.

Auch heute noch gibt es viele angesehene Rosengärten in aller Welt. Sie zeigen, nach welchen Prinzipien in den verschiedenen Kulturepochen mit Rosen gestaltet wurde und derzeit wird. Das wahrscheinlich bedeutendste Rosarium der Gegenwart wurde um die Jahrhundertwende in Sangerhausen in Sachsen-Anhalt, etwa 50 km westlich von Halle, gegründet. In Dortmund befindet sich das Deutsche Rosarium, ebenfalls eine sehr umfangreiche Sammlung. Besonders beeindruckende Rosengärten liegen auch in Frankreich, so L'Hay-les-Roses im Tal der Marne oder La Roseraie Paysagère Nouvelle in Lyon.

In solchen Rosengärten, aber auch in vielen anderen botanischen Gärten und öffentlichen Parks, auf Gartenschauen oder Ausstellungen kann man sich über die Vielfalt der Rosen anschaulich informieren. Sie gewähren Einblick in Farbenfülle und Formenreichtum, man kann dort alte und neue Sorten in Augen-

Tip

Viele Rosenschulen besitzen auch eigens angelegte Schaugärten, die über das aktuelle Sortiment der dort geführten Rosen informieren.

schein nehmen und seine persönlichen Favoriten dabei aussuchen. Gleichzeitig präsentieren sie dem Besucher Beispiele für Kombinationen, Verwendungs- und Gestaltungsmöglichkeiten, die dann im eigenen Garten umgesetzt werden können.

Der freizügigeren Denkweise der Moderne entsprechend hat man sich heute von den straffen Gestaltungsrichtlinien früherer Zeiten freigemacht. Erlaubt ist vielmehr, was gefällt. Wer strenge, klare Linien bevorzugt, wird Rosen wohl eher in geordneter Pflanzung einsetzen. Wem dagegen die scheinbare Unordnung der Natur zusagt, der wird Rosen wie zufällig in den Garten zu integrieren suchen. Doch ergeben auch alle Mischformen dieser beiden Stilrichtungen reizvolle Gartenbilder.

Die hellen Blüten der Kletterrose entfalten vor der recht dunklen Holzwand des Bauernhauses ihre ganze Leuchtkraft und kommen so besonders schön zur Geltung.

Die Rosatöne der Beetrosen harmonieren gut mit den blauvioletten Lavendelblüten.

Vielfalt der Farben

Mit Rosenblüten verbinden die meisten Menschen ganz spontan die Vorstellung von Rot. Tatsächlich finden sich im großen Reigen der Arten und Sorten alle nur denkbaren Schattierungen dieser Farbe. Jede noch so feine Nuance in der Tönung kann im Garten eine völlig neue Wirkung erzeugen, vor allem im Zusammenspiel mit anderen Farben. Daher sind vor allem rote Rosen unglaublich vielseitig in ihren Einsatzmöglichkeiten.

Bevor man aus dem breiten Spektrum der Rosen eine bestimmte Sorte auswählt, sollte man sich vor Augen halten, daß auch die Umgebung – vor allem die Belichtung und die unmittelbar benachbarten Pflanzen – den Farbeffekt der Rosenblüten stark beeinflußt. Tief dunkelrote Rosenblüten erscheinen z. B. vor einer weißen Wand funkelnd wie alter Burgunderwein, vor dunkler Nadelgehölzkulisse dagegen sanft schimmernd wie Samt, vor einer tiefbraunen Holzwand jedoch glanzlos wie verwaschenes Leinen.

Mit den vielen Rottönen ist die Bandbreite der Blütenfarben noch lange nicht ausgeschöpft. Es finden sich Rosatöne von hellem Porzellanrosa bis hin zu intensivem Karminrosa, Orange von lichtem Apricot bis zu tiefem Goldorange, Gelb von zartem Cremegelb bis zu dunklem Maisgelb und nicht zuletzt Weiß – von strahlendem Silberweiß bis zu mattem Elfenbein. Ob jeweils in reiner Ausprägung, ob

Eine helle Hauswand bringt das satte Blutrot der Kletterrose 'Paul's Scarlet Climber' zum Leuchten.

Mit farbigen Rosenkugeln lassen sich zwischen Stauden und Rosen hübsche Kontraste setzen.

sich während der Blütezeit verändernd oder ob zu mehreren in einer Blumenkrone gemischt, die Fülle der Farben ist so groß wie die der Rosensorten.

Ein reines Blau fehlt allerdings in der Palette, wenn auch die Blütenfarben einiger Rosensorten ins Bläuliche changieren, an Flieder, Lavendel oder Veilchen erinnern, etwa die Beetrose 'Mainzer Fastnacht' und die Bodendeckerrose 'Lavender Dream' oder die Kletterrose 'Veilchenblau'. Ebensowenig gibt es schwarze Rosen im eigentlichen Sinn. Unter dieser Bezeichnung werden auffallend dunkelrote Sorten geführt, deren Blütenblätter wie von einem schwärzlichen Schimmer überzogen erscheinen, z. B. 'Barkarole'.

Farbharmonien

Die breitgefächerte Farbskala der Rosen erfordert es, sich bei der Planung einer Pflanzung auch Gedanken über die Komposition der Farben zu machen. Da die Umgebung für die Farbwirkung eine erhebliche Rolle spielt, müssen bereits vorhandene Gartenelemente, etwa Hauswände, Zäune, Mauern oder Gehölzgruppen, bei der Sortenwahl berücksichtigt werden. Je dunkler der Hintergrund an der vorgesehenen Stelle ist, desto heller und leuchtender sollten die Rosen blühen. Umgekehrt können vor heller Kulisse besonders dunkel getönte Rosen erst ihren vollen Reiz entfalten.

Hat man sich, dem Hintergrund entsprechend, für eine Farbe entschieden, gilt es die Begleitpflanzen darauf abzustimmen. Da Rosen sehr dominante Pflanzen sind, die in den Mittelpunkt eines Arrangements gerückt werden sollten, bestimmt ihre Blütenfarbe maßgeblich, welche Töne sich am besten dazugesellen. Kontrastierende Farben erzeugen einen lebhaften, spannungsreichen Eindruck,

Einige Sorten wie die Beetrose 'Mainzer Fastnacht' changieren mit ihrer Fliederfarbe ins Bläuliche.

Tip

Auch die Standort- und Wuchsbedingungen können sich auf die Färbung der Rosenblüten auswirken. Man sollte deshalb niemals erwarten, daß Rosen im eigenen Garten exakt so aussehen, wie sie in Katalogen oder in anderen Pflanzungen erscheinen. Vielmehr sorgt dieses Phänomen dafür, daß jeder Garten trotz Verwendung derselben Sorten ein individuelles Bild ergibt.

Tip

Mit der Farbenwahl läßt sich auch das Ambiente eines Gartens oder Gartenteils beeinflussen. Warme Pastelltöne wie Altrosa, Rahmgelb, Apricot und Cremeweiß, aber auch Karminrot und Purpur wirken romantisch und verträumt. Hingegen verbreiten kräftige, hervorstechende Farben wie Zinnoberrot, Scharlachrot, Zitronengelb oder strahlendes Weiß eine temperamentvolle, quirlige Stimmung.

Tip

In extrem dunklen Tönen blühende Rosen sollte man ausschließlich an sehr lichte Stellen mit hellem Hintergrund setzen und ihnen Begleitpflanzen in zarten, freundlichen Farben zur Seite geben. Andernfalls wirken sie leicht düster, und ihre Blüten kommen nicht gut zur Geltung.

Tip

Mit Rosenkugeln aus farbigem Glas, die man ursprünglich zur Abwehr böser Geister aufstellte, lassen sich Rosengruppen zusätzlich beleben. Die Farbe der Kugeln kann dabei in starkem Kontrast zu den Rosenblüten oder auch Ton in Ton mit ihnen gewählt werden.

Diese Bank lädt zum Verweilen ein. Die warmen Farben der gelben und orangefarbenen Rosen und des Mädchenauges werden durch die Blautöne von Rittersporn und Iris sowie dem Violett der Katzenminze sehr wirkungsvoll unterstrichen. Das neutrale Grün der Nadelgehölze schafft einen ruhigen Ausgleich.

Tip

Wer sich unsicher ist, welche Farben er seinen Rosen beigesellen soll, kann sich auf jeden Fall mit Weiß behelfen. Weißblühende Pflanzen schmeicheln fast allen Rosensorten, auch silbrig getönte Blattschmuckarten ergänzen die edlen Blüten harmonisch.

fein nuancierte Schattierungen ein und derselben Grundfarbe sorgen stets für eine weiche, romantische Stimmung. Weiterhin können kräftige Rosenfarben, z. B. das leuchtende Blutrot der Strauchrosen 'Grand Hotel' oder 'Dirigent', hervorragend durch sanfte, transparent wirkende Begleitfarben unterstrichen werden, während zartfarbene Rosenblüten, etwa die hellrosa getönten Blumen der Zentifolie 'Fantin Latour' oder die apricotfarbenen der Englischen Rose 'Charles Austin', durch farbintensive Nachbarn an Leuchtkraft und Ausdruck gewinnen.

Blau steht in starkem Gegensatz zu den meisten Rosenfarben. Ein kräftiges Blau, etwa das des Rittersporns *(Delphinium)*, belebt vor allem gelbe und orangefarbene Rosenblüten, z. B. die Töne der Beetrosen 'Duftgold' oder 'Lolita', paßt aber auch zu Weiß und Rot. Dezenter, aber nicht minder interessant wirken hellblaue oder violette Schattierungen, wie sie z. B. die Blüten von Lavendel *(Lavandula)* oder Verbenen *(Verbena)* zeigen. Zart rosafarbene Rosensorten wie 'Rosali '83' oder 'Queen Elizabeth' kann man durch die Kombination mit in intensivem Blau oder Violett blühenden Polstern von Ehrenpreis (*Veronica*-Arten) zum Strahlen bringen, während grelles Geranienrot, wie es z. B. 'Topsi' präsentiert, durch gedämpftes Gelb, etwa von Frauenmantel *(Alchemilla)*, aparter erscheint.

Kombination von Rosen in verschiedenen Farben

Gleichgültig, ob nur ein einzelner Rosenstock in ein Arrangement eingefügt werden soll oder ob man mehrere Rosen verschiedener Blütenfarbe miteinander kombinieren und durch Begleiter ergänzen möchte, stets sind bei der Farbkomposition gewisse Prinzipien einzuhalten. Allerdings wird es um so schwieriger, je mehr Rosen man zusammenpflanzen will. Harmonisch wirken einerseits Rosengruppen, deren Blütenfarben Ton in Ton abgestuft sind,

Die Blautöne des Rittersporns und vieler Salbeiarten beleben das zarte Rosa der Rosen.

z. B. in Dunkelrot, Dunkelrosa und Hellrosa oder in Scharlachrot, Kupferrot und Goldorange. Solche in einheitlichem Kolorit gehaltenen Gemeinschaften kann man sehr hübsch mit Nachbarn in einer Kontrastfarbe beleben.

Effektvolle Reflexe erzielt man andrerseits aber auch mit Rosenpflanzungen, deren Blütenfarben stark voneinander abweichen. Allerdings sollte man dabei einen Hauptton festlegen, in dem die Mehrzahl der vorgesehenen Pflanzen blüht, und diesen nur durch eine oder wenige kontrastfarbene Pflanzen auflockern, damit das Arrangement nicht zu buntscheckig wird. Attraktiv wirkt z. B. eine Zusammenstellung mehrerer kräftig rosafarbener Sorten, aus denen eine glutrote hervorsticht.

Sehr behutsam sollte man bei der Verwendung mehrfarbiger Sorten vorgehen, damit deren ungewöhnliche Tönung voll zur Geltung kommt. Am besten greift man die in ihren Blütenfarben enthaltenen Schattierungen auf und wiederholt sie mit Begleitpflanzen, die in den jeweils reinen Tönen blühen. Beispielsweise passen zu den leuchtend gelb und rot gestreiften Blüten der Beetrose 'Caribia' sowohl goldgelbe als auch hellrote Sorten, etwa 'Friesia' oder 'Fuggerstadt Augsburg'.

Alte Rosen zeigen ausschließlich sanfte, pudrige, oft ein wenig gebrochen wirkende Blütenfarben, während es unter den Modernen Rosen auch sehr grelle Töne gibt, insbesondere bei Orangerot. Auch darauf sollte man bei der Zusammenstellung von Pflanzgruppen achten. Neben einem stechenden Orange, Zinnoberrot oder Schwefelgelb würde der schöne Farbton einer alten Rosensorte unweigerlich untergehen. Soll also einer Alten Rose eine Moderne beigesellt werden, muß die Tönung der letzteren möglichst weich sein.

Tip

Je kräftiger Rosenblüten getönt sind, desto verhaltener sollte der Ton des Hintergrunds und der Begleitpflanzen sein. Dämpfend und gleichzeitig unterstreichend wirken z. B. eine grüne Nadelgehölzkulisse und eine Unterpflanzung der Rosen mit Gräsern.

Tip

Rosenblüten, die ein weißes Auge zeigen, wie z. B. diejenigen von 'Eyepaint' oder 'Dortmund', wirken besonders hübsch, wenn sich das Weiß ihrer Blütenmitte im Flor von Begleitpflanzen oder im Hintergrund wiederholt.

Tip

Sehr intensiv gefärbte Blüten behalten ihre Leuchtkraft, wirken aber auch nicht zu grell, wenn man sie mit Pflanzen kombiniert, die in einem nahe verwandten Farbton blühen. So paßt etwa zum kräftigen Rosa von 'Lady Like' das pastellige Silberrosa von Schleierkraut *(Gypsophila)*, zu dem bestechenden Feuerrot von 'Lilli Marleen' das milde Orangegelb der Nelkenwurz *(Geum)*.

Das strahlende Gelb des Goldfelberichs steht in sehr starkem Kontrast zum kräftigen Rot der Strauchrosen zu beiden Seiten. Das sanfte Rosa der Strauchrose im Hintergrund setzt einen wohltuenden Ruhepol. Die dunkle Gehölzkulisse verstärkt zudem die Leuchtkraft der Farben.

Abwechslungs-reiche Kreationen

Tip

Einige Rosen verströmen einen geradezu betörenden, intensiven Duft. Diese Sorten setzt man am besten in die Nähe der Terrasse oder eines Sitzplatzes, um in den vollen Genuß ihres Wohlgeruchs zu kommen.

Tip

Je kleiner ein Beet, desto zierlicher sollten die Rosen sein, die man darauf pflanzt. Auch schmale Rabatten eignen sich am besten für kleinwüchsige Rosen. Zwergrosen etwa kommen dort besonders gut zur Geltung. Ausladende und hochwüchsige Sorten bleiben weitläufigen Anlagen vorbehalten.

Tip

Bei einer Gruppenpflanzung muß der nötige Pflanzabstand für die jeweiligen Sorten berücksichtigt werden. Die Rosenbüsche sollen sich nur in den äußeren Strauchbereichen leicht durchdringen, es muß sich jeder einzelne ungehindert entwickeln können.

Tip

Rosenbüsche wirken noch attraktiver, wenn man ihre Blüten nicht von oben betrachtet, sondern sie fast in Augenhöhe sieht. Wo immer es möglich ist, sollten daher Beetrosen, insbesondere kleinwüchsige Sorten, an einen erhöhten Standort gepflanzt werden, z. B. auf ein terrassiertes Beet, an eine flache Böschung oder in ein Hochbeet.

Keine Rose ist wie die andere. Aufgrund ihrer spezifischen Wuchsform, ihres Blühverhaltens und ihrer Ausdruckskraft lassen die Pflanzen der einzelnen Rosenklassen immer andere Bilder entstehen. Ihren Eigenschaften entsprechend setzt man sie daher in den einzelnen Gartenbereichen ganz unterschiedlich ein.

Beetrosen

Beetrosen sind wie geschaffen für flächige Pflanzungen, also für Beete in den verschiedensten Gartenteilen. Vor allem die überaus reichblütigen Floribunda-Rosen und die Polyantha-Hybriden entfalten ihren Reiz erst richtig, wenn sie in größerer Stückzahl beieinanderstehen. Dann vermögen sie ein wahres Feuerwerk an Farben zu entzünden, das schon von weitem auffällt. Etwas zurückhaltender sollte man mit Edelrosen umgehen. Sie gewinnen nicht durch Menge an Ausdruck, sondern durch sorgfältig ausgewählte Begleitung.

Sträucher dieser Rosenklasse kann man prinzipiell in Gärten jeglicher Stilrichtung integrieren. Weniger die Rosen selbst als vielmehr ihre Begleiter bestimmen, welchen Charakter das Arrangement gewinnt. Streng aufgereiht und von kontrastierenden Partnern umringt, passen Beetrosen in einen formalen Garten. Nach der Wuchsform gestaffelt, locker von duftigen Stauden umspielt und insgesamt in pastellfarbener Mischung gruppiert, verbreiten sie ein romantisches Flair, etwa in einem ländlichen Garten. Zusammen mit dekorativen Kräutern und traditionellen Stauden gehören vor allem kleinblumige, aber überaus reichblütige Sorten in einen Bauerngarten.

Um ihre üppige Blütenpracht möglichst gut zur Geltung zu bringen, sollte man Beetrosen stets in Gruppen zusammenpflanzen. Die jeweilige Stückzahl ergibt sich dabei aus der Beet- bzw. Gartengröße und der Wuchsform der Rose. Auf kleine Beete, etwa im Vorgarten, setzt man nur wenige, auf ausgedehnte Rabatten entsprechend mehr. Breit wachsende Rosen werden mit größerem Abstand gepflanzt, schmal aufstrebende dagegen enger. Eine Rosengruppe kann dabei aus lauter Exemplaren derselben Sorte bestehen, ebensogut kann man aber auch mehrere farblich aufeinander abgestimmte Sorten mischen.

Ausgesprochen apart wirkt eine Rosenpflanzung, wenn man Sorten mit unterschiedlicher Wuchshöhe staffelt. Beispielsweise kann eine hochwüchsige, schlanke Edelrose das Zentrum bilden, von buschigen, gedrungenen Floribunda-Rosen untermalt, zu deren Füßen sich noch einige Zwergrosen ausbreiten.

In größeren Beeten sollten sich einzelne Rosenarrangements wiederholen, getrennt

Erst durch die Kombination von Rosen und anderen Pflanzen in verschiedenen Wuchshöhen läßt sich ein Beet wirklich attraktiv und abwechslungsreich gestalten.

durch eine sorgfältig ausgewählte Begleitpflanzung. Dazu verteilt man die Gruppen rhythmisch über die Fläche und füllt die verbleibenden Lücken mit kleinen Gehölzen, Stauden, Gräsern oder mit Sommerblumen. Die Rosengruppen brauchen dabei keineswegs immer gleichartig aufgebaut zu sein. Jeweils leicht abgewandelt, etwa in der Zahl der Pflanzen oder auch in den Farbnuancen, machen sie sich sogar besonders gut. Allerdings sollte der Grundtenor der Kombinationen erhalten bleiben. Eine ausgedehnte, völlig regelmäßige Serienpflanzung von Rosen wirkt dagegen nur in weitläufigen Parkanlagen reizvoll, im Garten verzichtet man besser darauf, ein Beet mit großen Mengen nur einer Sorte zu bepflanzen.

Zwergrosen, kleinwüchsige Floribunda-Rosen sowie Polyantha-Hybriden, selbst Hochstämmchen lassen sich auch in Gefäßen ziehen. In geräumigen Kübeln, allein oder in Begleitung ausgewählter Kleinstauden, bringen sie Schwung auf Terrassen, begrüßen den Gast am Hauseingang oder beleben langweilige Gartenecken. Sogar der Balkon braucht nicht ohne Rosen zu bleiben, auch hier können diese schönen Gewächse für Abwechslung sorgen. Hübsch sind für diese Zwecke etwa 'Baby Maskerade', 'Bonica '82', 'Heideröslein Nozomi', 'Swany', 'The Fairy' oder 'Zwergkönigin '82'.

Wild- und Strauchrosen

Kräftige Sträucher, die sich einmal oder mehrmals im Sommer mit einer Fülle herrlicher Blüten schmücken, sind in vielen Gartenbereichen als markante Blickfänge erwünscht. Strauchrosen gibt es mit mannigfachen Charakteren, von schlicht blühenden, dabei manchmal ungestüm wuchernden Wildarten über nostalgische, wie ziseliert wirkende Zentifolien, Damaszener- oder Bourbon-Rosen bis hin zu modernen Sorten mit duftig zartem Flor. Viele Rosen dieser Gruppe, allen voran die Wildarten, strahlen einen natürlichen Charme aus, der zum einen durch ihren lockeren, schwungvollen Wuchs, zum andern durch die reiche Fruchtbildung zum Ausdruck kommt.

Gestaltungselemente des Bauerngartens lassen sich oft auch im Hausgarten übernehmen. Die Grundfläche wird durch Wege in vier Beete unterteilt, in denen sich die Pflanzen möglichst stets spiegelbildlich wiederholen. Im unteren und im oberen Beet korrespondieren blaue Jungfern im Grünen, rosa Levkojen, tiefblauer Rittersporn, weiße Margeriten, rosa Beetrosen, blauer Ysop, rosa Atlasblumen und rote Bartnelken (unten von links nach rechts). Die gleichen Pflanzen und blauer Salbei sind im linken und rechten Beet ein wenig anders arrangiert. Den Mittelpunkt bildet ein mit Lavendel unterpflanzter Rosenhochstamm, der wie auch die Beete von einer niedrigen Schnitthecke aus Buchs eingerahmt wird.

Was läge daher näher, als Strauchrosen ähnlich zu verwenden, wie man sie in freier Natur vorfindet. Heimische Rosen wachsen vor allem an Waldrändern und in Hecken. Im Garten,

Gestaltung eines Rosengartens:
Bäume und Sträucher umgeben als ruhiger Hintergrund diesen großen Garten, dessen bunte Blütenpracht in allen Bereichen die Rosen (in der Skizze grau) dominieren. Über eine Treppe, die von Bodendeckerrosen malerisch umrankt wird, gelangt man links zu einem recht üppig bepflanzten Beet, in dem viele Strauch- und Beetrosen sehr majestätisch hinter vorwiegend blauen und gelben Stauden wie beispielsweise Glockenblumen oder Königskerzen thronen. Am Teich fügen sich verschiedene Wildrosen harmonisch in die naturnahe Ufergestaltung mit Goldfelberich, Blutweiderich, Wasserdost, Schwanenblume und anderen Stauden ein. Zum Verweilen und Träumen verführt die von Strauchrosen umrahmte weiße Bank. Die schöne Gruppe Alter Rosen im Vordergrund besticht durch ihre gefüllten, duftenden Blüten in pastelligen Farben. Im Rasen wirken zwei Rosenhochstämme, unterpflanzt mit niedrigem Duftsteinrich, ganz für sich allein. Die Fülle von Rosen in diesem Garten setzt sich zusammen aus den Bodendeckerrosen ① 'Red Meidiland', ② 'Swany', ③ 'Heideröslein Nozomi', ④ 'Lavender Dream', ⑤ 'Scarlet Meidiland', den Beetrosen ⑥ 'Polarstern', ⑦ 'Berolina', ⑧ 'Canary' und ⑨ 'Erotika', den Strauchrosen ⑩ 'Dirigent', ⑪ 'Schneewittchen' und ⑫ 'Scharlachglut', den Wildrosen ⑬ Rosa pimpinellifolia, ⑭ Rosa rubiginosa, ⑮ Rosa rugosa, den Englischen Rosen ⑯ 'Constance Spry' und ⑱ 'The Squire', der Gallica-Rose ⑰ 'Officinalis', der Bourbon-Rose ⑲ 'Variegata di Bologna', der Remontant-Rose ⑳ 'Ulrich Brunner Fils' und der Bourbon-Rose ㉑ 'Souvenir de la Malmaison' sowie den Hochstammrosen ㉒ 'Mildred Scheel' und ㉓ 'Burgund '81'.

namentlich in einem naturnah angelegten, kann man deshalb eine Lebensgemeinschaft nachempfinden, indem man Wildrosen wie die Hundsrose *(Rosa canina)* oder die Kriechrose *(Rosa arvensis)* mit anderen Ziersträuchern, etwa Liguster *(Ligustrum vulgare)*, Hainbuche *(Carpinus betulus)*, Haselnuß *(Corylus avellana)* oder Schneeball (*Viburnum*-Arten), in eine frei-

Mit Rosen lassen sich lauschige Sitzplätze gestalten. Vor allem Wildrosen, hier kombiniert mit Farnen und Storchschnabel, verleihen jedem Garten einen natürlichen Charme.

Tip

Wildrosen sind für Vögel ideal. Zum einen finden Kleinvögel zwischen ihren bewehrten Zweigen Schutz, zum andern nutzen viele im Herbst und Winter die gehaltvollen Hagebutten als willkommene Nahrungsquelle.

Sehr hoch wachsende, üppig blühende Strauchrosen entlang eines Gartenzauns verwandeln Grundstücksgrenzen in lebende Mauern.

wachsende Hecke eingliedert. Nach dem zarten Blütenflor tragen die Wildrosen dann mit ihrem Laub in verschiedenen Grüntönen zum natürlichen Gesamtbild der Hecke bei. Im Herbst und Winter schließlich fallen sie nochmals auf, wenn nämlich ihre Früchte, die Hagebutten, markante Farbtupfer in die jetzt kahle Hecke zaubern. Manche Arten legen sogar ein farbenfrohes Herbstkleid an, bevor sie ihr Laub endgültig verlieren. So verfärben sich z. B. die Blätter der Kartoffelrose *(Rosa rugosa)* und der Bibernellrose *(Rosa pimpinellifolia)* gelb, diejenigen der Glanzrose *(Rosa nitida)* rot und gelb. Zusätzliche Effekte in der Hecke ergeben sich, wenn man Rosenarten verwendet, die nicht nur durch Blüten, Laub und Früchte, sondern auch oder gerade durch ihre eigenwillige Bewehrung auffallen. Ein herausragendes Beispiel dafür ist die Stacheldrahtrose (*Rosa omeiensis* f. *pteracantha*).

Man kann aber ebenso eine reine Rosenhecke heranziehen, eine nicht alltägliche Einfriedung, vor allem für einen großzügigen Hausgarten. Schon bald verwachsen die Sträucher zu einem undurchdringlichen, im Frühsommer mit unzähligen Blüten bestandenen Geflecht von Zweigen. Besonders starkwüchsige Wildarten, etwa Hundsrose, Kartoffelrose oder Weinrose *(Rosa rubiginosa)*, sowie deren Abkömmlinge, aber auch die Vielblütige Rose *(Rosa multiflora)* oder die Glanzrose eignen sich hervorragend für diesen Zweck. Moderne Strauchrosen machen sich dagegen gut, wenn man sie heckenähnlich entlang eines Zauns pflanzt, wo ihre Triebe dann bald die Latten erklimmen und sie überwachsen. Diese Variante ist gerade für kleine Gärten zu empfehlen, da sie platzsparender ist als eine regelrechte Rosenhecke.

Die recht kräftigen Farben von Steppenkerze und Rittersporn heben die überschäumende Blütenfülle der weißen Strauchrose besonders hervor.

Die unvergleichliche Pracht der Alten Rosen und der Englischen Rosen wird man dagegen eher in den Mittelpunkt des Gartens rücken. Von ihrem Wuchs, vor allem aber von ihrer Ausstrahlung her benötigen diese Rosen relativ viel Raum. In kleinen Reihenhausgärten sind sie deshalb oftmals fehl am Platz. Damit sie ihre phantastische Blütenfülle möglichst uneingeschränkt präsentieren können, werden sie vorwiegend in größeren Gärten, die sachlich-kühl oder auch nostalgisch-verspielt konzipiert sein mögen, als Solitärsträucher verwendet. Man weist ihnen also einen besonders auffälligen, gut einsehbaren Platz zu, wo sie sich allein oder allenfalls in kleiner Gruppe frei entfalten dürfen und nicht von benachbarten Gewächsen eingeengt werden. Dann kommt auch ihre oft sehr elegante Wuchsform bestmöglich zur Geltung.

Moderne Strauchrosen erweisen sich im Gegensatz zu den übrigen Vertretern dieser Rosengruppe oftmals als zu sparrig oder zu steif im Wuchs, als daß man sie völlig allein stellen sollte. Gefälliger wird das Bild, wenn sie mit niedrigen Sträuchern oder Gräsern oder auch mit passenden Beetrosen unterpflanzt werden, welche die unansehnlichen Äste ihrer Basis kaschieren. In dieser Form machen sie sich sowohl in Gärten gut, die in eleganter Linienführung angelegt sind, wie auch in solchen, die althergebrachten Traditionen folgen, etwa einem Bauerngarten.

Gute Dienste leisten die häufig dauerblühenden modernen Sorten aber als sog. Gerüstbildner in Beeten. Schon eine Strauchrose, im Staudenbeet geschickt plaziert, kann für ungeahnte Wirkung sorgen und so einer bunten Gemeinschaft verschiedenster Blumen einen prächtigen Rahmen geben.

Kletterrosen

Mit ihren farbintensiven Blütenkaskaden können Kletterrosen in jeder Art von Garten Hauswände, Mauern, Zäune, frei stehende Spaliere oder Pergolen schmücken. Selbst sehr kleinräumige Gärten lassen sich mit ihnen bereichern, denn Kletterrosen verlangen nur wenig Grundfläche, schließlich wachsen sie ja in die Höhe. Wie bei allen Rosen gilt auch für ihre Blütenpracht, daß man sie an den besten Orten zur Schau stellen, den Pflanzen also einen bevorzugten Platz zugestehen sollte.

Als Spreizklimmer (siehe Seite 27) können Kletterrosen ihre Triebe nur dann weit in die Höhe schicken, wenn sie eine geeignete Unterlage zum Verhaken finden. An sehr glatten Mauern und Wänden gibt man ihnen deshalb ein stabiles Klettergerüst. Passend zur Architektur und zum Stil des Gebäudes bringt man am besten ein gitterartiges Spalier aus Holz, Metall oder Kunststoff an der Wand an. Climber können sich gewöhnlich selbst daran festhalten, während man Rambler besser festbindet (siehe auch Seite 27). Farblich auf den Hintergrund

Tip

Auch eine schon bestehende Hecke läßt sich durch Rosen bereichern. Man kann entweder einen überalterten Strauch herausnehmen und an seiner Stelle eine robuste Wildrose pflanzen, oder aber man setzt einige nicht allzu kräftig wachsende Strauchrosen einfach in den Vordergrund der Hecke.

Tip

Wer keine reine Rosengruppe mag, kann auch eine gemischte Gehölzgruppe durch eine Strauchrose ergänzen, z. B. inmitten einer weitläufigen Rasenfläche, im Hintergrund eines Sitzplatzes oder zur Betonung einer Wegbiegung. Allerdings sollte man gerade bei Kombinationen von Rosen mit anderen Blütensträuchern darauf achten, daß sich die Pflanzen niemals gegenseitig in ihrer Wirkung beeinträchtigen.

Tip

Kletterrosen sollte man keinesfalls senkrecht, sondern stets schräg in die Höhe leiten. Senkrechte Triebe blühen meist nur im oberen Bereich und sind unten kahl, dagegen werden um so mehr blühende Seitenzweige gebildet, je waagrechter ein Trieb wächst.

Frei stehende Spaliere, an denen Kletterrosen wie etwa 'Paul Noël' emporranken, lassen sich hervorragend als reizvolle Raumteiler im Garten verwenden.

Kletterrosen wie z. B. 'Venusta Pendula' erklimmen sogar Bäume und schmücken mit ihren Blüten das dunkle Grün der Gehölze.

Tip

Rosenbögen, Pergolen und frei stehende Spaliere sollten hoch genug sein und mit ausreichendem Abstand aufgestellt werden, damit man hindurchgehen oder darunter sitzen kann, ohne an den stacheligen Trieben hängenzubleiben oder sich gar zu verletzen.

abgestimmt, sorgen eine oder mehrere Kletterrosen, für sich allein oder durch andere Kletterpflanzen ergänzt, schon bald für ein geradezu märchenhaftes Ambiente.

Kletterrosen vermögen aber noch viel mehr zu leisten, als nur Wände zu begrünen. Sehr reizvoll wirken sie an frei stehenden Gerüsten, etwa an Gitterspalieren, die als Raumteiler im Garten fungieren, an Rundbögen, die einen Weg oder den Garteneingang überspannen, oder an Pergolen, die einen Sitzplatz beschirmen. Selbst an Zäunen kann man sie zu blühenden Umfassungen ziehen, indem man z. B. ihre Triebe mit den Zaunlatten verflicht. Der oft etwas unansehnliche Basisbereich der Kettersträucher läßt sich mit fülligen Stauden, Kleingehölzen oder auch mit Sommerblumen vorteilhaft verdecken.

Eine Rosenwildnis mit Dornröschenromantik ergibt sich, wenn Kletterrosen in alte Bäume oder Großsträucher hineinwachsen dürfen. Aus dem Geäst der stützenden Gehölze blitzen dann im Sommer ihre Blüten wie Edelsteine hervor.

Bodendeckerrosen

Ähnlich wie die Sorten der anderen Rosenklassen zeigen auch die Bodendecker ein reiches Repertoire an verschiedenen Wuchsformen. Mit ihren flach über den Boden kriechenden oder in schwungvollen Bögen wachsenden Trieben vermögen die Sträucher Böschungen, Rabattenstreifen oder entlegene Gartenwinkel hübsch zu begrünen. Da sie sehr pflegeleicht sind und gut sich selbst überlassen werden können, eignen sie sich ideal zur Bepflanzung schwer zugänglicher Bereiche. Unter Beachtung des jeweils notwendigen Pflanzabstands verteilt man dazu die Rosenpflanzen auf der gesamten Fläche, wo sie schon bald für eine grüne Decke sorgen, die sich im Sommer mit vielen Blüten überzieht.

Außer zur flächenhaften Bepflanzung kann man bodenbedeckende Rosensorten aber auch punktuell verwenden. Langtriebige, flach niederliegende Sorten wie 'Heidekönigin' oder 'Immensee' setzt man beispielsweise auf eine Mauerkrone oder an die Front einer Geländestufe, von der ihre blütenbesetzten Zweige malerisch herabhängen. Buschige, kompakte Sorten wie 'Heidetraum' oder 'The Fairy' dagegen vermögen ein Staudenbeet aufzulockern. Für Gehölzgruppen stellen Bodendeckerrosen aller Wuchsformen, ob steif aufrecht, bogig überhängend oder flach niederliegend, gute Partner dar. Man pflanzt sie meist in den Vordergrund einer Gruppe, wo sie gleichsam für eine erste, niedrige Blütenetage im Ensemble sorgen. Sogar in einem Steingarten lassen sich Bodendeckerrosen gestalterisch einbringen, sofern die Anlage weitläufig genug ist. Dort können die Rosentriebe dann über große Steine herabwallen oder auch einen Abhang schmücken.

Bevorzugte Verwendung der Rosenklassen

- Beetrosen: in Gruppen für Beete und Rabatten, als Vorpflanzung am Gehölzrand, kleinwüchsige Sorten und Zwergrosen auch in Gefäßen; kombiniert mit Kleingehölzen, mit Stauden und/oder Sommerblumen; als Schnittblumen
- Wildrosen: in freiwachsenden Hecken und in Gehölzgruppen, als kleine Gruppe am Gehölzrand, vor allem im Naturgarten; kombiniert mit Sträuchern, Zwerggehölzen und/oder Wildstauden; als Lieferanten von wohlschmeckenden Hagebutten
- Alte und Englische Strauchrosen: zur Einzelstellung allein oder in kleiner Gruppe, in freiwachsenden Hecken, im Hintergrund von Staudenbeeten; kombiniert mit kleinen Bäumen, Ziersträuchern und/oder Stauden; als Duftrosen
- Moderne Strauchrosen: zur Einzelstellung in kleinen Gruppen – auch zusammen mit Beetrosen, im Hintergrund von Staudenbeeten, in freiwachsenden Hecken; kombiniert mit Ziersträuchern, Zwerggehölzen und/oder Stauden
- Kletterrosen: einzeln oder zu mehreren an Wänden, Mauern, Zäunen, Pergolen, frei stehenden Spalieren, Säulen und Rosenbögen, zur Berankung von Zäunen, am Gehölzrand in alten Bäumen oder Großsträuchern; kombiniert mit Kletterpflanzen, Stauden und/oder Zwerggehölzen
- Bodendeckerrosen: in Gruppen zur flächigen Begrünung von Hängen, Böschungen oder begrenzten Gartenbereichen, einzeln oder in kleinen Gruppen in Staudenbeeten, im Steingarten, in Gefäßen; kombiniert mit anderen bodenbedeckenden Sträuchern und Zwerggehölzen

Mit Bodendeckern kann man auch schwierige Gartenbereiche wie Hänge und Böschungen pflegeleicht und überdies sehr attraktiv begrünen.

Tip

Mit Bodendeckerrosen kann man auch Treppen seitlich einfassen. Die Zweigschleppen lassen die harten Linien einer Treppe viel weicher erscheinen und schaffen einen idealen Übergang vom Gebäude zum Gartengrün.

Die sehr buschig und kompakt wachsende Bodendeckerrose 'The Fairy' lockert Staudenbeete reizvoll auf.

Rosen in passender Begleitung

Mit ihrem berauschenden Blütenflor gehören Rosen zwar zu Recht dem Hochadel der Pflanzenwelt an, im Wuchsbild lassen sie es jedoch häufig an Vornehmheit mangeln, denn unter dem kostbaren Blütenmantel verbirgt sich nur allzuoft ein sparriges und wenig ästhetisches Zweiggerüst. Vor allem Edelrosen, aber auch großblumige Floribunda-Rosen und Moderne Strauchrosen können bei ungünstiger Verwendung in ihrer Erscheinung derart spröde wirken, daß selbst die herrlichsten Blüten über diesen Makel nicht hinwegzutäuschen vermögen. Um den Rosen ihre Noblesse zu erhalten, umgibt man sie am besten mit einer Gefolgschaft aus anderen Pflanzen, die ihre Würde unterstreichen.

Neben allen gestalterischen Aspekten darf jedoch nicht außer acht gelassen werden, daß die Begleitpflanzen ähnliche Ansprüche an den Standort stellen müssen wie die Rosen. Nur dann kann sich ein Arrangement zu einer langlebigen, auf Dauer gesunden Pflanzengesellschaft entwickeln. Und schließlich will auch bedacht sein, daß Rosen viel Raum zur Entfaltung benötigen, einen offenen Boden bevorzugen und vergleichsweise anspruchsvoll sind in bezug auf dessen Nährstoffgehalt. Sie sollten durch ihre Begleiter nicht eingeengt werden, und die Nachbarpflanzen dürfen ihnen die verfügbaren Nährstoffe nicht streitig machen.

Vor dem Dunkelgrün der Nadelgehölze wirken die rosa Blüten der Wildrose besonders intensiv.

Tip

Der natürliche Charme von Wildrosen läßt sich besonders harmonisch durch Kiefern *(Pinus)*, Eiben *(Taxus)*, Schneeball *(Viburnum)*, Holunder *(Sambucus)* oder auch Wacholder *(Juniperus)* hervorheben.

Gehölze

Bäume und Sträucher bilden mit ihren mehr oder minder markanten Silhouetten eine harmonische Begleitung für Rosen. Höherwüchsige Arten passen dabei vor allem in den Hintergrund, mittelhohe stehen den Rosen würdevoll zur Seite, kleinere können direkt in eine Rosengruppe integriert werden.

Großgehölze dürfen selbstverständlich den Rosen nicht die Sonne nehmen und sollten darüber hinaus am besten stets in gehörigem Abstand zum Rosenbeet wachsen. Schließlich gewähren selbst etwas weiter entfernt stehende Gehölze den Rosen noch Schutz vor kaltem Wind und sorgen für ein ideales Kleinklima.

Eine Gehölzkulisse in ruhigem, vorwiegend dunklem Grün, z. B. ein Gürtel aus Eiben *(Taxus)*, Fichten *(Picea)* sowie Tannen *(Abies)*, strahlt Ruhe aus, läßt die Konturen der Rosen stark hervortreten und ihre Blüten doppelt intensiv leuchten. Dagegen müssen Baum- und Straucharten, die farbenfrohes Laub oder einen bunten Flor zeigen, behutsam auf die Rosen im Vordergrund abgestimmt werden, denn sie sollen diese ja nicht übertrumpfen. Erscheint der Blütenflor der Hintergrundpflanzung früher als die Rosenblüten, wie es etwa bei Zierkirschen *(Prunus)* oder Magnolien *(Magnolia)* der Fall ist, ergeben sich kaum Probleme. Bei gleichzeitig mit den Rosen blühenden Bäumen und Sträuchern müssen jedoch die Blütenfarben unbedingt gut miteinander harmonieren. Ebenso sollte man die Blattfärbung buntlaubiger Gehölze mit den Rosen in Einklang bringen.

Neben den Farben erzeugen auch abwechslungsreiche Formen und Strukturen interessante Effekte. Steif aufrecht wachsende Rosen wirken vor rundlichen Büschen weicher, bogig überhängende Rosentriebe finden in starr abstehenden Strauchzweigen einen ansprechenden Kontrast. So kann z. B. eine bizarr gewachsene Zeder *(Cedrus)* die Eleganz einer Strauchrose mit geschwungenen Trieben eindrucksvoll unterstreichen.

Unter ähnlichen Gesichtspunkten wie für den Hintergrund wählt man auch die standes-

Rosen lassen sich auch in weitläufigen Landschaftsgärten mit großen Gehölzen vielseitig einsetzen. Vor einer Robinie, in deren lockere Krone die Kletterrose 'Veilchenblau' hineinklimmt, gruppieren sich hier (von rechts nach links) die Bodendeckerrose 'Dagmar Hastrup' sowie die beiden Strauchrosen 'Königin von Dänemark' und 'Officinalis'. Den Vordergrund bilden niedrige Storchschnabelarten in Rot- und Violettönen. Der mit Kletterrosen verzierte Pavillon verleiht dem Garten einen geradezu märchenhaften Zauber.

gemäßen Begleiter aus der Gehölzflora aus, die den Rosen im wahrsten Sinn des Worts zur Seite gestellt werden. Natürlich kommen hier nur solche Arten in Frage, die eine annähernd ähnliche Wuchshöhe wie die Rosen aufweisen, also vor allem zahlreiche Ziersträucher und Zwerggehölze.

Zeitlebens klein bleibende Koniferen oder immergrüne Laubgehölze vermitteln am Rand oder inmitten einer Rosengruppe Ruhe und lenken den Blick unweigerlich auf die Hauptdarsteller, die Rosen. Vor allem Buchsbaum (*Buxus sempervirens* var. *sempervirens*), auch als streng geschnittenes Formgehölz, aber ebenso kleine Berberitzen (*Berberis*-Arten), Gewöhnliche Mahonie (*Mahonia aquifolium*) oder die vielen Zwergsorten von Scheinzypresse (*Chamaecyparis*), Lebensbaum (*Thuja*) oder Wacholder (*Juniperus*) leisten in diesem Sinn hervorragende Dienste.

Tip

Buchsbaumkugeln oder -kegel bringen mit ihren streng geometrischen Silhouetten sehr elegante Linien in ein Rosenensemble. Als niedrige Schnitthecke kann man Buchs (*Buxus*) aber auch zur Einfassung von Rosenbeeten verwenden.

Eine Clematis rankt sich Seite an Seite mit einer Kletterrose an der Pergola empor. Faszinierend wirkt die Farbkombination von tiefem Violett und zartem Rosa.

Tip

Anstatt ein Sammelsurium verschiedenster Stauden neben die Rosen zu setzen, sollte man sich besser auf einige wenige Arten beschränken und diese im Ensemble mehrfach wiederholen. So ergibt sich ein ausgewogenes, nicht überladenes Bild.

Etwas höhere Blütensträucher wie Kolkwitzie *(Kolkwitzia)*, Fingerstrauch *(Potentilla fruticosa)* oder Schmetterlingsstrauch *(Buddleja)* ergeben, abgestimmt auf das Farbspiel der Rosen, ein zusätzlich belebendes Geleit. Niedrige Halbsträucher, z. B. Lavendel *(Lavandula)*, Perovskie *(Perovskia)* oder Bartblume *(Caryopteris incana)*, setzen nicht zuletzt durch ihre blauen Blüten und ihr silbergraues Laub stimmungsvolle Akzente.

Auch Kletterrosen brauchen nicht ohne Begleitung zu bleiben. Ihnen kann man Clematis (*Clematis*-Arten), insbesondere blaublühende Hybridsorten, schlingende Heckenkirschen (*Lonicera*-Arten) oder Trompetenblumen *(Campsis)* hinzugesellen. Starkwüchsige Arten wie Glyzine *(Wisteria)* oder Schlingknöterich *(Fallopia)* eignen sich dagegen nicht, sie können die Rosen allzuleicht überwachsen.

Stauden

Aus der überaus umfangreichen Schar der Stauden können die verschiedensten Arten und Sorten die Gefolgschaft der Rosen bilden. Vor allem Beetrosen sind auf die ausgleichende und zugleich unterstreichende Wirkung von Stauden angewiesen, doch auch Strauchrosen gewinnen durch deren Nachbarschaft. Nicht anders als die Gehölze müssen natürlich ebenso die gewählten Begleitstauden ähnliche Ansprüche an den Standort stellen wie die Rosen, und in Wuchsform, Blütezeit, Blütenfarbe und Charakter sind sie wiederum auf die Rosen abzustimmen.

Zweifellos eignen sich Blütenstauden, also Arten, die durch ihre auffälligen Blumenkronen bestechen, besonders gut, um zusätzliche Farbeffekte zu setzen. Sie vermögen interessante Kontraste zwischen den Blütenformen der Rosen hervorzuheben, Zeiten ohne Rosenflor zu überbrücken sowie kahle oder unschöne Stellen in einem Rosenarrangement problemlos zu füllen.

Klassische Staudenpartner von Rosen, insbesondere von Beetrosen, sind vor allem blaublühende Arten, etwa Rittersporne (*Delphinium*-Hybriden), Ziersalbei *(Salvia nemorosa)* oder die Glockenblumen (*Campanula*-Arten). Doch auch in anderen Farbtönen blühende Pflanzen werden seit langem für zeitlos schöne Gemeinschaften mit Rosen genutzt, z. B. zitronen-, orange- und dunkelgelbe Königskerzen (*Verbascum*-Hybriden), sanft violette Prachtscharten *(Liatris spicata)*, goldgelber Sonnenhut (*Rudbeckia fulgida* var. *sullivantii*) und ebenso gefärbte Edelgarben (*Achillea*-Hybriden), die cremeweiße Sumpfgarbe *(Achillea ptarmica)*, orangefarbene Nelkenwurz (*Geum*-Hybriden) oder die in vielen Schattierungen prunkenden Bartiris (*Iris-Barbata*-Hybriden). Nicht zu vergessen sind auch die vielen verhaltener blühenden Arten wie Frauenmantel *(Alchemilla)*, Schleierkraut *(Gypsophila)* oder Katzenminze *(Nepeta)*, deren Blüten die Rosen duftig umspielen.

Blaue Knäuelglockenblumen sind sehr beliebte Begleitpflanzen für gelbe Beetrosen wie 'Friesia'.

Pflanzen mit silbrigem Laub wie beispielsweise Wollziest *(Stachys byzantina)* oder Beifuß (*Artemisia*-Arten) passen zu fast allen Rosen. Ausgesprochen hübsch unterstreichen ihre hellen Blätter jedoch rosafarbene und dunkelrote Rosenblüten.

Auf ungewohnte und deshalb vielleicht besonders reizvolle Weise fügen sich Staudenarten in eine Rosengruppe ein, die früher als zu wenig auffallend oder aber als zu exotisch galten, als daß man sie den Rosen zugesellt hätte. Das Ergebnis kann allerdings verblüffend sein, wenn etwa die Rote Spornblume *(Centranthus ruber)*, Ballonblume *(Platycodon grandiflorus)*, Storchschnabel *(Geranium)* oder Indianernessel (*Monarda*-Hybriden) den edlen Gewächsen benachbart werden.

Ob schmeichelnde Blütenwolken, zierliche Glöckchen, duftige Kugeln, stolze Kerzen oder anmutige Sterne, die verschiedenen Blütenformen der Begleitpflanzen tragen nicht unwesentlich dazu bei, den Rosenkelchen zu huldigen. Hohe, schlanke Stauden wie Rittersporn oder Riesenglockenblume *(Campanula lactiflora)* stellt man am besten in den Hintergrund, höheren Rosenstöcken aber auch zur Seite. Niedrige, insbesondere polsterförmig wachsende Arten, etwa Großer Ehrenpreis (*Veronica austriaca* ssp. *teucrium*) oder Karpaten-Glokkenblume *(Campanula carpatica)*, sollen den Rosen dagegen „zu Füßen liegen". Mittelhohe wie Schleierkraut *(Gypsophila)*, Gelenkblume *(Physostegia virginiana)* oder Knäuelglockenblume *(Campanula glomerata)* dürfen sich auch zwischen den Rosenbüschen einreihen.

Zu den Stauden im weiteren Sinn gehören auch Zwiebel- und Knollenpflanzen, die sich aber nur bedingt als Nachbarn von Rosen eig-

Zu den klassischen Begleitern von Rosen wie der weltberühmten Teehybride 'Gloria Dei' (Mitte links) und der Floribunda-Rose 'Bonica '82' (unten rechts) gehören nicht nur Lavendel (unten links) und Thymian (unten Mitte), sondern auch so herrschaftliche Zwiebelgewächse wie z. B. die Madonnenlilie (oben rechts), die vor dem satten Grün der bereits verblühten Sternmagnolie besonders gut zur Geltung kommen.

Tip

Um die nachlassende Blütenfülle mancher Beetrosen zu überspielen, kann man gut Herbstastern (*Aster*-Arten), Eisenhut (*Aconitum*), auch Gartenchrysanthemen (*Chrysanthemum*-Hybriden) oder andere spät im Jahr blühende Arten in die Nachbarschaft pflanzen, die dann den Flor bis weit in den Herbst fortsetzen.

Tip

Zwiebel- und Knollenpflanzen, die im Frühjahr blühen und bis zum Beginn der Rosenblüte für Farbe im Beet sorgen, sollte man nicht zwischen die Rosenstöcke, sondern stets nur davor oder seitlich davon pflanzen. Ihre Standplätze müssen später bei der Bodenpflege ausgespart werden.

Tip

Viele Gräser zeigen eine auffallende Blattfärbung, z. B. Blaustrahlhafer (*Helictotrichon sempervirens*) oder Silbersprudelgras (*Dactylis glomerata* 'Variegata'), was im Hinblick auf Farbharmonien zu berücksichtigen ist. Solche Arten passen am besten zu Rosengruppen, deren Blütenfarben Ton in Ton gehalten sind.

Tip

Unter den einjährigen Pflanzen, mit denen man Rosen untermalen kann, finden sich auch einige Gräser, z. B. Zittergras (*Briza*-Arten) und Federborstengras (*Pennisetum*-Arten). Allerdings sollte man darauf achten, daß sich diese Gräser nicht selbst aussamen und dadurch überhandnehmen.

Die roten Blüten der Beetrose 'Sarabande' werden vom Frauenmantel anmutig umhüllt.

nen. Die unter der Erdoberfläche versteckt liegenden Zwiebeln und Knollen können bei der für Rosen unerläßlichen Bodenpflege allzu leicht beschädigt werden. Dennoch zählen so manche unter diesen Gewächsen zu den traditionellen Begleitern der Rosen, allen voran die Madonnenlilie *(Lilium candidum)*, welche den Rosen in Würde nicht nachsteht und deren weiße Blütentrichter sich neben roten Rosenblüten einfach prachtvoll ausmachen. Das gilt auch für die ähnlich majestätische Königslilie *(Lilium regale)*.

Trotz des gänzlich andersartigen Wuchsbildes rechnet man auch Gräser zur Pflanzengruppe der Stauden. Ihre steif aufrechten oder weit ausschwingenden, stets jedoch höchst filigran wirkenden Horste ergänzen Rosen durchweg gut. Mit ihrer Struktur setzen sie einen Kontrapunkt zu den fülligen Rosenblüten, ohne diese aber in den Schatten zu stellen. Verspielt anmutende Arten wie Schneemarbel *(Luzula nivea)* oder Wimperperlgras *(Melica ciliata)* geben der Pflanzung einen romantischen Anstrich, straff aufrechte wie Rutenhirse *(Panicum virgatum)* oder Reitgras (*Calamagrostis* x *acutiflora*) betonen die Vertikale, kissenartige wie Blauschwingel *(Festuca cinerea)* füllen den Vordergrund.

Sommerblumen

Kurzlebige Gartenpflanzen eignen sich vor allem dazu, rasch Lücken zu schließen. Nicht alle Arten sind jedoch für die Kombination mit Rosen zu empfehlen. Ein Großteil der Sommerblumen, also der Ein- und Zweijährigen, stellt viel zu lebhafte und ausdrucksstarke Blütenfarben in allzu üppiger Fülle zur Schau, als daß sie sich den Rosen unterordnen könnten. Ausnahmen bestätigen allerdings auch hier die Regel: Einige Sommerblumen erweisen sich als exzellente Begleiter für Rosen.

Wie schon bei den Stauden kommen auch aus dieser Pflanzengruppe vor allem weiß-, blau- und violettblühende Arten in Frage, daneben solche, die sich mit einem zarten Schleier winziger Einzelblüten überziehen. So harmonieren z. B. Ziersalbei *(Salvia farinacea)*, Buntschopfsalbei *(Salvia horminum)*, Muskatellersalbei *(Salvia sclarea)*, Kornblume *(Centaurea cyanus)*, Gartenverbenen (*Verbena*-Hybriden), Jungfer im Grünen *(Nigella damascena)*, Duftsteinrich *(Lobularia maritima)*, Schleifenblume (*Iberis*-Arten), Einjähriges Schleierkraut *(Gypsophila elegans)* und Meerlavendel *(Limonium sinuatum)* mit den Majestäten. In der Farbe fein auf die Rosen abgestimmt, können aber auch Bechermalve *(Lavatera trimestris)* oder Schmuckkörbchen *(Cosmos bipinnatus)* eine gelungene Ergänzung darstellen.

Ein Meer von Studentenblumen in kräftigem Gelb und Orange leuchtet zu Füßen der roten Rosen.

Geeignete Rosenbegleiter

Botanischer Name	Deutscher Name	Blütenfarbe(n)	Blütezeit/ Monate	Höhe in cm	Rosenfarben
Stauden					
Achillea-Hybriden	Edelgarben	hell- bis dunkelgelb	VI–IX	60–120	leuchtend rot, zartgelb bis orangegelb
Achillea ptarmica	Sumpfgarbe, Sumpfschafgarbe, Bertramsgarbe, Weißer Dorant	weiß	VI–IX	30–100	blutrot, aber auch alle anderen Farben
Aconitum napellus	Blauer oder Echter Eisenhut	blau bis violett, auch weiß gescheckt, rosa, weiß	VI–VIII	50–150	alle Farben
Alchemilla mollis	Schleierfrauenmantel	gelb bis grünlichgelb	VI–VII	30–60	Rot- und Orangetöne, weiß
Anthemis marschalliana	Bergkamille	gelb	V–VII	15–30	Rot- und Orangetöne, weiß
Artemisia schmidtiana	Silberbeifuß	weiß, gelb	VI–VIII	15–25	alle Farben, edel zu Weiß
Aster-Dumosus-Hybriden	Herbstblühende Kissenastern	weiß, rosa, rot, blau	VIII–X	20–50	weiß mit rosa und roten, alle Farben mit weißen Sorten
Aster novae-angliae	Rauhblattaster	rosa, rot, violett bis blauviolett, weiß	IX–XI	60–160	weiß und gelb mit rosa und roten, alle Farben mit violetten und weißen Sorten
Aster novi-belgii	Glattblattaster	rosa, rot, violett, blau, weiß	IX–XI	60–160	weiß und leuchtend rosa oder rot mit blauen und violetten, alle Farben mit weißen Sorten
Campanula carpatica	Karpaten-Glockenblume	blau, violett, weiß	V–IX	10–30	weiß, alle Rot- und Rosatöne, alle Farben mit weißen Sorten
Campanula glomerata	Knäuelglockenblume, Büschelglockenblume	violett, blau, auch weiß	VI–VIII	50–60	alle Gelb- und Rottöne
Campanula lactiflora	Riesenglockenblume	violett, weiß, rosa	VI–VIII	80–150	leuchtend rot bis rotorange, rosarot oder weiß mit rosa Sorten
Centaurea montana	Bergflockenblume	blau, auch rosa und weiß	V–VI	40–50	zarte Rosatöne, gelb und weiß
Centranthus ruber	Rote Spornblume	dunkelrot, weiß	VI–IX	40–80	weiß bis zartrosa am schönsten mit dunkelroten Sorten, dunkelrot mit weißen Sorten
Chrysanthemum-Indicum-Hybriden	Herbstchrysantheme, Winteraster	alle Farben außer Blau und Violett	VIII–XI	50–90	gelb mit orangefarbenen und roten, rot mit gelben und weißen, alle Farben mit weißen Sorten
Coreopsis verticillata	Nadelblättriges Mädchenauge, Netzblattstern	gelb	VI–X	25–80	kräftig orange bis orangerot, auch leuchtend rot
Delphinium-Hybriden	Rittersporn, Gartenrittersporn	blau, violett weiß oder rosa	VI–VII/VIII, Nachblüte im Herbst	80–200	in klassischer Kombination rot, auch gelb
Echinops-Arten	Kugeldistel	blau, auch weiß	VII–VIII/IX	60–180	gelb, rot und weiß
Erigeron-Hybriden	Feinstrahl, Berufkraut, Feinstrahlaster	weiß, rosa, rot, violett, auch blau	VI–VIII, Nachblüte IX	60–80	rot am schönsten mit weißen Sorten
Eryngium-Arten	Edeldistel, Mannstreu	blau	VII–VIII, *E. planum* VI–IX	30–80	zartrosa bis kräftig pinkfarben, alle Gelbtöne
Geranium macrorrhizum	Balkan-Storchschnabel, Felsenstorchschnabel	rot, rosa, weiß	V–VII	20–30	gelb und weiß

Botanischer Name	Deutscher Name	Blütenfarbe(n)	Blütezeit/ Monate	Höhe in cm	Rosenfarben
Geranium x *magnificum*	Prachtstorchschnabel	blau	VI–VII	40–60	alle Gelbtöne, rosa bis pink und weiß
Geum-Hybriden	Nelkenwurz, Petersbart	gelb, orange, rot	V–VII, Nachblüte bis X	40–50	sonnige Farben, orangerot und gelb, auch weiß
Gypsophila-Hybriden	Schleierkraut, Gipskraut	weiß, rosa	VI–VIII	30–40	kräftige Farben, rot und pink
Heliopsis helianthoides var. *scabra*	Sonnenauge	gelb	VII–IX	70–170	orange und rot
Hypericum calycinum	Teppichjohanniskraut, Großkelchiges Johanniskraut, Schattenhartheu	gelb	VII–IX	20–40	sonnige Farben, orange und rot
Iris-Barbata-Elatior-Hybriden	Hohe Bartiris	alle Farben, häufig auch mehrfarbig	V–VII	70–120	zarte Farbtöne
Liatris spicata	Prachtscharte, Rosenscharte, Kansas-Feder	violett, auch weiß und rot	VII–IX	40–120	rosa und weiß
Linum perenne	Ausdauernder Lein, Staudenlein, Dauerlein	blau, auch weiß	VI–VIII	30–60	rosa, pink und weiß
Monarda-Hybriden	Indianernessel, Bienenbalsam	weiß, rosa, rot, violett	VI–IX	80–150	weiß und zartgelb mit rosa und roten Sorten
Nepeta x *faassenii*	Blauminze	lavendelblau	V–IX	25–60	Rottöne und weiß
Perovskia-Arten	Perovskie, Blauraute, Silberstrauch	violett	VIII–X	80–150	alle Farben
Phlox-Paniculata-Hybriden	Hoher Staudenphlox, Hohe Flammenblume, Gartenphlox	weiß, rosa, rot, violett, auch zweifarbig	V–IX	60–120	weiß mit rot- und rosablühenden Sorten, gelb mit violetten Sorten
Physostegia virginiana	Gelenkblume, Etagenerika	rosa, auch weiß	VII–IX	60–120	zartrosa, weiß, kräftige Farben mit weißen Sorten
Platycodon grandiflorus	Ballonblume	blau, auch weiß oder rosa	VII–VIII	20–70	gelb mit blauen und weißen, weiß und rot mit rosa Sorten
Rudbeckia fulgida var. *sullivantii*	Sonnenhut, Rudbeckie	gelb mit dunkler Mitte	VII–IX	60–100	leuchtende Orange- bis Rottöne
Salvia nemorosa	Ziersalbei, Sommersalbei	blau, violett	VI–VIII	50–80	gelb, zartrosa und weiß
Salvia officinalis	Gartensalbei, Edelsalbei	blau, violett	VI–VIII	50–80	gelb, zartrosa und weiß
Verbascum-Hybriden	Königskerze, Fackelblume	gelb, auch weiß und rosa	V–VIII	70–200	orangerot mit gelben, dunkelrot mit weißen und rosa Sorten
Veronica austriaca ssp. *teucrium*	Großer Ehrenpreis, Büschelveronika	blau, auch weiß, rosa, rot oder violett	V–VI	20–60	zarte Farben, kräftig gelb auch mit blauvioletten Sorten
Veronica gentianoides	Enzianblättrige Veronika	blau, auch weiß, rosa, rot oder violett	V–VI	20–60	zarte Farben, kräftig gelb auch mit blauvioletten Sorten
Veronica longifolia	Langblättriger Ehrenpreis, Hoher Wiesenehrenpreis, Kerzenveronika	blau, auch weiß	VII–VIII	60–120	alle Farben
Veronica spicata ssp. *incana*	Silberehrenpreis, Silberpolsterveronika	blau, auch weiß, rosa, rot oder violett	VI–VIII	20–60	zarte Farben, kräftig gelb auch mit blauvioletten Sorten
Ziergrasarten					
Achnatherum calamagrostis	Silberährengras	hellbraun, silbrig glänzend	VI–IX	60–80	alle Farben
Calamagrostis x *acutiflora*	Reitgras, Gartensandrohr	hellbraun	VII–VIII	60–150	alle Farben
Carex grayi	Morgensternsegge	bräunlich	VII–VIII	40–50	alle Farben
Cortaderia selloana	Pampasgras	weiß bis hellbraun	IX–X	100–200	alle Farben

Botanischer Name	Deutscher Name	Blütenfarbe(n)	Blütezeit/ Monate	Höhe in cm	Rosenfarben
Deschampsia cespitosa	Waldschmiele, Rasenschmiele	goldbraun	VI–VIII	30–80	alle Farben
Festuca cinerea	Blauschwingel	blaugrau	VI	20–30	alle Farben
Helictotrichon sempervirens	Blaustrahlhafer	blaugrau	VI–VIII	50–150	alle Farben
Luzula nivea	Schneemarbel	weiß	V–VI	20–40	alle Farben
Melica ciliata	Wimperperlgras	cremefarben	V–VI	30–60	alle Farben
Panicum virgatum	Rutenhirse	grüngrau, kupfrige Herbstfärbung	VIII–IX	100–120	alle Farben
Pennisetum alopecuroides	Lampenputzergras	grün bis bräunlich	VIII–IX	50–80	alle Farben
Sommerblumen					
Anchusa capensis	Hundszunge, Sommervergißmeinnicht, Ochsenzunge	blau, seltener weiß	VII–IX	25–50	zartrosa bis leuchtend rot, gelb
Campanula medium	Marienglockenblume	weiß, rosa, blau	VI–VII	50–90	zarte Farben mit blauen, rosa und dunkelrot mit weißen Sorten
Catananche caerulea	Rasselblume	blau, selten rosa oder weiß	VI–IX	40–60	alle Rottöne, gelb und weiß
Centaurea cyanus	Kornblume	blau, rosa, rot, weiß	VI–IX	40–100	zartgelb bis kräftig gelb
Chrysanthemum parthenium	Goldkamille, Gefüllte Kamille, Edelkamille, Zierkamille, Mutterkraut, Topfmatricarie	weiß, gelb	VI–IX	15–30	orange, auch weiß
Cosmos bipinnatus	Schmuckkörbchen, Cosmea, Kosmee	weiß, rosa, rot	VII–X	100–120	weiß, zartrosa, auch kräftig pinkfarben
Cynoglossum amabile	Sommervergißmeinnicht, Hundszunge	blau, auch rosa und weiß	VII–IX	25–60	rosa bis pinkfarben, weiß, auch gelb
Delphinium ajacis	Gartenrittersporn, Hyazinthenrittersporn	weiß, rosa, karminrot, blau, violett	VI–VIII	40–110	alle Rosatöne und weiß
Gypsophila elegans	Einjähriges Schleierkraut	weiß, rosa	V–IX	45–100	alle Farben
Iberis amara	Bittere Schleifenblume	weiß	V–VIII	20–40	alle Farben
Iberis umbellata	Doldige Schleifenblume	weiß, rosa, rot, violett	VI–VIII	20–40	Rosatöne
Lavatera trimestris	Bechermalve, Buschmalve, Pappelrose, Trichtermalve	weiß, rosa	VII–X	50–120	Rottöne, pink
Limonium sinuatum	Meerlavendel, Strandflieder, Widerstoß, Statice	weiß, gelb, rosa, blau	VII–IX	25–90	alle Farben
Lobularia maritima	Duftsteinrich, Strandsteinkraut	weiß, rosa, violett	V–X	6–15	Rosatöne, weiß, auch gelb
Nigella damascena	Jungfer im Grünen, Braut in Haaren, Gretel im Busch	blau, rosa, weiß	VI–IX	40–50	zarte Farben
Salvia farinacea	Ziersalbei, Mehliger Salbei	weiß, blau, violett	V–X	60–80	blutrot und rosarot
Salvia horminum	Buntschopfsalbei	weiß, rosa, violett	VI–IX	50–60	zartrosa, gelb, leuchtend rot auch mit violetten Sorten
Salvia sclarea	Muskatellersalbei	rosaweiß	VI–VII	80–120	kräftig rot
Senecio bicolor	Cinerarie, Aschenblume, Greiskraut, Silberblatt, Kreuzkraut	– (Blattschmuck)	–	15–40	kräftig rot, auch alle anderen Farben
Verbena-Hybriden	Gartenverbene, Eisenkraut	weiß, rosa, lachs, rot, blau, violett	VI–X	20–35	alle Farben

Blütenpracht in Augenhöhe – Hochstämme und Trauerrosen

Inmitten anderer Gewächse zieht ein prächtig blühendes Rosenstämmchen im Bauerngarten alle Blicke auf sich.

Gelbe Teehybriden wie 'Helmut Schmidt' leuchten weithin.

Rosen auf Stämmchen haben eine lange Tradition. Früher standen sie hauptsächlich in Bauerngärten, wo sie auch heute noch ihren festen Platz finden. Häufig wurden sie von niedrigen geschnittenen Buchsbaumhecken eingefaßt, was ihnen manchmal einen sehr ornamentalen, fast strengen Charakter verlieh.

In den letzten Jahren hat man die schlanken Schönheiten jedoch auch für andere Stilrichtungen und Gartenteile, ja sogar für Balkon und Kübel entdeckt, und so wuchs die Anzahl der im Handel angebotenen Sorten ganz erheblich. Hochstämmchen sind eine ideale Lösung für kleine Gärten oder Terrassen, denn sie benötigen bei weitem nicht soviel Platz wie buschig wachsende Rosen. Hübsch unterpflanzt mit Sommerblumen oder niedrigen Stauden, stellen Hochstämmchen selbst auf engstem Raum eine wahre Augenweide dar. Zudem präsentieren sie ihre ganze Pracht in Augenhöhe, und so kann man nicht nur Formen und Farben der Blüten ungehindert betrachten, sondern bei einigen Sorten auch geradezu in einen Duftrausch verfallen.

Die Stammrosen entstehen nicht auf natürliche Weise, sie sind gewissermaßen Kunstprodukte: Eine Zuchtsorte wird dazu auf den Stamm einer Wildrose aufveredelt. Deshalb liegt hier die Veredelungsstelle nicht am Wurzelhals unter der Erde, so wie bei den übrigen Rosen, sondern direkt unterhalb der Krone. Es werden Sorten verschiedener Rosengruppen dafür verwendet – deren charakteristische Merkmale bestimmen das Aussehen und die Höhe der Stammrose.

So sind Teehybriden meist großblumig, und ihre Blüten sitzen in der Regel einzeln an den Stielen, während Hochstämmchen von Sorten aus anderen Gruppen durch oftmals dichte Blütenbüschel bestechen.

Als Hochstämme bezeichnet man Exemplare, deren Stammhöhe, vom Wurzelhals bis zum Kronenansatz gemessen, etwa 90 cm beträgt. Im allgemeinen werden hierfür Sorten aus der Gruppe der Teehybriden oder Floribunda-Rosen aufveredelt, manchmal auch Bodendeckerrosen.

Halbstämme weisen eine Stammhöhe von rund 60 cm auf. In der Regel verwendet man hierfür Zwergrosen und Bodendeckerrosen.

Zwerg- oder Fußstämme sind nur etwa 40 cm hoch. Auch in diesem Fall bilden für gewöhnlich Zwerg- und Bodendeckerrosen die Krone.

Die Hochstämmchen der Sorte 'Schneewittchen', die einen starken Duft verströmen, zieren den Übergang vom Garten zur Terrasse.

Zu den schönsten Kaskadenrosen zählt 'Rosarium Uetersen', die sich bis zum Herbst unermüdlich mit dichtgefüllten, leuchtend tiefrosa Blütenwolken schmückt.

Trauerrosen, häufig auch als Kaskadenrosen geführt, tragen als aufveredelte Krone eine Kletterrose oder eine Bodendeckerrose mit langen Trieben. Der Stamm ist meist etwa 140 cm hoch.

Die Qualität entscheidet

Wie bei allen Rosen ist es ebenso bei Stammrosen wichtig, beim Kauf auf gute Qualität zu achten. Sie ist die Grundvoraussetzung für ein langes Leben der Pflanze und für überschäumende Blütenpracht. Und wie die übrigen Gartensorten werden auch Stammrosen in verschiedenen Güteklassen angeboten:

Güteklasse A: Der Stamm muß kräftig und gerade sein und soll keine größeren überwallten Wunden aufweisen. Direkt unter der Veredelungsstelle darf der Durchmesser nicht weniger als 9 mm betragen. Die Krone ist aus zwei Veredelungsstellen aufgebaut, wobei mindestens drei starke Triebe direkt aus diesen entspringen müssen. Die Faserbewurzelung soll gut ausgeprägt sein.

Güteklasse B: Für Stamm und Bewurzelung gelten dieselben Richtlinien wie für Güteklasse A, allerdings ist hier für die Krone eine einzelne Veredelungsstelle ausreichend, aus der mindestens zwei gut entwickelte und kräftige Triebe entspringen müssen.

In der Regel werden die Stammrosen in Containern gezogen und darin verkauft. Grundsätzlich müssen die Sorten auf Unterlagen von Abkömmlingen der Hundsrose *(Rosa canina)* veredelt sein, andernfalls ist dies ausdrücklich zu kennzeichnen.

Kaskadenartig hängen die edlen, intensiv duftenden Blüten der Trauerrose 'New Dawn' herab.

Standort und Pflanzung

Über das Wohlergehen der Stammrosen entscheidet darüber hinaus der passende Standort. Prinzipiell haben sie dieselben Bedürfnisse wie alle anderen Rosen. Ein sonniger, luftiger Platz in lockerem, tiefgründigem Boden ist ihnen gerade recht. Hochstämme und Kaskadenrosen werden gern in den Vorgarten oder neben die Terrasse gepflanzt, kleinwüchsigere auch in Kübel und Töpfe, die man auf den Balkon stellt. An derartigen Standorten sollte man jedoch besonders darauf achten, daß von Dachrinne, Pergola oder Mauerüberständen kein Tropf-

Rosenhochstämme verleihen jedem Beet einen sehr eigenwilligen Reiz, besonders wenn ihr Fuß von Astilben, Nachtkerzen, Salbeiarten oder Lichtnelken so duftig umspielt wird.

wasser auf die Rosen gelangt, um die Gefahr eines Befalls mit Schädlingen und Krankheiten so gering wie möglich zu halten. Zu bedenken ist auch, daß sich südseitige Terrassen oder Balkone stark aufheizen können, wodurch die Pflanzen oft ganz erheblich belastet werden.

Wählt man für Stammrosen einen passenden Standort, entwickeln sie sich dauerhaft zu üppiger Schönheit.

Ist der Standort festgelegt und die passende Sorte gekauft, geht es ans Einpflanzen. Grundsätzlich unterscheiden sich Bodenvorbereitung und Pflanzschritte beim Setzen von Stammrosen nicht von der Vorgehensweise bei den übrigen Rosen (siehe Seite 77 ff.). Zu beachten ist allerdings, daß als erstes der Haltepfahl in das Pflanzloch geschlagen, dann erst der Wurzelstock hineingesetzt wird. Andernfalls könnten beim Einrammen des Pfahls die empfindlichen Wurzeln beschädigt werden.

Der Stamm der Rose sollte einen Abstand von etwa 6 bis 8 cm zum Stützpfahl haben und die Pflanze ebensotief stehen, wie sie vorher in der Baumschule bzw. im Container gepflanzt war. Anschließend bindet man den Stamm vorsichtig und locker am Haltestab fest, am besten, indem man einen kunststoffummantelten Draht oder einen Strick in Form einer liegenden Acht um beides herumschlingt. Der Stamm darf dabei keinesfalls eingeschnürt werden.

Richtig überwintern

Stammrosen brauchen im allgemeinen eine schützende Abdeckung, um die kalte Jahreszeit ohne Schaden überstehen zu können. Nur in sehr milden Klimagebieten darf man darauf verzichten. Der empfindlichste Bereich ist wie bei allen Rosen die Veredelungsstelle, und schon wegen deren Lage gleich unterhalb der Krone gestaltet sich der Winterschutz bei Stammrosen etwas aufwendiger als beispielsweise bei Beetrosen. Wie man dabei vorgeht, hängt in erster Linie vom Alter der Rose ab.

Wildrosen bestechen im Herbst durch rote Hagebutten.

Junge Rosen, deren Stamm noch biegsam ist, werden im Spätherbst zunächst von sämtlichen noch an den Zweigen haftenden Blättern befreit und an den Triebspitzen ein wenig zurückgeschnitten. Anschließend bindet man Reisig auf der gesamten Länge um den Stamm herum und biegt diesen zuletzt behutsam zur Erde herab, wo man ihn mit Astgabeln, Drahtbügeln oder ähnlichem befestigt. Um das Risiko zu vermindern, daß das zarte Stämmchen abbricht, kann man vorher die Erde rings um den Wurzelballen vorsichtig auflockern. Schließlich häufelt man sowohl den Stammfuß wie auch die Krone samt der Veredelungsstelle gut mit lockerer Erde an.

Junge Stammrosen werden zum Überwintern mit Reisig eingehüllt, auf die Erde gebogen und festgesteckt. Dann häufelt man noch lockere Erde auf Krone und Fuß.

Bei den älteren Stämmen werden der Stamm und die Krone locker mit Sackleinen umwickelt.

Ältere Stammrosen lassen sich nicht auf diese Weise über den Winter bringen, da man sie nicht mehr so stark biegen kann. Ihren Stamm umwickelt man zunächst lose mit Sackleinen. Die Zweige werden von den restlichen Blättern befreit, besonders lange Triebe leicht eingekürzt. Danach bindet man um Krone und Veredelungsstelle Reisig, stülpt einen Jutesack darüber und schnürt diesen dann unterhalb der Veredelungsstelle zusammen. Anschließend wird der Stammfuß angehäufelt. In rauhen Lagen oder in sehr kalten Wintern schützt man ihn zusätzlich mit Reisig.

Bei Trauerrosen geht man etwas anders vor: Ihre langen Triebe werden nach unten gebogen und vorsichtig am Stamm festgebunden. Nach dem Entfernen der letzten Blätter wird entweder ein großer Jutesack darübergezogen oder die Krone einschließlich der Veredelungsstelle mit Sackleinen umwickelt.

Sorgfältiger Schnitt

Stammrosen müssen regelmäßig geschnitten werden, damit sie nicht nur ihre besondere Form, sondern überdies ihr reiches Blühvermögen über eine lange Zeit hinweg behalten. Grundsätzlich gelten für sie dieselben Schnittregeln wie für die übrigen Rosen, auch sie werden „auf Augen" geschnitten (siehe Seite 85). Als Hochstämme veredelte Beetrosen wie Teehybriden oder Floribunda-Rosen kürzt man im Frühjahr nach dem Entfernen des Winterschutzes auf ungefähr ein Drittel oder zwei Augen ein. Nach innen wachsende Triebe werden ganz beseitigt. Insgesamt sollte man auf eine harmonische, gleichmäßige Kronenform achten. Trauerrosen werden dagegen nur gelegentlich ausgelichtet, wobei altes, abgestorbenes Holz herausgenommen wird. Verblühtes schneidet man auch bei Stammrosen während des ganzen Sommers regelmäßig ab.

Die folgende Tabelle zeigt eine Auswahl schöner Stammrosen. Das Angebot an Sorten ist von Züchter zu Züchter und von Rosenschule zu Rosenschule verschieden, und auch die Kulturformen, in denen die einzelnen Sorten gezogen sind, weichen manchmal voneinander ab, d. h., ein und dieselbe Sorte kann sowohl als Hochstamm wie auch als Halbstamm oder als Zwergstamm angeboten werden.

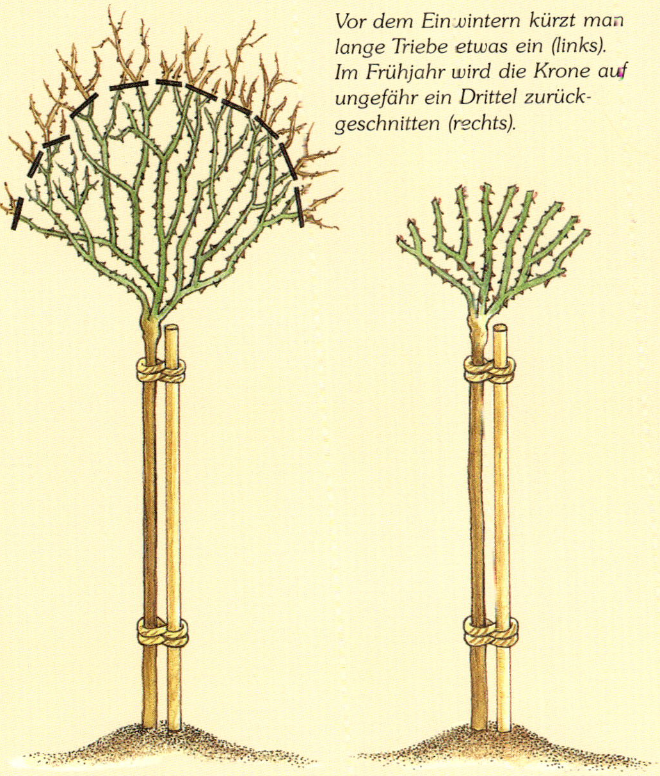

Vor dem Einwintern kürzt man lange Triebe etwas ein (links). Im Frühjahr wird die Krone auf ungefähr ein Drittel zurückgeschnitten (rechts).

Beim Schnitt von allen Hochstammrosen sollte man auf eine ausgewogene und gleichmäßige Kronenform achten.

Die leuchtend rosa Blüten dieser Hochstammrose rücken „emporgehoben" besonders ins Blickfeld.

In leuchtendem Gelb erblüht die Floribunda-Rose 'Friesia'.

Die Teehybride 'Lady Rose' duftet sehr angenehm.

Die Strauchrose 'Schneewittchen' besticht als Hochstamm.

Beliebte Hochstamm- und Trauerrosen

Name	Sortengruppe	Farbe	Blüte
Hochstammrosen			
'Ave Maria'	TH	lachsorange bis lachsrosa	locker gefüllt, groß, starker Duft
'Barkarole'	TH	dunkelrot	stark gefüllt, mittelgroß, angenehmer Duft
'Bella Rosa'	FB	lachsrosa	locker gefüllt, mittelgroß, Wildrosenduft
'Bonica '82'	FB	rosa	stark gefüllt, mittelgroß
'Burgund '81'	TH	blutrot	stark gefüllt, groß, angenehmer Duft
'Carina'	TH	rosa	gut gefüllt, groß
'Christel von der Post'	TH	gelb	gut gefüllt, mittelgroß
'Duftwolke'	TH	orangerot bis purpurrot	gut gefüllt, sehr groß, starker Duft
'Friesia'	FB	gelb	halb gefüllt, mittelgroß
'Gloria Dei'	TH	gelb bis rosa	locker gefüllt, sehr groß
'Goldmarie '82'	FB	gelb	locker gefüllt, groß
'Königin der Rosen'	TH	außen und Basis gelb, innen lachsorangerot	stark gefüllt, groß, angenehmer Duft
'Lady Rose'	TH	lachsorange	gut gefüllt, sehr groß, angenehmer Duft
'Las Vegas'	TH	außen orangegelb, innen orangerot	gefüllt, groß
'Mildred Scheel'	TH	dunkelrot	gut gefüllt, groß, starker Duft
'Mirato'	BD	rosa	gut gefüllt, groß
'Polarstern'	TH	weiß	gut gefüllt, sehr groß
'Queen Elizabeth'	FB	rosa	locker gefüllt, groß
'Schneewittchen'	ST	weiß	gut gefüllt, mittelgroß, starker Duft
'The Fairy'	BD	rosa	dicht gefüllt, klein
'Träumerei'	FB	lachsorange	locker gefüllt, groß, angenehmer Duft
'Wimi'	TH	pink bis silbrig rosa	gut gefüllt, sehr groß, starker Duft

Name	Sortengruppe	Farbe	Blüte
Halbstämme und Zwergstämme			
'Alba Meidiland'	BD	weiß	gefüllt, klein
'Magic Meidiland'	BD	dunkelrosa	gefüllt, klein
'Maidy'	ZR	außen silbrigweiß, innen blutrot	gefüllt, mittelgroß
'Sommermärchen'	BD	pink	halb gefüllt, klein
'Sonnenkind'	ZR	gelb	dicht gefüllt, mittelgroß
'Swany'	BD	weiß	dicht gefüllt, mittelgroß
'Zwergkönig '78'	ZR	blutrot	locker gefüllt, groß
'Zwergkönigin '82'	ZR	rosa	locker gefüllt, groß
Trauerrosen			
'Flammentanz'	KL	feuerrot	gut gefüllt, mittelgroß
'Goldener Olymp'	KL	gelb	gut gefüllt, groß, starker Duft
'Heidekönigin'	BD	rosa	locker gefüllt, groß, Wildrosenduft
'Ilse Krohn Superior'	KL	weiß	stark gefüllt, groß, starker Duft
'Lawinia'	KL	rosa	gefüllt, groß, angenehmer Duft
'New Dawn'	KL	rosa bis weiß	locker gefüllt, mittelgroß, Apfelduft
'Pearl Meidiland'	BD	pastellrosa	gefüllt, mittelgroß
'Raubritter'	ST/KL	rosa	halb gefüllt, klein
'Rokoko'	ST	cremegelb	locker gefüllt, groß
'Rosarium Uetersen'	ST/KL	rosa	dicht gefüllt, groß
'Schneesturm'	BD	weiß	dicht gefüllt, groß
'Super Excelsa'	KL	karminrosa	dicht gefüllt, klein
'Sympathie'	KL	dunkelrot	gefüllt, groß, Wildrosenduft

TH Teehybride **FB** Floribunda-Rose **BD** Bodendeckerrose **ST** Strauchrose **ZR** Zwergrose **KL** Kletterrose

'Swany' schmückt sich mit kleinen weißen Blütenbällen.

'Raubritter' blüht nur einmal, doch ungewöhnlich reich.

Unermüdlich öffnet die Kletterrose 'Sympathie' neue blutrote Blüten.

Genügsamer als ihr Ruf

Standort und Ansprüche der Rosen

Solche Prachtexemplare wie die weltberühmte Teehybride 'Gloria Dei' müssen kein Wunschtraum bleiben, wenn ihre Ansprüche erfüllt werden.

Rosen stehen in dem Ruf, in ihren Anforderungen an Standort und Pflege ausgesprochen heikel zu sein. Dabei sind sie eigentlich nicht anspruchsvoller als viele andere Gewächse. Ebenso wie alle übrigen Pflanzen hat auch eine Rose ganz bestimmte Bedürfnisse, und nur wenn diese ausreichend erfüllt werden, entwikkelt sie sich zu einem der üppig blühenden, gesunden Prachtexemplare, die schon seit Jahrtausenden die Herzen der Menschen höher schlagen lassen. Weil Rosen als Gehölze sehr alt werden können, ist die sorgfältige Standortwahl besonders wichtig.

Klima und Licht

Tip

Zwar kann man im Garten bei manchen Umweltfaktoren korrigierend eingreifen, auf lange Sicht gesehen ist es aber immer besser, solche Pflanzenarten und -sorten auszuwählen, die mit den herrschenden Bedingungen möglichst gut zurechtkommen. Bei der ungeheuren Anzahl verschiedener Rosen gibt es für fast jede Situation die richtige Art oder Sorte.

Tip

Bei optimalem Standort und guter Pflege sind Rosen weniger frostempfindlich. Bereits vorgeschädigte und geschwächte Pflanzen leiden unter großer Kälte wesentlich stärker als gesunde. Vor allem eine Düngung spät im Jahr beeinträchtigt die Winterhärte ganz erheblich.

An ihrem Naturstandort ist eine Pflanze mannigfaltigen Einflüssen ausgesetzt. Nicht nur Temperatur und Licht, auch Bodenbeschaffenheit, Wasser- und Nährstoffversorgung sowie nicht zuletzt der Schadstoffeintrag und die Konkurrenz der Pflanzen untereinander wirken in kompliziertem Zusammenspiel auf sie ein. Diese sog. Standortfaktoren entscheiden über Wohlergehen und Gedeihen eines Gewächses, und nur diejenigen Pflanzen, die an die speziellen, an einem Ort herrschenden Verhältnisse gut angepaßt sind, können sich dort auf Dauer behaupten. Deshalb ist die Vegetation in den einzelnen Landstrichen so unterschiedlich.

Grundsätzlich gilt dieses Überlebensprinzip auch für Gartenpflanzen, wobei diese Gewächse allerdings in sehr hohem Maß auf die Hand des Gärtners angewiesen sind, wurzeln sie doch in einer durchweg künstlich angelegten Umgebung.

Klima

Einige der wichtigsten Standortfaktoren, nämlich Wind, Niederschlagsmenge, Temperatur und Sonneneinstrahlung, werden vom Klima bestimmt. Dabei unterscheidet man grob zwischen Makro-, Lokal- und Mikroklima.

Das Makro- oder Großklima prägt die Verhältnisse ganzer Landstriche. Es ist in erster Linie durch den geographischen Breitengrad vorgegeben und läßt sich deshalb in keinem Fall verändern.

Das Lokalklima, die nächstkleinere Einheit, ist, wie der Name schon vermuten läßt, auf ein bestimmtes Gebiet begrenzt. Weil hier auch landschaftliche Gegebenheiten, etwa die Nähe zu einem großen Gewässer oder zu einem Gebirgszug, eine entscheidende Rolle spielen, kann es vom Makroklima deutlich abweichen.

Das Mikro- oder Kleinklima schließlich zeigt oft bereits auf engstem Raum, sogar innerhalb eines Gartens, recht unterschiedliche Ausprägung. Im Gegensatz zu Makro- und Lokalklima läßt es sich für den einzelnen Standort mit einigen Tricks nach dem Willen des Gärtners beeinflussen.

'Bonica '82' entfaltet nicht nur ganz wunderschöne Blüten, sie ist auch ausgesprochen frosthart.

Heimische Wildrosen wie z. B. die Bibernellrose gedeihen meistens völlig problemlos. Im Garten sind sie wesentlich pflegeleichter als die empfindlicheren Zuchtsorten.

Es gibt Landschaften mit eher rauhem Klima, wie z. B. das Hochgebirge, aber auch ausgesprochen milde Klimaregionen, etwa die Weinbaugebiete. Wer in einer weniger begünstigten Gegend lebt, kann die Voraussetzungen für die Pflanzung von Rosen durchaus verbessern. So läßt sich durch die Anlage einer Windschutzhecke oder einer Mauer, durch die Plazierung wärmespeichernder Steine und dergleichen mehr sowohl der Wind mildern als auch die Temperatur erhöhen und somit ein Lebensraum selbst für empfindlichere Arten und Sorten schaffen.

Eng an geographische Lage und Sonneneinstrahlung gebunden ist die Temperatur, an die auch Rosen je nach Abstammung und Sorte gewisse Mindestansprüche stellen. Da aber Rosen von Natur aus in einem weitreichenden Raum, von subtropischen Gebieten bis etwa zum 60. Breitengrad im Norden, vorkommen, bedeutet die Erzielung einer ausreichenden Winterhärte für den Züchter kein unüberwindliches Problem. Die in Mittel-

An sonnigen, leicht windumspielten Standorten entwickeln sich Rosen zu prachtvollen Sträuchern.

europa heimischen Wildrosen sind ja ohnehin an das hier herrschende Klima angepaßt. So findet sich heute auch unter den Zuchtrosen eine große Anzahl von Sorten, die mit rauhem Klima und niedrigen Wintertemperaturen gut zurechtkommen und sogar in Hochlagen noch gedeihen. Als besonders frostverträglich gelten etwa 'Angela', 'Bonica '82', 'Flammentanz' und 'Mainzer Fastnacht'. Außerdem erhalten die Gartenrosen in der Regel einen Winterschutz (siehe Seite 88 f.). Allgemein gilt, daß einmalblühende Rosen meist robuster sind als öfterblühende.

Licht

Das Sonnenlicht spielt im Leben der Pflanzen eine besonders wichtige Rolle, ist es doch der Energielieferant für die Photosynthese. Im Zuge dieses äußerst komplizierten biochemischen Prozesses, der hauptsächlich in den Laubblättern abläuft, wandeln sie mit Hilfe des Lichts Wasser aus dem Boden und Kohlendioxid aus der Luft in Zucker um, den Grundbaustein für viele organische Verbindungen. Ganz nebenbei, gewissermaßen als Abfallprodukt, wird lebensnotwendiger Sauerstoff frei.

Die einzelnen Pflanzenarten sind an das unterschiedliche Lichtangebot ihrer typischen Standorte angepaßt. Es gibt richtige Sonnenanbeter unter ihnen, aber ebenfalls ausgesprochene Schattenfreunde. Rosen lieben im allgemeinen einen sonnigen Standort, doch bieten die Züchter auch eine ganze Anzahl von Sorten an, die sogar an halbschattigen, manche selbst an schattigen Stellen noch zufriedenstellend gedeihen, z. B. 'Centenaire de Lourdes', 'Red Meidiland' oder 'Schneewittchen'. Vor allem Wildrosen sind bezüglich ihrer Lichtansprüche oft weniger wählerisch als ihre hochgezüchteten „Gartenschwestern".

Bei der Suche nach einer sonnigen Stelle im Garten, an die man Rosen pflanzen könnte, sollte man es nicht allzu gut meinen. Ungeeignet ist z. B. ein völlig windstiller Standort vor einer hellen Südwand. Im Sommer kann es dort zu Hitzestaus kommen, die den Pflanzen womöglich gefährlich werden. Auch breite, helle Pflasterwege unmittelbar neben dem Rosenbeet wirken sich unter Umständen negativ aus, da sie ebenso wie Mauerwerk die Wärme stark speichern. Ein sonniger und geschützter, aber dennoch windumwehter Platz ist für die meisten Sorten die beste Lösung. Hohe Temperaturen werden durch den Luftzug gemildert, und die Blätter können nach einem Regenguß schneller wieder abtrocknen, was die Gefahr von Krankheiten und Schädlingsbefall deutlich mindert. Allzu windig sollte der Standort für Rosen allerdings nicht sein, denn starker Zug bekommt den aristokratischen Gewächsen weniger gut.

Tip

Haben Rosen einmal durch Frost gelitten, läßt sich der Schaden durch einen kräftigen Rückschnitt bis ins gesunde Holz, wie er bei Beetrosen ohnehin im Frühjahr vorgenommen wird, im allgemeinen beheben.

Tip

Bei der Gartenplanung und der Auswahl von Rosen sollte man sich zuallererst Klarheit über die Lichtverhältnisse am Standort verschaffen. Dabei sind auch Gegebenheiten wie der Schattenwurf etwa von Gehölzen, Mauern oder Gebäuden zu berücksichtigen.

Zwischen Hauswand und Klettergerüst muß immer ein Abstand von mindestens 10 cm bleiben.

Tip

Kletterrosen geraten an Südwänden durch direkte Sonne und das aufgeheizte Mauerwerk sehr oft in regelrechten Hitzestreß. Darum ist es besonders wichtig, auf ausreichende Distanz zwischen Mauer und Klettergerüst zu achten.

Wasser und Boden

Tip

Bei der Auswahl des Standortes sollte man auch an die Wasserversorgung denken. So werden z. B. Pflanzplätze direkt an Hausmauern häufig kaum oder überhaupt nicht vom Regen erreicht, während sich andererseits an einem Hangfuß die Niederschläge sammeln können.

Tip

Rosen sollte man nicht direkt unter größere Sträucher und Bäume oder unter Dachtraufen pflanzen. Die anhaltende Benetzung durch herabtropfendes Wasser kann die Gefahr eines Krankheits- und Schädlingsbefalls bei Rosen erheblich steigern.

Zwei weitere für das Gedeihen von Pflanzen äußerst bedeutsame Standortfaktoren sind Wasser und Boden. Wenn auch die Wasserversorgung im wesentlichen von den Niederschlägen abhängt, so würde doch ohne die Speicherkraft des Bodens der Großteil dieser kostbaren Flüssigkeit einfach ablaufen. Ohne Wasser wiederum wären die Pflanzen nicht in der Lage, die Nährstoffvorräte im Boden zu nutzen.

Wasserversorgung

Wasser ist sowohl für Mensch und Tier wie auch für Pflanzen lebensnotwendig. Nicht nur zur Photosynthese (siehe Seite 67) ist es unabdingbar, es macht darüber hinaus die Zellen des pflanzlichen Gewebes und damit die ganze Pflanze prall. Außerdem müssen Nährstoffe erst in Wasser gelöst sein, um über die feinen Faserwurzeln aufgenommen und durch spezielle Leitungsbahnen bis nach oben in die Blätter transportiert werden zu können. Dort wird es in verschiedene Stoffwechselfunktionen eingebunden, und ein Teil verdunstet durch die Blattporen nach außen. In dem Maß, in dem das Wasser in die umgebende Luft entweicht, wird infolge der Kapillarwirkung neues angesogen: Es entsteht die sog. Saugspannung, die dafür sorgt, daß Wasser und Nährstoffe von den Wurzeln bis in die obersten Regionen der Pflanze gelangen – bei Kletterrosen manchmal ein recht weiter Weg.

Die aparte Chinesische Goldrose gedeiht selbst an recht trockenen Standorten und übersteht auch Hitzeperioden relativ gut.

Die regenverträgliche 'Lichtkönigin Lucia' eignet sich auch für niederschlagsreiche Gegenden.

Auch an die unterschiedliche Verfügbarkeit von Wasser haben sich Pflanzen im Lauf ihrer Entwicklung angepaßt. Gehölze, zu denen die Rosen ja zählen, wurzeln in der Regel so tief, daß sie mit dem im Garten vorhandenen Angebot von Regen- und Grundwasser im allgemeinen auskommen und nur in Ausnahmefällen gegossen werden müssen. In sehr regenarmen Gebieten sollte man auf trockenheitsverträgliche Sorten, z. B. 'Bonica '82', 'Play Rose' oder 'Rote Woge', oder entsprechende Wildrosen, etwa die Rotblättrige Rose *(Rosa glauca)* oder die Chinesische Goldrose *(Rosa hugonis)*, zurückgreifen und den Boden zusätzlich mulchen. Das schont dank eines deutlich minderen Gießwasserverbrauchs nicht nur den Geldbeutel, sondern auch die Vorräte an dem wertvollen Naß. Andererseits fühlen sich viele Sorten in sehr niederschlagsreichen Gegenden ebenfalls nicht besonders wohl. Dort wählt man deshalb vorzugsweise gut regenverträgliche Sorten, etwa 'Aachener Dom', 'Lichtkönigin Lucia' oder 'The Fairy'.

Bodenbeschaffenheit

Der Boden bildet buchstäblich die Grundlage allen pflanzlichen Wachstums. In ihm verankern sich die Gewächse mit ihren Wurzeln, aus ihm beziehen sie Wasser und Nährstoffe. Die verschiedenen Böden sind im Lauf von Jahrtausenden durch Verwitterung der darunterliegenden Gesteine entstanden. Hält man sich diese enorme Zeitspanne vor Augen, so wird deutlich, warum man den Boden als kostbares

Gut betrachten und sehr sorgsam mit ihm umgehen sollte, vermag er doch nicht in kurzer Zeit beliebig nachzuwachsen.

Wer eine Handvoll Boden aufnimmt, könnte meinen, es handle sich um totes Material. In Wirklichkeit aber findet hier eine unglaubliche Anzahl verschiedenster Klein- und Kleinstlebewesen einen Lebensraum, angefangen von Bakterien, Pilzen und Algen über Springschwänze und Fadenwürmer bis hin zum bekannten Regenwurm. Sie alle tragen zur weiteren Entwicklung des Bodens bei, denn sie zerlegen abgestorbene organische Substanzen in ihre Bestandteile. Dabei entsteht wertvoller Humus, der wiederum den Pflanzen zugute kommt: Er speichert und liefert Nährstoffe, die von den Wurzeln aufgenommen und in die Zellen eingebaut werden. Beim Absterben von Sproßteilen bzw. ganzer Gewächse gelangen sie wieder in den Boden und werden bei der Verrottung freigesetzt – der Kreislauf beginnt von neuem.

können leicht bearbeitet werden. Allerdings fließt Wasser relativ rasch daraus ab, was bedeutet, daß der Boden auch nur wenig Nährstoffe speichern kann.

Toniger Boden setzt sich aus feinsten Teilchen zusammen. Er ist fest, hält Wasser und Nährstoffe sehr gut, neigt gerade deshalb aber zu Staunässe, denn überschüssiges Wasser kann nicht ablaufen. Solche Böden lassen sich nur äußerst mühsam bearbeiten, man nennt sie daher schwere Böden. Sie erwärmen sich außerordentlich langsam, und ihr Sauerstoffgehalt ist eher gering, weil zwischen den Teilchen nur winzige Zwischenräume bleiben. Bei Trokkenheit wird schwerer Boden leicht rissig.

Optimal für viele Pflanzen ist eine Mischform aus den beiden genannten Bodentypen: der Lehmboden. Darin sind große und kleine Partikel in etwa gleicher Anzahl vorhanden, die Vor- und Nachteile gleichen sich aus, so daß die ideale Voraussetzung für eine erfolgreiche Pflanzung besteht.

Tip

Welche Art von Boden der Garten aufweist, kann man im großen und ganzen schon beim Umgraben erkennen. Läßt sich der Spaten ohne Mühe hineintreiben, wird es sich um einen leichten, sandigen Boden handeln. Muß man dagegen Schwerstarbeit verrichten, dann hat man es mit einem schweren, tonigen Boden zu tun.

Die Kletterrosen benötigen einen lehmig-humosen Boden, um ihre ganze Pracht entfalten zu können.

Auch Strauchrosen wie etwa 'Angela' kommen mit nährstoffreichen Lehmböden am besten zurecht.

Boden ist jedoch bei weitem nicht gleich Boden. Grob gesehen lassen sich drei Bodenarten unterscheiden:

Sandböden bezeichnet man auch als leichte Böden. Sie bestehen überwiegend aus vergleichsweise groben Teilchen, zwischen denen sich wenige, aber entsprechend große Zwischenräume befinden. Diese Böden sind daher gut durchlüftet, sie erwärmen sich schnell und

Hat man den Spaten tief genug in den Boden getrieben, wird man an der Anstichfläche bzw. am Aushub feststellen, daß der Untergrund keineswegs gleichmäßig aufgebaut ist. Vielmehr setzt sich jeder Boden aus verschiedenen Schichten zusammen. Die oberste bildet die Humusschicht, in der sich das meiste Bodenleben regt. Man erkennt sie an ihrer feinkrümeligen Struktur und ihrer dunklen Farbe.

Tip

Lockerer Lehmboden stellt den besten Untergrund für Rosen dar. Sofern man ihn nicht ohnehin im Garten vorfindet, sollte man die Erde vor der Pflanzung mit Kompost bzw. Sand verbessern (siehe Seite 77 f.).

Die anspruchslose Rotblättrige Rose begnügt sich auch mit einem spärlichen Nährstoffangebot. Sie ist deshalb für naturnahe Pflanzungen, die nicht gedüngt werden, hervorragend geeignet.

Tip

Wer in seinem Garten über keinen optimalen Boden verfügt und die Mühe einer gründlichen Bodenverbesserung (siehe Seite 77 f.) scheut, greift bei der Wahl von Rosen am besten auf anspruchslose Wildarten zurück, die auch mit ärmeren Böden vorliebnehmen.

Tip

Die Adressen der staatlichen Bodenuntersuchungsämter können beim Verband Deutscher Landwirtschaftlicher Untersuchungs- und Forschungsanstalten in Darmstadt sowie meist auch beim örtlichen Gartenamt oder Gartenbauverein erfragt werden. Adressen privater Laboratorien findet man im Branchen-Telefonbuch.

Sie ist für das Pflanzenwachstum am wichtigsten, da ihr Vermögen, Wasser und Nährstoffe zu speichern, sehr groß ist und hier auch die Mehrzahl der Pflanzen wurzelt. Allgemein kann der Durchwurzelungsgrad als ein Indiz für die Qualität eines Bodens gelten: Je mehr Pflanzenwurzeln in einem Bodenstück enthalten sind, desto höher ist dort die Bodenaktivität und damit der Humusanteil – und desto fruchtbarer ist der Boden.

Dem humosen Oberboden folgt der mineralische Unterboden. Manchmal ist eine deutliche Grenzlinie erkennbar, meist aber geht die eine Schicht allmählich in die andere über. Der Unterboden zeigt eine hellere Färbung als der Oberboden, denn der Humusgehalt nimmt nach unten hin immer stärker ab. Ebenso werden die Pflanzenwurzeln immer spärlicher, der Anteil an Steinen dagegen wächst. Je nach Bodentyp sind diese beiden Schichten unterschiedlich mächtig. So kann bei sog. armen Böden der Unterboden bereits eine Handbreit unter der Erdoberfläche beginnen, in reichen Böden tritt er erst in 50 cm Tiefe und mehr auf. Im Hinblick auf ihre Durchwurzelbarkeit bezeichnet man arme Böden als flachgründig, reiche als tiefgründig.

Für Rosen ist eine etwa 60 cm mächtige humose Schicht ideal, da sie darin ihr Wurzelwerk gut entwickeln können. Einige Wildrosenarten, z. B. die Bibernellrose *(Rosa pimpinellifolia)*, gedeihen jedoch auch auf sandigen, ärmeren Böden noch zufriedenstellend.

Nährstoffe

Wie Menschen und Tiere ohne Nahrung nicht existieren können, so kommen auch Pflanzen nicht allein mit Wasser und Licht aus. Allerdings haben sich die einzelnen Gewächse im Lauf der Evolution an das doch recht unterschiedliche Nährstoffangebot in der Natur angepaßt. So gibt es unter ihnen ausgesprochene Hungerkünstler, wie etwa viele Wüstenpflanzen, und auch solche, die stets auf einen nahrhaften Boden angewiesen sind. In der Fachsprache bezeichnet man sie ihren Bedürfnissen entsprechend als Schwachzehrer bzw. Starkzehrer.

Die Pflanzen entnehmen dem Boden eine ganze Reihe von Nährelementen. Jedes davon erfüllt seine bestimmte Funktion im pflanzlichen Organismus und kann nicht beliebig durch ein anderes ersetzt werden. Auch sind die Mengen, in denen die einzelnen Substanzen benötigt werden, sehr unterschiedlich, was allerdings nichts über deren Wichtigkeit besagt. Von manchen Elementen, z. B. Stickstoff oder Phosphor, braucht die Pflanze mehr, von anderen, etwa Eisen oder Mangan, sog. Spurenelementen, dagegen nur ganz wenig (siehe Seite 82). Steht auch nur eines der lebenswichtigen Nährelemente nicht in ausreichendem Maß zur Verfügung, sind mehr oder minder charakteristische Mangelerscheinungen die Folge (siehe auch Seite 114 f.). Deshalb ist eine ausgewogene Mischung der Nährstoffe das A und O einer optimalen Pflanzenernährung.

Zucht- oder Gartenrosen, allen voran die dauerblühenden Beetrosen und Teehybriden,

Teehybriden wie 'Adolf Horstmann' wachsen nur bei guter Nährstoffversorgung zufriedenstellend.

zählen zur Gruppe der Starkzehrer. Nur wenn sie ein reichliches Nährstoffangebot vorfinden, entwickeln sie sich zu üppig blühenden und gesunden Schönheiten, die ihrem aristokratischen Ruf gerecht werden.

Wie hoch der Nährstoffgehalt eines Bodens ist, läßt sich allein durch Betrachten nicht ermitteln. Färbung und Struktur der Krume bieten zwar Anhaltspunkte und lassen grobe Rückschlüsse zu, endgültige Klarheit bringt aber nur eine Bodenanalyse, die man bei staatlichen Bodenuntersuchungsanstalten oder privaten Laboratorien in Auftrag geben kann. Mit einer solchen Bestimmung, die man etwa alle zwei bis drei Jahre wiederholen sollte, läßt sich nicht nur ein Nährstoffmangel aufdecken, sondern auch einer Überdüngung oder einem unausgewogenen Verhältnis der Nährelemente vorbeugen. Mit verschiedenen im Handel erhältlichen Schnelltests kann man eine Analyse auch auf einfache Weise selbst durchführen. Allerdings sind die Resultate niemals so exakt wie die Ergebnisse aus einem Fachlabor.

Die Weinrose ist auf kalkhaltigen Boden angewiesen und gedeiht auf saurem Untergrund nicht.

pH-Wert und Kalkgehalt

Ebensowenig wie den Nährstoffgehalt sieht man der Erde den Säuregehalt an, von dem das Gedeihen der Pflanzen aber entscheidend abhängt. Er wird ausgedrückt durch den sog. pH-Wert, die Abkürzung für *potentia hydrogenii*, zu deutsch: Wirksamkeit des Wasserstoffs. Seine Skala reicht von 0 bis 14, wobei niedrige Zahlen einen sauren, hohe dagegen einen basischen oder alkalischen Boden kennzeichnen. Bei einem pH-Wert von 7 liegt Neutralität vor, d. h., die Säuren und Basen des Bodens halten sich die Waage.

Die Mehrheit der Pflanzen kann ausschließlich in einem pH-Bereich zwischen etwa 5,5 und 8 existieren. Wie an die übrigen Faktoren, die auf die Lebensbedingungen Einfluß nehmen, haben sich die einzelnen Arten auch an unterschiedliche Säuregrade des Bodens angepaßt. Säureliebende Pflanzen gedeihen auf basischen Böden auf Dauer nur unbefriedigend und umgekehrt. Rosen gehören wie viele andere zu denjenigen Gewächsen, die mit pH-Werten um den Neutralpunkt am besten zurechtkommen. Bei Werten von etwa pH 6,5 bis pH 7,5 fühlen sie sich am wohlsten.

Eng an den pH-Wert gebunden ist der Kalkgehalt des Bodens. Saure Böden weisen in der Regel einen geringen Kalkgehalt auf, basische dagegen meist einen hohen. Rosen zählen im allgemeinen zu den eher kalkliebenden Pflanzen. Allerdings wirkt sich ein Überangebot dieses Mineralstoffs ebenso schädlich aus wie ein Mangel daran, denn ein Kalküberschuß im Boden bindet das für die Pflanzen lebensnotwendige Eisen, so daß es von den Wurzeln nicht aufgenommen werden kann. Kalküberschuß und damit Eisenmangel äußert sich typischerweise in einer Chlorose (siehe S. 114 f.).

Tip

Als Faustregel gilt, daß humose, dunkle Lehm- und Tonböden im allgemeinen nährstoffreicher sind als etwa leichte Sandböden.

Tip

Für eine Bodenuntersuchung entnimmt man von unterschiedlichen Stellen im Garten aus etwa 30 cm Tiefe jeweils eine kleine Menge Erde, die keine Steine oder Wurzeln enthalten sollte. Insgesamt benötigt man etwa 500 g. Sodann durchmischt man die Erdproben gut und schickt sie, in einem Beutel verpackt, an das entsprechende Labor. Mit dem Analysenergebnis erhält man nicht nur Aufschluß über den Nährstoffgehalt des Bodens, sondern auch Auskünfte über die Bodenart, den Kalkgehalt und den pH-Wert.

Tip

Saure Böden kann man durch Kalkgaben neutralisieren, basische mit Hilfe von sauer wirkendem Dünger oder Mulchmaterial, etwa Rindenmulch, im pH-Wert absenken.

Tip

Mit preiswerten Testsets, die im Fachhandel erhältlich sind, läßt sich der pH-Wert des Gartenbodens rasch und einfach selbst ermitteln. Eine Erdprobe wird zusammen mit einer Testtablette in destilliertes Wasser gegeben und kurz geschüttelt, wobei die Lösung eine bestimmte Färbung annimmt. Der Vergleich mit einer beiliegenden Farbtabelle gibt dann Aufschluß über den Säuregrad des Bodens. Nach demselben Prinzip arbeiten Verfahren, bei denen sich vorpräparierte Teststreifen entsprechend verfärben, wenn man sie in die wässrige Lösung taucht.

Blumenfülle ist der Lohn

Einkauf, Pflanzung und Pflege

Mit den richtigen Rosen, fachgerecht gepflanzt und gepflegt sowie geschmackvoll kombiniert, kann man überall leicht ein Gartenidyll zaubern.

Spontane Begeisterung für eine Rosensorte verleitet schnell zum unbedachten Kauf. Doch wenn eine Pflanze auf Dauer Freude machen soll, müssen vorher stets grundsätzliche Überlegungen darüber angestellt werden, ob der Garten ihr überhaupt einen geeigneten Standort bietet und wie sie gebührend zur Geltung kommt. Auch die Qualität des Pflanzguts und nicht zuletzt die richtig ausgeführte Pflanzung sind für das spätere Gedeihen ausschlaggebend. Ist ein angemessener Platz gefunden und die Anzahl der Pflanzen optimal gewählt, werden sich die Rosen bei guter Pflege zu wahren Gartenschönheiten entwickeln.

Auswahl der Rosen

Tip

Ist man unsicher, wie viele Rosen, insbesondere bei einer Gruppenpflanzung, für ein Beet benötigt werden, sollte man zunächst besser einige weniger setzen als zu viele. Gegebenenfalls kann man im folgenden Jahr nachpflanzen.

Tip

Bezieht man die Pflanzen in einer Baum- oder Rosenschule, so kann man sich dort nach den empfehlenswerten Pflanzdichten bzw. Abständen erkundigen. Gute Kataloge machen ebenfalls Angaben über die benötigte Anzahl Rosen pro Quadratmeter.

Tip

Bei einer Rosenbestellung per Katalog sollten immer folgende Angaben gemacht werden: Sortenname, Wuchsform (Kletter- oder Strauchrose usw.), Rosengruppe (Teehybride, Zwergrose usw.) und Stückzahl. Bestellen kann man das ganze Jahr über, allerdings versenden die Rosenschulen ihre Rosen gewöhnlich nur zu den richtigen Pflanzzeiten. Es können jedoch Zeiten, in denen eine Lieferung nicht erwünscht ist, etwa Urlaubswochen, vermerkt werden und auch, ob man eine Frühjahrs- oder eine Herbstlieferung bevorzugt. Ist einmal eine Sorte ausverkauft, wird in der Regel ein ähnlicher Ersatz geliefert, sofern man damit einverstanden ist.

Da Rosen ausdauernde Gehölze sind, die viele Jahre am selben Platz wachsen, tut man gut daran, zunächst auf den vorgesehenen Standort ein besonderes Augenmerk zu richten. Erst wenn man sich über die Bedingungen an diesem Platz Klarheit verschafft hat, sucht man Rosensorten aus, die mit den gegebenen Voraussetzungen am besten zurechtkommen (siehe Seite 66 ff.). Auch optische und gestalterische Gesichtspunkte sollten bei der Auswahl beachtet werden. So wirkt etwa eine ausladende Strauchrose im kleinen Vorgartenbeet viel zu dominant, wohingegen sich eine Zwergrose in einem Wald mannshoher Stauden regelrecht verliert.

Vor dem Kauf ist es deshalb dringend anzuraten, sich genau über die Wuchsstärke und -form und damit verbunden über den richtigen Pflanzabstand der ausgewählten Sorte zu informieren. Ist eine Gruppenpflanzung vorgesehen, muß man auch die notwendige Anzahl an Pflanzen berechnen. Als Anhaltspunkte können für die verschiedenen Rosengruppen nur durchschnittliche Pflanzabstände angenommen werden, da jede Sorte ihre individuelle Wuchsform besitzt. Als grobe Faustregel jedoch gilt: Bei Zwergrosen benötigt man etwa zehn bis zwölf Pflanzen, bei Beetrosen sieben bis zehn und bei Bodendeckern ungefähr ein bis drei Exemplare pro Quadratmeter Pflanzfläche. Strauchrosen und Wildrosen beanspruchen in Einzelstellung mehrere Quadratmeter Platz, als Gruppe oder Hecke gepflanzt etwas weniger. Kletterrosen werden im Abstand von etwa 3 m gesetzt, sie können dann bis zu 15 m^2 Wandfläche erobern.

Von der Wuchsform und -stärke der Beetrosensorte hängt ab, welcher Pflanzabstand angemessen ist.

Rosen stehen lange am selben Ort. Vor allem die Strauch- und Kletterrosen können bei guter Pflege weit über 100 Jahre alt werden und das Gebäude, an dem sie wachsen, oftmals sogar überdauern.

Neben der Anzahl an Rosenstöcken trägt auch die Wahl der Blütenfarben entscheidend zu einem harmonischen Gartenbild bei. Je nach Geschmack kann man ein Beet mit Sorten bepflanzen, die in einem einheitlichen Ton, in Kontrastfarben oder in harmonierenden Farbtönen blühen. Benachbarte Gewächse wie Blütenstauden, Sommerblumen oder Sträucher müssen dabei ebenso berücksichtigt werden wie kontrastierende Wände, Bäume oder Terrassenbeläge. So kommt eine dunkelrote Kletterrose vor einer dunklen Wand genausowenig zur Geltung wie eine weiße Strauchrose vor einem hellen Zaun (siehe Seite 38 ff.).

Die richtige Bezugsquelle

Hat man sich einmal zum Kauf von Rosen entschlossen, stellt sich die Frage nach der besten Bezugsquelle. Spezielle Rosenschulen, Baumschulen oder Gartencenter bieten ein reichhaltiges Rosensortiment an. Rosenschulen versenden ganzjährig Kataloge oder Listen, aus denen man sich in Ruhe die gewünschte Sorte aussuchen kann. So mag das Studium der Kataloge in der kalten Jahreszeit, in der die Natur ohnehin eher trist und farblos ist, einen Vorgeschmack geben auf die nächste Gartensaison und eine willkommene Gelegenheit sein, in Farben und Formen zu schwelgen. Dabei ist allerdings zu bedenken, daß die Abbildungen nicht immer genau dem Farbton des Originals entsprechen (siehe Seite 31 f.).

In einer Rosenschule erhält man die Rosen für seinen Garten direkt vom Erzeuger.

In den Rosenschulen werden die angebotenen Pflanzen auch selbst gezüchtet und gezogen, und so erhält man dort in der Regel gesunde, fachgerecht versandte Rosen direkt vom Erzeuger. Manche Rosenschulen haben sich auf bestimmte Gruppen spezialisiert, beispielsweise Alte Rosen. Gärtnereien und Gartencenter beziehen ihre Ware oftmals ebenfalls direkt von Züchtern. Auch Supermärkte verkaufen immer häufiger Rosen. Dort erworbene Ware muß nicht unbedingt schlecht sein, jedoch ist das Risiko, beschädigte oder unsachgemäß behandelte Pflanzen nach Hause zu tragen, im allgemeinen größer als bei einer Markenbaumschule oder dem Rosenzüchter selbst. Im Supermarkt angebotene Pflanzen sollten auf jeden Fall genau in Augenschein genommen und geprüft werden, da es sich kaum nachvollziehen läßt, wie lange Zeit die einzelnen Rosen schon zum Verkauf im Laden standen.

In Baumschulen erhält man Rosenpflanzen üblicherweise mit nackten Wurzeln. So kann die Qualität am besten beurteilt werden. Nach dem Kauf müssen die Rosen allerdings bis zum Einpflanzen sorgfältig vor Austrocknung geschützt werden (siehe Seite 78). Gartencenter und Supermärkte bieten Rosen meist verpackt in Kunststofftüten oder auch -schachteln an. Dadurch sind sie zwar leichter zu transportieren und aufzubewahren, die Umhüllung birgt jedoch die Gefahr eines frühzeitigen Austriebs bei hohen Temperaturen und muß nach dem Kauf sofort entfernt werden. Die Wurzeln so verpackter Pflanzen sollten unbedingt mit feuchtem Moos oder einem anderen feuchtigkeitsspendenden Material umhüllt sein.

Bei vielen Anbietern stehen ganzjährig auch Rosen in Plastiktöpfen, sog. Containern, zum Verkauf. Sie sind wesentlich einfacher zu handhaben als solche mit nackten Wurzeln, denn sie werden mitsamt dem Wurzelballen gepflanzt. Außerdem können sie das ganze Jahr über, mit Ausnahme der Frostperiode, gesetzt werden. Allerdings muß der Boden vor dem Einpflanzen besonders gründlich gelockert und verbessert werden, denn Containerrosen wurzeln manchmal nur schwer ein. Im Topf wachsen sie nämlich in lockerer Humuserde heran, wohingegen die Erde im Freiland in der Regel deutlich schwerer ist. Vor allem Zwerg- und Beetrosen, die man während des Sommers auch in Kübeln oder Balkonkästen halten kann, werden in dieser Form angeboten. Zum Herbst sollten Containerrosen aber möglichst in Beete verpflanzt und dort überwintert werden.

Rosen, deren Wurzelballen in Pappschachteln oder verrottbarem Netzgewebe verpackt sind, werden mitsamt dieser Umhüllung eingepflanzt, die sich im Boden innerhalb kurzer Zeit zersetzt. Man umgeht dadurch das Risiko, daß

Rosen in Containern sind zwar teurer, dafür aber einfacher zu transportieren und zu pflanzen.

Tip

Gesunde, frische Rosen erkennt man beim Einkauf an grünen Trieben mit fester, praller Rinde und an kräftigen, intakten Wurzeln. Das Holz darf auf Fingerdruck nicht nachgeben; dies würde auf einen Wasserverlust durch lange Lagerung hindeuten. Die Wurzeln sollten weder beschädigt noch vertrocknet sein, die Sprosse keine längeren grünen Austriebe aufweisen.

Tip

Der beste Weg, sich vor dem Kauf von Rosen über die verschiedenen Sorten und deren Eigenschaften zu informieren, ist der Besuch einer nahe gelegenen Rosenschule – möglichst in der Zeit von Juni bis August, wenn die meisten Sorten in voller Blüte stehen. Dort gezogene Rosen haben den Vorteil, daß sie an das vorherrschende Klima der Region bereits angepaßt sind. Und die Gärtner können deshalb besonders zuverlässige Auskunft geben über das Wuchsverhalten der jeweiligen Sorte.

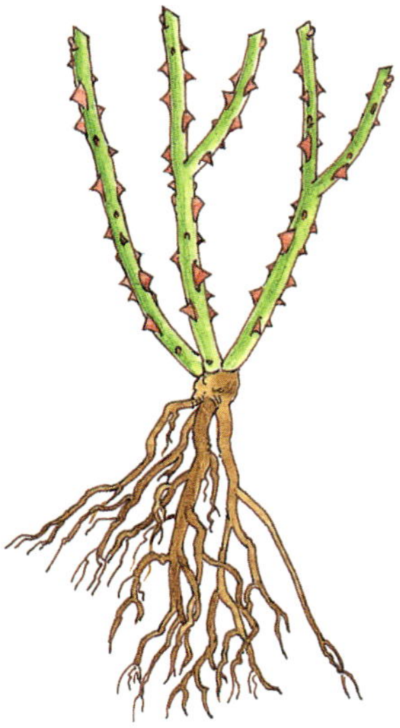

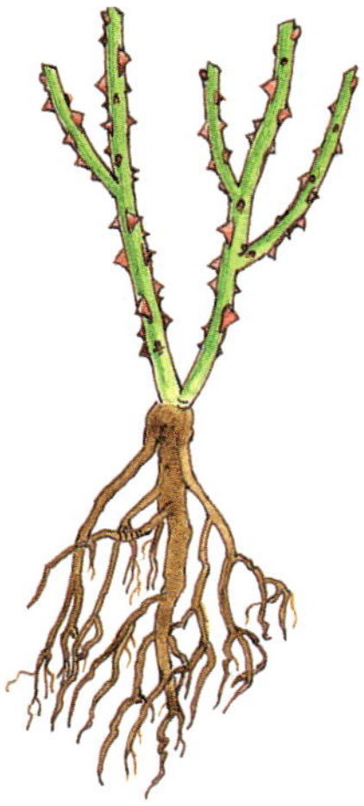

Im Fachhandel werden Rosen in zwei Qualitätsstufen angeboten. Ein Rosenstock der Güteklasse A (ganz oben) muß neben gut verzweigtem Wurzelwerk zumindest drei, Pflanzware der Güteklasse B (oben) zwei Triebe aufweisen.

Tip

Beim Kauf der meist teureren Containerrosen sollte man sich vergewissern, daß die Pflanze einen gut durchwurzelten Ballen hat, ein Zeichen, daß sie im Topf gezogen und nicht erst nachträglich eingetopft wurde. Erweist sich der Wurzelballen als nur spärlich entwickelt, sollte man vom Kauf absehen, da solche Pflanzen zumeist schlecht einwurzeln.

der Wurzelballen beim Austopfen zerfällt oder beschädigt wird.

Qualitätsmerkmale

Für den Laien ist es oft schwierig, gesunde kräftige Pflanzen von schwächlichen zu unterscheiden. Der Bund deutscher Baumschulen (BdB) hat deshalb zwei Güteklassen, A und B, für Rosen empfehlenswerter Qualität festgelegt. Betriebe, die diesem Verband angehören, dürfen nur Rosen dieser Güteklassen vertreiben, wobei die zur entsprechenden Einstufung verlangten Qualitätsmerkmale für alle angebotenen Rosen gelten, egal ob es sich um Exemplare mit nackten Wurzeln, um vorverpackte Pflanzen oder um Containerrosen handelt.

Pflanzen der Güteklasse A besitzen ein gut verzweigtes Wurzelwerk und mindestens drei kräftige Triebe, von denen zwei direkt aus der Veredelungsstelle hervorgehen müssen, der dritte Trieb bis zu 5 cm darüber entspringen kann. Pflanzen der Güteklasse B müssen zwei Triebe aus der Veredelungsstelle aufweisen.

Rosenprüfungen

Die schier unermeßliche Anzahl verschiedener Rosen, die vor allem während der letzten Jahrzehnte gezüchtet wurde, erforderte schon bald die Einführung verbindlicher Bewertungskriterien, da die Sorten nicht nur ihrem Äußeren nach, sondern auch in ihrem Wuchs- und Blühverhalten sowie ihren Pflegeansprüchen sehr unterschiedlich waren und sind. So präsentieren sich etwa manche bei trockenem Wetter in schönster Pracht, in feuchten Sommern aber öffnen sich ihre Blüten nicht, oder die Pflanzen sind ausgesprochen krankheitsanfällig. Deshalb wurde um 1930 die strenge All-deutsche-Rosen-Neuheiten-Prüfung ins Leben gerufen, bei der die Qualitäten einer Sorte durch unabhängige Fachleute langfristig überprüft werden. Sie zählt weltweit zu den schwierigsten Rosenprüfungen. Züchter schicken dazu ihre neuen Sorten an Prüfgärten, die über ganz Deutschland verteilt liegen und in denen sich die Pflanzen unter den verschiedenen Klima- und Bodenverhältnissen bewähren müssen. Pflanzenschutzmittel sind hierbei nicht zugelassen. Die Rosen werden nach etlichen Kriterien wie Wuchs, Knospen- und Blütenform, Reichblütigkeit, Blühdauer, Farbbeständigkeit und Duft der Blüten, Selbstreinigung sowie Widerstandsfähigkeit gegen Schädlingsbefall und Krankheiten, Regen, Trockenheit und Frost geprüft und bewertet. Erreicht eine Rose dabei eine bestimmte Mindestpunktzahl, erhält sie das begehrte Prädikat ADR, d. h. Anerkannte Deutsche Rose. Aber nicht nur in Deutschland, auch in anderen Ländern werden strenge Auswahlverfahren durchgeführt. So gibt es etwa in den USA die AARS, All American Rose Selection, sowie die PP, Proof of the Pudding.

Im Rosenprüfgarten Weihenstephan werden neue Rosen nach verschiedenen Kriterien beurteilt.

Der Reichtum an neuen Rosenschöpfungen mißt sich alljährlich in unzähligen Rosenwettbewerben, Gartenschauen und Veranstaltungen von Züchtervereinigungen. Dabei werden die Schönsten der Schönen mit Medaillen und anderen Auszeichnungen prämiert. Jedes Jahr wird außerdem auf dem Kongreß der Welt-Föderation der Rosenvereine eine „Weltrose" gekürt. Die erste und wohl nach wie vor berühmteste war 'Gloria Dei' im Jahr 1976.

Rosen, die ein anerkanntes Gütezeichen tragen, sind in jedem Fall besonders empfehlenswerte Sorten, da sie sich als widerstandsfähig, robust und zuverlässig im Blühen erwiesen haben. Das bedeutet jedoch keineswegs, daß nur Rosen mit etwa dem ADR-Prädikat angepflanzt werden sollten. Bei den strengen Prüfungen fallen viele Sorten nur ganz knapp durch. Diese sind dennoch bestens für den Garten geeignet. Vor allem unter den älteren Sorten, die noch nach früheren Regeln oder gar nicht geprüft wurden, gibt es zahlreiche, die sich durch gute Widerstandskraft auszeichnen und sich längst bewährt haben.

Das begehrte Prädikat ADR erhalten jährlich nur wenige Sorten, 1973 etwa die Teehybride 'Lolita'.

Pflanzung von Rosen

Die Rosen sind ausgesucht, der passende Platz für sie ist gefunden – nun will die Pflanzung bedacht sein. Wie für alle Gehölze, so stellt das Umsetzen auch für Rosen ein einschneidendes Ereignis in ihrem Dasein dar, entsprechend umsichtig sollte man deshalb dabei vorgehen. Es gilt nicht nur, die Rosen richtig vorzubereiten, zuvor muß der Boden rechtzeitig und sorgfältig verbessert werden.

Strauchrosen pflanzt man am besten im Herbst, damit sie noch vor dem Frost einwurzeln können.

Rosen können prinzipiell während ihrer gesamten Ruhezeit, die gewöhnlich zwischen Oktober und April liegt, gepflanzt werden. Weil aber der Boden mitten im Winter häufig gefroren ist, werden sie entweder im Herbst, d. h. im Oktober/November, oder im Frühjahr, üblicherweise im März/April, in die Erde gebracht. Hat man die Wahl, ist einer Herbstpflanzung der Vorzug zu geben, da der Untergrund zu dieser Jahreszeit noch erwärmt ist und sich während der Ruheperiode der Büsche bereits neue Wurzeln entwickeln können. In sehr kalten Gebieten, in denen der Frost frühzeitig einsetzt, ist hingegen eine Frühjahrspflanzung vorteilhafter. Da Rosenschulen ihre Pflanzen im Winter in kühl temperierten Überwinterungshäusern lagern, lassen sich die Austriebszeiten der Rosen im Frühjahr in gewissen Grenzen steuern. So überwinterte Stöcke können meist bis Mai mit Erfolg gesetzt werden. Voraussetzung ist jedoch stets, daß sie sofort nach Erhalt in die Erde kommen.

Bodenvorbereitungen

Vor dem Einpflanzen der Rosen muß der Boden sorgfältig vorbereitet und tiefgründig gelockert werden. Die optimale Rosenerde ist locker, krümelig, nährstoffreich und gut durchlüftet. Am besten eignet sich eine gleichmäßige Mischung aus Humus, Sand und Ton. Ist der Boden im Garten zu leicht oder zu schwer (siehe Seite 68 ff.), muß er verbessert werden. Schweren, tonigen Untergrund kann man mit Sand und reifem Kompost vermischen und dadurch lockerer und wasserdurchlässiger machen. Leichten Sandboden versetzt man mit Kompost, Mist oder Lehm. So wird er bindiger und fester.

Die Bodenvorbereitungen sollten im Herbst bereits einige Wochen vor der Pflanzung erledigt werden, im Frühjahr beginnt man damit gleich nach dem Abtrocknen des Bodens. So bleibt genug Zeit, daß sich organische Zusatzstoffe wie Kompost oder reifer Stallmist zersetzen, bevor die Rosen in die Erde kommen. Hat der Gartenboden ohnehin schon die richtige Zusammensetzung, kann man ihn mit etwas gut verrottetem Kompost und mit Hornspänen noch aufbessern.

Eine vergleichsweise wenig arbeitsaufwendige Methode, um schwere Böden für eine Rosenkultur vorzubereiten, ist die Gründüngung. Der Boden wird dabei durch die Wurzeln der Gründüngerpflanzen gelockert und gleichzeitig mit Humus und Nährstoffen angereichert. Grundsätzlich können Gründünger während der gesamten Vegetationsperiode, d. h. zwischen April und September, ausgebracht werden. Möchte man die Rosen jedoch zur idealen Pflanzzeit im Herbst setzen, empfiehlt sich die Gründüngeraussaat im Frühjahr. Man sät dazu Samen von Weißem Senf *(Sinapis alba)*, meist als Gelbsenf im Handel, von Bienenfreund *(Phacelia tanacetifolia)* oder Inkarnatklee *(Trifolium incarnatum)* oder auch eine

Gründüngerpflanzen, etwa der Bienenfreund, lockern den Boden vor der Pflanzung und liefern zugleich Humus und Nährstoffe.

Tip

In besonders schweren Böden legt man eine Dränage aus Kies an, da Rosen keine stauende Nässe vertragen. Man hebt dazu das Pflanzloch etwas tiefer als gewöhnlich aus, lockert die Erde am Grund des Lochs und füllt eine etwa 5 bis 10 cm hohe Schicht aus Kieseln oder grobem Sand ein.

Tip

Werden bestellte Rosen bei Frost geliefert, bringt man sie in einen unbeheizten, frostfreien Raum und läßt sie dort langsam auftauen. In einem warmen Raum würde der rasche Temperaturwechsel zu einem Platzen der Gefäße und der Rinde und damit zum Absterben der Triebe führen. Nach dem Auftauen werden die Pflanzen ausgiebig gewässert.

handelsübliche Gründüngungsmischung in die Erde und harkt sie flach ein. Die Pflanzen wachsen und entwickeln über den Sommer eine große Anzahl den Boden lockernder Wurzeln. Im Herbst, etwa zwei Wochen vor der Pflanzung der Rosen, werden sie abgemäht und kompostiert. Ihre Wurzeln jedoch verbleiben im Boden und werden untergehackt.

Sofern an der gewählten Pflanzstelle oder in deren unmittelbarer Nachbarschaft bereits vorher Rosen oder andere Gewächse aus der Rosenfamilie standen, etwa Obstbäume oder Feuerdorn *(Pyracantha)*, zeigt sich dort häufig das Phänomen der Bodenmüdigkeit (siehe Seite 116). Die neu gesetzten Pflanzen kümmern dann ohne ersichtlichen Grund. Will man eine Rose an einen solchen Platz setzen, muß die Erde bis mindestens in Pflanzlochtiefe gegen Substrat aus einem anderen Gartenteil ausgetauscht werden. Auch die Gründüngung hat sich bei rosenmüden Böden als vorteilhaft erwiesen.

Der Gelbsenf verbessert als Gründünger nicht nur den Boden, sondern setzt mit seinen gelben Blüten auch hübsche Farbtupfer.

Vorbereiten der Rosen

Ehe man darangehen kann, die Rosen in die Erde zu setzen, müssen die Pflanzen vorbereitet werden. Plastikfolien und anderes Verpackungsmaterial wird sofort entfernt, anschließend wässert man die Rosen mindestens einige Stunden lang. Am besten stellt oder legt man sie in einen Eimer oder eine Wanne mit Wasser, und zwar so, daß sie vollständig untergetaucht sind. Auf diese Weise vermögen die Rosen genügend Feuchtigkeit aufzunehmen. Sie sollten jedoch höchstens zwei Tage im Wasser liegen, damit das Wurzelwerk nicht zu faulen beginnt.

Zieht sich die Zeit bis zur Pflanzung länger hin oder können die Rosen im Herbst aufgrund einsetzenden Frostes nicht mehr in den Boden gebracht werden, schlägt man sie ein. Dazu werden die Pflanzen, nachdem man abgeknickte und faulige Wurzelteile entfernt hat, schräg in ein Erdloch oder in einen Eimer gelegt, mit lockerer Erde oder Sand bedeckt und begossen. Die Veredelungsstelle sollte dabei 10 cm tief im feuchten Substrat eingesenkt sein. Will man Rosen auf diese Art bis zum Frühjahr überwintern, empfiehlt es sich, den Einschlag samt den heraussthenden Triebspitzen mit Fichtenzweigen abzudecken.

Vor der Pflanzung müssen Rosen mindestens einige Stunden, noch besser einen Tag lang gewässert werden, damit sie ausreichend Feuchtigkeit aufnehmen können.

Pflanz- und Wurzelschnitt

Unerläßlich vor dem Einpflanzen der Rosen ist ein sorgfältiger Pflanz- und Wurzelschnitt. Beim Wurzelschnitt entfernt man verfaulte, abgeknickte oder sonstwie beschädigte Wurzelteile bis in den gesunden Bereich, den man an hellem, festem Holz erkennt. Die übrigen Wurzeln werden auf 20–25 cm eingekürzt. Um das Anwachsen der Wurzeln zu begünstigen, kann man sie danach in einen dickflüssigen Lehmbrei tauchen. Der Wurzelschnitt dient einerseits der Anregung des Wurzelwachstums, andererseits erleichtert er das Einsetzen der Rose ins Pflanzloch. Er muß bei jeder Pflanzung erfolgen, gleichgültig ob im Frühjahr oder Herbst.

Einen Pflanzschnitt hingegen nimmt man nur bei einer Frühjahrspflanzung vor, und zwar unmittelbar vor dem Einpflanzen. Im Herbst

Rosen fachgerecht pflanzen

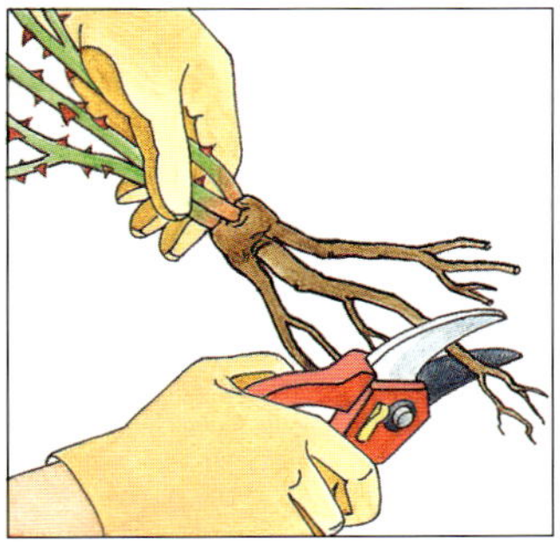

Beschädigte Wurzeln werden bis in den gesunden Bereich abgeschnitten, die übrigen gekürzt.

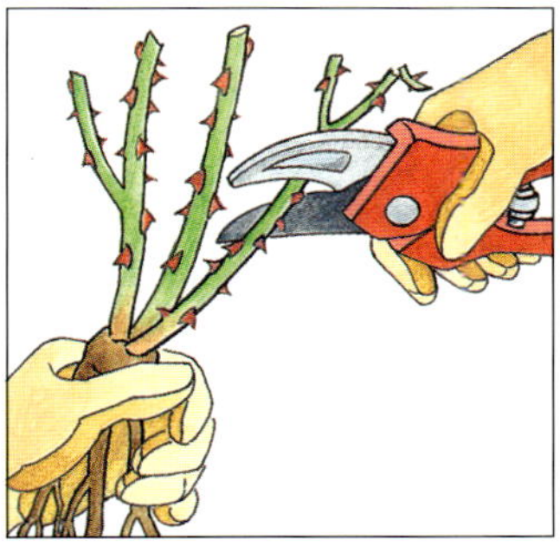

Bei der Frühjahrspflanzung kürzt man alle Triebe – je nach Rosenklasse verschieden weit – ein.

Dann taucht man die Rose bis über die Veredelungsstelle in nassen Lehmbrei.

Das Pflanzloch muß so tief und breit sein, daß sämtliche Wurzeln bequem darin Platz haben.

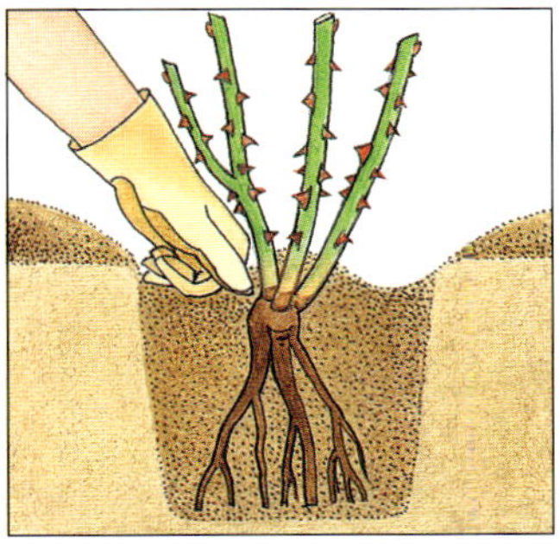

Es wird mit Erde so aufgefüllt, daß die Veredelungsstelle etwa 5 cm unter der Erde liegt.

In den rundum mit der Hand gedrückten Gießrand läßt man vorsichtig Wasser einfließen.

gesetzte Rosen werden erst im darauffolgenden Frühjahr geschnitten, da die Triebe über den Winter meist ohnehin etwas zurückfrieren. Überlange sowie abgestorbene oder geknickte Zweige entfernt man jedoch noch im Herbst. Beim Pflanzschnitt werden alle Triebe mit der scharfen Gartenschere eingekürzt, bei Kletterrosen auf 50–70 cm und bei Strauchrosen auf etwa 30–40 cm. Beetrosen schneidet man entweder ungeachtet ihrer Zweigdicke auf 10–15 cm oder aber starke Triebe auf fünf Augen, schwächere Triebe auf zwei bis drei Augen zurück.

Einpflanzen

Bevor man schließlich zum Spaten greift, um die Rosen in den Boden zu bringen, sollte man sie, vor allem bei Gruppenpflanzungen, probehalber auf der Fläche verteilen, wobei besonders auf die richtigen Pflanzabstände zu achten ist (siehe Seite 74). Da das Ausbreitungsvermögen eines Rosenstocks nicht nur von der generellen Wuchskraft der Sorte, sondern auch stark von Faktoren wie Boden, Klima und Pflege abhängig ist, können Abstandsangaben stets nur als unverbindliche Empfehlungen gelten. Im Zweifelsfall sollte man die Pflanzen lieber etwas lockerer und großzügiger setzen als zu eng, da luftig stehende Rosen weniger krankheitsanfällig sind als zu gedrängt gepflanzte.

Für jede Rose wird das Pflanzloch so tief gegraben, daß alle Wurzeln senkrecht bequem hineinpassen und die Veredelungsstelle 5 cm unter der Erdoberfläche zu liegen kommt. Der Boden der Grube wird mit dem Spaten etwas aufgelockert, damit die neu wachsenden Wurzeln leichter in tiefere Schichten vordringen können. Abgesehen von Kompost darf bei der Pflanzung niemals Dünger mit ins Pflanzloch

Tip

Bei der Pflanzung dürfen Rosen, insbesondere ihre empfindlichen Wurzeln, nie praller Sonne oder starkem Wind ausgesetzt sein. Man deckt sie deshalb entweder zwischenzeitlich mit einem feuchten Tuch zu oder nimmt sie erst dann aus dem Wasser oder der Erde, wenn man sie unmittelbar danach ins vorbereitete Pflanzloch bringt. Auch sollten Rosen nie bei Temperaturen unter 0 °C gesetzt werden.

Etiketten an neuerworbenen Rosen sind häufig mit Draht befestigt. Sofern man sie nicht abnimmt, muß der Draht vor der Pflanzung unbedingt gelockert oder durch eine Schnur ersetzt werden, damit er die Triebe später nicht einschnürt.

Tip

Da Kletterrosen oft an einer wettergeschützten Hauswand oder Terrasse ihren Platz finden, sind sie meist vom Regen abgeschirmt und haben bei breitem Dachüberstand sogar einen trockenen Standort. Deshalb empfiehlt es sich, diese Rosen häufiger zu wässern, besonders im ersten Jahr, bis sie tieferreichende Wurzeln entwickelt haben.

Tip

Große Rosensträucher besitzen meist einen dicken Wurzelballen und sind damit oft zu schwer zum Tragen. Die Pflanzen dürfen jedoch keinesfalls an den empfindlichen Trieben angehoben oder gezerrt werden, die Zweige könnten dabei abreißen oder knicken. Mit Hilfe einer stabilen Kunststoffplane oder eines Untersatzes mit Rollen läßt sich der mächtige Ballen bequem zum neuen Standort ziehen.

gegeben werden, denn der direkte Kontakt damit würde die Wurzeln stark schädigen und ließe sie ihre Fähigkeit, Wasser und Nährstoffe aufzunehmen, einbüßen.

Das Einsetzen der Rose bewerkstelligt man am leichtesten zu zweit: Einer hält die Rose in der Mitte des Pflanzlochs senkrecht, während der andere rundum Erde einfüllt. Wenn die Pflanzerde bereits vorher verbessert wurde (siehe Seite 77 f.), vermischt man sie nun mit ein wenig gut verrottetem Kompost, keinesfalls jedoch mit frischem Mist oder Mineraldünger. Beim Auffüllen des Pflanzlochs rüttelt man die Rose hin und wieder leicht. Dies verhindert, daß sich Hohlräume zwischen den Wurzeln bilden. Ist das Loch halb voll, sollte man die Erde etwas angießen und so die Wurzeln einschlämmen. Anschließend wird das Loch ganz aufgefüllt und die Erde vorsichtig, aber fest angetreten. Dabei senkt sich das Erdniveau ein wenig, und rund um die Pflanze entsteht ein kleiner Krater, der mit einem niedrigen Wall, dem Gießrand, abschließt. Zu guter Letzt wird die Rose nochmals kräftig gegossen, damit möglicherweise verbliebene Hohlräume zugeschwemmt werden. Bei sehr schweren und feuchten Böden allerdings genügt es, die Erde kräftig mit den Händen anzudrücken, denn durch das Festtreten und Einschlämmen würde die Rose regelrecht „einbetoniert". Sofern man die Pflanzung im Herbst durchführt, häufelt man die Erde zum Schluß etwa 15–20 cm hoch um die Triebe herum an, um den empfindlichen Veredelungsbereich vor Frost, Sonne und Wind zu schützen.

Einsetzen von Kletterrosen

Kletterrosen, die an einer Wand oder an einem Gerüst emporwachsen sollen, werden mit 50–60 cm Abstand zur Kletterhilfe gepflanzt. Das Klettergerüst sollte mindestens 10 cm von der Mauer entfernt sein, da sich sonst bei Sonnenschein die Hitze hinter der Pflanze stauen kann und die Triebe mangels Luftzirkulation krankheitsanfälliger werden.

Kletterrosen brauchen ausreichenden Abstand zur Kletterhilfe, um sich optimal zu entwickeln.

Beim Einsetzen hält man die Rose schräg in das Pflanzloch, so daß ihre Triebe zur Wand hin weisen. Im übrigen bringt man sie auf dieselbe Weise in den Boden wie andere Rosen. Auch ihre Veredelungsstelle muß 5 cm unter der Erdoberfläche liegen. Längere Triebe werden zuletzt fächerartig ausgerichtet und locker am Gerüst befestigt.

Kletterrosen haben keine eigenen Haft- oder Halteorgane, können sich jedoch mit Hilfe ihrer Stacheln im Geäst von Bäumen oder an stark strukturierten Unterlagen wie Zäunen und Mauern verhaken. Sollen sie aber ein Spalier oder Bogengerüst erklimmen, müssen ihre Triebe in die richtige Position geleitet und dort angebunden werden. Dazu befestigt man die Zweige am besten mit einer witterungsbeständigen Schnur oder mit beschichtetem Draht. Hanfgarne würden sich bald auflösen, ungeschützter Draht würde verrosten und die Triebe beschädigen. Um die Zweige schonend und doch sicher zu fixieren, bindet man die Schnur locker in Form einer liegenden Acht um Trieb und Gerüst.

Rosen umpflanzen

Rosen bringen es bei guter Pflege auf ein Alter von 20 bis 30 Jahren und zuweilen sogar mehr. Soll eine ältere Rose einen neuen Platz im Garten erhalten, läßt sie sich ohne weiteres umpflanzen. Die Triebe kürzt man dazu wie beim Pflanzschnitt (siehe Seite 78 f.) ein und sticht den Wurzelballen behutsam aus. Damit dabei möglichst keine Wurzeln verletzt werden, sollte das umstochene Ballenstück nicht kleiner als etwa 60 cm im Durchmesser sein und, zumindest bei großen Rosenstöcken, ungefähr 50–60 cm in die Tiefe reichen. Am besten gräbt man vorsichtig so tief hinab, bis man keinen Widerstand von Wurzeln mehr spürt. Auch das neue Pflanzloch muß ausreichend groß sein, keinesfalls darf der Wurzelballen hineingepreßt werden. Man setzt die Rose auf gleiche Höhe wie zuvor wieder ein und füllt die Ränder des Lochs mit Erde auf. Zum Schluß wird die Pflanze ausgiebig angegossen und die Triebbasis mit lockerer Erde angehäufelt. Die beste Jahreszeit für ein Umsetzen von Rosen ist der Herbst, da sie sich in der anschließenden Ruheperiode an den neuen Standort gewöhnen können.

Pflege der Rosen

Für eine erfolgreiche Rosenkultur ist es nicht allein mit der fachgerechten Pflanzung an geeigneten Standorten getan. Wichtig sind vor allem auch die laufend fortgeführte Pflege des Bodens und eine ausgewogene Versorgung der Pflanzen mit Nährstoffen. Ein regelmäßiger, sortengerechter Schnitt gewährleistet formschöne und dabei gesunde und blühfreudige Rosen. So kann sich unter der hegenden Hand des Gärtners jedes Jahr erneut eine Rosenpracht entfalten.

Eine so üppige Rosenpracht kann sich nur dann entfalten, wenn die Pflanzen das ganze Jahr über sorgfältig gepflegt werden.

Bewässern

Rosen entwickeln tiefreichende Wurzeln, die in der Regel nicht zusätzlich gewässert werden müssen. Ausnahmen bilden neu gepflanzte Stöcke oder solche, die an trockenen Standorten, z. B. an Hauswänden, stehen. Ebenso kann in langen sommerlichen Trockenperioden oder bei extremer Hitze ein Gießen notwendig werden.

Rosen sollten niemals bei vollem Sonnenschein gegossen werden, und man sollte stets darauf achten, nicht das Laub zu benetzen, da die Blätter sonst regelrecht verbrennen können bzw. anfällig werden für Pilzkrankheiten. Am besten benutzt man daher eine Gießkanne oder einen Schlauch und wässert damit am frühen Morgen oder Abend den Wurzelbereich langsam und ausgiebig, damit das Wasser auch in tiefere Bodenschichten eindringt. Beregner sollten nur aufgestellt werden, wenn keine Gefahr der Verbrennung besteht und das Laub nach dem Wässern rasch abtrocknen kann.

Als allgemeine Regel für die Bewässerung von Rosen gilt: Lieber seltener, dafür aber durchdringend gießen als häufig und jedesmal sparsam. In sehr sandigen Böden versickert das Regen- oder Gießwasser schneller als in lehmigem Untergrund. Deshalb müssen Rosen auf solchen durchlässigen Böden öfter mit Feuchtigkeit versorgt werden als Büsche, die in wasserspeichernder Erde wurzeln.

Kletterrosen haben, bedingt durch ihre langen Triebe, eine große Laubmenge und aus diesem Grund, vor allem an sonnigen Wänden, einen hohen Wasserbedarf. Sie sollten häufiger als andere Rosen gegossen und darüber hinaus durch eine Mulchschicht vor allzu schnellem Austrocknen geschützt werden. Regelmäßiges Gießen an trockenen Standorten beugt auch dem dort bevorzugt auftretenden Befall von Spinnmilben und Mehltau (siehe Seite 121 bzw. 118) vor.

Tip

Die vielen Rosenarten und -sorten unterscheiden sich auch darin, wie sie mit Wassermangel zurechtkommen. Vor allem unter den heimischen Wildrosen finden sich einige gegen Trockenheit relativ unempfindliche Arten. Für sehr regenarme Standorte sollte man solche Pflanzen wählen. Zwar müssen auf Dauer auch sie gegossen werden, doch überstehen sie langanhaltende Dürre besser.

Auch Rosen sollte man niemals von oben beregnen. Werden ihre Blätter unnötig benetzt, steigt die Gefahr, daß sie von Krankheiten befallen werden.

Tip

Falls sich das Gießwasser einen Weg von der Rose weg sucht und rasch abfließt, kann man rund um die Pflanze einen kleinen Gießwall aus Erde anhäufeln. Davon wird das Wasser zurückgehalten, bis es zu den Wurzeln versickert ist. Besonders bei Rosen, die an einem Hang oder einer Böschung gepflanzt sind, leistet ein solcher Stauwall unterhalb des Stocks gute Dienste.

Beetrosen haben einen hohen Nährstoffbedarf, sie müssen im Frühjahr und zu Beginn der Hauptblütezeit Dünger erhalten.

Hornspäne versorgen die Pflanzen mit Spurenelementen.

Tip

Mehrnährstoffdünger sind in ihrer Zusammensetzung häufig ganz speziell auf eine bestimmte Pflanzengruppe zugeschnitten. So enthalten die sog. Rosendünger alle von Rosen benötigten Nährstoffe, und zwar im richtigen Mengenverhältnis.

Düngen

Gesundes Wachstum und üppige Blüte setzen bei Rosen wie bei allen Pflanzen eine ausgewogene Ernährung voraus. Sämtliche von ihr benötigten Nährstoffe nimmt die Rose in gelöster Form über ihre feinen Faserwurzeln aus dem Boden auf. Das natürliche Angebot an diesen Nährelementen ist dicht verknüpft mit der Qualität sowie dem Humusgehalt des Bodens (siehe Seite 68ff.). Daher hängt zum einen von der Bodenart, zum andern aber auch vom Bedarf der Sorte, dem Entwicklungszustand der Pflanze und der Jahreszeit ab, ob und wieviel Dünger zugeführt werden muß. Finden die Rosen in ihrem Wurzelraum nicht ausreichend Nahrung vor, muß man mit zusätzlichen Gaben für Nachschub sorgen, damit sie zufriedenstellend gedeihen können.

Grundsätzlich unterscheidet man zwischen den Hauptnährstoffen und Spurenelementen. Hauptnährstoffe braucht die Pflanze in größeren Mengen: so etwa Stickstoff, Phosphor, Kalium, Calcium, Magnesium und weitere. Unter anderem begünstigt Stickstoff das Blatt- und Triebwachstum, Phosphor die Blühfreudigkeit, Kalium fördert die Widerstandsfähigkeit, Calcium das Wachstum, insbesondere das der Wurzeln, und Magnesium ist ein wichtiger Baustein des Blattgrüns. Spurenelemente, beispielsweise Eisen, Mangan, Zink, Kupfer oder Bor, werden dagegen, wie der Name schon sagt, nur in kleinsten Mengen benötigt. Besondere Bedeutung kommt Eisen und Mangan zu, die bei der Photosynthese eine Schlüsselrolle spielen. All diese Elemente sind für ein gesundes Rosenwachstum unerläßlich, wobei der jeweilige Bedarf keine Rückschlüsse auf die Wichtigkeit des Stoffes erlaubt. Jeder einzelne muß der Pflanze in ausreichender Menge zur Verfügung stehen. Doch nicht nur ein Mangel, sondern auch ein Überschuß an bestimmten Nährstoffen kann das gesunde Wachstum beeinträchtigen (siehe Seite 110f.).

Dünger lassen sich in zwei Kategorien einteilen: in organische wie Kompost, Mist, Hornspäne, Knochen- und Blutmehl und Guano sowie in mineralische Düngemittel, die für den Garten in körniger oder flüssiger Form angeboten werden. Letztere sind sowohl als Einnährstoffdünger erhältlich, mit deren Hilfe ein akuter Mangel des entsprechenden Elements behoben werden kann, wie auch als Mehrnährstoffdünger, die in der Regel die wichtigsten Hauptnährstoffe und häufig noch Spurenelemente enthalten. Auch Gesteinsmehle zählen zu den mineralischen Düngern.

Organische Dünger

Organische Dünger oder Naturdünger sind stets sog. Langzeitdünger, denn sie müssen im Boden zersetzt werden, bevor die Nährstoffe den Pflanzen zur Verfügung stehen. Das Tempo dieser Umsetzung ist je nach Bodenart und Temperatur leicht unterschiedlich. So wirken sie zwar erst mit etwas Verzögerung, dann aber stetig, und können außerdem kaum überdosiert werden. Von Vorteil ist auch, daß sie nicht nur alle wesentlichen Pflanzennährstoffe in ausgewogenem Verhältnis enthalten, sondern gleichzeitig die Bodenlebewesen und damit die Humusbildung fördern.

Einer der wichtigsten Naturdünger ist Kompost. Die in organischem Material wie Gartenabfällen, Rasenschnitt, Küchenabfällen, Mist, Laub u.ä. vorhandenen wertvollen Nährstoffe

Kompost – aus Gartenabfällen entsteht ein wertvolles Bodenverbesserungsmittel für Rosen.

werden bei der Kompostierung dem Naturkreislauf wieder zugeführt. Mikroorganismen, Pilze und Bodenlebewesen, allen voran der Regenwurm, verwandeln den „Naturmüll" in einigen Monaten zu kostbarem Humus.

Ein Komposthaufen trägt gleichermaßen zum Naturschutz wie zur Müllvermeidung bei und sollte deshalb zur Grundausstattung eines jeden Gartens gehören. Man kann ihn in einer entlegenen, warmen Gartenecke entweder frei aufschichten oder aber in handelsüblichen Kompostbehältern, Schnellkompostern und dergleichen ansetzen.

Nur gut gereifter und abgelagerter Kompost darf zur Versorgung der Rosen verwendet werden.

Zur Düngung werden etwa 1–2 kg Kompost pro Quadratmeter benötigt, bei der Pflanzung neuer Rosen vermischt man zwei Drittel Erde mit einem Drittel Kompost. Zusätzlich sollten dem Kompost Hornspäne, Blut- oder Knochenmehl beigemengt werden – Materialien, die für Pflanzen wichtige Spurenelemente enthalten. Die jeweilige Dosierung ist dem Herstellerhinweis auf der Packung zu entnehmen.

Organische Dünger werden am besten im Spätherbst auf dem Rosenbeet ausgebracht. Weil der Abbau nur langsam einsetzt, zeitigen die im Herbst verteilten Naturdünger ihre Wirkung zum Wachstumsbeginn der Pflanzen im Frühjahr, dann wenn die Rose vor ihrer Hauptentwicklungsphase steht und die meisten Nährstoffe benötigt. Im Frühjahr kann mit geringerer Dosis nachgedüngt oder, falls einmal im Herbst nicht gedüngt wurde, auch die komplette Düngung nachgeholt werden.

Mineraldünger

Ganz anders wirken die sog. Kunst- oder Mineraldünger. Sie enthalten wasserlösliche Stoffe, die mit dem Boden- oder Gießwasser von der Pflanze sofort aufgenommen werden können. Mineraldünger sind daher Kurzzeitdünger. Sie führen nicht zu einer dauerhaften Bodenverbesserung, sondern stellen kurzfristig benötigte Nährstoffe zur Verfügung. Ihr Einsatz ist also dann zweckmäßig, wenn man bestimmte Mängel schnell beheben möchte. In körniger Form werden Mineraldünger auf den Boden gestreut und vorsichtig oberflächlich eingehackt; als Flüssigdünger bringt man sie in der Regel mit dem Gießwasser verdünnt im Wurzelbereich aus.

Rosendünger sollte man immer streng nach den Mengenangaben auf der Packung dosieren.

Ihre regelmäßige Düngergabe bekommen Rosen im Frühjahr nach dem Schnitt, sehr reich blühende und daher „hungrige" Arten und Sorten düngt man ein zweites Mal zu Beginn ihrer Hauptblütezeit. Noch später darf nicht mehr gedüngt werden, weil dadurch das Triebwachstum weiter angeregt und das Holz bis zum Winter nicht genügend ausreifen würde. Die Triebe blieben dann zu weich und könnten bei Frost leicht erfrieren.

Die Mineraldünger müssen außerordentlich sorgfältig dosiert werden, ein Zuviel führt rasch zu Schädigungen an den Pflanzen (siehe auch Seite 110 f.). Man verwendet etwa 70–80 g Mineraldünger pro Quadratmeter Bodenfläche bzw. hält sich genau an die Dosierungsanleitung auf der Packung. Der Dünger darf nie direkt auf die Blätter gelangen, denn sie können davon „Brandflecken" bekommen.

Neu gepflanzte Rosen im Garten sollten ein ganzes Jahr lang überhaupt nicht gedüngt werden, damit sie ihre ganze Kraft statt in das Triebwachstum möglichst in die Wurzelentwicklung stecken.

Tip

Falls kein eigener Kompost zur Verfügung steht, düngt man seine Rosen am besten mit getrocknetem oder mit Erde vermischtem Kompost, wie er im Gartenfachhandel erhältlich ist.

Tip

Als Rosendünger eignet sich Pferde- oder Rindermist, der jedoch mindestens ein Jahr abgelagert, besser noch kompostiert sein muß, oder im Handel erhältlicher Trocken-Rinderdung. Frischer Mist hingegen ist für Rosen zu scharf und würde diese nur schädigen.

Tip

Ebenso wie Mist darf auch Kompost niemals frisch auf die Rosenbeete gelangen, sondern immer nur in abgelagerter, reifer Form. Je nach Bestandteilen und Witterung dauert es in der Regel einige Monate, bis aus dem aufgeschichteten Komposthaufen sog. Rohkompost geworden ist. Reifer Kompost dagegen entsteht nach ein bis zwei, manchmal auch erst nach drei Jahren.

Tip

Mineraldünger sollten nicht während oder vor starken Niederschlägen ausgebracht werden, weil dann die gelösten Stoffe, insbesondere in sandigen, leichten Böden, an den Wurzeln vorbeigeschwemmt werden und das Grundwasser unnötig belasten.

Eine Mulchdecke hält den Boden im Rosenbeet locker und ganz feinkrümelig, schützt vor Nässe wie Austrocknung und dämmt zudem den Unkrautbewuchs ein.

Tip

Fällt im Herbst das Laub gesunder Rosen ab, kann man es als eine Art Mulchdecke unter den Sträuchern belassen. Von einer Pilzkrankheit wie Sternrußtau oder Rosenrost (siehe Seite 118 f.) befallene Blätter allerdings sollte man vollständig entfernen und vernichten. Sie dürfen auch nicht kompostiert werden, da die Pilzsporen sehr widerstandsfähig sind und im nächsten Jahr die Pflanzen erneut infizieren würden.

Mulchen

Nicht nur die bedarfsgerechte Versorgung mit Nährstoffen, auch ein gesunder, lockerer Untergrund ist notwendig für ein üppiges Wachstum. Den optimalen Zustand des Substrats zu erreichen bzw. zu erhalten sollte für den Rosenfreund oberstes Ziel sein, gilt doch ein fruchtbarer, reicher Boden als das höchste Gut des Gärtners.

Ein bloßliegender Boden ist unnatürlich und in freier Natur mit Ausnahme einiger extremer Gegenden nicht anzutreffen. Fast immer überzieht sich die Krume mit irgendeiner Art von Bewuchs, und sei er auch spärlich. Ohne die grüne Decke aus Pflanzen wäre der Boden jeglichen Witterungseinflüssen, Regen ebenso wie Sonne und Wind, schutzlos ausgesetzt. Er würde bald verkrusten, undurchlässig für Wasser und Nährstoffe werden und die Pflanzen in ihrem Wachstum behindern. Im Garten ist dies nicht anders als in freier Natur.

Da Rosenwurzeln sehr sauerstoffbedürftig sind, muß die Bodenoberfläche um die Pflanze locker und durchlässig gehalten werden. Eine einfache, doch effektive Methode, dies auch in Bereichen ohne Pflanzenbewuchs zu bewirken, ist das Mulchen. Die Mulchdecke hält den Boden offen und fördert den Luftaustausch, vermindert die Auswaschung von Nährstoffen, regt das Bodenleben an und schützt vor übermäßiger Austrocknung sowie Verkrustung. Zudem müssen gemulchte Pflanzen seltener gegossen werden, sind besser vor Frost geschützt und erfordern einen geringeren Pflegeaufwand, weil außerdem der Unkrautwuchs unterdrückt wird.

Mulchmaterialien

Zum Mulchen des Rosenbeets eignen sich so verschiedene Materialien wie mit Laub vermischter Gehölzhäcksel, Kompost, Stroh und Rasenschnitt oder Rindenmulch. Bevor die Mulchschicht aufgetragen wird, lockert man den Boden oberflächlich vorsichtig mit einer Hacke, ohne die Rosenwurzeln zu beschädigen. Aufkeimendes Unkraut wird dabei entfernt. Die Mulchschicht sollte je nach Material etwa 5–8 cm dick sein. Dabei gilt: Je dichter das verwendete Material, desto dünner die Schicht. Unter fleißiger Mithilfe der Bodenlebewesen verrottet das Mulchmaterial mit der Zeit und trägt so zur Bodenverbesserung und Nährstoffversorgung der Pflanzen bei. Ist die Mulchdecke fast aufgezehrt, arbeitet man die Reste mit einer Hacke in die Erde ein und bringt eine neue Schicht auf.

Bevor man eine Mulchdecke ausbringt, muß der Boden gelockert sowie Unkraut und abgefallenes krankes Rosenlaub entfernt werden.

Eine grüne Decke für den Boden

Anstelle einer Mulchschicht kann auch eine lebende Pflanzendecke den nackten Boden schützen. Mit niedrigen einjährigen Blumen oder ausdauernden Stauden, die man um die Rosen herum setzt, kommt man außerdem anfliegenden Unkräutern zuvor. Besonders auf ungünstigen Böden wie Sand oder Ton kann

Unterpflanzungen aus passenden Stauden oder Sommerblumen bilden eine lebende Bodendecke.

Damit Rosen blühfreudig und gesund bleiben, werden sie im Frühjahr geschnitten.

man durch einen solchen Pflanzenteppich den Untergrund verbessern und lockern. Einjährige Blumen wie Große Kapuzinerkresse *(Tropaeolum majus)*, Gartenringelblume *(Calendula officinalis)*, Fleißiges Lieschen *(Impatiens walleriana)*, Bienenfreund *(Phacelia tanacetifolia)* und viele mehr erobern in kurzer Zeit das Rosenbeet und bedecken den Boden. Sind sie im Herbst verwelkt, werden sie sorgfältig in die Erde eingehackt und verrotten dort zu wertvollem Humus. Ausdauernde niedrige Stauden wie etwa Blaukissen *(Aubrieta)*, Gänsekresse *(Arabis)*, Ehrenpreis *(Veronica)*, Katzenminze *(Nepeta)* und andere bleiben für Jahre im Rosenbeet stehen. Bis die Stauden zu einer geschlossenen, schützenden Decke verwachsen sind, deckt man die Zwischenräume mit Mulch ab. Auch Heilkräuter wie etwa Lavendel *(Lavandula)*, Kamille *(Chamomilla recutita)* und Thymian *(Thymus)* eignen sich gut zur Unterpflanzung der Rosen. Sie schützen nicht nur den Boden, sondern tragen durch ihren speziellen Duft auch zur Schädlingsabwehr bei.

Der Rosenschnitt

Neben der Düngung und der Bodenpflege gehört ein fachgerechter Schnitt zu den wichtigsten Arbeiten im Rosengarten. Das Schneiden der Rosen dient einerseits einer möglichst üppigen und lange anhaltenden Blütenpracht, andererseits der Verjüngung und Gesunderhaltung des Rosenstrauchs. Man macht sich dabei die Eigenschaft der Gehölze zunutze, auf das Entfernen von Trieben mit verstärktem Holzwachstum zu reagieren. Mit anderen Worten: Je mehr zurückgeschnitten wird, desto stärker treibt die Pflanze wieder aus und umgekehrt. Aus diesem Grund nimmt man schwachwüchsige Sorten, die sich stärker ausdehnen sollen, weiter zurück als starkwüchsige Rosen, die schon einen ansehnlichen Busch bilden.

Grundsätzlich sollten Rosen erst im Frühjahr, etwa Anfang April, geschnitten werden, wenn sie erneut auszutreiben beginnen. Je nach Klima, Lage und Wetter kann sich der Zeitpunkt etwas nach vorn oder hinten verschieben. An den jungen Knospen läßt sich am besten erkennen, welche Triebe gesund und kräftig sprießen und welche durch Frost geschädigt wurden.

Die früher verbreitete Methode, Rosen im Herbst zurückzuschneiden, wird zunehmend verworfen, denn sie schwächt die Pflanzen unnötig in der kalten Jahreszeit. Außerdem frieren im Winter viele Triebe etwas zurück, und diese müssen ohnehin im Frühjahr vor dem Neuaustrieb entfernt werden. Im Herbst schneidet man nur abgeblühte Blumen sowie überlange, störende oder beschädigte Zweige aus.

Die richtige Schnittechnik

Beim Rosenschnitt gilt es einige grundsätzliche Regeln zu berücksichtigen: Die Triebe werden stets etwa 5 mm über einem nach außen zeigenden Auge abgeschnitten. Dabei setzt man die Schere auf Höhe der Knospe auf der von ihr abgewandten Triebseite an und führt den Schnitt schräg nach oben von der Knospe weg. Die abgeschrägte Schnittfläche läßt Regenwasser rascher ablaufen und vermindert dadurch die Gefahr von Infektionen mit Pilzkrankheiten (siehe Seite 117 ff.). Schneidet man den Trieb zu niedrig über dem Auge ab, wird es verletzt und treibt womöglich nicht mehr aus. Kappt man ihn zu hoch über dem Auge, bleibt ein Zapfen stehen, der eintrocknet und eine freie Angriffsfläche für Krankheitserreger bietet. Außerdem besteht die Gefahr, daß das darunterliegende schlafende Auge nicht austreibt.

Zum Schneiden darf man nur scharfe Gartenscheren verwenden, weil sonst die Schnittstelle leicht gequetscht wird oder einreißt. An solchen Verletzungen siedeln sich dann bevorzugt Fäulnisbakterien und Pilze an. Erfrorene oder kranke Triebe sind an bräunlich verfärbtem Mark zu erkennen und müssen bis ins gesunde, hellgrüne Holz gekürzt werden. Schwächliche, dünne Triebe entfernt man dagegen stets vollständig, und zwar möglichst knapp über ihrer Ansatzstelle.

Der richtige Schnitt setzt gegenüber dem Auge an und führt schräg nach oben, so daß über der Knospe 5 mm stehenbleiben (oben). Alle anderen Schnitte (ganz oben) sind falsch.

Tip

In Rosenschulen hat sich bei Beetrosen die Methode bewährt, alle Triebe ohne Rücksicht auf Zahl oder Stellung der Augen eine Handbreit über dem Boden abzuschneiden. Bei großflächigen Pflanzungen reduziert dies natürlich den Arbeitsaufwand enorm. Allerdings vertragen nicht alle Sorten einen derart radikalen Rückschnitt. Sofern man es nicht einfach ausprobieren will, erkundigt man sich am besten beim Züchter der jeweiligen Sorte nach deren Schnittverträglichkeit.

Der Frühjahrsschnitt

Man unterscheidet bei der Rosenpflege zwischen dem Hauptschnitt der Sträucher im Frühjahr und dem Schneiden der Rosen während des Sommers, wobei letzteres jedoch nur im Ausputzen der verwelkten Blüten besteht und bei öfterblühenden Sorten den Wiederaustrieb fördert. Allerdings sollte man die edlen Gewächse nicht nach einem starren Schnittmuster einkürzen. Vielmehr sind bei jeder Pflanze die Stärke der Triebe, der allgemeine Gesundheitszustand sowie die individuellen Wuchseigenschaften zu berücksichtigen.

Wildrosen

Wildrosen sollen ihren natürlichen Charakter und Wuchs beibehalten und werden deshalb am besten überhaupt nicht geschnitten. Lediglich abgestorbene, kranke oder abgeknickte Triebe entfernt man aus Hygienegründen. Auch überaltertes Holz, das an seiner grauen, meist rissigen Rinde zu erkennen ist, kann alle paar Jahre herausgenommen werden, um den Strauch zu verjüngen.

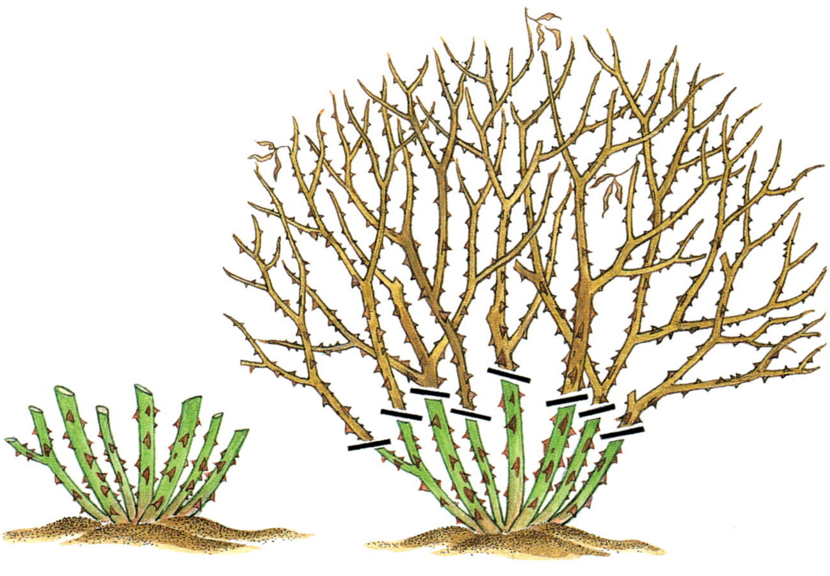

Beetrosen schneidet man kräftig auf außenliegende Augen zurück. Dabei gilt grundsätzlich, daß schwache Triebe stärker, dicke nur wenig eingekürzt werden.

Beetrosen

Beet-, Edel- und Zwergrosen werden von allen Rosen am stärksten beschnitten. Schwachwüchsige Sorten sowie schwache Triebe kürzt man auf zwei bis drei Augen ein, starkwüchsige Sorten und kräftige Triebe auf etwa fünf Augen. Zusätzlich werden zu dicht stehende oder schwächliche, sehr dünne Triebe sowie störende Verästelungen ganz entfernt.

Edelrosen können zudem ab Mai pinziert werden, was bedeutet, daß voreilige junge Triebspitzen abgeschnitten werden, um die Pflanze zu neuen Verzweigungen anzuregen. Dadurch erhalten langstielige, manchmal ein wenig sparrig wirkende Sorten einen etwas buschigeren Wuchs.

Strauchrosen

Bei Einmalblühenden Strauchrosen verzichtet man wie bei Wildrosen in der Regel ganz auf einen Schnitt, nur abgestorbene Äste werden entfernt. Gelegentlich kann es jedoch angebracht sein, überlange oder störende Zweige herauszuschneiden, um die Rosen etwas in Form zu bringen. Dieser Schnitt darf allerdings erst nach der Blüte erfolgen, da die einmalblühenden Sorten ihren Flor im allgemeinen an den älteren Trieben ausbilden. Durch frühes Schneiden würde man die Pflanze ihrer Knospen und damit der Blumenpracht berauben.

Öfterblühende Strauchrosen blühen dagegen häufig am diesjährigen Holz. Sie bilden meist von selbst viele neue Triebe und müssen nur ausgelichtet werden. Läßt die Blühwilligkeit der Sträucher nach, stutzt man sie auf etwa ein Drittel ihrer ursprünglichen Größe, wobei starke Triebe etwas länger bleiben, schwache rigoroser gekürzt werden. Schwächliche, sehr dünne Triebe schneidet man direkt an ihrer Ansatzstelle, überalterte Zweige knapp über dem Boden ab.

Rosenbögen entfalten ihren ganzen Zauber nur, wenn Verblühtes regelmäßig ausgeschnitten wird.

Strauchrosen werden in aller Regel nur ganz geringfügig geschnitten, damit ihre natürliche Wuchsform erhalten bleibt. Auseinanderfallende oder allzu ausladende Sträucher kann man jedoch behutsam auslichten. Dabei nimmt man überaltertes oder abgestorbenes Holz möglichst bodennah heraus und entfernt sich kreuzende Triebe.

Kletterrosen

Kletterrosen wachsen zunächst mit langen, mehr oder weniger biegsamen Trieben, den sog. Langtrieben, in die Höhe. Diese biegt man vorsichtig seitwärts und bindet sie an das Klettergerüst (siehe Seite 80). Aus den Langtrieben wachsen kürzere Seitentriebe, an denen der Großteil der Blüten gebildet wird. Ältere Seitentriebe können jedoch oft ihrerseits eine stattliche Länge erreichen und werden dann wie die Langtriebe am Gerüst befestigt. Zum Schneiden bindet man die Rosen notfalls von der Stütze los und verteilt gegebenenfalls die Zweige anschließend neu.

Einmalblühende Kletterrosen schneidet man gleich nach Beendigung der Blütezeit. Dabei werden verwelkte Blumenbüschel entfernt und die Seitentriebe am alten Holz auf zwei bis drei Augen gekürzt. Jüngere Seitentriebe und neu gebildete Langtriebe bleiben stehen, sie tragen die Blüten des nächsten Jahres. Alte und schwächliche Triebe schneidet man direkt am Boden bzw. am Wurzelhals ab, damit sich der Strauch wieder verjüngen kann.

Öfterblühende Kletterrosen blühen sowohl am ein- wie am zwei- und mehrjährigen Holz. Deshalb sollten Triebe jeden Alters an der Pflanze erhalten bleiben. Junge Seitentriebe werden auf zwei bis fünf Augen zurückgeschnitten, die Langtriebe dagegen nur gekürzt, wenn sie im Winter zurückgefroren sind. Sehr lange Seitentriebe behandelt man wie neue Langtriebe und bindet sie am Klettergerüst hoch. Sie bilden im kommenden Jahr neue Seitentriebe und Blüten.

Der Sommerschnitt

Mit Ausnahme der Wildrosen und einiger einmalblühender Rosen, die im Herbst Hagebutten hervorbringen, wird bei allen Rosen während des Sommers Abgeblühtes laufend entfernt. Man schneidet die verwelkte Blüte

Bei den Kletterrosen wird altes, krankes und sich kreuzendes Holz herausgeschnitten. Junge Seitentriebe und junge Langtriebe bleiben bei Einmalblühenden Kletterrosen stehen, da sich an ihnen die Blüten bilden. Bei Öfterblühenden dagegen kürzt man junge Seitentriebe ein. Nach dem Schnitt bindet man die Zweige wieder am Gerüst fest.

Vor allem bei den Beetrosen schneidet man während des Sommers Verblühtes mit zwei vollständig entwickelten Laubblättern heraus.

Tip

Für die Vase sollte man nie mehr als drei Blütenstiele pro Pflanze abschneiden – und diese nicht zu lang, damit die Rose möglichst wenig Laub verliert.

Wildtriebe erkennen und entfernen

Veredelte Rosen, und dazu gehört die Mehrzahl der Gartenrosen, wurden auf die robusten, wuchskräftigen Wurzeln heimischer Wildrosen veredelt. Deren Wurzeln sind optimal an die hiesigen Boden- und Klimabedingungen angepaßt, und sie bilden deshalb eine gesunde Unterlage für die empfindlicheren, oft aus anderen Klimabereichen stammenden oder extrem hochgezüchteten Sorten. Werden die Wildwurzeln z. B. beim Umgraben verletzt oder befindet sich die veredelte Sorte in einem geschwächten Zustand, dann treiben aus den Wurzeln sog. Wildtriebe oder Wildlinge aus. Man erkennt sie an geraden, schnell wachsenden Trieben, welche unterhalb der Veredelungsstelle entspringen und meist stark mit andersartigen, nadelspitzen Stacheln besetzt sind. Auch die Blätter unterscheiden sich im allgemeinen von denen der Edelsorte. Sie sind in der Regel schmaler, siebenfiedrig und hellgrün mit matter, derber Oberfläche.

Wildtriebe werden direkt an ihrer Austriebsstelle abgerissen.

Sobald man Wildtriebe an einer Rose erkennt, sollte man sie gleich entfernen, da sie der blühenden Pflanze Nährstoffe entziehen und sie im weiteren Wachstum hemmen. Um einen Wildtrieb zu beseitigen, legt man den Wurzelhals vorsichtig mit den Händen oder einer Grabeschaufel frei und reißt den Wildling gegen die Wuchsrichtung mit einem kräftigen Ruck ab. Man kann ihn auch mit einer Gartenschere abschneiden, doch darf dabei kein Zapfen stehenbleiben, der sonst sehr schnell nachtreiben würde. Abschließend bedeckt man den Wurzelhals wieder sorgfältig mit Erde.

Als Vasenschmuck eignen sich kurz vor der Entfaltung stehende Knospen am besten, denn dann bleiben Rosen am längsten frisch. Unmittelbar bevor die Blumen in das Gefäß kommen, schneidet man die Stielenden mit einem scharfen Messer schräg ab und stellt sie in leicht erwärmtes Wasser.

mit zwei vollständig entwickelten darunterliegenden Laubblättern ab. Öfterblühende Rosen werden durch das Beseitigen der verblühten Blumenbüschel zur Bildung von weiteren Trieben und eines erneuten Flors angeregt. Meist wachsen an den Schnittstellen die neuen Blüten aus der dritten oder vierten Knospe von oben nach, weshalb diese nicht mit abgeschnitten werden sollten.

Zeigen sich bei den veredelten Sorten sogenannte Wildtriebe, muß man sie entfernen (siehe oben).

Winterschutz

Wenn die Blütenpracht des Sommers vorbei ist, müssen die Pflanzen im Garten auf die kalte Jahreszeit vorbereitet werden. Zwar sind die in Mitteleuropa heimischen Wildrosenarten hier winterhart, doch viele Gartensorten haben wärmeliebende, etwas empfindlichere Vorfahren. Als winterhart bezeichnet man nur solche Sorten, die auch strenge Frostperioden ohne Schäden überstehen können. Grundsätzlich bedeutet es den besten Winterschutz für alle Rosen, ihre Veredelungsstelle tief genug in die Erde zu senken (siehe Seite 79).

Mit den Vorbereitungen für den Winter sollte man jedoch nicht vor Ende November beginnen. Einzelne schon früher auftretende Frosttage gefährden die Rosen nicht, sondern machen sie nur widerstandsfähiger. In der Regel ist es nicht der Frost allein, der die Pflanzen schädigt, sondern eher die wechselnde Witterung mit Sonne und Wind. Wärmende Sonnenstrahlen regen die Knospen zum Austreiben an, folgende Kälte läßt sie erfrieren. Fehlt eine schützende Schneedecke, gehen die Zweige oft nicht einmal durch Frost zugrunde,

An- und Abhäufeln

Rosen werden nach dem Einpflanzen und zum Überwintern an der Basis der Triebe mit einem kleinen Haufen Erde bedeckt. Dieses sog. Anhäufeln dient dem Schutz der empfindlichen Veredelungsstelle sowie des Wurzelhalses vor Frost und Austrocknung durch Wind und Sonne. Vor allem bei einer Herbstpflanzung lassen sich dadurch die frisch gesetzten Rosenstöcke vor Schäden bewahren. Liegt jedoch die Veredelungsstelle tief genug im Boden, kann bei älteren Rosen sowie bei den meisten Strauchrosen das Anhäufeln vor dem Winter entfallen. Alle anderen Rosen, insbesondere aber die etwas empfindlicheren Beetrosen, werden ab Mitte November angehäufelt – nicht eher, denn die Triebe sollen richtig ausreifen können.

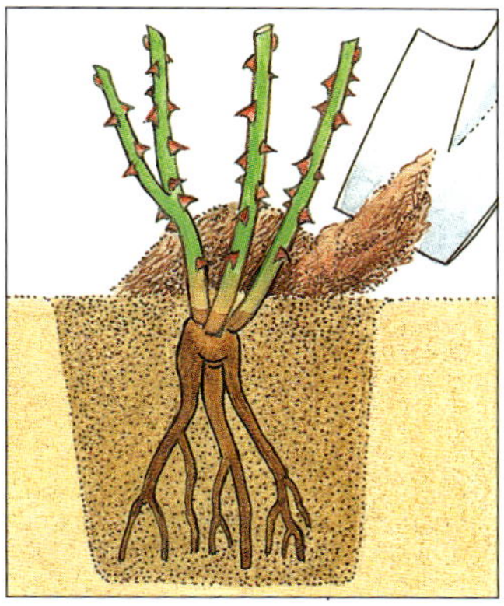

Nach dem Einpflanzen oder als Winterschutz werden Rosen mit Erde angehäufelt.

Man bedeckt den Wurzelbereich 15–20 cm hoch mit lockerer Gartenerde, reifem Kompost, Rindenmulch oder verrottetem Mist. Der Einfachheit halber kann man statt dessen auch Erde von der Beetfläche hochharken, wobei jedoch darauf zu achten ist, daß flach verlaufende Wurzeln nicht verletzt werden. Anschließend sollte man die Häufchen noch mit etwas Fichtenreisig abdecken, damit sie bei starken Regenfällen nicht weggeschwemmt werden. Hatten die Pflanzen während des Sommers unter einer Blattkrankheit zu leiden – vor allem Pilzkrankheiten wie Sternrußtau oder Rosenrost –, muß man vor dem Anhäufeln alle abgefallenen Laubblätter entfernen und vernichten.

Nach der kalten Jahreszeit, etwa ab April, werden die Rosen wieder abgehäufelt. Dabei ist mit einiger Vorsicht vorzugehen, um neue Knospen oder Austriebe nicht abzubrechen oder zu verletzen.

sondern vertrocknen durch den Wind und die Wintersonne.

Der Winterschutz für Rosen besteht zum einen im Anhäufeln mit Erde (siehe oben) und im Ausbringen einer Mulchschicht um den Wurzelbereich, zum andern in einer schützenden Abdeckung der Triebe. Als Abdeckmaterial eignet sich Fichten- oder Tannenreisig, Sackleinen oder Jutegewebe. Fichtenzweige sind nicht nur besonders preisgünstig oder sogar kostenfrei zu haben, sie verlieren zudem im Frühjahr allmählich ihre Nadeln und lassen dann Sonne an die Triebe. Kunststoffolie dagegen ist zur Abdeckung der Rosen denkbar ungeeignet, da sich darunter Wärme stauen kann. Die Sträucher würden frühzeitig austreiben und der neue Zuwachs beim nächsten Frost wieder erfrieren.

Wildrosen und die meisten Einmalblühenden Strauchrosen benötigen keinen Winterschutz. Sie sind in der Regel robust genug, allen Witterungen zu trotzen, es sei denn, sie sind frisch gepflanzt. Alle anderen Rosen werden etwa 15–20 cm hoch um den Wurzelhals mit Erde oder Kompost angehäufelt. Nur in rauhen Lagen oder für empfindliche Sorten ist es nötig, die Zweige zusätzlich mit Fichtenreisig abzudecken.

Kletterrosen, die an Wänden oder Spalieren wachsen, bekommen einen schützenden Mantel aus dachziegelartig angeordneten Fichtenzweigen oder aus Sackleinen. Dazu bindet man das Reisig am Spalier fest oder zieht es durch die Kletterdrähte. An Bögen oder Pyramiden lassen sich Kletterrosen oft besser mit weicheren Materialien wie Sackleinen oder Jute umwickeln. Empfindliche Sorten häufelt man anschließend um den Wurzelbereich an und deckt besonders trockene Standorte, etwa an Mauern, mit Strohmatten ab. Auch Stammrosen brauchen im allgemeinen eine schützende Abdeckung (siehe Seite 60f.).

Je nach Klima muß der Winterschutz um die Triebe Ende Februar oder im März wieder entfernt werden, jedoch nicht später, da die Pflanzen dann bereits austreiben. Beläßt man den Schutz zu lange, vergilben die jungen Triebe und verbrennen beim ersten kräftigeren Sonnenstrahl. Die angehäufelte Erde dagegen wird erst etwas später, im April, abgehäufelt, wenn keine strengen Nachtfröste mehr zu erwarten sind.

Tip

In schneereichen Wintern oder bei sehr nassem Schnee lasten oft schwere Bürden auf den langen Zweigen der Strauchrosen. Um ein Abbrechen zu verhindern, sollte der Schnee regelmäßig von den Trieben abgeschüttelt werden. Bei sehr niedrigen Temperaturen ist dabei aber Vorsicht geboten, denn das Holz kann dann leicht splittern.

Tip

Torf ist zum Anhäufeln von Rosen ungeeignet. Zum einen sollte man ihn der bedrohten Torfmoore zuliebe im Garten gar nicht oder nur äußerst sparsam verwenden, zum andern saugt sich Torf mit Wasser voll. Bei Frost würde das gespeicherte Wasser gefrieren und die Pflanzen mit einer regelrechten Eiskruste umhüllen. Damit erreichte man das Gegenteil des Beabsichtigten: die Zweige würden nicht geschützt, sondern erfrieren.

Beetrosen bringt man gut durch harte Winter, wenn man sie anhäufelt sowie mit Fichten- oder Tannenreisig abdeckt.

Schönheit aus Menschenhand

Rosen züchten und vermehren

Gerade unter den Alten Rosen gibt es wertvolle Raritäten, die oft nur schwer zu bekommen sind. Solche Rosen lohnen einen Vermehrungsversuch.

Die schier unglaubliche Vielfalt der Rosen, die heute im Handel erhältlich sind und sich für die unterschiedlichsten Verwendungszwecke eignen, läßt kaum Wünsche offen – so sollte man jedenfalls meinen. Und dennoch arbeiten Züchter jahraus, jahrein rund um den Globus an der Verbesserung und Erweiterung des Angebots und stellen immer neue Sorten vor, die um die Gunst der Rosenfreunde buhlen. Doch kann sich auch jeder Gartenbesitzer als Rosenzüchter versuchen oder seine schönsten Stöcke und rare alte Sorten auf verschiedene Weise selbst vermehren. Etwas Glück und genügend Geduld vorausgesetzt, läßt sich die Rosenpracht damit auf besonders reizvolle Art vervielfältigen.

Züchtung von Rosen

Rosen zu pflegen ist nicht schwer, Rosen zu züchten dagegen eine hohe Kunst – zumindest, wenn man eine Neuheit schaffen will, die auf dem Markt unter der enormen Konkurrenz tausender prachtvoller und bewährter Rosensorten bestehen kann. Berufszüchter müssen nicht nur außerordentliches Wissen und große Erfahrung einbringen, sondern überdies sehr viel Zeit und Geduld aufwenden, um immer wieder Rosen zu erzielen, die noch schöner, noch blühfreudiger, noch leichter zu pflegen sind als die bisher bekannten. Der Wunsch, einmal den großen Wurf zu landen und der Welt die „ideale" Rose vorstellen zu können, treibt die Züchter ständig zu weiteren Bemühungen an. Aber auch im privaten Hausgarten kann man sich an die Rosenzucht wagen, ein Hobby, das interessante Überraschungen bereithält. Doch wer erfolgreich Kreuzungen durchführen will, sollte nicht nur über die dazu notwendigen Techniken, sondern ebenso über die Grundlagen der geschlechtlichen Fortpflanzung und der Vererbung Bescheid wissen.

In den großen Rosenschulen werden Tausende von Pflanzen auf riesigen Feldern gezogen. Sie sind nicht nur für den Verkauf bestimmt, sondern dienen oft zur Züchtung neuer Rosensorten.

Rosenzucht in der Vergangenheit

Als der Mensch vor Jahrtausenden seßhaft wurde, begann er, Pflanzen gezielt zu seinem persönlichen Nutzen anzubauen – und darin liegen auch die Anfänge der Züchtungsgeschichte. Sehr lange Zeit beruhte Pflanzenzucht jedoch einzig darauf, daß nur die Samen derjenigen Pflanzen zur Weitervermehrung benutzt wurden, bei denen sich die gewünschten Eigenschaften besonders ausgeprägt zeigten. Eine gezielte Veränderung der kultivierten Pflanzen war noch nicht möglich, es mangelte am nötigen Wissen über die zugrundeliegenden biologischen Vorgänge. Über die Entstehung der Früchte und Samen kursierten die abenteuerlichsten Geschichten. Erst 1694 gelang es dem Arzt und Botaniker Rudolph Jakob Camerarius, die Zweigeschlechtigkeit und damit die sexuelle Fortpflanzung von Pflanzen nachzuweisen. Allerdings war man sich über die verschiedenen Funktionen von „Vater" und „Mutter" noch lange nicht im klaren, nahm man doch allgemein an, nur die Mutterpflanze gebe ihre Eigenschaften an die Nachkommen weiter. Mitte des 18. Jh. dann erkannte der deutsche Naturforscher Joseph Gottlieb Koelreuter die Rolle beider Elternpflanzen und beschrieb den ersten durch

Die sehr alte Sorte 'Rosa Mundi' wurde schon in einer Schrift aus dem Jahr 1583 genannt.

künstliche Bestäubung erzielten Bastard bei Tabakpflanzen. Wie aber bei Pflanzen die Vereinigung männlicher und weiblicher Elemente vor sich geht, darüber gab es nach wie vor lediglich vage Vermutungen. Licht ins Dunkel brachten erst rund 100 Jahre später der deutsche Naturforscher Matthias Jacob Schleiden, der die Zelle als Grundbaustein der Pflanzen

Englische Rosen – wie 'Constance Spry' aus dem Jahr 1961 – gehören zu den neuen Züchtungen.

entdeckte, und vor allem der Botaniker Eduard Strasburger, der die Teilung und Verschmelzung pflanzlicher Zellkerne beobachtete. Mit diesen Erkenntnissen ließen sich nun z. B. die bis dahin höchst mysteriösen Vorgänge bei der Befruchtung erklären.

Als Meilenstein in der Geschichte der Züchtung gilt jedoch die Arbeit des österreichischen Ordensmannes und Botanikers Gregor Mendel. Seine Veröffentlichung der „Versuche über Pflanzenhybride", die 1866 erfolgte, wurde zwar anfänglich kaum beachtet. Nach ihrer Wiederentdeckung im Jahr 1900 aber revolutionierten die darin aufgestellten Theorien die gesamte Biologie und gingen als die Mendelschen Gesetze oder Regeln in die Naturwissenschaften ein. Mendel führte über 10 000 Kreuzungsversuche an Gemüsepflanzen durch und faßte die dabei von ihm erkannten Gesetzmäßigkeiten der Vererbung in drei Regeln zusammen. Vereinfacht ausgedrückt besagen diese folgendes: Kreuzt man zwei reinerbige Individuen derselben Pflanzenart miteinander, die sich nur in einem einzigen Merkmal, z. B. der Blütenfarbe, unterscheiden, so sind deren Nachkommen in der ersten Tochtergeneration, der sog. F_1-Generation, allesamt gleich (Erstes Mendelsches Gesetz oder Uniformitätsregel der Bastarde). Werden diese Mischlinge nun untereinander gekreuzt, teilen sich deren Abkömmlinge, die Pflanzen der F_2-Generation in ihren Merkmalen im Verhältnis 1:2:1 oder

Die Kreuzungsversuche der Züchter führen immer wieder zu überraschenden Ergebnissen. Rein vom äußeren Erscheinungsbild her würde wohl niemand vermuten, daß die Essigrose (links oben) und die Moschusrose (links unten) die beiden Eltern der Damaszener-Rose (rechts) sind.

3:1 auf (Zweites Mendelsches Gesetz oder Spaltungsregel). Wesentlich komplizierter liegt der Fall, wenn sich die Eltern in zwei oder mehr Merkmalen unterscheiden, da die Kombinationsmöglichkeiten der einzelnen Erbanlagen dann ungleich zahlreicher sind. Differieren die Ausgangspflanzen z. B. in zwei Eigenschaften, erfolgt die Aufspaltung ihrer Merkmale in der F_2-Generation nach dem Muster 9:3:3:1. Das Dritte Mendelsche Gesetz, auch Autonomieregel genannt, besagt, daß die verschiedenen Merkmale unabhängig voneinander vererbt werden und daher frei kombinierbar sind. Dadurch können Nachkommen ein völlig anderes Aussehen erhalten. Werden etwa Erbsenpflanzen mit gelben, runzeligen Samen mit Pflanzen gekreuzt, die grüne, glattschalige Samen hervorbringen, so finden sich in der Enkelgeneration auch Erbsen mit gelben glatten und solche mit grünen runzeligen Samen.

Tip

Genetik, die Wissenschaft von der Vererbung, erforscht die Gesetzmäßigkeiten und Vorgänge bei der Weitergabe erblicher Merkmale an die Nachkommen. Sie darf nicht mit Gentechnologie verwechselt werden, die sich in den letzten 20 Jahren rasant entwickelt hat und immer wieder für Schlagzeilen sorgt. Gentechnologie beschäftigt sich mit den praktischen Methoden und Möglichkeiten der Analyse, der gezielten Veränderung und Neukombination von Genen.

Die Strauchrose 'Fontaine' (links) entstand aus der Kreuzung der Floribunda-Rose 'Olala' (Mitte) mit der Teehybride 'Duftwolke' (rechts) und vereinigt Reichblütigkeit und strauchigen Wuchs mit einer besonders edlen Blütenform.

Tip

Ziel der aufwendigen Züchtungsarbeit ist die Schaffung von Sorten, die sich durch solche Merkmale wie ungewöhnliche Blütenfarben, besondere Reichblütigkeit, Robustheit, Frosthärte oder Resistenz gegenüber Krankheiten und Schädlingen auszeichnen. So sind bei der unglaublichen Vielfalt von Sorten mittlerweile auch für ausgesprochene Problemstandorte geeignete Rosen erhältlich. Wer bei der Auswahl gerade für ungünstige Plätze unsicher ist, erkundigt sich am besten direkt bei einem Züchter nach der richtigen Sorte.

Diese grundlegenden Erkenntnisse lösten eine wahre Züchtungswelle aus, konnte man doch endlich ganz gezielt Kreuzungen durchführen, um Pflanzen mit bestimmten Merkmalskombinationen zu erhalten – auch wenn Mendel und seine Zeitgenossen noch nicht wußten, auf welche Weise die Weitergabe der Eigenschaften erfolgte. Bahnbrechend bei der Lösung dieser Frage wirkte sich die Begründung der Chromosomentheorie der Vererbung zu Beginn des 20. Jh. aus, die in der Folge von verschiedenen Wissenschaftlern vertieft und bald als „Höherer Mendelismus" bezeichnet wurde. Die Ergebnisse der Chromosomenforschung entsprachen den Resultaten der Kreuzungsversuche. Den Zusammenhang herzustellen lag nahe: Die stets paarweise in jeder Pflanzenzelle vorhandenen Chromosomen, auch Kernfäden genannt (siehe auch Seite 95), sind die Träger der Erbanlagen. Das Auseinandergehen dieser Paare bei der Bildung der Geschlechtszellen erklärt die Aufspaltung der Erbmerkmale, und die rein zufällige Verteilung der Partner jedes einzelnen Chromosomenpaars macht die Unabhängigkeit der Erbanlagen und ihre Möglichkeit, sich bei der Befruchtung neu zu kombinieren, verständlich. Man konnte schließlich sogar einzelne Erbfaktoren, sog. Gene, auf den Chromosomen lokalisieren. 1906 wurde übrigens der Begriff Genetik als Fachwort für die Vererbungslehre geprägt.

In den folgenden Jahren bestätigte sich die Vermutung, daß die Desoxyribonukleinsäure (DNS) nicht nur ein wesentlicher Baustein der Chromosomen ist, sondern auch die eigentliche Trägerin der Erbinformationen. Als dann 1953 die Struktur der DNS von zwei Biochemikern, dem Amerikaner James Dewey Watson und dem Briten Francis Harry Compton Crick, entschlüsselt wurde, brach ein neues Zeitalter der Genetik an, denn jetzt konnte man die Vererbungsphänomene zunehmend erklären. Seither wurden immer mehr sensationelle Entdeckungen auf dem Gebiet der Vererbungslehre gemacht, die inzwischen ganz gezielte Eingriffe in die Erbsubstanz zulassen.

Eine Sorte entsteht

Die Entwicklung und Züchtung einer neuen Sorte ist in den meisten Fällen eine höchst langwierige und aufwendige Angelegenheit. Am deutlichsten zeigt dies ein Blick auf die

Rosenzuchtbetriebe führen zur Entwicklung neuer Sorten unzählige Kreuzungsversuche durch.

Arbeit eines modernen Rosenzuchtbetriebs. Mitarbeiter der Rosenschule Kordes etwa führen pro Jahr mit rund 2000 Kreuzungspflanzen etwa 100 000 Kreuzungen durch, wie dem Rosenjahrbuch 1993 vom Verein Deutscher Rosenfreunde zu entnehmen ist.

Im Herbst des gleichen Jahres werden die Samen aus etwa 50 000 Hagebutten ausgesät, aus denen im folgenden Jahr bis zu 250 000 Sämlinge heranwachsen. Sobald diese im zweiten Jahr zum ersten Mal zur Blüte gelangt sind, wählt man aus den jungen Rosenpflanzen die rund 8000 besten Exemplare aus, von denen 5000 als Unterlage für die Veredelung von Freilandrosen verwendet werden. In den folgenden fünf Jahren wird die Zahl der selektierten Pflanzen ständig eingeengt, bis von den 5000 Rosenstöcken des zweiten Jahres im siebten Jahr nur noch etwa 20 Exemplare übrig sind, die die erhofften und angestrebten Eigenschaften am deutlichsten aufweisen. Von diesen werden schließlich einige wenige ausgelesen und stark vermehrt. Erst im achten Jahr gelangen die neuen Sorten zur Rosenprüfung und zum Verkauf. Jetzt beginnt die Bewährungsprobe in den Prüfgärten und bei den Kunden, die nochmals einige Jahre dauern kann.

Doch wer im Hausgarten Rosen züchten möchte, sollte sich von den genannten Zahlen nicht abschrecken lassen; man muß sich ja nicht unbedingt das Herauszüchten eines ganz bestimmten Merkmals zum Ziel setzen. Auch das pure Spiel mit dem Zufall, das überraschende Zustandekommen neuer Eigenschaftskombinationen kann zu verblüffenden Kreationen führen, die mehr Freude bereiten als gekaufte Rosen – selbst wenn oder gerade weil dieses einzigartige Exemplar nie über den eigenen Garten hinausgelangt.

Geschlechtliche Fortpflanzung

Wie bei allen höheren Lebewesen ist auch bei Rosen die ganze Erbinformation in den Chromosomen, den Kernfäden, jedes einzelnen Zellkerns vorhanden. Jedes Chromosom ist für die Ausbildung ganz bestimmter Merkmale verantwortlich, ihre Anzahl von Art zu Art verschieden. Die Gesamtheit der verschiedenen Kernfäden in einer Zelle nennt man Chromosomensatz. Während dieser in den normalen Gewebezellen in der Regel mehrfach – beim Menschen z. B. zweifach, bei Rosen auch öfter (siehe Seite 96) – vorliegt, wird er bei der Bildung der Geschlechtszellen auf einen einfachen Satz reduziert. Die Befruchtung, die Verschmelzung eines männlichen Spermakerns aus einem Pollenkorn mit dem Kern der weiblichen Eizelle in der Samenanlage, führt schließlich mütterliche und väterliche Erbanlagen zusammen. Damit es bei einer Rose zur Befruchtung kommen kann, muß Pollen auf die klebrige Narbe der Blüte gelangen: Die Blüte muß bestäubt werden. Vom Pollenkorn aus wächst dann ein mikroskopisch dünner, schlauchförmiger Fortsatz durch Narbe und Griffel hindurch bis zur Samenanlage im Fruchtknoten. Durch diesen Schlauch wandert der Spermakern bis zur Eizelle, aus der sich nach der Kernverschmelzung durch vielfache Zellteilungen der Embryo entwickelt. Welche Eigenschaften die daraus erwachsende Rose schließlich aufweisen wird, ist aufgrund der zufälligen Neukombination mütterlicher und väterlicher Gene nicht vorhersagbar, zumal sich nicht alle Erbmerkmale gleich stark ausprägen. Bestimmte, sog. dominante Gene vermögen nämlich andere, die rezessiven, zu unterdrücken. So bleibt es auch für den erfahrensten Rosenzüchter immer wieder eine Überraschung, welches Resultat sich letztlich ergibt.

Nur wenn Pollen von den gelben Staubblättern auf die klebrige Narbe in der Blütenmitte gelangt, kommt es zur Befruchtung und späteren Bildung von Hagebutten, in denen die Samen sitzen.

Die Fuchsrose (rechts) ist schon sehr lange in Kultur. Sie gilt als Stammutter sämtlicher gelben und orangefarbenen Gartenrosen wie z. B. der Teehybride 'Whisky' (links).

Gezielte Kreuzungen

Während in der Natur meist nektarsuchende Insekten die Übertragung des Pollens von einer Rose zur anderen übernehmen, legt der Rosenzüchter hierbei selbst Hand an. Auf diese Weise überläßt er die Vaterschaft nicht dem Zufall. Doch stellt die Auswahl der bestmöglichen Kreuzungspartner den Züchter vor eine schwierige Aufgabe. Um seinem angestrebten Zuchtziel einen Schritt näher zu kommen, muß er über die Eigenschaften der zur Wahl stehenden Rosensorten oder -arten Bescheid wissen. Zu berücksichtigen ist auch, daß sich nicht jede Rose mit jeder anderen fruchtbar kreuzen läßt.

Tip

Blüht die für eine Kreuzung vorgesehene Vatersorte bereits einige Zeit vor der Muttersorte oder steht die Vaterpflanze in einem weit entfernten Garten, sammelt man den „geernteten" Pollen am besten in einem Papiertütchen oder Glasschälchen. Trocken und kühl aufbewahrt, bleibt der Pollen etwa vier Wochen lang befruchtungsfähig.

Tip

Will man aus einer Kreuzung gesunde und keimfähige Samen gewinnen, sollte die Mutterpflanze nach der Befruchtung nicht mehr gedüngt, bei anhaltender Trockenheit jedoch gut gewässert werden. Solange kein Frost zu erwarten ist, beläßt man die Hagebutten an der Pflanze, bis sie ausgereift sind. Überreif sollte man sie allerdings nicht werden lassen.

Eingebettet in dem fleischigen, saftigen Fruchtknoten reifen die Samen heran, die botanisch betrachtet Nußfrüchte sind.

Dies liegt größtenteils an den Chromosomenverhältnissen der Partner. Wie schon gesagt, variiert die Anzahl der Chromosomen in jeder Zelle im gesamten Tier- und Pflanzenreich sehr stark, ist für eine bestimmte Art aber jeweils charakteristisch. In der Gattung *Rosa* besteht der einfache Satz durchweg aus sieben Chromosomen; ob dieser Satz jedoch doppelt oder mehrfach vorliegt, hängt von der einzelnen Art ab. So hat etwa die Kriechrose *(Rosa arvensis)* einen diploiden, d. h. doppelten Chromosomensatz, wohingegen die Hundsrose *(Rosa canina)* einen fünffachen, die Nadelrose *(Rosa acicularis)* gar einen achtfachen Satz aufweist. Die meisten Gartensorten der Rose sind jedoch tetraploid, d. h., ihre Zellen enthalten mit 28 Chromosomen den vierfachen Satz. Während sich Rosen mit gleicher Chromosomenzahl in der Mehrheit der Fälle gut miteinander kreuzen lassen, ist die Unternehmung bei solchen mit unterschiedlicher Chromosomenzahl wenig erfolgversprechend.

Wer selbst eine Kreuzung versuchen will, muß methodisch vorgehen. Etwa einen Tag, bevor sich die ausgewählte Mutterblüte vollständig öffnen würde, entfernt man deren Blütenblätter und vor allem auch sämtliche Staubbeutel. So läßt sich eine Selbstbestäubung ausschließen. Mit einem feinen Pinsel oder auch mit dem Finger wird jetzt Pollen von der gewünschten Vatersorte auf die Narben der präparierten Mutterblüte übertragen. Um zu verhindern, daß Wind oder Insekten sie noch nachträglich mit anderem Pollen in Berührung bringen, stülpt man eine Haube aus Papier oder Folie darüber. Nach etwa drei Tagen bis einer Woche entfernt man die Haube jedoch wieder, damit die Blüte darunter nicht schimmelt. Nun sind die Narben ohnehin nicht mehr befruchtungsfähig. Ist die Kreuzung gelungen und die Befruchtung vollzogen, beginnt einige Wochen später der Blütenbecher sichtlich anzuschwellen, und die Bildung einer Hagebutte wird deutlich.

Im Herbst, wenn die Früchte herangereift sind, geht es an die Ernte. Die Hagebutten werden vorsichtig gepflückt und aufgeritzt, die Samen, die eigentlich einsamige Nüßchen sind, herausgeholt und durch Waschen und vorsichtiges Reiben zwischen den Fingern von den Samenhaaren befreit.

Aussaat und Pflege der Sämlinge

Die gereinigten Nüßchen sät man, am besten im November oder Dezember, in Töpfe oder Saatschalen mit handelsüblicher Anzuchterde aus, wobei der Abstand zwischen den Samen 2–3 cm betragen sollte. Flach mit Substrat oder Sand bedeckt, sind sie stets gleichmäßig feucht zu halten. Rund zwei Monate lang muß die Aussaat nun Temperaturen von 4 bis 6 °C ausgesetzt sein, sei es im Gewächshaus, im heizbaren Frühbeet oder notfalls im Kühlschrank. Sobald die Keimlinge erscheinen, brauchen sie jedoch ausreichend Licht und vor allem höhere Temperaturen. 20–24 °C tagsüber und etwa 10 °C in der Nacht sind dann gerade richtig. Ab Ende Mai können die Pflänzchen ins Freie umziehen. Man setzt sie mitsamt Wurzelballen in ein sonniges Beet, in dem sie ihre ersten drei Jahre verbringen und Gelegenheit haben, sich zu bewähren.

Die reifen, gereinigten Samen werden im Abstand von etwa 2–3 cm in Anzuchtschalen ausgebracht.

Weil bei den Kulturrosen die Elternpflanzen nicht reinerbig, sondern in der Regel Kreuzungen von Kreuzungen sind und daher vielfältige Erbanlagen in sich tragen, wird sich kaum ein Tochterpflänzchen genau wie das andere entwickeln. Von Anfang an sollte man eine strenge Auslese unter den Sämlingen durchführen, bei der kränkelnde oder unbefriedigend blühende Exemplare konsequent ausgesondert werden, so daß zuletzt nur die besten und schönsten Pflanzen übrigbleiben. Mit dem nötigen Quentchen Glück ist vielleicht die eine oder andere Jungrose dabei, die bisher unbekannte Merkmale oder Merkmalskombinationen zeigt – die mögliche Urmutter einer neuen Sorte.

Mutationen

Nicht nur Kreuzungsergebnisse können zu ganz unerwarteten Resultaten führen, auch einzelne

Rosenpflanzen halten immer wieder einmal Überraschungen bereit. Gelegentlich kommt es in der Natur nämlich zu spontanen Veränderungen im Erbgut einer Pflanze oder eines Pflanzenteils. Die Mehrzahl dieser sog. Erbsprünge oder Mutationen ist freilich der betreffenden Pflanze überhaupt nicht anzusehen, oder sie wirken sich so ungünstig auf deren Lebenstauglichkeit aus, daß sie durch das Absterben des mutierten Gewebes bedeutungslos sind. Manche Mutationen werden jedoch nicht nur klar erkennbar, sondern sind überdies ein echter Gewinn für den Pflanzenzüchter. Beispielsweise können sich Blütenfarben, Blattformen, Wuchs, Winterhärte und ähnliches unvorhergesehen ändern. So ging etwa die Öfterblühende Kletterrose 'New Dawn' aus einem mutierten Trieb der Sorte 'Dr. W. van Fleet' hervor, die nur einmal im Jahr blüht.

Rosen wie diese, durch plötzlich auftretende Änderungen im Erbgut aus einer anderen Sorte entstanden, nennt man Sports. Ein weiteres Beispiel für ein derartiges Sortenpaar sind die Floribunda-Rosen 'Joseph Guy' und 'Frau Astrid Späth': Eines Tages entwickelte sich an einem Exemplar der rotblühenden 'Joseph Guy' ein Seitentrieb mit rosa Blumen. Bei den Veredelungen aus dessen Augen blieb die neue Blütenfarbe konstant erhalten – Grund genug, sie als neue Sorte zu betrachten, die 'Frau Astrid Späth' benannt wurde. Ebenso verdankt die Sorte 'Rosa Mundi' die aparte Streifenzeichnung ihrer Blüten einem Erbsprung. Andere Mutationen verändern die Fülle oder die Gestalt der Blüten – letzteres zuweilen bis an die Grenze zur Absonderlichkeit. Ein ausgesprochen bizarres Beispiel für eine solche Laune der Natur ist die China-Rose 'Viridiflora', deren dichtgefüllte, grüne Blumen anstelle von Blütenblättern Quirle deformierter Kelchblätter aufweisen und völlig steril sind.

Als wohl bekanntestes Beispiel für Sports können die Moosrosen gelten, deren Kelchblätter und Stiele mit moosartigen Wucherungen bedeckt sind. Relativ häufig tritt bei Rosen zudem spontan die Eigenschaft des Klimmwuchses auf: Beet-, manchmal auch Strauchrosen entwickeln dann einen ungewöhnlich langen, biegsamen Trieb, dessen Wuchscharakter sich bei der Vermehrung erhalten läßt. Auf diese Weise entstehen sog. Climbing Sports, wie es sie z. B. auch von so berühmten Sorten wie 'Carina', 'Duftwolke', 'Gloria Dei', 'Schneewittchen' oder 'Queen Elizabeth' gibt, die diese Rosen nunmehr als Kletterrosen verwendbar machen. Gelegentlich können die Pflanzen allerdings wieder in die buschige Ausgangsform zurückfallen.

Da Mutationen die Vielfalt der Rosensorten noch weiter vergrößern, machen sich Züchter heutzutage die Möglichkeit zunutze, die Häufigkeit ihres Auftretens künstlich zu beeinflussen. So wirkt etwa extrem kurzwellige, sog. ionisierende Strahlung, mit der man Saatgut oder vegetatives Vermehrungsmaterial behandelt, in gewissem Grad mutationsfördernd. Gezielte Veränderungen einzelner Gene lassen sich damit allerdings nicht erreichen.

Sortenschutz

Wer eine neue Rosensorte gezüchtet hat und diesen Erfolg kommerziell vermarkten möchte

Die gestreiften Blüten von 'Rosa Mundi' entstanden ohne irgendein Zutun von Züchtern.

'Frau Astrid Späth' (links) ging durch plötzliche Veränderung im Erbgut aus der Sorte 'Joseph Guy' (rechts) hervor.

Tip

Die im Rahmen des Sortenzulassungsverfahrens erzielten Prüfungsergebnisse von Ziergehölzen, also auch von Rosen, sind beim Bund deutscher Baumschulen (BdB) in Pinneberg erhältlich.

Tip

Die nationale Registrierstelle teilt jede Neuanmeldung auch einer internationalen Prüfstelle, der American Rose Society, mit. Nur wenn es weder von nationaler noch von internationaler Seite irgendwelche Einwände gegen die vorgeschlagene Sortenbezeichnung gibt, darf die Rose unter dieser Bezeichnung geführt werden. Die neuen Sorten werden dann veröffentlicht und in einem Registerbuch beschrieben. Nähere Auskünfte erhält man beim Verein Deutscher Rosenfreunde oder über das Deutsche Rosarium (VDR, Dortmund-Westfalenpark, Flamingoweg 2, 44139 Dortmund).

Tip

Jeder, der sich als Züchter versuchen möchte, kann seine Neuschöpfung in die entsprechenden Register eintragen und dadurch schützen lassen. Da das Verfahren vor dem Patent- wie dem Sortenamt jedoch recht kompliziert ist, sollte man für diese Belange einen Fachmann, beispielsweise einen Patentanwalt, zu Rate ziehen.

oder auch nur seinen Namen amtlich mit dem der neuen Rose verbunden wissen will, für den beginnt nun das Zulassungsverfahren vor dem Bundessortenamt, das u. a. für die Prüfung von Rosensorten zuständig ist. Bei der Sortenzulassung werden die vom Antragsteller eingesandten Pflanzen über einen Zeitraum von zwei Jahren auf ihre Eigenschaften und die Eignung für die verschiedenen Verwendungszwecke untersucht. Die Ergebnisse kommen in Sortenlisten zur Veröffentlichung, in denen sämtliche geprüften Pflanzen aufgeführt sind.

In Deutschland kann jeder Züchter oder Entdecker einer neuen Sorte beim Bundessortenamt den sog. Sortenschutz dafür beantragen. Dieser gilt jeweils für einen Zeitraum von 20 Jahren und berechtigt einzig den Inhaber, Vermehrungsmaterial der betreffenden Sorte gewerbsmäßig in den Handel zu bringen oder solches herzustellen. Nur zum reinen Privatgebrauch darf man derart geschützte Sorten ohne Genehmigung des Züchters vermehren. Eine Sorte, für die gesetzlicher Sortenschutz beantragt wird, muß neu, von allen bisherigen deutlich unterscheidbar, in ihren Eigenschaften beständig und genetisch homogen, d. h. einheitlich sein sowie eine Sortenbezeichnung tragen. Nur wenn sie über Jahre weg unverändert die Merkmale bewahrt, die sie zum Zeitpunkt der Zulassung bzw. Erteilung des Sortenschutzes aufwies, bleibt dieser Schutz erhalten.

Um seiner Neuzüchtung einen offiziellen Namen zu geben, erfordert dies die Anmeldung bei einer Rosenregistrierstelle. Das ist in Deutschland das Deutsche Rosarium in Dortmund (Adresse siehe Tip links). Dort erhält die Rose einen Registrierungscode, dessen erste drei Buchstaben im allgemeinen den

Neuzüchtungen werden im Deutschen Rosarium Dortmund offiziell registriert.

Die Kletterrose 'New Dawn' erhielt das allererste Pflanzenschutzrecht in den USA.

Züchter kennzeichnen, die restlichen die Varietät. So stammt beispielsweise die Rose 'Meitixia' von Meilland, 'Korbotaf' von Kordes oder 'Tanibara' aus dem Hause Tantau. Diesen Registrierungscode kann man in der Regel auch als Sortenbezeichnung eintragen lassen. Die Rosenregistrierstelle überprüft, ob unter dieser Bezeichnung bereits eine Rose geschützt wurde. Wenn etwa eine Sorte nicht mehr im Handel ist, kann die Sortenbezeichnung aus dem Register gelöscht und anschließend neu vergeben werden.

Erfindungen, zu denen z. B. ebenfalls neue Verfahren in der Pflanzenzüchtung zählen, kann man beim Patentamt als Patent schützen lassen, wenn bestimmte Voraussetzungen erfüllt werden. Pflanzensorten hingegen gelten im allgemeinen als nicht patentierbar, sie unterliegen dem Sortenschutzgesetz. Allerdings verstehen Patentgesetz und Sortenschutzgesetz unter dem Begriff Sorte nicht genau dasselbe wie der Botaniker.

Die Kletterrose 'New Dawn' erhielt 1930 das erste Schutzrecht in den USA, das häufig als Erstes Pflanzenpatent bezeichnet wird. Dieser Ausdruck ist jedoch nicht ganz korrekt, denn das amerikanische „Plant-Patent" ist nach deutschem Recht eine Art Sortenschutz.

Unabhängig von dem Zulassungsverfahren beim Bundessortenamt gibt es jedoch die Möglichkeit, einen Sortennamen als Marke, früher Warenzeichen genannt, eintragen zu lassen. Die hierfür zuständige Behörde wiederum ist das Patentamt. Die Markenbezeichnung ist meist viel einprägsamer als der Code, deshalb werden die Rosen üblicherweise unter der Markenbezeichnung verkauft. So ist beispielsweise die als 'Barcarole', deutsche Marke Nr. 1 110 384 eingetragene Rose sortenrechtlich unter der weniger wohlklingenden Bezeichnung 'Tanelorak' geschützt. Die Markeneintragung sichert dem Inhaber die alleinige Berechtigung, seine Rose unter dieser Bezeichnung in den Verkehr zu bringen und in Katalogen, Preislisten usw. zu führen. Eine Marke wird zunächst für zehn Jahre eingetragen, kann aber beliebig verlängert werden.

Rosen selbst vermehren

Der Großteil der Rosenfreunde wird von den Problemen des Sortenschutzes und der Eintragung von Marken wohl nur am Rand berührt werden, vermehren und züchten doch die wenigsten Gartenbesitzer ihre Rosen selbst. Dabei lohnt sich ein Versuch durchaus, sei es aus purer Freude am Experiment, sei es, um etwa eine lange bewährte Sorte, die im Handel nicht mehr oder nur noch schwer erhältlich ist, weiterhin kultivieren zu können.

Wie bei allen Pflanzen gibt es auch bei Rosen prinzipiell zwei Möglichkeiten, sie zu vermehren, nämlich auf geschlechtlichem, sexuellem oder generativem Weg sowie auf ungeschlechtliche oder vegetative Weise.

Die sexuelle Fortpflanzung nimmt, wenn nicht zugleich züchterische Ambitionen im Spiel sind, nur eine untergeordnete Rolle ein. Denn um eine Rose unverändert zu vervielfältigen, ist die Vermehrung aus Samen eine denkbar ungeeignete Methode, birgt sie doch erhebliche Unsicherheiten, was das Aussehen der Nachkommen anbelangt (siehe auch Seite 95).

Außerdem bilden die meisten Gartensorten ohnehin keine Hagebutten, oder aber ihre Samen sind unfruchtbar. Die Aussaat von Samen (siehe Seite 96) wird deshalb allenfalls bei Wildrosen angewandt und kommt fast nur in Rosenschulen zum Zug, etwa zur Gewinnung von Veredelungsunterlagen.

Die ungeschlechtliche Vermehrung, so genannt, weil sie ohne eine Beteiligung von Geschlechtszellen abläuft, erfolgt in der Regel durch Abtrennen von Pflanzenteilen. Die Vorteile gegenüber der geschlechtlichen Vermehrung liegen auf der Hand: Die Nachkömmlinge gleichen der Elternpflanze aufs Haar, zudem ist ihre Entwicklungszeit wesentlich kürzer als die von Sämlingen. Von den verschiedenen Möglichkeiten, Rosen vegetativ zu vermehren, eignen sich für den Hausgarten vor allem die Stecklingsvermehrung und die Veredelung durch Okulation; in besonderen Fällen bietet sich überdies der Weg über Ausläufer oder Absenker an.

Vermehrung durch Ausläufer

Einige Wildrosenarten, z. B. Hundsrose *(Rosa canina)*, Mandarinrose *(Rosa moyesii)*, Bibernellrose *(Rosa pimpinellifolia)*, Weinrose *(Rosa rubiginosa)* oder Kartoffelrose *(Rosa rugosa)*, aber auch manche Gartensorten treiben Ausläufer. Sie lassen sich besonders einfach vermehren: Man braucht den Ausläufer nur mit-

Vor allem alte Rosensorten wie etwa die Zentifolie 'Bullata' sind durchaus den Versuch einer selbst durchgeführten Vermehrung wert.

Einige Wildrosen und deren Sorten, wie etwa die Kartoffelrose 'Hansa', bilden Ausläufer.

Tip

Die Vermehrung von Rosensorten, die unter Sortenschutz stehen, ist nur für den Eigenbedarf zulässig. Will man die vermehrten Pflanzen verkaufen, bedarf es der ausdrücklichen Genehmigung des Züchters.

Kletterrosen wie beispielsweise die öfterblühende 'Sympathie' kann man auch durch überwinterte Steckhölzer vermehren.

samt den Wurzeln abzustechen und an neuer Stelle wieder einzupflanzen. Der beste Zeitpunkt dafür ist das Frühjahr, noch vor dem Laubaustrieb.

Vermehrung durch Absenker

Vor allem langtriebige Rosen lassen sich gut durch Absenker vermehren. Im Frühjahr wird ein junger, noch elastischer Trieb zur Erde herabgebogen. Etwa 30 cm von der Triebspitze entfernt bringt man genau unterhalb eines Auges einen schrägen, flach verlaufenden Einschnitt an, in den man ein kleines Steinchen oder ein Streichholz einklemmt, um ihn offenzuhalten. An dieser Stelle sollen sich die neuen Wurzeln bilden. Um dies zu fördern, kann man den Einschnitt mit Bewurzelungshormon, das man im Fachhandel erhält, bestäuben. Mit einem Drahtbügel oder zwei über Kreuz gesteckten Hölzern wird die so präparierte Triebstelle am Boden befestigt. Dabei ist darauf zu achten, daß die Triebspitze nach oben weist. Zuletzt häufelt man lockere Erde über den Bereich des Einschnitts. Bis zum Herbst haben sich meist bereits Wurzeln entwickelt, doch läßt man das Jungpflänzchen den Winter über am besten noch mit dem Strauch verbunden. Im folgenden Frühjahr, noch vor Erscheinen der Laubblätter, wird es dann jedoch von der Mutterpflanze abgetrennt, vorsichtig mit dem Wurzelballen ausgestochen und verpflanzt.

Tip

Vor allem Kletterrosen lassen sich auch durch sog. Steckhölzer vermehren: Im Spätherbst schneidet man Stecklinge aus ausgereiftem Holz, die keine Blätter mehr tragen, und überwintert sie gebündelt sowie in feuchtem Sand eingeschlagen in einem kühlen, aber frostfreien Raum. Zu Beginn des Frühjahrs werden die Steckhölzer dann, am besten im Frühbeet, so tief in lockere Erde gesteckt, daß nur das oberste Auge herausschaut. Es wird bald nach der Bewurzelung des Stecklings austreiben.

Bodendeckerrosen lassen sich wie auch andere Rosen mit sehr langen, biegsamen Trieben relativ unkompliziert durch Absenker vermehren.

Vermehrung durch Stecklinge

Die Vermehrung von Rosen durch Stecklinge ist altbewährt und wurde bereits praktiziert, als Veredelungsmethoden noch weitgehend unbekannt waren. So finden sich z. B. in einem Rosenbuch von 1845 Beschreibungen von mehr als 2500 verschiedenen Rosen, die sich alle durch Stecklinge vervielfältigen ließen und damit auf eigener Wurzel gezogen wurden. Im Lauf der Jahre bedienten sich die Züchter jedoch verstärkt der Okulation, um neue Pflanzen zu gewinnen, und noch heute wird der Großteil der Rosensorten auf diese Weise veredelt (siehe Seite 101 ff.). Inzwischen gibt es auch Rosenschulen, die sich wieder der Stecklingsvermehrung widmen und schon eine ganze Reihe sog. Wurzelechter Rosen auf den Markt brachten. In vielen Fällen zeigte sich, daß Rosen, die aus Stecklingen gezogen wurden, gesünder blieben als durch Okulation vermehrte, und die im Handel befindlichen Pflanzen zeichnen sich durch besondere Winterhärte aus und müssen in der Regel nicht angehäufelt werden.

Auch im eigenen Garten kann man Rosen durch Stecklinge gut vervielfachen. Allerdings eignen sich nicht alle Sorten dafür. Stecklingsvermehrte Teehybriden sowie Zwergrosen etwa erweisen sich oftmals als ausgesprochen frostempfindlich. Und während sich die sog. Climbing Sports (siehe Seite 97) schlecht auf diese Weise ziehen lassen, bereiten vor allem Bodendeckerrosen meist keine Probleme.

Um Rosen durch Stecklinge zu vermehren, schneidet man im Sommer junge, noch weiche Triebe von ungefähr 20 cm Länge knapp unterhalb eines Auges ab. Insgesamt sollten die Stücke etwa fünf Augen aufweisen. Es versteht sich von selbst, daß man dafür ausschließlich völlig gesunde und kräftige Zweige verwendet. Sämtliche Blätter mit Ausnahme der beiden obersten werden entfernt. Die Schnitt-

Wenn die Stecklinge Wurzeln gebildet haben und neue Blättchen erscheinen, verpflanzt man sie.

Zum Veredeln von Rosen benötigt man ein im Fachhandel erhältliches Okuliermesser.

stelle am unteren Ende taucht man in ein Bewurzelungsmittel, das im Fachhandel erhältlich ist. Dies fördert nicht nur die Wurzelbildung, sondern desinfiziert zugleich die Wunde. Anschließend werden die Stecklinge bis zum Blattansatz in ein Gemisch aus handelsüblicher Anzuchterde und Sand gesteckt. Wer über ein Frühbeet verfügt, pflanzt die Stecklinge dort ein, andernfalls empfehlen sich Töpfe oder Schalen, die man hell, aber nicht sonnig aufstellt. Die Triebe werden angegossen und möglichst mit Glas abgedeckt oder, bei Verwendung von Töpfen, mit einer durchsichtigen Folie geschützt, etwa einer Plastiktüte, die man über den Topf stülpt. Dies erhöht die Luftfeuchtigkeit um die Stecklinge und erleichtert ihnen das Anwachsen. Damit die Erde nicht zu schimmeln beginnt, muß jedoch immer wieder gelüftet werden.

Sind die Stecklinge nach einigen Wochen angewachsen und treiben neue Blätter, wird die Folie oder das Glas entfernt. Man kann die in Töpfen angezogenen Pflänzchen nun an ihren endgültigen Standort in gut vorbereiteten Boden versetzen, wo man sie aber vor allem in ihrem ersten Winter durch Anhäufeln und Abdecken mit Reisig vor Frost schützen muß (siehe Seite 89). Im Frühbeet herangewachsene Stecklinge läßt man am besten noch über den Winter dort und pflanzt sie erst im Frühjahr aus.

Okulation

Das Okulieren oder Äugeln ist die gebräuchlichste Art der Vermehrung von Rosen, wobei die Pflanzen zugleich veredelt werden. Einzelne Augen eines Rosentriebs werden dabei jeweils auf eine Wildunterlage aufgebracht, die dann im weiteren auch die neuen Ausschläge ernähren wird. Beide verwachsen miteinander und bilden eine dauerhafte Verbindung. Wenn auch die meisten Gartenbesitzer sich an diese Vermehrungsmethode gewöhnlich nicht heranwagen und sie den Fachleuten überlassen, so liegen doch keinerlei Geheimnisse darin, und man kann sie – Geduld und etwas Geschicklichkeit vorausgesetzt – durchaus im Hausgarten praktizieren. Damit die Veredelung gelingt, sind tadelloses, scharfes Werkzeug und peinlichste Sauberkeit bei der Durchführung der einzelnen Arbeitsschritte ein absolutes Muß.

Als Unterlage besorgt man sich Jungpflanzen, am besten von Wildrosen, die man entweder selbst durch Aussaat heranzieht (siehe Seite 96) oder in Rosenschulen kostengünstig erwirbt, und pflanzt sie im Frühjahr oder Herbst ein. Wichtig ist, daß sie gut eingewurzelt, gesund und kräftig sind, wenn es im darauffolgenden Jahr ans Okulieren geht.

Im Juli oder August wird dann von der Sorte, die man veredeln möchte, ein diesjähriger, aber schon ausreichend ausgereifter und ebenfalls gesunder und kräftiger Trieb mit gut entwickelten Augen, die aber noch nicht ausgetrieben haben, geschnitten. Man entfernt davon sämtliche Stacheln und auch die Blätter. Nur die Blattstiele bleiben in einer Länge von etwa 1,5 cm stehen, damit die in den Blattachseln sitzenden Augen nicht verletzt werden.

Knapp unterhalb eines Auges schneidet man ein etwa 20 cm langes Triebstück ab und entfernt die Blätter bis auf die vollständig entwickelten beiden obersten. Der Steckling wird bis zum Blattansatz in einen Topf gesteckt.

Tip

Als Veredelungsunterlage dient in der Regel eine Wildrose. Besonders geeignet sind beispielsweise die Hundsrose und einige ihrer Sorten, in der Gärtnersprache auch Edelcanina genannt, sowie die Vielblütige Rose.

Tip

Das zur Gewinnung von Edelaugen geschnittene Reis muß genügend ausgereift sein. Anhaltspunkte für den Reifegrad des Holzes geben die Blüten: Die Augen eines Triebs sind gewöhnlich dann zur Okulation geeignet, wenn die Blumen an diesem Zweig gerade verwelkt oder im Abblühen sind.

Tip

Für die Okulation geschnittene Augen sollten immer sofort verwendet werden. Ist das nicht möglich, schlägt man sie in ein feuchtes Tuch ein und kann sie so im Kühlschrank bis zu drei Tage aufbewahren.

Tip

War die Veredelung erfolgreich, wird der am Edelauge verbliebene Stummel des Blattstiels schon nach kurzer Zeit abgeworfen. Die Knospe selbst bleibt grün und beginnt nach einigen Wochen zu schwellen.

Nun geht es an das Herauslösen des Edelauges. Dazu setzt man das Okuliermesser ungefähr 2 cm über dem Auge flach an und zieht die Klinge sehr zügig und ohne auch nur einmal abzusetzen durch. 1–2 cm unterhalb des Auges sollte der Schnitt wieder die Oberfläche des Triebs erreichen. Es darf dabei weder das Auge beschädigt noch zuviel Holz mit abgeschnitten werden. Verantwortlich für ein erfolgreiches Zusammenwachsen des Edelauges und der Unterlage ist nämlich das Kambium, eine nur dünne Schicht teilungsfähigen Gewebes direkt unterhalb der Rinde. Es ist auf der Schnittfläche als Ring erkennbar. Wird der Schnitt zu flach angesetzt, so daß er ausschließlich oder überwiegend in der oberflächlichen Rindenschicht verläuft, dann ist der Kambium-

An der Unterseite des Edelauges befindet sich der für das Anwachsen verantwortliche Kambiumring.

ring zu klein oder fehlt ganz, und das Auge wächst nicht an. Wird dagegen bei einem zu tief geführten Schnitt zuviel Holz miterfaßt, ist besagter Ring zu groß, und die Verbindung kommt ebenfalls nicht zustande. In diesem Fall muß der an der Unterseite haftende Holzspan vorsichtig abgelöst werden. Dabei ist peinlich genau darauf zu achten, daß die Schnittfläche eines freigelegten Auges keinesfalls mit den Fingern berührt oder auf andere Art verunreinigt wird. Deshalb sollte man das Schildchen mit dem Auge immer nur am daran verbliebenen Blattstielstummel anfassen.

Das herausgelöste Auge wird nun möglichst umgehend in die Unterlage gesetzt, damit die Schnittfläche nicht austrocknet. Deshalb hat man den Wurzelhals der Wildrose vorbereitend bereits freigelegt und gründlich mit einem Tuch gesäubert. Nachdem die Rinde des Wurzelhalses mit dem Okuliermesser T-förmig eingeschnitten ist, löst man die seitlichen Rindenlappen mit einem speziellen Werkzeug, dem sog. Rindenlöser, vorsichtig vom Holz und hebt sie etwas an.

Das Rindenschildchen mit dem Edelauge wird nun – unter Beachtung seiner Wuchsrichtung – behutsam unter die Rinde der Unterlage geschoben. Was davon über den Querbalken des T-Schnitts hinausragt, schneidet man an

Jungpflanzen sollte man öfter entspitzen, damit sie so buschig werden wie diese 'Rosa Mundi'.

dieser Stelle ab. Anschließend muß die Wunde sorgfältig mit Bast oder Okuliergummi, einem im Fachhandel erhältlichen Schnellverschluß, umwickelt werden, damit weder Feuchtigkeit noch Krankheitskeime eindringen können. Das Auge selbst bleibt dabei aber frei. Zu guter Letzt bedeckt man den Wurzelhals wieder mit Erde.

Nach vier bis sechs Wochen, wenn das Auge angewachsen ist, entfernt man vorsichtig den Wundverband. Die Pflanze wird angehäufelt

Vermehrung durch Okulation

Von diesjährigen ausgereiften Trieben mit kräftigen Augen entfernt man Blätter und Stacheln.

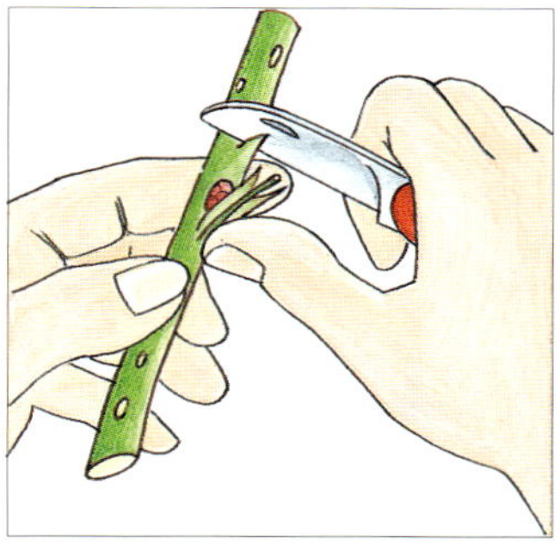

Das Okuliermesser wird ungefähr 2 cm über dem Auge flach angesetzt und durchgezogen.

Bei zu tiefem Schnitt muß man den an der Unterseite verbleibenden Holzspan entfernen.

Den Wurzelhals der Unterlage schneidet man T-förmig ein und hebt die Rinde vorsichtig an.

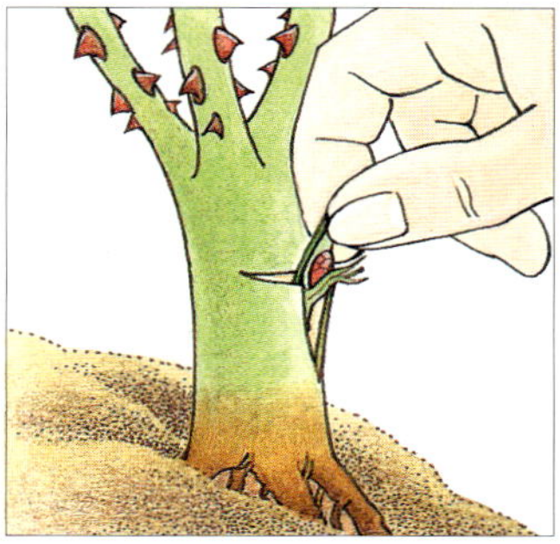

Das Rindenschildchen mit dem Edelauge schiebt man in den Einschnitt am Wurzelhals.

Dann muß die Wunde mit Bast oder einem speziellen Okuliergummi umwickelt werden.

und überwintert (siehe Seite 89). Im Frühjahr, nach dem Abhäufeln, schneidet man die Triebe der Unterlage knapp über der Veredelungsstelle ab. Aus dem eingesetzten Auge wächst nun die neue Rose heran.

Im Herbst wird der Stock dann an seinen endgültigen Standort verpflanzt. Wildtriebe, die möglicherweise aus der Unterlage nachwachsen, entfernt man jeweils umgehend (siehe Seite 88).

Behandlung der Jungpflanzen

Einerlei, ob eine junge Rose auf einer Unterlage heranwächst oder ob sie wurzelecht ist, also – aus einem Steckling, Absenker oder Ausläufer entstanden – auf ihren eigenen Wurzeln steht: Ihre Existenz beginnt stets als einzelner Trieb, der mit mehr oder weniger Wuchskraft an Länge zulegt. Um daraus einen von der Basis her gut verzweigten Rosenstock zu ziehen, muß man den jungen Trieb im ersten Jahr mehrmals entspitzen. Der Fachmann nennt dies pinzieren. Durch diese Maßnahme wird die Ausbildung von Seitentrieben angeregt. Zum ersten Mal kappt man die Zweigspitze etwa über dem dritten oder vierten Blatt. Die noch zarten Triebspitzen lassen sich mühelos mit den Fingernägeln abkneifen oder mit einer kleinen Schere abschneiden.

Außerdem hat es sich bewährt, Jungrosen im ersten Jahr noch nicht zur Blüte kommen zu lassen, weil sie dann ihre ganze Kraft in die Ausbildung eines üppigen Wurzelsystems und kräftiger Triebe stecken können. Deshalb wird man die angesetzten Knospen immer wieder ausbrechen, mag man es auch noch so sehr bedauern. Um so schöner werden sich die Pflanzen in den Folgejahren entwickeln und alle Mühe danken, indem sie schließlich als Prachtexemplare den Garten schmücken.

Tip

Um Stammrosen heranzuziehen, wird die Unterlage nicht am Wurzelhals, sondern in der gewünschten Stammhöhe veredelt. Man geht genauso vor wie bei Buschrosen, doch pflanzt man der Wildrose in diesem Fall im allgemeinen zwei Edelaugen, einander gegenüberliegend, ein.

Ein Genuß in jedem Sinn – Rosen in Kosmetik und Küche

Wohlriechende Blütenblätter sind seit alters nicht nur als dekoratives Element, sondern auch als Verführung für Nase und Gaumen sehr beliebt.

In edlen Gefäßen wie der 1530 gefertigten Silberkanne wurde früher oft das Rosenwasser aufbewahrt.

Kaum eine andere Blume des Gartens läßt sich so vielseitig verwenden wie die Rose. Ihre betörenden Blüten verzaubern nicht nur Beete und Wohnräume, sondern sie verleihen auch Speisen und kosmetischen Mitteln ein unverwechselbares Aroma.

Schon den Menschen der Antike bereiteten die wohlriechenden Blütenblätter in allen erdenklichen Farbnuancen Sinnes- und Gaumenfreuden. Königin Kleopatra soll in duftenden Rosenessenzen gebadet haben, die feine Gesellschaft des alten Roms trug Duftsäckchen mit Rosenblättern in ihren Gewändern und genoß Rosenwein und Rosengelee an ihren Festtafeln. Auch heute noch zeugt eine Vielzahl von Rezepten vom Wunsch der Menschen, den verführerischen Duft der Rose einzufangen.

Wohlriechende Essenzen

Die Kunst, den zarten Blütenblättern ihr Aroma zu entlocken, wurde vermutlich schon vor etwa 2000 Jahren im Orient entwickelt. Rosenöl und Rosenwasser, zuerst in Persien, der Wiege der Rosenkultur, gewonnen, fanden von dort rasch ihren Weg nach China, Indien, Ägypten, Nordafrika und auch nach Europa. Die wohlriechenden Essenzen wurden zur Herstellung von Schönheitsmitteln, Parfums und Süßspeisen sowie Arzneien benutzt und eroberten bald die Boudoirs, Küchen und Apotheken der ganzen Welt.

Aber auch heute noch ist Rosenöl ein begehrter Rohstoff für die Parfumherstellung und wird kommerziell vor allem in einigen Ländern der ehemaligen Sowjetunion, Bulgarien, Marokko, Frankreich und in der Türkei gewonnen. Man erhitzt dazu Rosenblüten in Wasser und trennt die frei werdenden ätherischen Öle durch Destillation ab. Verwendet werden hierfür insbesondere Alte Rosen mit betörenden Düften, etwa die Weiße Rose – *Rosa* x *alba* und ihre Sorten –, Zentifolien oder aber die Damaszener-Rose *Rosa* x *damascena* 'Trigintipetala', die auch Rose von Kazanlik genannt wird.

Die Weiße Rose wird zur Gewinnung von Rosenöl verwendet.

Duftrosen wie 'Crimson Glory' pflanzt man in Terrassennähe.

Die Stadt Kazanlik bildet von alters her das Zentrum des bulgarischen Rosenanbaugebiets. Etwa 3000 kg Blüten sind nötig, um 1 kg Rosenöl herzustellen, was den nach wie vor hohen Preis dieser Kostbarkeit durchaus erklärt. Weitaus günstiger ist das Rosenwasser, das bei der Destillation des Öls als Rückstand übrigbleibt.

Duftende Rosensorten für den Garten

Bei weitem nicht alle Rosen des Gartens – und seien sie noch so prächtig – verbreiten

Die intensiv nach Himbeeren duftenden Blütenblätter der Sorte 'Mme Isaac Pereire' verbreiten ihren Wohlgeruch auch getrocknet.

den beliebten Wohlgeruch: Es sind nur etwa 20 %. Je nach Sorte, Wetter, Tageszeit und Öffnungszustand der Blüten variiert die Intensität ihres Dufts. Hinzu kommt außerdem, daß Gerüche von Mensch zu Mensch unterschiedlich stark wahrgenommen werden. Zur Charakterisierung lassen sich Rosenaromen in verschiedene Duftnoten einteilen. Neben Sorten mit ganz typischem Rosenduft gibt es auch solche, deren Geruch an Kresse, Iris, Veilchen, Apfel, Zitrone oder Klee erinnert. Generell sollten Rosenpflanzen, deren Blüten oder Früchte in Kosmetik und Küche Verwendung finden, natürlich nicht mit chemischen Mitteln gespritzt werden.

Duft-Potpourris

Eine einfache, von jedermann zu praktizierende Methode, in den Genuß der zauberhaften Wohlgerüche von Rosen zu kommen, ist das Trocknen der Blüten. Aus ihnen lassen sich trockene oder feuchte Duftmischungen, sog. Potpourris, bereiten. Dazu verwendet man Blütenblätter einer duftenden Rose, wobei es sich erwiesen hat, daß rote und rosafarbene Blüten im allgemeinen stärker duften als weiße oder gelbe. Die weißen Blätter vertrocknen zudem in einem unschönen Braunton, während rote und rosafarbene Blüten ihre Tönung weitgehend behalten. Für feuchte Potpourris, die intensiver duften, aber farblich nicht so ansprechend sind wie trockene, werden die Blütenblätter nur leicht angetrocknet.

<u>Grundrezept für ein trockenes Potpourri:</u>

4 Tassen duftende Rosenblütenblätter
1 Tasse Rosenknospen
1 Tasse Lavendelblüten
1 halbe Tasse gemahlene Veilchenwurzel
1 Eßlöffel gemahlener Piment
1 Eßlöffel gemahlener Zimt
1 Eßlöffel gemahlene Muskatnuß
1 halber Eßlöffel gemahlene Gewürznelken
einige Tropfen Rosenöl

Blütenblätter sowie Knospen von möglichst unterschiedlich gefärbten Rosen werden auf einem Tablett oder Gitterrost in einem warmen Raum, jedoch nicht an der prallen Sonne, getrocknet und mit den übrigen Zutaten locker vermischt. Für farbliche Akzente kann man mit zerbröckelten Lorbeerblättern, mit Lavendelblüten oder anderen getrockneten Blumen sorgen. Dem Experimentieren mit Farben und Düften sind dabei keine Grenzen gesetzt. Gemahlene Veilchenwurzel, die von der Deutschen Schwertlilie *Iris germanica* var. *florentina* stammt und in Apotheken erhältlich ist, duftet veilchenartig und dient als Fixierungsmittel.

Die Mischung läßt man in einer Papiertüte sechs Wochen an einem dunklen, kühlen Ort ruhen, um sie haltbar zu machen, und breitet sie anschließend in einer dekorativen Schale oder einem Körbchen aus. Läßt der Duft im Lauf der Zeit nach, kann man ihn mit ein paar Tropfen Rosenöl auf einfache Weise auffrischen.

Mit dem fertigen trockenen Potpourri lassen sich ebenso nostalgische Rosenduftsäck-

Vor allem die Blütenblätter Alter Rosen, etwa der dichtgefüllten, lieblich duftenden 'Charles de Mills', werden gern für Rezepte aller Art verwendet.

Aus gut getrockneten Rosenknospen, Blütenblättern, etwas Rosenöl und verschiedenen Gewürzen lassen sich ganz wunderbare Duft-Potpourris mischen.

Die nach Wildrosen duftenden Blüten von 'Great Maiden's Blush' eignen sich auch hervorragend zur Herstellung von verschiedenen kosmetischen Mitteln.

chen füllen. Ein paar Löffel davon in ein Stück Leinenstoff eingebunden – das ergibt einen wunderbaren Duftspender für das Badezimmer oder den Wäscheschrank und ist überdies ein willkommenes kleines Geschenk.

Rosenkosmetik – ein Hauch von Luxus

Wegen ihres so unwiderstehlichen Dufts wurden Rosenblüten schon seit eh und je zur Herstellung von Schönheitsmitteln verwendet. Dabei dient Rosenöl nicht nur als wertvoller Zusatz bei der Parfumproduktion, es verleiht, ebenso wie Rosenwasser und die frischen oder getrockneten Blüten, auch Cremes, Badezusätzen, Gesichtswasser sowie Haarshampoos eine edle Duftnote.

Mit getrockneten Rosenblättern aromatisiert, wird Schwarzer Tee zu einer wirklich außergewöhnlichen Delikatesse.

Im Rosenduft zu schwelgen ist ein kleiner Luxus, den sich jeder leisten kann. Cremes, Badezusätze, Gesichtswasser und vieles mehr sind einfach selbst herzustellen.

Zudem haben die Inhaltsstoffe der Blüten eine milde, anregende Wirkung auf die Haut. Getrocknete Rosenblüten, in einem Stoffsäckchen ins Badewasser gehängt, machen das Bad zu einer wohltuenden Erholungspause. Ein Gesichtsdampfbad mit frischen Blütenblättern belebt ebenfalls die Haut und entspannt zugleich.

Rosenblütenwasser kann leicht selbst zubereitet werden: Man übergießt einige Tassen duftender Blütenblätter mit kochendem Wasser und versetzt den Sud im Verhältnis 10 zu 1 mit reinem Alkohol (96 %) aus der Apotheke. Ist die Mischung erkaltet, gießt man sie durch ein Sieb und füllt die Flüssigkeit in sterilisierte Flaschen ab. Dieses Rosenwasser kann man den verschiedensten Kosmetika ganz nach Belieben zusetzen.

Kulinarisches aus Rosen

Rosenblüten und Hagebutten sind seit Jahrhunderten wegen ihres Dufts und Geschmacks eine begehrte Zutat für allerlei Speisen und Getränke. Die Blüten verfeinern mit ihrem duftigen Aroma Fruchtmarmeladen, Tees, Honig, Gebäck und Desserts. Reine Rosenblütenmarmelade ist oft sehr süß, deshalb mischt man die Blütenblätter meist mit säuerlichem Obst wie Äpfeln oder Johannisbeeren.

Getrocknete Blütenblätter, hochwertigen schwarzen Teeblättern beigegeben, versprechen einen edlen Trinkgenuß. Bewahrt man die Mischung in einer luftdichten Dose auf, nimmt der Tee schon nach einigen Tagen das zarte Rosenaroma an. Und eine Dekoration aus frischen Rosenblüten auf dem Tisch sowie auf dem Kuchen läßt die nachmittägliche Teestunde dann gleichermaßen zum Augen- wie zum Gaumenschmaus werden.

Vitaminreiche Hagebutten

Doch nicht nur die Blüten, auch die Früchte der Rosen finden in der Küche ihre kulinarische Verwendung. Als Lieferanten von Hagebutten eignen sich am besten Wildrosen, da sie zuverlässig und ergiebig fruchten und ihre Hagebutten viel reichhaltiger an Vitamin C

Duftrosen

Name	Sortengruppe	Farbe	Duft
'Barkarole'	Teehybride	dunkelrot	angenehm
'Blanche Moreau'	Moosrose	weiß	würzig harzig
'Boule de Neige'	Bourbon-Rose	weiß	stark, fruchtig
'Cardinal de Richelieu'	Gallica-Rose	purpurrot	süß
'Charles de Mills'	Gallica-Rose	karminrot	lieblich
'Constance Spry'	Englische Rose	rosa	süß, nach Myrrhe
'Crimson Glory'	Teehybride	karminrot	stark
'Duftgold'	Teehybride	gelb	stark, würzig
'Duftwolke'	Teehybride	orangerot/ purpurrot	stark
'Erotika'	Teehybride	dunkel blutrot	angenehm
'Fantin Latour'	Zentifolie	zartrosa	süßlich herb
'Great Maiden's Blush'	Alba-Rose	zartrosa	lieblich
'Ilse Haberland'	Öfterblühende Strauchrose	rosa	stark
'Isphahan'	Damaszener-Rose	rosa	stark süßlich
'Königin von Dänemark'	Alba-Rose	rosa	stark süßlich
'Louise Odier'	Bourbon-Rose	leuchtend rosa	süß, fruchtig
'Mme Isaac Pereire'	Bourbon-Rose	dunkelrosa	nach Himbeeren
'Muscosa'	Moosrose	rosa	stark
'Officinalis'	Gallica-Rose	karminrot	stark
'Papa Meilland'	Teehybride	dunkelrot	stark
'Rose de Resht'	Damaszener-Rose	kirsch- bis hell purpurrot	stark
'Semiplena'	Alba-Rose	weiß	stark, süß
'Trigintipetala'	Damaszener-Rose	rosa	stark, süß

Die Sorte 'Boule de Neige' sollte in keinem Duftgarten fehlen.

Die schöne Teehybride 'Papa Meilland' betört Augen und Nase zugleich.

Feinschmecker schätzen die sehr Vitamin-C-reichen Hagebutten als Konfitüre, Kompott und Wein.

sind als diejenigen der Gartenrosen. Man kann aus den Früchten wohlschmeckende, erfrischende Konfitüren, Kompott, Sirup und sogar Wein bereiten. Dicke und fleischige Hagebutten wie etwa die der Kartoffelrose *(Rosa rugosa)* lassen sich leichter verarbeiten, doch wie bei allen Sorten müssen auch ihre Kerne samt deren Behaarung vorher entfernt werden.

Vielseitig verwenden läßt sich Hagebuttensirup, der Desserts und Getränken einen erfrischend süß-sauren Geschmack und eine appetitliche rote Färbung verleiht: Man entkernt dazu 500 g reife Hagebutten, zerdrückt sie und kocht sie in 1 l Wasser in 20 Minuten gar. Anschließend seiht man die Flüssigkeit durch ein Tuch ab und erwärmt sie zusammen mit 500 g Zucker langsam und unter Rühren. Der fertige Sirup wird in Flaschen abgefüllt und kühl aufbewahrt.

Gesunde Rosen sind keine Zauberei

Krankheiten und Schädlinge

Rosenkäfer, die lediglich Staub- und Fruchtblätter von Blüten fressen, richten im Rosengarten keinen nennenswerten Schaden an.

Üppig blühende Pflanzen sind der Wunschtraum eines jeden Rosenfreundes. Um so enttäuschender ist es, wenn die liebevoll gepflegte Rose eines Tages ein Bild des Jammers bietet. Dabei ist es gar nicht so schwer, sie gesund zu halten, auch wenn Rosen nun einmal in dem Ruf stehen, recht anspruchsvoll und nicht sehr pflegeleicht zu sein. Wenn man jedoch einige Dinge berücksichtigt, angefangen von vorbeugenden Maßnahmen, der Wahl der richtigen Sorte für den jeweiligen Standort bis hin zur optimalen Pflege, lassen sich große Schäden meist vermeiden.

Die Floribunda-Rose 'La Paloma '85' zeichnet sich durch äußerst regenfeste Blüten sowie durch ihre Widerstandsfähigkeit gegen Krankheiten aus.

Tip

Will man Kletterrosen an einer Hausmauer ziehen, sollte das Gerüst etwa 10 cm von der Wand entfernt angebracht werden, damit die Luft hinter der Pflanze zirkulieren kann. Das mindert die Gefahr eines Schädlingsbefalls erheblich.

Tip

Eine gründliche Bodenvorbereitung ist von großer Bedeutung für die Gesunderhaltung von Rosen. Leichte Sandböden sind ebenso unvorteilhaft wie schwere, staunasse Böden und müssen vor der Pflanzung verbessert werden (siehe Seite 77 f.). Ideal ist ein lockerer, tiefgründiger, humoser Lehmboden.

Pflanzenschutz im Rosenbeet

Für dauerhafte Gesundheit gibt es keine Garantie – das gilt auch für Rosen. Doch finden sich unter ihnen sowohl sehr empfindliche ebenso wie weniger anfällige Arten und Sorten, die sich gegenüber rauhem Klima, Krankheiten und Schädlingen als außerordentlich widerstandsfähig erweisen. Früher wie heute ist die Schaffung möglichst resistenter Sorten eines der wichtigsten Ziele jedes Züchters. Besonders intensiv wird dabei an der Resistenz gegen Mehltau, Sternrußtau, Blattläuse, Nematoden und Bodenmüdigkeit gearbeitet.

Welche Rosen auch immer man im Garten hegt, sollten sie trotz bester Fürsorge einmal kränkeln oder von Schädlingen in Mitleidenschaft gezogen werden, dann ist Besonnenheit angebracht. Gerade im Ziergarten ist die Versuchung groß, jedes Insekt und jede Blattverfärbung mit schweren Geschützen zu bekämpfen. Da man die Pflanzen ja nicht verzehren möchte, seien keine gesundheitlichen Schäden durch chemische Pflanzenschutzmittel zu befürchten, lautet die Argumentation.

Doch geht es hier nicht allein um die Gesundheit des Menschen, sondern auch um die der Natur, deren empfindliches Gleichgewicht durch Chemie oft nachhaltig gestört wird. Daher sollte man stets zuerst alle anderen Möglichkeiten ausschöpfen, z. B. biologische Bekämpfungsmethoden oder die Verwendung biologischer Pflanzenschutzmittel, und lediglich dann, wenn all dies nicht den gewünschten Erfolg brachte, den gezielten und schonenden Einsatz chemischer Präparate in Erwägung ziehen. Diese Vorgehensweise wird allgemein als integrierter Pflanzenschutz bezeichnet und findet vor allem im Hausgarten immer mehr Anhänger. Doch vor der Anwendung jeglicher Bekämpfungsmittel muß man sich über Ursache und Art der Schädigung im klaren sein. Häufig nämlich sind weder Tiere noch andere Schadorganismen am schlechten Aussehen der Rosen schuld, sondern Pflegefehler, ungünstige Standortfaktoren oder witterungsbedingte Einflüsse.

'Paul's Scarlet Climber' ist eine besonders robuste und wenig krankheitsanfällige Kletterrose.

Gesundheitsvorsorge

Wie bei allen Gewächsen stellen auch bei Rosen vorbeugende Maßnahmen das A und O eines wirkungsvollen Pflanzenschutzes dar. Eine für das herrschende Klima und den jeweiligen Standort passende Rose, die zudem eine optimale Pflege erfährt, wird kaum von lästigen Widersachern, von Krankheitserregern oder Schädlingen geplagt. Und wenn sich doch einmal einige Blattläuse zeigen oder ein paar Rostflecken die Blätter verunzieren, übersteht eine ansonsten gesunde Pflanze die Angriffe in der Regel ohne größeren Schaden.

Besonderes Augenmerk sollte man der Standortwahl schenken, schließlich wachsen die Rosen im allgemeinen lange Zeit am selben Fleck. Völlig windstille, heiße Südlagen vertragen viele Sorten nur ganz schlecht. Allerdings mögen Rosen auch keine zugigen oder vollschattigen Stellen. Am besten geeignet ist ein sonniger Platz, an dem ein leichter Wind weht. Dort können tau- oder regennasse Blätter rasch abtrocknen, so daß die Gefahr einer Infektion durch Krankheitserreger erheblich geringer ist. Vorsicht ist unter Bäumen oder Dachtraufen geboten, denn hier kann herabtropfendes Wasser einen Befall z. B. durch Pilze begünstigen.

Eine sehr wichtige Rolle für die Gesundheit von Rosen spielt die Nährstoffversorgung. Nur wenn die Pflanzen ausreichend und ausgewogen gedüngt werden, entwickeln sie sich zu den Prachtexemplaren, die sich jeder für seinen Garten wünscht. Doch wie in manch anderer Hinsicht gilt auch hier, daß ein Zuviel ebenso schlecht ist wie ein Zuwenig (siehe auch Seite 114 f.). Rosen werden leicht krankheits-

Ein luftiger und sonniger Standort ist die beste Gesundheitsvorsorge für Rosen.

anfällig, wenn sie zu stark und vor allem mit einem Übermaß an Stickstoff gedüngt werden.

Maßnahmen des biologischen Pflanzenschutzes

Neben der Auswahl der richtigen Sorte, dem geeigneten Standort und guter Pflege gehören noch eine Reihe weiterer umweltschonender Maßnahmen zum biologischen Pflanzenschutz. Oberstes Gebot bei der Arbeit an Pflanzen ist peinliche Sauberkeit. Gartengeräte, allen voran die Schnittwerkzeuge, werden nach jedem Einsatz gründlich gereinigt. Nach dem Hantieren mit kranken Rosen sollte man das Werkzeug außerdem mit einem handelsüblichen Desinfektionsmittel säubern, damit die Schaderreger nicht durch Scheren und dergleichen von einer Pflanze auf die andere übertragen werden. Auch die Hände und Arbeitshandschuhe sind gegebenenfalls zu desinfizieren. Messer und Scheren müssen scharf sein, damit die den Rosen beim Schnitt zugefügten Wunden nicht durch Quetschen oder Zerspleißen des Gewebes unnötig groß ausfallen und die Pflanzen zusätzlich schwächen bzw. weitere Eintrittspforten für Schaderreger darstellen.

Wichtig ist vor allem die regelmäßige Kontrolle der Rosen. Wer die Pflanzen aufmerksam betrachtet, wird etwaige Veränderungen frühzeitig feststellen und kann unverzüglich eingreifen, noch bevor sich eine Krankheit stärker ausbreitet oder Schädlinge sich übermäßig vermehren. Solange der Befall gering ist, läßt er sich in der Regel mit relativ simplen Mitteln im Zaum halten. Größere Schädlinge wie Käfer oder Raupen kann man beispielsweise einfach absammeln, kleinere, etwa Blattläuse, werden mit einem scharfen Wasserstrahl von den Zweigen abgespült.

Mit Nützlingen gegen Schädlinge

Als Schädlinge bezeichnet man Tiere, die sich an denjenigen Pflanzen gütlich tun, die der Mensch für sich allein beansprucht, sei es aus kulinarischen Gründen wie bei Obst und Gemüse, sei es wegen des optischen Genusses wie bei den Zierpflanzen, zu denen ja die Rosen gehören. Wer mit viel Mühe eine schöne Rose gezogen hat, reagiert verständlicherweise nicht gerade erfreut, wenn Käfer oder Raupen daran nagen. Aber auch die sog. Schädlinge sind Teil der belebten Natur und haben ihren Platz im eng vernetzten ökologischen Gefüge. Wie sagt doch die Rose in Antoine de Saint-Exupérys Buch „Der kleine Prinz" so treffend: ‚Ich muß wohl ein paar Raupen aushalten, wenn ich die Schmetterlinge sehen will."

Allerdings haben Schädlinge auch ihre natürlichen Gegenspieler, die man allgemein Nützlinge nennt. Sie gilt es im Garten zu fördern, indem man ihnen passende Lebensräume anbietet und auf giftige Spritzmittel verzichtet, die ihnen ebenso den Garaus machen würden wie den Schädlingen. Sofern sich bei einem Schädlingsbefall der Rosen die entsprechenden Nützlinge nicht oder nicht rasch genug von selbst im Garten einstellen, wird man sie notfalls käuflich erwerben und künstlich ansiedeln. Die Nützlinge rücken dem unerwünschten Getier dann auf unterschiedliche Art zu Leibe. Einige fressen ihre Beute einfach auf oder saugen sie aus, wie es etwa Raubwanzen oder die Larven von Marienkäfern, Florfliegen und Schwebfliegen, aber auch Vögel oder Laufkäfer tun. Andere, z. B. Raupenfliegen oder Schlupfwespen, legen ihre Eier in die Schädlinge, und die geschlüpften Larven zehren diese von innen aus.
Gegen die verbreiteten Schädlinge an Rosen lassen sich folgende Nützlinge einsetzen:

- Florfliegen, Gallmücken, Marienkäfer sowie Schlupfwespen, Schwebfliegen und Ohrwürmer gegen Blattläuse,
- Nematoden gegen Rüsselkäfer,
- Raubmilben gegen Spinnmilben,

Tip

Abgeschnittene, von Schadorganismen befallene Pflanzenteile gehören keinesfalls auf den Kompost und dürfen auch nicht gehäckselt und als Mulch verwendet werden, da man die Schädlinge oder Krankheitskeime sonst womöglich über den ganzen Garten verteilt. Man entsorgt solche Abfälle mit dem Hausmüll oder verbrennt sie, sofern die Möglichkeit dazu besteht.

Tip

Bei einigen Nützlingsarten leben nur die Larven räuberisch, während sich die ausgewachsenen Tiere von Blütennektar ernähren, so z. B. Florfliegen oder Schwebfliegen. Um solche Nützlinge dauerhaft im Garten anzusiedeln, muß man ihnen ein Refugium bieten, in dem sie Nahrung finden und sich ungestört vermehren können. Wildstrauchhecken, Blumenwiesen mit möglichst ungefüllt blühenden Arten, wilde Ecken, Totholzhaufen und ähnliches schaffen die besten Voraussetzungen dafür.

Durch regelmäßige Kontrolle sowie das Absammeln befallener Blätter lassen sich Schäden, z. B. durch die Rosenblattrollwespe, meist gering halten.

Abiotische Schäden

Unter dem Begriff abiotische Schäden faßt man alle Beeinträchtigungen der Pflanzen zusammen, für die weder tierische Schädlinge noch Pilze, Bakterien und Viren verantwortlich sind. Sie können vielfältige Ursachen haben, etwa auf Nährstoffmangel beruhen oder durch Witterungseinflüsse oder Verletzungen hervorgerufen werden. Häufig sind abiotische Schäden die Folgen von Pflegefehlern und lassen sich durch sorgsame Behandlung von Boden und Pflanzen vermeiden.

Mechanische Verletzungen

Rosen haben ausgesprochen empfindliches Holz, das durch unachtsames Hantieren leicht beschädigt wird. Jede Verletzung der Rinde, vor allem im Bereich der Veredelungsstelle, kann sich zu einem weitreichenderen Schaden entwickeln, der nicht selten sogar zum Absterben ganzer Pflanzenteile führt. Bei der Bodenbearbeitung mit spitzem Werkzeug sollte man daher in Stammnähe einer Rose besondere Vorsicht walten lassen.

Kletterrosen müssen stets sorgfältig festgebunden werden, damit sich die Triebe nicht aufscheuern.

Flächige Rindenabschürfungen an den Trieben sehen nicht nur häßlich aus, sie stellen auch Eintrittspforten für Krankheitserreger dar. Zu derartigen Schürfwunden kann es schon kommen, wenn sich zwei zu eng stehende, sich kreuzende Triebe durch Windbewegungen aneinander scheuern. Ein richtiger Schnitt (siehe Seite 85 ff.) kann dem vorbeugen. Oft werden Reibungsschäden auch durch unsachgemäßes, nämlich zu lockeres Anbinden von Kletter- oder Hochstammrosen verursacht. Die Fixierung der Triebe (siehe auch Seite 80) muß so fest sein, daß sich die Zweige nicht bei jedem Windzug am Bindematerial oder etwa an einem Pergolapfosten reiben.

Werden Etiketten, die meist mit Draht im Basisbereich der Rose befestigt sind, an den Jungpflanzen belassen, besteht die Gefahr, daß der Draht im Lauf der Jahre in den dicker werdenden Trieb einwächst und dabei die Leitungsbahnen für den Wasser- und Safttransport immer weiter abschnürt. Schlimmstenfalls kann der Trieb oder gar die ganze Rose daran eingehen – ein Schaden, der durch rechtzeitiges Entfernen oder zumindest Lockern des Etiketts leicht zu verhindern ist.

Sog. blinde Zapfen, wie sie entstehen, wenn beim Rosenschnitt die Schere zu weit vom jeweiligen Auge entfernt angesetzt wurde (siehe Seite 85), stellen ebenfalls eine Gefahrenquelle für die Gesundheit der Rose dar. Weil ein solcher Triebstummel kein Auge mehr aufweist, wird er nicht mehr mit Nährstoffen versorgt, trocknet ein und stirbt ab. Meist geht dadurch sogar der Trieb, der sich aus dem darunterliegenden Auge entwickelt hat und der durch den Schnitt gefördert werden sollte, mit ein.

Jede Art von Verletzung muß bis ins gesunde Holz hinein ausgeschnitten werden (siehe Seite 112), um die Infektionsgefahr zu bannen. Bei kleineren Verletzungen sollte man mit dem Ausschneiden jedoch bis zum nächsten Frühjahr warten, denn die Rosen treiben nach einem Rückschnitt im Sommer zwar wieder aus, das neue Holz kann aber bis zum Herbst nicht mehr ausreifen und ist daher frostempfindlich. Schwere Verletzungen dagegen beseitigt man unverzüglich; notfalls schneidet man den Neuaustrieb im Herbst weg.

Nährstoffmangel

Will eine Rose ohne erkennbare Verletzungen oder Schädlingsbefall nicht so recht gedeihen, kann dies durch einen Mangel an Nährstoffen begründet sein. Häufig ist es ein bestimmtes Nähr- oder Spurenelement, das der Pflanze

Tip

Sind die jüngeren Blätter der Rose chlorotisch, fehlt meist ein Spurenelement. Bei Mangel an einem Hauptnährstoff vergilben bzw. verfärben sich dagegen in der Regel die älteren Blätter. Nährstoffmangel läßt sich im allgemeinen durch eine sorgfältige Bodenbearbeitung und -verbesserung sowie eine gezielte Düngung mit dem betreffenden Element beheben.

Tip

Endgültige Klarheit über einen Mangel an Nährstoffen, vor allem an Spurenelementen, bringt nur eine genaue Bodenanalyse. Es empfiehlt sich deshalb, alle paar Jahre eine Bodenprobe in einer staatlichen Bodenuntersuchungsanstalt oder einem entsprechenden Fachlabor untersuchen zu lassen (siehe Tip Seite 70). Bei der allgemeinen Analyse wird der Gehalt an Spurenelementen jedoch wegen der aufwendigeren Nachweismethode meist nicht mitbestimmt; diese Untersuchung muß man gesondert in Auftrag geben.

zu ihrem Wohlbefinden fehlt. Neben schwachem Wachstum und schlechtem Blühen sind hauptsächlich die Farbveränderungen an den Blättern augenfällig, allen voran die Chlorosen. Man versteht darunter ein Ausbleichen und Vergilben der Blätter, bedingt durch die unzureichende Bildung bzw. den Abbau des grünen Blattfarbstoffs. Chlorosen können verschiedene Ursachen haben, werden jedoch meist durch Unterversorgung mit einem bestimmten Nährelement hervorgerufen. Welche Substanz die Rose entbehrt, läßt sich häufig anhand des charakteristischen Erscheinungsbilds der Blattveränderung erkennen.

Wichtige Mangelerscheinungen, die sich am Rosenlaub zeigen:

Eisenmangel tritt vorwiegend auf zu kalkhaltigen oder zu wenig durchlüfteten Böden auf, weil hier die Aufnahme der Eisenverbindungen durch die Wurzeln sehr erschwert ist. Er äußert sich in gelblichweißen Aufhellungen der Blätter, wobei die Blattadern oftmals grün bleiben. Betroffen sind in erster Linie die jüngeren Blätter.

Eisenmangel äußert sich im Vergilben von Blättern, wobei die Blattadern häufig dunkelgrün bleiben.

Kaliummangel bewirkt bei älteren Blättern die sog. Welketracht. Die Blattspreiten werden zwischen den Hauptadern gelblichgrün, häufig bekommen sie dann auch braune Flecken, die Blattränder vertrocknen und rollen sich anschließend ein.

Magnesiummangel ruft an älteren Blättern gelbliche Aufhellungen mit späterer Verbräunung hervor, die Blattadern bleiben auch hier meist grün.

Manganmangel führt auf jungen Blättern zu einem Ausbleichen der Flächen zwischen den Blattadern, entlang derer jedoch charakteristische grüne Säume erhalten bleiben.

Phosphormangel äußert sich in einer rötlichen Verfärbung der älteren Blätter. Zudem fühlt sich das Laub gelegentlich eigenartig starr an, weshalb man auch von Starrtracht spricht.

Stickstoffmangel wirkt sich ebenfalls auf die älteren Blätter aus. Sie werden hellgrün und sind, wie die ganze Pflanze, im Wachstum gehemmt.

Witterungsbedingte Schäden

Auch ungünstige Wetterlagen können das Wohl der Rosen nachteilig beeinflussen. Beispielsweise verursacht starker Regen Flecken auf den hell gefärbten Blüten mancher Sorten.

Die Blüten mancher Sorten bekommen bei lange anhaltendem Regen häßliche Flecken.

Frostschäden erkennt man an der dunklen Verfärbung der Triebe, zuweilen platzt die Rinde auf.

Intensive Sonneneinstrahlung, vor allem nach einer längeren Schlechtwetterperiode, führt hingegen besonders bei dunkelroten Sorten zu Farbveränderungen der Blütenblätter durch Sonnenbrand. Dauerregen bei gleichzeitig niedrigen Temperaturen bewirkt manchmal, daß die Knospen „sitzen- oder steckenbleiben",

Tip

Eine Gelbfärbung des Rosenlaubs kann nicht allein durch Nährstoffmangel, sondern auch durch Streusalz im Winter, durch schlechte Bodenbelüftung und Staunässe oder durch starke Trockenheit bedingt sein. Ebenso bewirkt die unsachgemäße Verwendung von Pflanzenschutzmitteln, hauptsächlich von Unkrautvernichtungsmitteln, oder von frischem und dadurch noch sehr scharfem Stallmist Chlorosen. Gelegentlich kommt es durch Spätfröste zu sog. Kältechlorosen, bei denen sich der Neuaustrieb gelb färbt. Gleichzeitig können die Blätter blasige Ausbuchtungen aufweisen.

Tip

Durch Regen oder Sonne bedingte Veränderungen der Blütenfarbe wirken sich nur auf die Schönheit der Rosen aus und schaden nicht ihrer Gesundheit. Wer Regenflekken aus optischen Gründen nicht dulden möchte, sollte in sehr niederschlagsreichen Gegenden ausschließlich unempfindliche Sorten pflanzen. Auf die Regenfestigkeit der Blüten wird bei den Sortenbeschreibungen (siehe Seite 124 ff.) ausdrücklich hingewiesen.

Tip

Um Rosen nicht unnötig zu gefährden, muß die empfindliche Veredelungsstelle unbedingt etwa 5 cm unter der Erde liegen. Nur so ist sie ausreichend vor Frost geschützt. Ist die Veredelungsstelle erst einmal erfroren, dann gibt es meist keine Rettung mehr für die Pflanze.

Tip

Auf sandigen, leichten Böden kann man Bodenmüdigkeit wesentlich häufiger beobachten als auf humosen Lehmböden. Deshalb sollte man bei der Pflanzung von Rosen stets auf eine gründliche Bodenvorbereitung bedacht sein und sandige Böden mit reifem Kompost verbessern.

Tip

Die Bodensanierung mit Studentenblumen und anderen speziellen Gründüngungsmischungen (siehe Seite 77 f.) kann gerade auf größeren Flächen hervorragend gegen Wurzelälchen eingesetzt werden. Die immer wieder empfohlene Bodendämpfung, bei der man die Erde durch Erhitzen sterilisiert, ist im Hausgarten kaum durchführbar und wenn überhaupt, dann nur bei sehr geringer Erdmenge sinnvoll.

Eine Verbänderung von Trieben ist nicht krankhaft.

d. h., sie öffnen sich nicht richtig. Gelegentlich kommt es unter diesen Umständen auch zur Bildung von sog. Bullenköpfen, wobei die Blüten kürzer und dicker sind und mehr Blütenblätter aufweisen als gewöhnlich.

Frostschäden sind weit verbreitet und zählen zu den gefährlichsten abiotischen Beeinträchtigungen im Leben vieler Rosen. Sie äußern sich in einer Dunkelfärbung der Triebe, die je nach Schädigungsgrad bis zur Veredelungsstelle reichen kann. Erfrorene Teile schneidet man im Frühjahr bis ins gesunde Holz zurück (siehe Seite 112), notfalls ist der gesamte Trieb zu entfernen. Besonders gefährdet sind Rosen, die noch im Sommer Dünger erhielten, denn dadurch kann das Holz nicht ausreifen und wird sehr empfindlich gegenüber Frost. Schlimmstenfalls geht der ganze Rosenstock ein. Deshalb sollte man die Pflanzen nur im Frühjahr düngen (siehe auch Seite 83). Als weitere Schutzmaßnahme gegen Frostschäden können die Rosen im Spätherbst angehäufelt werden (siehe Seite 89).

Auch Verletzungen durch Hagelschlag kommen häufig vor. Die Triebe müssen ebenfalls sorgfältig bis ins gesunde Holz ausgeschnitten werden, da sonst die Gefahr einer Infektion durch Krankheitserreger besteht.

Allgemeine Wachstumsstörungen

Ein Kuriosum ist das Weiterwachsen von Rosenblüten, das hauptsächlich bei Alten Rosen und kleinblumigen Sorten immer wieder auftritt. Dabei treibt aus einer Blüte eine zweite, gelegentlich daraus sogar noch eine dritte, die Blüten stehen dann stockwerkartig übereinander. Anstelle einer weiteren Blüte kann sich auch ein Laubtrieb entwickeln. Der Fachmann nennt dies Prolifikation. Ebenso ungewöhnlich bei Rosen ist die sog. Verbänderung von Trieben, fachsprachlich Fasciation, wobei mehrere Triebe oder auch Blütenstände der Länge nach zusammenwachsen oder sich Blütenhälse bandförmig verbreitern. Über die genaue Ursache beider Phänomene herrscht noch Unklarheit; man weiß nur, daß der Fehler sowohl bei der vegetativen als auch bei der generativen Vermehrung von Rosen, die solche Erscheinungen zeigen, weitergegeben wird.

Wer sich an diesen Veränderungen, die auf die Gesundheit und Wuchskraft der Rosenpflanze keinen Einfluß haben, stört, schneidet die betroffenen Teile am besten einfach ab.

Bodenmüdigkeit

Unter diesem Begriff versteht man einen Zustand des Bodens, der die Pflanzen nur noch kümmerlich wachsen und häufig auch kränkeln läßt. Bei Rosen ist diese Erscheinung sehr oft zu beobachten, und zwar immer dann, wenn ein Stock an dieselbe Stelle gepflanzt wird, an der zuvor bereits eine andere Rose oder ein eng verwandtes Rosengewächs, etwa ein Apfel- oder Birnbaum oder ein Feuerdorn (*Pyracantha*-Arten), stand. Über die Ursachen werden in Fachkreisen unterschiedliche Theorien vertreten, die den Grund sowohl im parasitären Bereich, also in Krankheitserregern und Schädlingen, als auch im nichtparasitären, d. h. in abiotischen Schäden, suchen. Sogar eine Kombination mehrerer Faktoren ist denkbar.

Eine keinesfalls seltene Erscheinung sind Alte Rosen, die aus der Blüte weiterwachsen.

Häufig werden Wurzelausscheidungen der Rosengewächse für die Bodenmüdigkeit verantwortlich gemacht. Nach dieser Auffassung geben deren Wurzeln Giftstoffe ab, die sich auch dann noch im Boden befinden, wenn das Gehölz entfernt worden ist. Diese Substanzen sind es, so nimmt man an, die ein gesundes Wachstum anderer Rosengewächse verhindern. Will man daher eine Rose genau an einer Stelle pflanzen, an der zuvor ebenfalls ein Rosenstock stand, dann sollte man den Boden vor der Pflanzung tiefgründig umgraben und sorgfältig auch die letzten, nach der Rodung in der Erde verbliebenen Wurzelreste beseitigen. Am besten tauscht man die Erde ganz aus.

Doch ebenso lassen sich schädliche Wurzelälchen, die Nematoden (siehe Seite 121), sowie verschiedene Bodenpilze als Verursacher von Bodenmüdigkeit nicht ausschließen. Als Gegenmittel hat man in den Niederlanden eine spezielle Studentenblume, die *Tagetes*-Sorte 'Nemamon', gezüchtet. Sie wird im Sommer ausgesät, nachdem man zuvor sämtliche Pflanzen von der zu behandelnden Bodenfläche abgeräumt hat. Diese Studentenblumen können bis zu 2 m hoch wachsen und ihre Wurzeln bis zu 1 m tief in die Erde treiben. Dringen die Wurzelälchen in die *Tagetes*-Wurzeln ein, löst dies vermutlich biochemische Vorgänge aus, bei der die Nematoden abgetötet werden.

Krankheiten an Rosen

Schädigungen, die durch Pilze, Bakterien, Viren und andere Mikroorganismen hervorgerufen werden, bezeichnet man im allgemeinen als Pflanzenkrankheiten. Zwar ähneln sich die Befallsbilder in einigen Fällen auf den ersten Blick, die Erreger selbst sind jedoch äußerst unterschiedlich.

Bakterielle Erkrankungen

Bakterien, diese winzigen, nur mit einem stark vergrößernden Mikroskop sichtbaren Lebewesen, dringen in Wunden ein, etwa in Frostrisse, Insekteneinstiche oder mechanisch erzeugte Verletzungen, können aber ebenfalls über natürliche Gewebeöffnungen, z. B. die Spaltöffnungen der Blätter, in die Pflanzen gelangen, wo sie sich dann rasch vermehren und ausbreiten. Bei Bakterienkrankheiten, auch Bakteriosen genannt, gibt es keine Heilung.

Bei Rosen äußern sich bakterielle Infektionen häufig in Form von Krebsgeschwüren und Wucherungen. Sie können vereinzelt an der Basis der Stacheln sitzen oder aber ganze Triebe in Mitleidenschaft ziehen. Besonders gefährlich wird der Bakterienkrebs, wenn außerdem Wurzeln und der Wurzelhals befallen sind. In diesen Fällen hilft auch kein Ausschneiden kranker Teile mehr, statt dessen muß die gesamte Pflanze entfernt sowie vernichtet werden.

Krebswucherungen kann man nicht bekämpfen, vielfach muß die ganze Pflanze entfernt werden.

Viruserkrankungen äußern sich oft in einer streifen- oder bandartigen Aufhellung der Laubblätter.

Viruserkrankungen

Noch kleiner als Bakterien und lediglich unter einem Elektronenmikroskop erkennbar sind Viren. Da sie keinen eigenen Stoffwechsel haben und sich nicht selbst vermehren können, sind sie in ihrer Existenz auf Wirtspflanzen angewiesen. Die befallenen Pflanzen werden durch sie dahingehend beeinflußt, die Viren in großer Zahl zu reproduzieren. Übertragen werden sie vor allem durch saugende Schädlinge wie Blattläuse, Blattwanzen oder Zikaden, die sie von einer Pflanze zur anderen verschleppen, ebenso jedoch durch den direkten Kontakt mit infizierten Pflanzenteilen oder mit Werkzeug.

Bei Rosen läßt sich eine durch Viren verursachte Krankheit, eine sog. Virose, meist an einer mosaikartigen, streifen- oder ringförmigen hellen Verfärbung der Blätter erkennen. Ein solches Schadbild wird in der Regel durch Rosenmosaikviren hervorgerufen. Da es gegen Virosen kein Heilmittel gibt und das Ausschneiden betroffener Teile nicht ausreicht, muß man befallene Pflanzen entfernen und vernichten.

Pilzerkrankungen

Pilze sind im Rosenbeet am häufigsten für Krankheiten verantwortlich. Sie verbreiten sich durch winzige, mit bloßem Auge nicht sichtbare Sporen. Gut erkennen lassen sich dagegen meist die sog. Sporenlager, kleine Erhebungen

Tip

Pilze, Bakterien und Viren können auf verschiedene Weise übertragen werden: durch befallene Pflanzenreste, die z. B. über den Kompost zu gesunden Gewächsen gelangen, aber auch durch Menschen und Tiere, verunreinigte Geräte und Werkzeuge, infizierte Böden und Gießwasser, Wind oder Regen. Um einer Verbreitung so weit wie möglich vorzubeugen, sollte man deshalb beim Hantieren mit Pflanzen und Gartengerät auf absolute Sauberkeit achten.

Tip

Da Virosen überwiegend durch saugende Insekten übertragen werden, sollte man Rosen regelmäßig und gründlich auf Schädlinge untersuchen, um rechtzeitig einschreiten zu können und eine Ausbreitung der Erreger zu verhindern.

Tip

Gut gepflegte und ausgewogen ernährte Rosen sind wesentlich widerstandsfähiger gegen Pilzerkrankungen als unzureichend gedüngte und dadurch vorgeschädigte Pflanzen. Viele Pilze sind nämlich ausgesprochene Schwächeparasiten, die sich nur dann stark vermehren und dadurch Schaden anrichten können, wenn die Abwehrkraft der befallenen Pflanze beeinträchtigt ist.

Tip

Verschiedene Pflanzenzubereitungen aus Ackerschachtelhalm, Knoblauch oder Rainfarn können sowohl vorbeugend als auch zur Bekämpfung bereits bestehender Pilzerkrankungen gespritzt werden (siehe Seite 117 ff.). Wichtig ist, daß dabei die Blattunterseiten ebenfalls gründlich benetzt werden.

Tip

Sorten mit ledrigem, hartem Laub sind im allgemeinen weniger mehltaugefährdet als solche mit zarten, weichen Blättern. Vor allem für eher ungünstige, d. h. heiße und windstille Standorte sollte man deshalb besser Rosen mit robustem Laub wählen.

Tip

Um eine Schmierseifenlösung herzustellen, löst man 30 g Schmierseife in 1 l heißem Wasser auf und gibt als Netzmittel einen Spritzer Spiritus oder Geschirrspülmittel dazu. Nach dem Abkühlen wird die Flüssigkeit gespritzt.

Tip

Stickstoffüberschuß und Kaliummangel begünstigen die Anfälligkeit für Grauschimmelpilze, ein Grund mehr, auf eine ausgewogene Düngung der Rosen zu achten.

oder Pusteln an Blättern oder Zweigen, aus denen die Sporen herausgeschleudert werden, um dann z. B. durch Wind, Regen oder direkte Übertragung, etwa durch Berührung, weitergetragen zu werden. Auf einem neuen Blatt bzw. einer anderen Pflanze angelangt, keimen aus den Sporen die Pilzfäden, auch Hyphen genannt, die schließlich in das Pflanzengewebe hineinwachsen und sich darin ausbreiten. In erster Linie befallen Pilze ihre Wirtspflanzen zwar auf dem Weg über Verletzungen oder Spaltöffnungen, im Gegensatz zu Bakterien und Viren vermögen sie aber auch unbeschädigtes Gewebe zu durchdringen.

Das Erscheinungbild von Pilzerkrankungen, sog. Mykosen, ist so vielfältig wie ihre Erreger. Oftmals zeigen sich zunächst nur Flecken auf den Blättern, die sich jedoch im weiteren Verlauf vergrößern und das Laub mit der Zeit so stark schädigen können, daß es abfällt. Häufig wird von diesen Flecken aus die Infektion weitergetragen, deshalb sollten erkrankte Blätter sofort entfernt und vernichtet werden. Da sich die Pilzfäden außerdem innerhalb der Pflanze ausbreiten, muß man geschädigte Triebe bis weit ins gesunde Holz hinein zurückschneiden (siehe Seite 112). Alle betroffenen Teile werden vernichtet, auch abgefallenes Laub, weil darin die Pilze vielfach überwintern und im Frühjahr eine Neuinfektion auslösen können.

Echter Mehltau

Bei dieser Pilzerkrankung bildet sich auf den Blattober- und -unterseiten sowie an jungen Triebspitzen, Knospen und Blütenstielen ein weißlicher Belag. Blätter, Triebe und Blüten verkümmern. Hohe Temperaturen bei nur geringer Luftbewegung fördern die Verbreitung des Pilzes, wobei Rosen, die mit Stickstoff überdüngt sind, besonders leicht infiziert werden. Bei starkem Mehltaubefall, vor allem der Triebspitzen, empfiehlt es sich, die Rose ausnahmsweise noch im Herbst um etwa ein Drittel ihrer Länge zurückzuschneiden, da dieser Pilz häufig in den Zweigenden überwintert.

Bei starkem Befall von Echtem Mehltau ist die gesamte Pflanze von einem Pilzrasen bedeckt.

Falscher Mehltau

Im Gegensatz zum Echten Mehltau findet sich beim Falschen Mehltau nur auf den Blattunterseiten ein grauweißer Pilzrasen, während blattoberseits bräunlichpurpurne Flecken erscheinen. Sind die Bedingungen für diesen Pilz günstig, was bei anhaltend feuchtwarmer Witterung der Fall ist, kann sich die Infektion auf junge Triebe ausweiten und dort ebenfalls rötlichbraune Flecken hervorrufen.

Beim Falschen Mehltau zeigen sich auf der Blattoberseite bräunlichpurpurne Flecken.

Sternrußtau

Bei dieser auch als Schwarzfleckenkrankheit bezeichneten Pilzinfektion bilden sich auf der Blattoberseite schwarzbraune Flecken, oft mit ausgezacktem Rand, was den Namen Sternrußtau erklärt. Sie können winzig klein, aber auch flächig ausgezogen sein und das ganze Blatt überziehen. Meist tritt der Befall zuerst am unteren, bodennahen Laub auf, bei kühlem, feuchtem Wetter kann er sich jedoch rasch

Beim Sternrußtau überziehen schwarzbraun verfärbte Flecken mit ausgezacktem Rand die Blätter.

ausbreiten. Abgefallene Blätter müssen unbedingt aufgesammelt und vernichtet werden, da der Pilz darin überwintert.

Rußtau

Nicht zu verwechseln mit Sternrußtau ist der Rußtaupilz. Er befällt nicht die Pflanze selbst, sondern siedelt sich auf den klebrigen, zuckerhaltigen Ausscheidungen von Blattläusen an, die die Blätter überziehen. Auf dem Laub bildet sich ein schwarzer Belag, der die Pflanze insofern schädigt, als er die Photosynthese ganz gravierend behindert. Zur Vorbeugung bekämpft man die Blattläuse, bei einem bestehenden Rußtaubefall kann man die Blätter einfach mit einem Wasserstrahl abspülen oder mit Schmierseifenlösung besprühen.

Rosenrost

Eine weitere Pilzerkrankung, den Rosenrost, erkennt man an orangeroten, im Herbst schwarzbraunen Pusteln auf den Blattunterseiten und an gelblichroten Flecken auf den Blattoberseiten. Auch die Triebe können befallen werden. Kaliummangel begünstigt das Auftreten von Rostpilzen, die in abgefallenen Blättern überwintern.

Grauschimmel

Grauschimmel, auch Knospenfäule oder, nach dem wissenschaftlichen Namen des Pilzes, Botrytis genannt, setzt sich hauptsächlich auf Knospen und Blüten fest. Diese öffnen sich entweder gar nicht oder nur unvollständig und weisen dann schadhafte, fleckige Blütenblätter auf, faulen schließlich und fallen ab. Zusätzlich sind die Triebe oft von rotbraunen Flecken verunziert. Vor allem anhaltend feuchte Witterung fördert einen Befall, der sich dann auch durch einen grauen Pilzrasen bemerkbar machen kann. Betroffene Knospen schneidet man frühzeitig ab, um die Verbreitung zu verhindern.

Gelbrote Flecken auf der Blattober- und Pusteln auf der Blattunterseite bewirkt der Rosenrost.

Rindenfleckenkrankheit

Bräunlichrote und häufig etwas eingesunkene Flecken auf Vorjahrestrieben kennzeichnen die Rinden- oder Brandfleckenkrankheit. Der verursachende Pilz dringt vor allem in milden Wintern in die Zweige geschwächter Rosen ein. Er gelangt zur Verbreitung nach außen, indem er die Rinde sprengt. Kranke Triebe müssen gründlich ausgeschnitten und mit Wundbalsam behandelt werden. Staunässe, langanhaltende Feuchtigkeit und stickstoffbetonte Düngung begünstigen die Entwicklung des Pilzes.

Valsakrankheit

Bei der auch als Triebsterben bekannten Erkrankung, die von verschiedenen Pilzarten hervorgerufen wird, welken die Triebspitzen und jungen Seitentriebe, bei starkem Befall können ganze Rosenstöcke absterben. Die Krankheit tritt vorwiegend bei frühblühenden Strauchrosen auf, besonders anfällig dafür ist ebenso die Chinesische Goldrose *(Rosa hugonis)*. Geschädigte Zweige sollten unverzüglich bis weit ins gesunde Holz hinein zurückgeschnitten (siehe Seite 112) und sorgsam mit Wundbalsam verschlossen werden. Da die Pilze bevorzugt über unsachgemäß geschnittene Triebe, z. B. stehengebliebene Zapfen, eindringen, ist eine sorgfältige Schnittführung (siehe Seite 85) die wichtigste Vorbeugungsmaßnahme.

Tip

Ausgereiftes Holz ist wesentlich widerstandsfähiger gegen die Rindenfleckenkrankheit als krautige, weiche Triebe. Damit die Rosentriebe nicht bis in den Herbst hinein wachsen, sondern Zeit haben zu reifen, sollte die Düngung der Rosen rechtzeitig im Frühsommer eingestellt werden (siehe auch Seite 83).

Grauschimmel verursacht fleckige, verfärbte Blütenblätter (links).

Aufgesprungene, bräunlichrot verfärbte Rindenflecken deuten auf die Rindenfleckenkrankheit.

Tip

Die Erreger der Valsakrankheit befallen bevorzugt auch verschiedene Steinobstarten und Forsythien und breiten sich häufig von dort auf die Rosen aus. Zur Vorbeugung empfiehlt sich deshalb, Rosen nicht in unmittelbare Nähe dieser Gehölze zu pflanzen.

Die Larven der Rosentriebbohrer fressen sich durch die Zweige.

Tip

Ameisen halten sich Blattläuse oftmals als „Haustiere“, da deren Honigtau eine Delikatesse für sie darstellt. Ameisenstraßen, die zu Rosen führen, sind deshalb meist ein Hinweis auf Blattlausbefall.

An trockenen und windstillen Standorten können Schildläuse massenhaft auftreten.

Tip

Nicht nur Blattläuse, sondern auch andere saugende Insekten, etwa Rosenzikaden oder Thripse, übertragen Viruskrankheiten. Deshalb sollte man Rosen regelmäßig auf Saugschäden überprüfen und gegebenenfalls auch umgehend einschreiten.

Schädlinge an Rosen

Auch verschiedene Tiere, hauptsächlich Insekten, können den Rosen das Leben schwermachen. Unter der Mithilfe von Nützlingen (siehe Seite 111 f.) sowie durch laufende Kontrolle, Absammeln und Spritzungen mit Pflanzenzubereitungen (siehe Seite 112 ff.) oder Schmierseifenlösung (siehe Seite 118) lassen sie sich jedoch in der Regel gut im Zaum halten.

Blattläuse

Die grünlichen oder bräunlichen Rosenblattläuse saugen vorwiegend an jungen, zarten Pflanzenteilen. Bei massenhaftem Auftreten, wie es bei warmer Witterung häufig der Fall ist, verkrüppeln die Blätter, Triebe und Knospen. Da die saugenden Blattläuse die Rose nicht nur durch den Entzug des Pflanzensafts schädigen, sondern auch Viruserkrankungen übertragen können, sollte man sie schon im Anfangsstadium eines Befalls bekämpfen. Außerdem siedeln sich auf ihren zuckerhaltigen Ausscheidungen, dem Honigtau, gern Rußtaupilze an (siehe Seite 119).

Schildläuse

Schildläuse schützen sich durch einen harten Panzer vor Feinden. Die braunen Tierchen sitzen manchmal in Massen dicht angeschmiegt an den Trieben oder Blättern von Rosen und sind auf den ersten Blick oft gar nicht zu entdecken. Sie treten bevorzugt an trockenen, windgeschützten Standorten auf und schädigen deshalb insbesondere Rosenstöcke, die im Schutz von Hausmauern stehen, also vorwiegend Kletterrosen. Gefährdete Pflanzen sollten regelmäßig kontrolliert werden. Während sich vereinzelte Schildläuse noch leicht abkratzen lassen, kann man bei starkem Befall Mineralöl aufbringen, z. B. Paraffin- oder Weißöl, an dem die Schildläuse dann ersticken.

Rosenzikaden

Ein Befall mit Rosenzikaden, einem bei Rosen recht häufigen Schädling, äußert sich in einer weißen Sprenkelung der Blattoberseiten, die durch die Saugtätigkeit des Insekts entsteht. Stark beeinträchtigte Blätter können verdorren und schließlich abfallen. Unterseits sind entlang der Blattadern die kleinen, weißlichgrünen Tierchen erkennbar, die bei Berührung wegspringen. Da Rosenzikaden wie Schildläuse vorwiegend an trockenen, warmen Standorten auftreten und zudem gern in Mauerritzen überwintern, sind wiederum vor allem Kletterrosen gefährdet. Durch Spritzungen mit einem Brennesselkaltwasserauszug kann man den Schädling in Schranken halten.

Thripse

Kleine silbrige Flecken auf den Blattoberseiten und den Blütenblättern der Rosen weisen auf einen Thripsbefall hin. Die Knospen „bleiben sitzen“ und öffnen sich nicht. Schuld daran sind kleine, schlanke Insekten mit dunklen Querstreifen, die an der Pflanze saugen. Trockene und warme Witterung fördert die Entwicklung der Blasenfüße, wie Thripse auch vielfach genannt werden. Sehr stark beeinträchtigte Knospen und Blätter schneidet man am besten ab und vernichtet sie.

Triebbohrer

Die Larven der Triebbohrer, verallgemeinernd auch Blattwespen genannt, bohren sich in die Zweige der Rosen und fressen sich durch das Mark, wobei der Aufsteigende Rosentriebbohrer nach oben und der Absteigende von der Triebspitze nach unten wandert. In der Folge welken die Zweige. Schneidet man sie auf, findet man weißliche, raupenähnliche Larven darin, die oft „Röhrenwürmer“ genannt werden. Gut sichtbar sind auch deren Einbohrlöcher. Befallene Zweige schneidet man ab und vernichtet sie dann.

Kleine silbrige Flecken auf den Blüten- und Laubblättern zeigen einen Thripsbefall an.

Rosenblattrollwespe

Die kleine schwarze Rosenblattrollwespe, eine weitere Art der Blattwespen, verursacht im Frühsommer oft ein sehr charakteristisches Schadbild am Rosenlaub: Wenn die Weibchen ihre Eier ins Blattgewebe legen, bilden sich durch Einrollen der Teilblättchen entlang der Blattmittelrippen enge, zylindrische Röhren. Im Innern dieser Rollen fressen die Larven. Befallene Blätter sammelt man am besten bei den ersten Anzeichen ab und vernichtet sie, um die Entwicklung der Larven zu verhindern.

Rosengallwespe

Ein Befall äußert sich in grünlichen bis rötlichen, moosähnlichen Triebwucherungen, in denen die Larven der Rosengallwespe fressen. Oberhalb dieser kugeligen Gallen sterben die Zweige in der Regel ab. Betroffen sind hauptsächlich Wildrosen, während Beetrosen nur äußerst selten befallen werden. Zur Bekämpfung genügt es, die Gallen abzuschneiden.

Käfer

Verschiedene Käfer, z. B. der metallisch glänzende Rosenkäfer oder die kleinen, dunklen Rapsglanzkäfer, fressen Staub- und Fruchtblätter von Blüten. Da sie keinen weiteren Schaden anrichten, braucht man sie nicht zu bekämpfen. Dickmaulrüßler hingegen tun sich an den Laubblättern der Rosen gütlich. Es entsteht ein typisches bogenförmiges Fraßbild an den Blatträndern, während die Larven der Käfer im Boden die Wurzeln schädigen. Der Erdbeer- oder Himbeerblütenstecher, ebenfalls ein Rüsselkäfer, bohrt kleine Löcher in die Knospen der Rosen, in die er seine Eier legt. Anschließend nagt er dann den Stengel unterhalb der Knospe an, so daß dieser knickt und die Knospe welkt, während in ihrem Innern die weißlichen Larven fressen. Am besten sammelt man die Käfer frühzeitig ab, befallene Knospen vernichtet man möglichst, bevor sich die Larven darin verpuppen.

Raupen

Auch verschiedene Schmetterlingsraupen, etwa die des Rosenwicklers, leben von Rosenblättern, an denen sie fressen. Diese Raupen, die im Frühling aus an den Trieben überwinternden Eiern schlüpfen, fügen ein aufgerolltes oder mehrere benachbarte Blätter mit Hilfe von Spinnfäden zu einem Versteck zusammen, in dem sie sich später auch verpuppen. Zur Bekämpfung sammelt man die Tiere ab oder entfernt die zusammengerollten Blätter.

Die Raupen des Rosenwicklers spinnen Blätter zu einem Versteck zusammen.

Spinnmilben

Einige Spinnmilbenarten, landläufig meist alle als Rote Spinne bezeichnet, bewirken an der Blattoberseite des Rosenlaubs zuerst eine helle Sprenkelung, später verdorren die Blätter und fallen ab. Die Unterseiten sind vor allem bei starkem Befall mit einem feinen Gespinst überzogen, in dessen Schutz die winzigen roten oder orangefarbenen Tierchen saugen, die keine Insekten sind, sondern tatsächlich Verwandte der Spinnen. Sonnige, windgeschützte Pflanzstellen, z. B. vor südseitigen Hauswänden, begünstigen das Auftreten der Spinnmilben, die Hitze und Trockenheit lieben. Raubmilben und -wanzen sowie Spritzungen mit Ackerschachtelhalm- oder Brennesseljauche (siehe Seite 112 f.) helfen bei der Bekämpfung der Schädlinge.

Nematoden

Nematoden, auch Fadenwürmer oder Älchen genannt, kommen in jedem Boden in ungeheurer Zahl vor. Es sind farblose, meist kaum 1 mm große Tiere, die einen wichtigen Beitrag zur Humusbildung leisten. Unter den zahlreichen Arten gibt es etliche für den Gärtner sehr nützliche, die sich über andere Schädlinge hermachen (siehe Seite 111).

Eine ganze Reihe von Älchenarten allerdings kann durch ihre schmarotzende Lebensweise den Pflanzen beträchtlichen Schaden zufügen. So haben Rosen gelegentlich unter Wurzelnematoden zu leiden, die ihre Wurzeln anstechen und dadurch die Wasser- und Nährstoffaufnahme der Pflanze stören. Wächst eine Rose ohne anderen ersichtlichen Grund nur noch kümmerlich, können Nematoden dafür verantwortlich sein. Ein Befall kann ausschließlich durch eine gründliche Bodensanierung bekämpft werden (siehe auch Seite 116).

Tip

In manchen Jahren können Raupen vor allem in sehr großen Rosenbeständen geradezu invasionsartig auftreten und in unglaublicher Geschwindigkeit einen regelrechten Kahlfraß verursachen. In diesem Fall empfiehlt sich der Einsatz von *Bacillus thuringiensis*, einer Bakterienart, die bei den Raupen eine tödliche Darmerkrankung hervorruft (siehe Seite 112).

Die Larve des Blütenstechers frißt in den Knospen.

Spinnmilben saugen im Schutz eines Gespinstes.

Tip

Da Spinnmilben winzig klein sind, empfiehlt es sich, bei Verdacht auf einen Befall eine gute Lupe zu Hilfe zu nehmen. Wenn man die Blattunterseiten leicht anbläst, bewegen sich die Tierchen.

Märchenhafte Blütenträume

Rosen von A–Z

Die Vielfalt macht die Entscheidung schwer: Doch ob große gefüllte oder kleine einfache Blüten – für jeden gibt es die richtige Rose.

Schon seit alters gehören Rosen zu den begehrtesten Gewächsen, und nach wie vor verzaubern sie mit der Pracht ihrer edlen Blüten in den verschiedensten Farb- und Formvarianten jeden Garten. Ihre herausragende Stellung im Pflanzenreich kommt besonders eindrucksvoll in der schier unermeßlichen Sortenvielfalt zum Ausdruck, die Züchter im Lauf vieler Jahrtausende in mühevoller Arbeit hervorgebracht haben. So können selbst die zahlreichen im folgenden vorgestellten Rosensorten nur eine Auswahl aus der gewaltigen Fülle bedeuten. Berücksichtigt wurden vor allem Rosen, deren Qualitäten sich in einem Prüfverfahren als „Anerkannte Deutsche Rose", sog. ADR-Rose, bewährt haben, aber auch ausnehmend robuste sowie sehr berühmte und verbreitete Sorten.

In diesem Kapitel werden die einzelnen Rosen in Text und Bild vorgestellt. Gegliedert sind die Beschreibungen nach dem Verwendungszweck der jeweiligen Rosensorten: Auf die Beetrosen (Seite 124–171), zu denen neben den Floribunda-Rosen und Polyantha-Hybriden auch die Teehybriden und Zwergrosen gezählt werden, folgen die Bodendeckerrosen (Seite 172–181). Zur Gruppe der Strauchrosen (Seite 182–212) gehören die Alten Rosen, die neueren Züchtungen der Einmalblühenden und Öfterblühenden Strauchrosen sowie die Englischen Rosen. Daran schließen sich die Kletterrosen an (Seite 213–221). Innerhalb jeder Gruppe sind die Rosen alphabetisch nach Sortennamen geordnet. Den Schluß bilden die Wildrosen und ihre Abkömmlinge (Seite 222–231), die alphabetisch nach ihren botanischen Artnamen aufgeführt sind. Sofern eine bestimmte Rosensorte gesucht wird und Unklarheit über die Gruppenzugehörigkeit besteht, hilft das ausführliche Register weiter.

Beetrosen von A–Z

Die Beetrosen bilden die weitaus umfangreichste Gruppe innerhalb der Rosen. Tausende von Sorten wurden in den letzten Jahrzehnten auf der ganzen Welt gezüchtet. Allerdings verschwanden viele von ihnen nach vergleichsweise kurzer Zeit wieder vom Markt. Einige Sorten jedoch konnten sich anhaltend gegen die immense Konkurrenz behaupten und zählen seit Jahren zu den beliebtesten Rosen, so etwa die überall bekannte 'Gloria Dei'.
Im deutschsprachigen Raum faßt man unter dem Begriff Beetrosen meist Floribunda-Rosen und Polyantha-Hybriden zusammen, während die Teehybriden in der Regel als Edelrosen bezeichnet werden. Im folgenden sind die Teehybrid-Sorten allerdings in die Gruppe der Beetrosen eingereiht, da sie zum einen sehr ähnlich verwendet werden, zum andern die Grenzen zwischen diesen Rosenklassen aufgrund zahlreicher Einkreuzungen häufig verwischt sind. Auch die Zwergrosen finden in dieser Gruppe Berücksichtigung.

Wuchs und Blüte

Beetrosen bilden im allgemeinen buschige, je nach Sorte bis etwa 100 cm, in Ausnahmefällen bis 150 cm hohe Sträucher mit gut verzweigten Trieben, an denen meist fünfteilig gefiedertes Laub sitzt. Teehybriden wachsen häufig straff aufrecht, wodurch sie zuweilen etwas sparrig wirken. Ihre Blüten stehen einzeln oder nur zu wenigen an starken Trieben. Floribunda-Rosen und vor allem Polyantha-Hybriden dagegen zeichnen sich durch oftmals dicke, üppige Blütenbüschel aus. Zwergrosen ähneln im Aussehen den Floribunda-Rosen und Polyantha-Hybriden, nur sind sie in allem kleiner. Sie werden gewöhnlich nicht höher als 40 cm, bestechen aber durch ihren Reichtum an zierlichen, meist dichtgefüllten Blüten.
Auch die Sorten der übrigen Beetrosengruppen tragen vorwiegend gefüllte Blüten. Diese sind zwar häufig recht groß, verbreiten in der Mehrzahl aber keinen oder nur einen leichten Duft. Allerdings finden sich unter den Beetrosen auch einige der bekanntesten Duftrosen, wie etwa 'Duftwolke' oder 'Papa Meilland'. Die Blütezeit beginnt bei so gut wie allen Sorten im Juni und dauert im allgemeinen bis Oktober, bei milder Herbstwitterung sogar bis in den November hinein.

Bei den Beetrosen steht eine schier unermeßliche Fülle von Sorten zur Auswahl. Wie ihr Name schon verrät, pflanzt man sie am besten in Beete oder Rabatten.

Polyantha-Hybriden bestechen durch ihre dichten Blütenbüschel, die unermüdlich den ganzen Sommer über erscheinen.

Rosen kommen mit einer passenden Unterpflanzung, zum Beispiel mit Stiefmütterchen, die den Boden bedecken, noch besser zur Geltung.

Pflege

Beetrosen werden üblicherweise Anfang April zurückgeschnitten (siehe Seite 86), wobei man prinzipiell starke Triebe wenig, schwache hingegen kräftig auf ein Auge einkürzt. Jedoch findet neuerdings die Methode, Rosenstöcke im Frühjahr ohne Rücksicht auf Zahl und Stellung der Augen ungefähr 15–20 cm über dem Boden abzuschneiden, immer mehr Liebhaber, was übrigens bei Zwergrosen ohnehin praktiziert wird (siehe Seite 86). Während des Sommers nimmt man Verblühtes mit zwei vollständig ausgebildeten Laubblättern heraus, um die weitere Blütenbildung anzuregen. Im Herbst empfiehlt es sich, die Rosen mit Kompost anzuhäufeln, um ihnen einerseits einen gewissen Winterschutz zu geben, andererseits damit den Boden zu verbessern. Nach dem Frühjahrsschnitt versorgt man die Pflanzen mit Rosendünger.

Verwendung

Wie schon der Name vermuten läßt, werden Beetrosen hauptsächlich in Beete oder in Rabatten gepflanzt. Wegen ihres manchmal recht sparrigen Wuchses verwendet man sie gewöhnlich nicht allein, sondern gibt ihnen passende Begleitpflanzen bei, die jedoch nur eine Ergänzung darstellen und die Schönheit der Rosenblüten unterstreichen sollten, niemals aber in Konkurrenz zu ihnen treten oder sie gar dominieren dürfen (siehe auch die Tabellen Seite 55–57).
Zwergrosen setzt man nicht einzeln in ein Beet, sondern immer in Gruppen. Ihrem zierlichen Wuchs entsprechend wählt man auch für die Begleitpflanzung niedrige, eher schwachwüchsige Arten, damit die Röschen nicht überwuchert werden. Zahlreiche Zwergrosensorten eignen sich außerdem sehr gut für die Kultur in Töpfen oder im Balkonkasten.

Die Blütenkelche der Teehybriden zeigen ganz besondere Eleganz. Sorten dieser Gruppe bezeichnet man daher auch als Edelrosen.

Die Floribunda-Rosen vereinen in sich die üppige Blütenfülle der Polyantha-Hybriden mit der Pracht der Teehybriden.

A

'Aachener Dom'

Sortengruppe: Teehybriden

Abstammung und Herkunft: 1982 von Meilland in Südfrankreich aus der Kreuzung 'Coppelia '76' x 'Romantica '76' gezüchtet
Wuchs: sehr stark; straff aufrechte Triebe
Höhe: 60–80 cm, unter günstigen Umständen bis 100 cm
Pflanzabstand: etwa 40 cm
Blüte und Laub: Die rosafarbenen, rundlich dicken bis spitzkugeligen Knospen öffnen sich zu großen, dichtgefüllten Blütenschalen, deren helle, lachsrosa Färbung charakteristisch ist. In ihrer Mitte sind die Blumen silbrig überhaucht, zum Saum der Blütenblätter hin vertieft sich der Farbton zu einem intensiven Dunkelrosa. Die Blüten erweisen sich als regenfest und blühen sauber ab. Die großen, ledrigen Laubblätter zeigen im Austrieb einen leicht rötlichen Schimmer, werden später aber vollständig dunkelgrün. Sie sind außerordentlich widerstandsfähig gegen Sternrußtau.
Besonderes: ADR-Rose 1982; auch für rauhe Lagen und Halbschatten geeignet

'Aachener Dom'

'Adolf Horstmann'

Sortengruppe: Teehybriden

Abstammung und Herkunft: 1971 von Kordes in Deutschland aus der Kreuzung 'Königin der Rosen' x 'Dr. A. J. Verhage' gezüchtet
Wuchs: kräftig, buschig; dicke und lange Triebe, die wenig verzweigt sind
Höhe: 60–80 cm
Pflanzabstand: etwa 40 cm
Blüte und Laub: Die stattlichen, goldgelben Knospen sind leicht kupferfarben getönt und von rundlicher Gestalt. Sie blühen zu großen, dichtgefüllten Blumen auf, die stark duften. Ihre becherförmig angeordneten Blütenblätter sind innen goldgelb gefärbt, während sie unterseits einen bernsteinfarbenen, leicht kupfrig angehauchten Ton aufweisen. Die üppig blühende Sorte zeichnet sich durch eine reiche Nachblüte aus. Ihre Blumen sind lange haltbar und verfügen über eine gute Selbstreinigung. Die zahlreichen großen Laubblätter zeigen sich im Austrieb rötlich, werden dann aber dunkelgrün und glänzen stark.
Besonderes: gute Frosthärte

'Adolf Horstmann'

'Agnes Bernauer'

Sortengruppe: Teehybriden

Abstammung und Herkunft: 1989 von Kordes in Deutschland aus der Kreuzung 'Stephanie de Monaco' mit einem Sämling hervorgegangen
Wuchs: aufrecht; stark verzweigte Triebe
Höhe: 70–90 cm
Pflanzabstand: 35–40 cm

'Agnes Bernauer'

Blüte und Laub: Die rosafarbene, rundliche Knospe gibt beim Öffnen ein strahlendes Lichtrosa auf gelblichem Grund frei. Die edel geformte Blüte verströmt einen lieblichen Duft. Sie ist mit zahlreichen Blütenblättern, die sich beim Aufblühen nach außen biegen, gut gefüllt. Die ausgesprochen robuste Sorte trägt dichtes, leicht glänzendes Laub in sattem Grün.

'Alexander'

'Alexander'

Synonym: 'Alexandra' (nur in der Schweiz)

Sortengruppe: Teehybriden

Abstammung und Herkunft: 1972 von Harkness in England aus der Kreuzung 'Superstar' mit ('Ann Elizabeth' x 'Allgold') gezüchtet
Wuchs: stark; straff aufrechte Triebe, die gut verzweigt sind
Höhe: 80–100 cm
Pflanzabstand: 35–40 cm
Blüte und Laub: Lange, lachsorangerot gefärbte Knospen öffnen sich zu 8–11 cm großen Blüten, die locker gefüllt sind. Sie stehen einzeln oder zu mehreren in Büscheln zusammen. Die Sorte ähnelt dadurch dem Floribunda-Typ. Dank ihrer stark leuchtenden, zinnoberroten bis lachsziegelroten Färbung besitzen die Blüten eine herrliche Fernwirkung. Sie zeichnen sich überdies durch eine gute Farbbeständigkeit und Selbstreinigung sowie einen angenehmen Duft aus. Das glänzende, tiefgrüne Laub schimmert im Austrieb noch rötlichgrün. Die Triebe sind dicht mit großen und auffallend gebogenen Stacheln besetzt.
Besonderes: ADR-Rose 1974; gute Schnittrose, die auch für Hecken geeignet ist

'Alexandra'

Synonym: 'Kordes' Rose Alexandra'

Sortengruppe: Teehybriden

Abstammung und Herkunft: 1973 eingeführt; von Kordes in Deutschland aus 'Königin der Rosen' und 'Dr. A. J. Verhage' gezüchtet
Wuchs: kräftig, buschig; lange, aufrechte Triebe
Höhe: 50–70 cm
Pflanzabstand: 35–40 cm
Blüte und Laub: Die langstielige Rose mit reichem Herbstflor bringt einzelnstehende Knospen von spitzovaler Form hervor. Aus ihnen entfalten sich dichtgefüllte,

'Alexandra'

große Blüten in einem kupfrigen Orange auf gelbem Grund. Sie verströmen einen starken, angenehmen Duft. Augenfällig sind die inneren Blütenblätter, die als kleiner Wirbel ineinandergefaltet bleiben. Voll entfaltet, sind die etwas ledrigen Laubblätter dunkelgrün und glänzend.
Besonderes: ADR-Rose 1971

'Allegro '80'

'Allegro '80'

Sortengruppe: Teehybriden

Abstammung und Herkunft: 1980 von Meilland in Südfrankreich aus der Kreuzung ('Diorette' x 'Tropicana') mit [Sämling x ('Diorette' x 'Tropicana')] gezüchtet
Wuchs: streng aufrecht; lange, kräftige Triebe
Höhe: 100–120 cm
Pflanzabstand: etwa 40 cm
Blüte und Laub: Bei den großen Blüten, die sich aus fast kugeligen, dunkelroten Knospen öffnen, dominiert ein prächtiges Orangerot bis Geranienrot, das sehr farbbeständig ist und auch bei Regen nicht verblaut. Die gut

'Allgold'

gefüllten Blumen verströmen einen angenehmen, leichten Duft. Die Rose besitzt im Austrieb rötlichgrüne, später mattgrüne Laubblätter von satter Farbintensität.
Besonderes: gute, robuste Schnittrose für Freiland und Gewächshaus; auch für rauhe Lagen geeignet

'Allgold'

Sortengruppe: Floribunda-Rosen

Abstammung und Herkunft: 1956 von Le Grice in England aus der Kreuzung 'Goldilocks' x 'Ellinor Le Grice' gezogen
Wuchs: mittelstark, buschig; locker verzweigte Triebe
Höhe: 40–70 cm
Pflanzabstand: etwa 35 cm
Blüte und Laub: Aus den länglichen bis eiförmigen Knospen entstehen nach dem Aufblühen mittelgroße, halbgefüllte Blüten. Die edelrosenähnliche, reichblühende Sorte besticht durch das kräftige, nicht verblassende Goldgelb ihrer Blumen. Sie blüht willig und zeichnet sich durch eine sehr hohe Regenfestigkeit aus. Die kleinen, glänzenden Laubblätter sind im Austrieb noch rötlich, später sattgrün bis dunkelgrün.
Besonderes: hervorragend als Schnittrose geeignet

'Alliance'

Sortengruppe: Teehybriden

Abstammung und Herkunft: 1984 von Meilland in Südfrankreich gezüchtet, Eltern 'Rustica' und 'Youki San'
Wuchs: kräftig; aufrechte, gut verzweigte Triebe

'Alliance'

Höhe: 80–100 cm
Pflanzabstand: etwa 40 cm
Blüte und Laub: Die blühwillige Rose bildet elegant geformte, längliche Knospen aus, deren Cremeweiß leicht rosafarben überhaucht ist. Sie öffnen sich zu großen, schalenförmigen, locker gefüllten Blüten, die in einem reinen Weiß strahlen. Meist sitzen die Blumen einzeln an langen Stielen, sie können aber auch zu Gruppen von 3–5 vereinigt sein. Die großen, dichtstehenden Laubblätter sind im Austrieb leicht rötlich überlaufen, später dunkelgrün und wirken matt und ledrig. Sie erweisen sich als recht widerstandsfähig gegen Sternrußtau.
Besonderes: gute Freilandschnittrose; bevorzugt Standorte mit kühlem, frischem Klima

'Allotria'

Sortengruppe: Polyantha-Hybriden, wird bisweilen auch zu Floribunda-Rosen gezählt

Abstammung und Herkunft: 1958 von Tantau in Deutschland aus der Kreuzung 'Fanal' x 'Tantau's Triumph' gezüchtet

Wuchs: mittelstark; kräftige, aufrechte Triebe, die dicht verzweigt sind
Höhe: 50–70 cm
Pflanzabstand: etwa 40 cm
Blüte und Laub: Aus den stumpfen, eiförmigen, tiefroten Knospen öffnen sich mittelgroße, locker bis gut gefüllte Blumen. Die Blüten stehen in dichten, doldenartigen Büscheln beieinander und leuchten in einem kräftigen Orangerot, das sich allmählich in ein intensives Lachsrot verwandelt. Sie zeichnen sich durch gute Farbbeständigkeit und Selbstreinigungskraft aus. Die sehr robuste und widerstandsfähige Rose besitzt satt- bis dunkelgrün gefärbte Laubblätter, die leicht glänzen.

'Allotria'

'Amber Queen'

Synonym: 'Harroony'

Sortengruppe: Floribunda-Rosen

Abstammung und Herkunft: 1984 von den Gebrüdern Harkness in England aus den Eltern 'Southampton' und 'Taifun' gezüchtet

Besonderes: auch für die Verwendung in Hecken und für Einfassungen geeignet

'Amulett'

Sortengruppe: Zwergrosen

Abstammung und Herkunft: 1991 von Tantau in Deutschland gezüchtet; Eltern werden nicht bekanntgegeben

'Amulett'

Wuchs: stark, breitbuschig; dichte Triebe
Höhe: 50–70 cm
Pflanzabstand: etwa 40 cm
Blüte und Laub: Diese bei vielen Wettbewerben mit Preisen ausgezeichnete Sorte verzaubert mit ihrem reichen, lange andauernden Flor in warmen Goldtönen. Die bernsteinfarbenen, rundlichen Knospen verwandeln sich in üppige, dichtgefüllte Blumen. Beim Aufblühen erhellt sich der ambergelbe Farbton. An jedem Stiel sitzen bis zu 7 der mittelgroßen Blüten, die einen schwachen, angenehmen Duft verströmen. Das dunkelgrüne, dichte, leicht glänzende Laub bildet einen reizvollen Kontrast zu den bernsteinfarbenen Blüten.

Wuchs: stark, breitbuschig
Höhe: bis 40 cm
Pflanzabstand: 30–35 cm
Blüte und Laub: Die überaus reich und lange blühende Sorte bildet rosafarbene, rundliche Knospen, die sich zu

'Amber Queen'

großen, dichtgefüllten Blüten in einem kräftigen Rosarot öffnen. Die Blumen erinnern in ihrer Form an Rosen aus vergangenen Zeiten, und sie ähneln mit ihren rüschigen Blütenblättern ein wenig den Pompondahlien. Das volle, mittelgrüne Laub unterstreicht diesen Eindruck wirkungsvoll.

'Andalusien'

Synonym: 'Kordes' Rose Andalusien'

Sortengruppe: Floribunda-Rosen

Abstammung und Herkunft: 1977 von Kordes in Deutschland eingeführt, Eltern 'Paprika' und 'Zorina'

'Andalusien'

Wuchs: buschig; lange, kräftige, locker verzweigte Triebe
Höhe: 70–90 cm
Pflanzabstand: etwa 40 cm
Blüte und Laub: In großen, lockeren Büscheln stehen 10–15 Knospen zusammen. Sie sind kurz, von kegelförmiger Gestalt und samtig rot gefärbt. Aus ihnen entfalten sich mittelgroße, gefüllte Blütenschalen, die in einem ebenso samtigen Blutrot leuchten. Beim Verblühen dunkeln sie etwas nach und können auch ein wenig verblauen. Doch sind die Blumen gut selbstreinigend und regenfest. Die großen mittelgrünen und glänzenden Blätter der robusten Pflanze erscheinen im Austrieb rötlichgrün.
Besonderes: ADR-Rose 1976; ausgesprochen winterharte Sorte

'Apricot Nectar'

Sortengruppe: Floribunda-Rosen

Abstammung und Herkunft: 1965 von Boerner/ Jackson & Perkins im Staat New York, USA, gezüchtet, Kreuzung aus einem Sämling und 'Spartan'
Wuchs: kräftig, buschig, etwas gedrungen
Höhe: 70–90 cm
Pflanzabstand: etwa 40 cm
Blüte und Laub: Das dunkle Aprikosenrot der länglich-ovalen Knospen verwandelt sich im Aufblühen in einen helleren Aprikosenton. Die gut gefüllten, großen Blüten verströmen einen leichten Teerosenduft. Sie zeichnen sich durch besondere Haltbarkeit aus und werden von den dunkelgrünen, ledrig glänzenden Laubblättern hübsch untermalt.

'Apricot Nectar'

'Ave Maria'

Sortengruppe: Teehybriden

Abstammung und Herkunft: 1981 von Kordes in Deutschland aus der Kreuzung eines Sämlings mit 'Sonia Meilland' gezogen
Wuchs: kräftig, buschig; lange, gut verzweigte Triebe
Höhe: 50–70 cm
Pflanzabstand: etwa 35 cm
Blüte und Laub: Die meist einzeln sitzenden lachsroten, länglichen Knospen wirken edel. Sie öffnen sich zu großen, locker gefüllten Blüten, die stark und angenehm duften. Das im Aufblühen kräftige Lachsorange hellt sich im voll erblühten Zustand bis zu einem leuchtenden Lachsrosa auf. Vor allem die äußeren Blütenblätter sind leicht nach außen gebogen. Die wetterfesten Blumen besitzen eine gute Fernwirkung. Das im Austrieb schwach rötliche, später dunkelgrüne Laub besteht aus mittelgroßen, zart glänzenden Blättern.
Besonderes: gute Schnittrose

'Ave Maria'

B

'Baby Maskerade'

Sortengruppe: Zwergrosen

Abstammung und Herkunft: 1955 von Tantau in Deutschland aus der Kreuzung 'Peon' x 'Masquerade' gezogen
Wuchs: stark, buschig; gut verzweigte Triebe
Höhe: 25–40 cm
Pflanzabstand: etwa 35 cm
Blüte und Laub: Oft 10 und mehr der mittelgroßen, locker gefüllten Blüten sitzen in sehr duftigen Büscheln beieinander. Die stumpf kegelförmigen, teils fast kugeligen, kupfergelben Knospen sind mit einem kräftigen Rot überzogen. Dieses außergewöhnliche Farbspiel setzt sich beim Aufblühen fort, wenn die goldgelben Blütenblätter zum Rand hin leuchtende Rottöne annehmen. Die kleinen, leicht ledrigen Laubblätter stehen ziemlich dicht. Sie sind im Austrieb rötlich überhaucht, voll entwickelt mittelgrün.
Besonderes: gute Frosthärte

'Baby Maskerade'

'Baden-Baden'

Sortengruppe: Teehybriden

Abstammung und Herkunft: 1952 von Kordes in Deutschland aus der Kreuzung 'Poinsettia' x 'Crimson Glory' gezüchtet
Wuchs: schwach; gut verzweigte Triebe
Höhe: 40–60 cm

'Baden-Baden'

Pflanzabstand: etwa 30 cm
Blüte und Laub: Aus mittelgroßen, schwarzroten Knospen öffnen sich große, dichtgefüllte Blumen. Sie sind von einer intensiven, leuchtend blutroten Farbe und verströmen auf geradezu verschwenderische Weise einen betörenden Duft. Die Sorte zeichnet sich durch eine reiche Blüte aus. Ihre tiefgrünen, ledrigen Laubblätter bilden einen hübschen Rahmen für die Blumen.

'Bad Füssing'

Sortengruppe: Floribunda-Rosen

Abstammung und Herkunft: 1980 von Kordes in Deutschland aus der Kreuzung 'Gruß an Bayern' mit einem Sämling gezüchtet

'Bad Füssing'

Wuchs: breitbuschig, kompakt; dicht verzweigte Triebe, die gut nachtreiben
Höhe: 30–50 cm
Pflanzabstand: etwa 35 cm
Blüte und Laub: Die in größeren Büscheln zusammensitzenden, tiefroten Knospen sind von breit kegelförmiger Gestalt. Aus ihnen entstehen mittelgroße, halbgefüllte Blumen, die sich vollständig öffnen und schwach nach Wildrosen duften. Ihr leuchtendes Blutrot wirkt leicht samtig. Die reichblühende Sorte verfügt über eine gute Selbstreinigung. Ihre im Austrieb rötlichgrünen Blätter werden später mittelgrün und glänzen.
Besonderes: sehr gute Frosthärte

'Bad Wörishofen'

Sortengruppe: Floribunda-Rosen

Abstammung und Herkunft: 1972 von Kordes in Deutschland gezüchtet, Eltern 'Sarabande' und 'Marlena'

'Bad Wörishofen'

Wuchs: breitbuschig, kompakt; gut verzweigte Triebe
Höhe: bis 40 cm
Pflanzabstand: etwa 30 cm
Blüte und Laub: Dunkelrote, rundliche bis eiförmige Knospen öffnen sich zu mittelgroßen, locker gefüllten, leuchtend blutroten Blütenschalen, die einen leichten Duft verströmen. Die Blumen stehen in größeren Büscheln zusammen und zeichnen sich durch gute Selbstreinigung und Regenfestigkeit aus. Die Sorte wirkt robust, und dieser Ein-

druck wird durch die glänzenden, tiefgrünen, mittelgroßen Laubblätter noch verstärkt.

'Banzai '83'

Sortengruppe: Teehybriden

Abstammung und Herkunft: 1983 von Meilland in Südfrankreich gezüchtet; Eltern werden nicht bekanntgegeben
Wuchs: strauchartig buschig; kräftige, stark verzweigte Triebe
Höhe: 60–90 cm
Pflanzabstand: mindestens 40 cm
Blüte und Laub: Aus den spitzkugeligen, kanariengelben Knospen mit kräftiger orangeroter Zeichnung öffnen sich große, dichtgefüllte Blüten, die schwach duften. Die kugeligen Blumen mit den leicht gewellten Blütenblättern bezaubern durch ihr Farbspiel. Ihre goldgelben Blütenblätter sind an den Außenrändern von einem kräftigen Orangerot überzogen. Charakteristisch für die reichblühende Sorte ist ihre hervorragende Regenfestigkeit. Auch die glänzenden, dunkelgrünen Laubblätter sind sehr robust.

'Banzai '83'

Besonderes: ADR-Rose 1983

'Barkarole'

Synonym: 'Barcarole'

Sortengruppe: Teehybriden

Abstammung und Herkunft: 1988 von Tantau in Deutschland gezüchtet; Eltern werden nicht bekanntgegeben

'Barkarole'

Wuchs: stark; straff aufrechte Triebe
Höhe: bis 100 cm
Pflanzabstand: etwa 40 cm
Blüte und Laub: Die fast schwarzen Knospen dieser reichblühenden Sorte entwickeln sich zu mittelgroßen, stark gefüllten Blüten, deren samtiges Dunkelrot geradezu aristokratisch wirkt. Die Blumen sitzen immer einzeln auf den langen Stielen und verströmen einen angenehmen Duft. Mit ihren kräftigen Blütenblättern sind sie äußerst wetterfest und verblühen sauber. Kennzeichnend für die Pflanze sind ihre im Austrieb dunkelroten, später dann fast schwarzrot gefärbten Triebe sowie ihre üppige, dunkelgrün-rote Belaubung.
Besonderes: gute Schnittrose

'Bayerngold'

Sortengruppe: Floribunda-Rosen

Abstammung und Herkunft: 1990 von Tantau in Deutschland gezüchtet; Eltern werden nicht bekanntgegeben
Wuchs: buschig; treibt gut nach
Höhe: 60–70 cm
Pflanzabstand: etwa 35 cm

'Bayerngold'

Blüte und Laub: Kleine, kegelige Knospen, deren Gelb leicht rötlich überhaucht ist, öffnen sich zu mittelgroßen, gut gefüllten Blumen, wobei sich die äußeren Blütenblätter etwas nach hinten biegen. Wie schon der Sortenname sagt, leuchten sie in einem satten Goldgelb. Reiches und langes Blühen zeichnet diese Rose aus, weshalb sie auch häufig zur Bepflanzung größerer Anlagen verwendet wird. Ihre frischgrünen Laubblätter glänzen leicht und sind sehr widerstandsfähig gegen Krankheiten.

'Bella Rosa'

Synonym: 'Kordes' Rose Bella Rosa'

Sortengruppe: Floribunda-Rosen

Abstammung und Herkunft: 1982 von Kordes in Deutschland aus der Kreuzung eines Sämlings mit 'Träumerei' gezüchtet
Wuchs: breitbuschig, kompakt; sehr dicht verzweigte Triebe
Höhe: 40–65 cm
Pflanzabstand: etwa 35 cm

Blüte und Laub: 10 bis 20 dicke, rundliche Knospen sitzen bei dieser sehr reich blühenden Sorte in dichten Büscheln zusammen. Ihr kräftiges Lachsrosa entwickelt im

'Bella Rosa'

Aufblühen eine bemerkenswerte Leuchtkraft. Die leicht nach Wildrosen duftenden, mittelgroßen, locker gefüllten Blütenschalen öffnen sich vollständig, so daß die goldgelben Staubgefäße sichtbar werden. Im Verblühen hellt sich der intensive Farbton zu einem zarten Rosa auf. Die Blumen sind wetterfest, lange haltbar und verblühen sauber. Die kleinen, im Austrieb rötlich überzogenen Laubblätter werden später mittelgrün und glänzen stark.

'Berliner Luft'

Sortengruppe: Floribunda-Rosen

Abstammung und Herkunft: 1985 von Cocker in Nordirland gezüchtet; Eltern werden nicht bekanntgegeben
Wuchs: breitbuschig; kräftige, gut verzweigte Triebe
Höhe: 60–80 cm
Pflanzabstand: mindestens 45 cm, die Sorte braucht sehr viel Platz
Blüte und Laub: Die orange bis orangerosa gefärbten, edel geformten Knospen ähneln denen von Teehybriden. Aus ihnen entwickeln sich große, gut gefüllte Blüten. Das Goldgelb der äußeren Blütenblätter geht nach innen zu in ein kräftigeres Gelborange mit einem Hauch von Rosa über. Die leicht und angenehm duftenden Blüten sitzen einzeln oder zu mehreren auf den Stielen. Das anfangs hellgrüne, später dann dunkelgrüne, glänzende Laub fühlt sich ledrig an.

'Berliner Luft'

'Bernstein-Rose'

Sortengruppe: Floribunda-Rosen

Abstammung und Herkunft: 1987 von Tantau in Deutschland gezüchtet; Eltern werden nicht bekanntgegeben
Wuchs: kräftig, kompakt; gut verzweigte Triebe
Höhe: 60–70 cm

'Bernstein-Rose'

Pflanzabstand: etwa 35 cm
Blüte und Laub: Rundliche Knospen, deren dunkles Gelb leicht rötlich überhaucht ist, öffnen sich zu großen, gut gefüllten Blüten. Diese strahlen in einem intensiven Bernsteingelb und zeichnen sich durch besondere Wetterfestigkeit und auffallend lange Haltbarkeit aus. Ihre rosettenförmig angeordneten Blütenblätter erinnern an Englische Rosen und verleihen dieser Sorte ein nostalgisches Flair. Die glänzend dunkelgrünen, schmal geschnittenen Laubblätter sind sehr hart und robust.

'Berolina'

Sortengruppe: Teehybriden

Abstammung und Herkunft: 1986 von Kordes in Deutschland aus der Kreuzung eines Sämlings mit 'Mabella' gezüchtet
Wuchs: kräftig; aufrechte, gut verzweigte Triebe
Höhe: 80–100 cm
Pflanzabstand: etwa 40 cm
Blüte und Laub: Aus den langen, spitzen, lichtgelben Knospen entwickeln sich edel geformte, stark gefüllte Blüten. Die Blütenblätter leuchten in einem kräftigen Zitronen-

'Berolina'

gelb mit leichtem Rotstich, das bis zum Verblühen unverändert erhalten bleibt. Ein intensiver Duft ist für diese reichblühende Rose charakteristisch. Ihre dichtstehenden, glänzenden Laubblätter sind im Austrieb rötlich überlaufen, später dann dunkelgrün.
Besonderes: ADR-Rose 1986; gute Schnittrose

'Betty Prior'

Sortengruppe: Floribunda-Rosen

Abstammung und Herkunft: 1935 von Prior in England aus der Kreuzung 'Kirsten Poulsen' mit einem Sämling gezüchtet
Wuchs: kräftig, buschig; straffe, aufrechte Triebe, die sich nach oben locker verzweigen
Höhe: 80–150 cm
Pflanzabstand: mindestens 40 cm
Blüte und Laub: Die leuchtend karminroten, spitzen bis eiförmigen Knospen öffnen sich zu mittelgroßen, einfachen Blütenschalen in einem hübschen Karmin- bis Lachsrot mit heller Mitte. Sie sitzen in großen Dolden beisammen und erscheinen unermüdlich und überreich bis zum ersten Frost. Die großen, dichtstehenden Laubblätter sind von matter, sattgrüner Farbe.
Besonderes: auch für Höhenlagen gut geeignet

'Betty Prior'

'Blue Bajou'

Sortengruppe: Floribunda-Rosen

Abstammung und Herkunft: 1993 von Kordes in Deutschland aus der Kreuzung eines Sämlings mit 'Paradise' gezogen
Wuchs: buschig; gut verzweigte Triebe
Höhe: bis 60 cm
Pflanzabstand: 30–35 cm
Blüte und Laub: Die reichblühende Sorte bildet spitz eiförmige Knospen, die sich langsam zu mittelgroßen Blüten öffnen. Eine Neuheit unter den aktuellen Rosensorten stellt die zart fliederfarbene Tönung der Blütenblätter dar.

'Blue Bajou'

Ihrer Form nach erinnern die dichtgefüllten Blütenschalen an Englische Rosen. Sie verströmen einen leichten, erfrischenden Duft. Das im Austrieb rötliche Laub wird später dunkelgrün, die großen, robusten Blätter glänzen stark.

'Bonica '82'

'Bonica '82'

Sortengruppe: Floribunda-Rosen

Abstammung und Herkunft: 1981 von Meilland in Südfrankreich aus der Kreuzung ('Rosa sempervirens' x 'Mlle Marthe Carron') mit 'Picasso' gezüchtet
Wuchs: breitbuschig; kräftige, locker verzweigte Triebe
Höhe: 40–60 cm
Pflanzabstand: etwa 35 cm
Blüte und Laub: Die sehr blühfreudige Sorte besitzt dichte Büschel aus 10 bis 20 Blüten, die sich aus kleinen, rundlichen, rosafarbenen Knospen entfalten. Im Aufblühen prangen die Blütenblätter in einem kräftigen Rosa mit lachsfarbener Nuance, das sich im voll erblühten Zustand aufhellt und zunächst an den Rändern, im Verblühen dann ganzflächig in ein Zartrosa übergeht. Die Selbstreinigung der stark gefüllten, ausgesprochen robusten und frostharten Blumen ist gut. Die kleinen bis mittelgroßen, ledrigen, glänzenden Laubblätter sind dunkelgrün und stehen recht locker. Im Austrieb zeigen sie eine leicht kupferfarbene Tönung.
Besonderes: ADR-Rose 1982; auch für rauhe Lagen geeignet

tönt, glänzen die ledrig wirkenden Blätter später tiefgrün. Leider zeigen sie sich etwas anfällig für Sternrußtau.
Besonderes: ADR-Rose 1964, Weltrose 1981; auch für rauhe Lagen geeignet

'Duftzauber '84'

Sortengruppe: Teehybriden

Abstammung und Herkunft: 1984 von Kordes in Deutschland aus der Kreuzung 'Feuerzauber' mit einem Sämling gezogen
Wuchs: mittelstark; dicke, aufrechte Triebe
Höhe: 70–90 cm
Pflanzabstand: etwa 40 cm
Blüte und Laub: Dunkelrote, eiförmige Knospen stehen einzeln oder zu mehreren auf unterschiedlich langen Stielen. Aus ihnen entwickeln sich große, edel geformte, gefüllte Blüten. Die blutrot bis dunkelrot gefärbten Blumen zeichnen sich durch lange Haltbarkeit und sauberes Verblühen aus. Zudem verströmt die üppig blühende Rose einen intensiven, angenehmen Duft. Ihre großen, etwas ledrig wirkenden Laubblätter sind voll entfaltet dunkelgrün gefärbt und zart glänzend. Im Austrieb erscheinen sie stark rötlich überlaufen.
Besonderes: gute Schnittrose

'Duftzauber '84'

E

'Edelweiß'

Synonym: 'Snowline'

Sortengruppe: Floribunda-Rosen

Abstammung und Herkunft: 1969 von Poulsen in Dänemark aus der Kreuzung 'Pernille Poulsen' x 'White Jewel' gezüchtet
Wuchs: breitbuschig, etwas gedrungen; gut verzweigte Triebe

'Edelweiß'

Höhe: 40–50 cm
Pflanzabstand: 35–40 cm
Blüte und Laub: 5–10 kleine, rundliche Knospen sitzen in lockeren Büscheln zusammen. Die mittelgroßen, gut gefüllten, leicht duftenden Blumen, die sich daraus entfalten, behalten die cremeweiße Färbung der Knospen, sind aber in der Mitte gelblich getönt. In regenreichen Sommern können beim Verblühen rosafarbene Flecken auf den Blütenblättern auftreten. Die im Austrieb rötlichgrünen, mittelgroßen Laubblätter werden später sattgrün und glänzen leicht.
Besonderes: ADR-Rose 1970; durch ihre neutralen cremeweißen Blüten ist die Sorte 'Edelweiß' gut als Vermittler zwischen andersfarbigen Rosen geeignet.

'Elina'

Synonym: 'Peaudouce'

Sortengruppe: Teehybriden

Abstammung und Herkunft: 1983 von Dickson, Nordirland, und Pekmez, Frankreich, aus der Kreuzung 'Nana Mouskouri' x 'Lolita' gezüchtet
Wuchs: sehr stark, breitbuschig; gut verzweigte Triebe
Höhe: 70–80 cm
Pflanzabstand: etwa 40 cm
Blüte und Laub: Aus den länglich spitzen, gelblichen Knospen öffnen sich gut gefüllte, sehr große Blüten, die leicht duften. Sie sitzen einzeln an langen Stielen, selten in kleinen Blütendolden, und sind lange haltbar. Die Farbe der Blumen geht von einem in der Mitte hellen Primelgelb in ein zartes Cremeweiß über. Die äußerst reich blühende Sorte besitzt große, ovale, dunkelgrüne Blätter, die matt glänzen und ein dichtes Laubwerk bilden. Sie erweisen sich als ausgesprochen widerstandsfähig gegen Mehltau und Sternrußtau.
Besonderes: ADR-Rose 1987

'Elina'

'Erotika'

Synonym: 'Eroica'

Sortengruppe: Teehybriden

Abstammung und Herkunft: 1969 von Tantau in Deutschland aus der Kreuzung eines Sämlings mit 'Dr. A. J. Verhage' gezüchtet
Wuchs: kräftig, buschig; aufrechte, gut verzweigte Triebe
Höhe: 60–80 cm
Pflanzabstand: 30–35 cm
Blüte und Laub: Die dunkelroten, länglich eiförmigen Knospen sitzen meist einzeln an langen Stielen. Sie öffnen sich spiralig zu üppig gefüllten, großen Blüten. Die leicht gewellten Blütenblätter bilden eine formschöne Blume, die im voll erblühten Zustand in einem samtigen Blutrot mit karminroter Tönung leuchtet. Gute Farbbeständigkeit sowie Wetterfestigkeit sind für die reichblühende Rose charakte-

ristisch. Ihre Blüten duften angenehm. Das anfangs dunkelrote Laub wird voll entfaltet dunkelgrün. Die großen Blätter stehen ziemlich dicht und sind äußerst robust.
Besonderes: ADR-Rose 1969; auch für Schnitt geeignet

'Erotika'

'Escapade'

Sortengruppe: Floribunda-Rosen

Abstammung und Herkunft: 1967 von Harkness in England gezüchtet, Eltern 'Pink Parfait' und 'Baby Faurax'
Wuchs: kräftig; straff aufrechte Triebe, die locker verzweigt sind
Höhe: 60–80 cm
Pflanzabstand: etwa 40 cm
Blüte und Laub: Die kleinen karminroten Knospen stehen in dichten Büscheln zusammen. Daraus entfalten sich mittelgroße, halbgefüllte Blütenschalen, die einen leichten Duft verströmen. Die Blumen besitzen ein zartes Lilarosa, das zur Mitte hin fast in Weiß übergeht, und gut sichtbare, goldgelbe Staubfäden. Die mittelgroßen, glänzenden Laubblätter sind im Austrieb hellgrün, später mittelgrün.

'Evening Star'

Besonderes: ADR-Rose 1973; auch gut für niedrige Hecken verwendbar

'Evening Star'

Sortengruppe: Teehybriden

Abstammung und Herkunft: 1974 von Jackson & Perkins im Staat New York, USA, aus der Kreuzung 'White Masterpiece' x 'Saratoga' gezogen
Wuchs: stark; straff aufrechte Triebe, die stark verzweigt sind und gut durchtreiben
Höhe: 80–100 cm
Pflanzabstand: 35–40 cm
Blüte und Laub: Große, länglich spitze Knospen sitzen meist zu mehreren an den langverzweigten Stielen. Sie sind gelblichweiß gefärbt und öffnen sich langsam und spiralig zu großen, gut gefüllten Blütenschalen, deren Rahmweiß bis Reinweiß zur Blütenmitte hin leicht gelblich wird. Die angenehm duftenden Blumen sind gegen Dauerregen empfindlich, verfügen jedoch über eine gute Selbstreinigung. Die großen, ledrigen Laubblätter zeigen sich im Austrieb hellgrün mit bräunlichrotem Rand. Ihr späteres Tiefgrün bildet einen hübschen Kontrast zu den weißen Blüten.

'Escapade'

F

'Feuerzauber'

Synonym: 'Kordes' Rose Feuerzauber'

Sortengruppe: Teehybriden

Abstammung und Herkunft: 1974 von Kordes in Deutschland aus der Kreuzung 'Duftwolke' mit einem Sämling gezogen
Wuchs: buschig, kompakt; starke, aufrecht wachsende Triebe
Höhe: 50–70 cm
Pflanzabstand: 35–40 cm
Blüte und Laub: Die länglichen, dunkel orangeroten Knospen stehen teils einzeln, teils zu mehreren in lockeren Büscheln. Aus ihnen entwickeln sich große, gefüllte Blüten in einem hellen bis feurigen Orange, die einen leichten Duft verströmen. Sie verblühen sauber und besitzen eine gute Selbstreinigungskraft. Dichtes, glänzendes Laub schmückt die Pflanze. Voll ent-

'Feuerzauber'

faltet ist es dunkelgrün, zuvor noch rötlich überlaufen. Die großen und robusten Blätter erweisen sich als ausgesprochen widerstandsfähig gegen Krankheiten.

'Florentina'

Synonym: 'Kordes' Rose Florentina'

Sortengruppe: Teehybriden

Abstammung und Herkunft: 1973 von Kordes in Deutschland aus der Kreuzung 'Liebeszauber' x 'Brandenburg' gezüchtet
Wuchs: stark; kräftige, aufrechte Triebe, die sich reich verzweigen
Höhe: 70–90 cm, unter guten Bedingungen bis 120 cm
Pflanzabstand: etwa 40 cm
Blüte und Laub: Dunkelrote Knospen von langer, walzenförmiger Gestalt blühen spiralig zu großen Blumen auf, die locker gefüllt sind. Die einzeln an langen Stielen sitzenden Blüten schimmern samtig in einem intensiven, dunklen Blutrot. Sie duften leicht, sind lange haltbar und reinigen

'Florentina'

'Frau Astrid Späth'

sich selbst. Das derbe, ledrige Laub wird nach dem rötlichen Austrieb dunkelgrün, und es zeichnet sich durch seine Robustheit aus.
Besonderes: ADR-Rose 1974; vor allem für Gruppenpflanzungen geeignet

'Frau Astrid Späth'

Sortengruppe: Floribunda-Rosen

Abstammung und Herkunft: 1930 von Späth in Deutschland als ein Sport von 'Joseph Guy' entdeckt
Wuchs: breitbuschig, kompakt; dicht verzweigte Triebe
Höhe: 40–60 cm
Pflanzabstand: 30–35 cm
Blüte und Laub: Die länglichen, karminrosa Knospen stehen zu 15–20 in dichten Büscheln zusammen. Aus ihnen entwickeln sich mittelgroße, locker gefüllte, rundliche Blüten, die sich vollständig öffnen. Ihre Blütenblätter sind stark gewellt und strahlen in einem reinen Karminrosa, das im Verblühen hellrosa wird. Zum enormen Blütenreichtum dieser Rose kommt noch eine sehr lange Haltbarkeit der Blumen. Die dichtstehenden, mittelgroßen Laubblätter sind matt hellgrün gefärbt.

'Freude'

Synonym: 'Kordes' Rose Freude'

Sortengruppe: Teehybriden

Abstammung und Herkunft: 1975 von Kordes in Deutschland aus der Kreuzung 'Duftwolke' x 'Peer Gynt' gezüchtet
Wuchs: sehr stark, breitbuschig, ähnelt dem einer Strauchrose; stark verzweigte Triebe, die gut durchtreiben
Höhe: 80–100 cm
Pflanzabstand: 40–45 cm
Blüte und Laub: Große, kegelförmige, kupfrig- bis lachsrot gefärbte Knospen öffnen sich spiralig und werden zu dichtgefüllten, großen Blüten, die leicht duften. Die Außenseite der lachs- bis korallenrosa getönten Blütenblätter ist gelbrötlich geflammt. Im Verblühen hellen sie sich zu einem zarten Lachsrosa auf. Die Blüten stehen einzeln oder zu 3–7 an unterschiedlich langen Trieben und zeichnen sich durch gute Selbstreinigung aus. Die großen, ledrigen, leicht glänzenden Laubblätter sind im Austrieb rötlich, später dann sattgrün gefärbt.
Besonderes: ADR-Rose 1975; ideale Schnittrose; sehr gute Frosthärte

'Freude'

'Friesia'

Synonym: 'Kordes' Rose Friesia'

Sortengruppe: Floribunda-Rosen

Abstammung und Herkunft: 1973 von Kordes in Deutschland gezüchtet, Eltern sind 'Friedrich Wörlein' und 'Spanish Sun'
Wuchs: buschig, kompakt; aufrechte, stark verzweigte Triebe
Höhe: 40–60 cm
Pflanzabstand: etwa 35 cm
Blüte und Laub: Längliche, goldgelbe Knospen sitzen zu 10–20 in Büscheln zusammen und öffnen sich zu mittelgroßen, halbgefüllten Blumen mit leicht gewellten Blütenblättern. Die Blüten duften schwach. Ihr reines Hellgelb bis Goldgelb ist äußerst farbbeständig und von intensiver Leuchtkraft. Zudem sind sie

'Friesia'

sehr wetterfest und hervorragend selbstreinigend. Die im Austrieb hellgrünen, rötlich getönten Blätter werden mittelgroß, glänzend und frischgrün.
Besonderes: ADR-Rose 1973; gilt als eine der bedeutendsten gelben Beetrosen

'Fuggerstadt Augsburg'

Sortengruppe: Floribunda-Rosen

Abstammung und Herkunft: 1985 von Kordes in Deutschland aus der Kreuzung 'Cordula' mit einem Sämling gezüchtet
Wuchs: breitbuschig, locker; stark verzweigte Triebe
Höhe: 40–50 cm
Pflanzabstand: ungefähr 35 cm
Blüte und Laub: Aus dunkelroten, länglichen Knospen entstehen große, halbgefüllte Blütenschalen. Die leuchtend hellrot gefärbten Blumen mit ihren gewellten Blütenblättern besitzen einen orangefarbenen Schimmer und geben im Öffnen den Blick auf ihre schmückenden gelben Staubbeutel frei. Charakteristisch für die in rundlichen Büscheln zusammenstehenden Blumen ist ihre gute Regenfestigkeit. Die etwas ledrigen, glänzenden Blätter sind im Austrieb rötlich, später dann sattgrün gefärbt.

G

'Geisha'

Synonym: 'Pink Elizabeth Arden'

Sortengruppe: Floribunda-Rosen

Abstammung und Herkunft: 1964 von Tantau in Deutschland gezüchtet; Eltern werden nicht bekanntgegeben
Wuchs: gleichmäßig, locker
Höhe: 40–60 cm
Pflanzabstand: 35–40 cm

'Geisha'

Blüte und Laub: Die langen, in großen Büscheln stehenden Knospen sind edel geformt. Ihre karminrosa Färbung geht im Aufblühen in ein leuchtendes, reines Rosa über. Die großen, halbgefüllten Blüten zeichnen sich durch eine gute Wetterfestigkeit aus. Der reiche Flor wird vom tiefen Dunkelgrün des ledrigen, glänzenden Laubs wirkungsvoll untermalt. Die Blätter sind sehr widerstandsfähig gegen Krankheiten.
Besonderes: ADR-Rose 1965; äußerst winterhart

'Georgette'

Sortengruppe: Floribunda-Rosen

Abstammung und Herkunft: 1993 von Kordes in Deutschland aus der Kreuzung 'Yesterday' mit einem Sämling gezogen
Wuchs: stark, an Strauchrosen erinnernd; gut durchtreibend
Höhe: 90–120 cm
Pflanzabstand: etwa 70 cm
Blüte und Laub: Aus kleinen, spitzen Knospen bilden sich mittelgroße, gut gefüllte Blüten. Sie öffnen sich vollständig, so daß die gelben Staubgefäße sichtbar werden. Das Rosa bis Dunkelrosa der Blütenblätter hellt sich im Verblühen etwas auf. Die reichblühende Sorte besitzt große,

'Fuggerstadt Augsburg'

'Georgette'

stark glänzende Laubblätter, die im Austrieb kupferfarben, später dann dunkelgrün gefärbt sind.
Besonderes: ADR-Rose 1993

'Gloria Dei'

Synonyme: 'Mme A. Meilland', 'Peace', 'Gioia'

Sortengruppe: Teehybriden

Abstammung und Herkunft: 1935 von Meilland in Südfrankreich aus der Kreuzung [('George Dickson' x 'Souvenir de Claudius Pernet') x ('Joanna Hill' x 'Charles P. Kilham')] und 'Margaret McGredy' gezüchtet
Wuchs: stark, breitbuschig; sehr kräftige Triebe
Höhe: 80–120 cm
Pflanzabstand: etwa 45 cm
Blüte und Laub: Die dicken, breit kegelförmigen, goldgelben Knospen sind leicht rötlich geädert und sitzen meist einzeln oder zu mehreren an langen Stielen. Sie öffnen sich zu sehr großen, locker gefüllten Blütenbechern, die durch ein interessantes Farbspiel faszinieren: Die zunächst goldgelben Blütenblätter sind zum Rand hin rosa überlaufen. Im voll erblühten Zustand wird das Gelb heller, und vor allem die äußeren Blütenblätter färben sich intensiv rosa. Die leicht duftenden Blüten sind lange haltbar und gut wetterfest. Das derbe, ledrige Laub wächst sehr dicht. Die großen, im Austrieb noch hellgrünen Blätter mit leicht rötlichem Hauch werden später sattgrün und glänzen stark.
Besonderes: Weltrose, mit über 100 Millionen Exemplaren die meistverkaufte Rose aller Zeiten

'Gloria Dei'

'Goldener Sommer '83'

Sortengruppe: Floribunda-Rosen

Abstammung und Herkunft: 1983 von Noack in Deutschland gezüchtet, Eltern sind 'Goldener Sommer' und 'Goldstern'
Wuchs: mittelstark, breitbuschig; gut verzweigt
Höhe: 60–80 cm
Pflanzabstand: etwa 40 cm
Blüte und Laub: Die reichblühende Sorte bildet große, breitkegelige Knospen aus, die goldgelb gefärbt sind und einzeln stehen oder in kleinen Büscheln zusammensitzen. Sie öffnen sich zu großen und locker gefüllten Blumen, deren Goldgelb bis Mimosengelb sich zum Rand hin aufhellt. Die Blüten sind gut selbstreinigend, allerdings können sich bei viel Regen sog. Mumien bilden. Die etwas ledrigen Laubblätter zeigen sich zunächst hellgrün, voll entfaltet dann mittelgrün und bilden einen reizvollen Kontrast zu dem Gelb der Blüten.
Besonderes: ADR-Rose 1985

'Goldener Sommer '83'

'Goldmarie '82'

Sortengruppe: Floribunda-Rosen

Abstammung und Herkunft: 1984 von Kordes in Deutschland aus der Kreuzung [('Arthur Bell' x 'Zorina') x ('Honigmond' x 'Dr. A. J. Verhage')] mit (Sämling x 'Friesia') gezüchtet
Wuchs: locker, mittelstark; straff aufrechte, starke Triebe
Höhe: 40–70 cm
Pflanzabstand: mindestens 40 cm
Blüte und Laub: 3 bis 10 große, breitovale, gelb-rot gestreifte Knospen stehen in Büscheln zusammen. Aus ihnen öffnen sich große, locker gefüllte, schwach duftende Blüten. Die nach außen zurückgerollten Blütenblätter sind von goldgelber Farbe, an der Außenseite jedoch mit einem Hauch von Rot überzogen, das sich im Verblühen in ein stärkeres Rosa verwandelt. Das frischgrüne Laub der Sorte ist im Austrieb heller und leicht kupfrig getönt. Die Blätter werden mittelgroß, glänzen stark und wirken lederartig.
Besonderes: sehr gute Winterhärte

'Goldmarie '82'

'Gold Medal'

Sortengruppe: Teehybriden

Abstammung und Herkunft: 1983 von Christensen/Armstrong in Kalifornien, USA, aus der Kreuzung 'Yellow Pages' mit ('Granada' x 'Garden Party') gezogen
Wuchs: kräftig; aufrechte Triebe
Höhe: bis 80 cm
Pflanzabstand: 35–40 cm
Blüte und Laub: Goldgelbe Knospen von länglich spitzer Form stehen einzeln oder in Büscheln auf den langen Stielen dieser reichblühenden Rose. Sie entwickeln sich zu

sehr großen, stark gefüllten und edel geformten Blumen, die einen schwachen Duft verströmen. Die tief goldgelben Blütenblätter sind leicht kupferfarben übertönt. Große, glänzende Blätter bilden ein dichtes, dunkelgrünes Laub.
Besonderes: ideale Schnittrose

'Gold Medal'

'Goldquelle'

Synonym: 'Tantaus Rose Goldquelle'

Sortengruppe: Floribunda-Rosen

Abstammung und Herkunft: 1988 von Tantau in Deutschland gezüchtet; Eltern werden nicht bekanntgegeben
Wuchs: kräftig, buschig; aufrechte Triebe, die gut durchtreiben
Höhe: bis 70 cm
Pflanzabstand: etwa 35 cm
Blüte und Laub: Die Knospen dieser bis in den Spätherbst blühenden Sorte sind goldgelb und ähneln denen von Edelrosen. Sie entwickeln sich zu großen, locker gefüllten, leicht duftenden Blumen in einem satten Goldgelb, die sich im Verblühen vollständig öffnen. Dabei rollen sich die äußeren Blütenblätter spitz nach hinten ein, und die dunkelgelben Staubgefäße werden sichtbar. Das dichte, dunkelgrüne Laub glänzt stark. Es zeichnet sich durch seine Robustheit und gute Widerstandskraft gegen Krankheiten aus.

'Goldquelle'

'Gruß an Aachen'

Sortengruppe: Floribunda-Rosen

Abstammung und Herkunft: 1909 von Geduldig in Deutschland aus der Kreuzung 'Frau Karl Druschki' x 'Franz Deegen' gezüchtet
Wuchs: kompakt, buschig
Höhe: 50–60 cm
Pflanzabstand: etwa 30 cm
Blüte und Laub: Die bis in den Spätherbst hinein blühende Sorte bildet rahmweiße Knospen aus. Diese öffnen sich zu großen, dichtgefüllten Blüten, deren ebenfalls rahmweiße Farbe im Zentrum der Blüte gelblichrosa schattiert ist. Die Blütenblätter liegen flach übereinander, und vor allem die inneren sind stark gekräuselt. Das gibt ihnen einen nostalgischen Anklang, denn die Blütenform ähnelt damit der von Alten Rosen. Ein zarter Duft ist für die reichblühende Rose kennzeichnend. Ihre kleinen, etwas derben Laubblätter sind dunkelgrün gefärbt und äußerst widerstandsfähig gegen Krankheiten.
Besonderes: erste Floribunda-Rose, d. h. die erste Kreuzung zwischen einer Teehybride und einer Polyantha-Rose

'Gruß an Aachen'

'Gruß an Bayern'

Synonym: 'Kordes' Rose Gruß an Bayern'

Sortengruppe: Floribunda-Rosen

Abstammung und Herkunft: 1971 von Kordes in Deutschland aus der Kreuzung 'Messestadt Hannover' x 'Hamburg' gezüchtet
Wuchs: stark, buschig; aufrechte, gut verzweigte Triebe
Höhe: 50–70 cm
Pflanzabstand: 35–40 cm
Blüte und Laub: Schwarzrote bis samtig blutrote, kegelförmige Knospen sind zu dichten Blütenständen vereint. Sie

'Gruß an Bayern'

entfalten sich zu mittelgroßen, halbgefüllten, flachen Blütenschalen, wobei die gewellten Blütenblätter die Mitte der Blume freigeben. Die Blüten leuchten in einem intensiven Blutrot, das etwas samtig schimmert, und duften leicht nach Wildrosen. Sie zeichnen sich durch ein sauberes Verblühen aus, bei dem ihr Rot nicht verblaut. Die robuste Sorte besitzt glänzendes, dunkelgrünes Laub, das im Austrieb noch eine rötlichgrüne Färbung trägt.
Besonderes: ADR-Rose 1973; besonders frosthart

'Guletta'

Synonym: 'Tapis Jaune'

Sortengruppe: Zwergrosen

Abstammung und Herkunft: 1975 von de Ruiter in den Niederlanden aus der Kreuzung 'Rosy Jewel' x 'Allgold' gezogen
Wuchs: mittelstark, dichtbuschig; willig nachtreibend
Höhe: 20–35 cm
Pflanzabstand: etwa 25 cm
Blüte und Laub: Die überaus reich blühende Rose besitzt dicht verzweigte Blütenstände. Ihre relativ großen, dicken und spitz zulaufenden Knospen sind zitronengelb gefärbt. Sie entwickeln sich zu mittelgroßen, halbgefüllten, edel geformten Blumen, deren leuchtendes Zitronengelb nach dem Öffnen der Blütenmitte deutlich heller wird und die sich sehr lange halten. Das dichte Laub der Sorte zeigt sich im Austrieb hellgrün, voll entfaltet sind die zierlich kleinen Blätter dann mittelgrün gefärbt und glänzen leicht.
Besonderes: auch als Topfrose oder für Beeteinfassungen geeignet

'Guletta'

H

'Hans Rosenthal'

Sortengruppe: Floribunda-Rosen

Abstammung und Herkunft: 1987 von Meilland in Südfrankreich gezüchtet; Eltern werden nicht bekanntgegeben
Wuchs: kräftig, dichtbuschig; stark verzweigte Triebe
Höhe: 60–80 cm
Pflanzabstand: etwa 45 cm
Blüte und Laub: Die großen Knospen sind von kugelförmiger Gestalt. Ihr dunkles, ins Schwarz spielende Rot verändert sich beim Aufblühen in ein leuchtendes Samtrot bis dunkles Johannisbeerrot. Die großen, mit leicht gewellten Blättern gefüllten Blüten stehen meist einzeln, können aber auch kleine, wenigblütige Büschel bilden. Sie verströmen einen schwachen Duft. Die anspruchslose Rose besitzt große dunkelgrüne, robuste Laubblätter, die ledrig wirken und recht dicht an den Stielen sitzen.

'Hans Rosenthal'

'Happy Wanderer'

Sortengruppe: Floribunda-Rosen

Abstammung und Herkunft: 1974 von McGredy in Nordirland aus der Kreuzung eines Sämlings mit 'Marlena' gezüchtet
Wuchs: buschig, kompakt gedrungen; gut verzweigt
Höhe: 30–50 cm
Pflanzabstand: etwa 30 cm
Blüte und Laub: Die kleinen, kegelförmigen Knospen sind dunkelrot gefärbt. Sie stehen zu dritt bis fünft in Büscheln zusammen und öffnen sich zu mittelgroßen Blumen, die mit leicht gewellten Blütenblättern gut gefüllt sind. Die angenehm duftenden, sich selbst reinigenden Blüten prangen in einem samtigen Dunkelrot, das seinen Farbton bis zum Verblühen unverändert beibehält. Diese Rose besitzt kleine Laubblätter, die schwach glänzen und durch ihre grüne, leicht rötlich überhauchte Farbe schön mit den Blüten harmonieren.
Besonderes: ADR-Rose 1975

'Happy Wanderer'

'Helmut Schmidt'

Synonyme: 'Simba', 'Goldsmith'

Sortengruppe: Teehybriden

Abstammung und Herkunft: 1979 von Kordes in Deutschland aus der Kreuzung 'Mabella' mit einem Sämling gezüchtet
Wuchs: buschig, kompakt; steife, dicke Triebe
Höhe: 60–80 cm
Pflanzabstand: 35–40 cm
Blüte und Laub: Die üppig blühende Sorte bringt große, spitzovale Knospen hervor, die einzeln oder zu mehreren an mittellangen Stielen stehen. Sie entwickeln sich zu edel geformten Blüten in einem leuchtenden Zitronengelb. Lange Haltbarkeit kennzeichnet die großen, halbgefüllten Blumen, die einen angenehmen Duft verbreiten. Die mittelgroßen, im Austrieb rötlichen, später dann dunkel-

'Helmut Schmidt'

grünen und leicht glänzenden Blätter bilden ein sehr dichtes Laubwerk.
Besonderes: ideale Schnittrose

'Herzog von Windsor'

Synonym: 'Duke of Windsor'

Sortengruppe: Teehybriden

Abstammung und Herkunft: 1968 von Tantau in Deutschland gezüchtet, Eltern 'Spartan' und 'Montezuma'
Wuchs: kräftig, buschig, kompakt; stark verzweigte Triebe
Höhe: 50–80 cm

'Herzog von Windsor'

Pflanzabstand: 35–40 cm
Blüte und Laub: Die reichblühende Rose ist meist kurzstielig verzweigt und vereint bis zu 7 große, rundlich eiförmige Knospen zu lockeren Blütenständen. Die intensiv lachs- bis signalroten Knospen öffnen sich spiralig zu großen, locker gefüllten Blumen, die

'Holstein '87'

auffallend duften. Sie leuchten in einem kräftigen Lachsrot und besitzen damit eine hervorragende Fernwirkung. Sind sie voll erblüht, hellt sich ihre Farbe deutlich auf, verliert dabei aber nicht an Wirkung und verblaut vor allem auch nicht. Die großen tiefgrünen Blätter dieser Sorte sitzen an stark bestachelten Stielen und glänzen leicht. Im Austrieb sind die Blätter rötlich überlaufen.
Besonderes: ADR-Rose 1970

'Holstein '87'

Sortengruppe: Floribunda-Rosen

Abstammung und Herkunft: 1987 von Kordes in Deutschland aus der Kreuzung ['Gruß an Bayern' x ('Tornado' x 'Europeana')] mit einem Sämling gezüchtet
Wuchs: buschig; aufrechte Triebe
Höhe: bis 60 cm
Pflanzabstand: etwa 35 cm

Blüte und Laub: Die kleinen, spitzen, dunkelroten Knospen stehen zu mehreren in Büscheln zusammen. Sie entwickeln sich zu mittelgroßen, halbgefüllten Blüten, die in einem leuchtenden Blutrot schimmern. Die an den Rändern leicht gewellten Blütenblätter öffnen sich vollständig, so daß die schmückenden gelben Staubgefäße sichtbar werden. Gute Farbbeständigkeit und Wetterfestigkeit sowie sauberes Verblühen sind für die Blumen kennzeichnend. Die äußerst robuste und reichblühende Sorte trägt dunkelgrüne, schmal geschnittene Laubblätter, die stark glänzen.

I

'IGA '83 München'

Sortengruppe: Floribunda-Rosen, gelegentlich auch zu den Strauchrosen gestellt

Abstammung und Herkunft: 1982 von Meilland in Südfrankreich aus der Kreuzung 'Coppelia '76' mit ('Curiosa' x 'City of Leeds') gezogen
Wuchs: mittelstark, breitbuschig; kräftige, gut verzweigte Triebe, die teilweise überhängen
Höhe: 60–80 cm, unter günstigen Umständen bis zu 100 cm

'IGA '83 München'

Pflanzabstand: 40–50 cm
Blüte und Laub: Pro Blütenstand bilden sich meist 5–10, manchmal auch bis zu 25 kleine, ovale Knospen, die sich zu mittelgroßen, halbgefüllten Blütenschalen entwikkeln. Die tiefrosa Farbe der Knospen wird dabei intensiv karminrosa mit einem lachsfarbenen Schimmer, um sich im Verblühen dann wieder ein

wenig aufzuhellen. Die mittelgroßen, ledrigen und glänzenden Laubblätter sind im Austrieb noch hellgrün, später dunkelgrün und stehen sehr dicht. Sie sind äußerst widerstandsfähig gegen Mehltau und Sternrußtau.
Besonderes: ADR-Rose 1982; ideal für die Pflanzung in Straßennähe, da relativ salzunempfindlich; auch für ungünstige Lagen geeignet

'Ingrid Weibull'

Synonym: 'Bernhard Däneke'

Sortengruppe: Floribunda-Rosen

Abstammung und Herkunft: 1981 von Tantau in Deutschland gezüchtet; Eltern werden nicht bekanntgegeben
Wuchs: mittelstark, breitbuschig, kompakt; aufrechte, gut verzweigte Triebe
Höhe: 30–50 cm
Pflanzabstand: 30–35 cm
Blüte und Laub: Bis zu 30 kurze und spitzkegelige, dunkelrote Knospen sitzen in dichten Büscheln zusammen. Sie öffnen sich zu mittelgroßen, halbgefüllten Blütenschalen, deren Blätter leicht gewellt sind. Ihr leuchtendes Scharlachrot verliert bis zum sauberen Verblühen nichts von seiner Intensität. Die robuste Rose bildet kleine, im Austrieb hellgrüne, rötlich übertönte Laubblätter aus, die sich voll entwickelt dunkelgrün färben und sehr stark glänzen. Diese etwas ledrige Belaubung erweist sich als recht widerstandsfähig gegen Krankheiten.

'Ingrid Weibull'

'Irish Wonder'

Synonym: 'Evelyn Fison'

Sortengruppe: Floribunda-Rosen

Abstammung und Herkunft: 1961 von McGredy in Nordirland aus der Kreuzung 'Moulin Rouge' x 'Korona' gezüchtet
Wuchs: mäßig stark, breitbuschig, kompakt; aufrechte Triebe
Höhe: 40–60 cm
Pflanzabstand: etwa 35 cm
Blüte und Laub: Aus kleinen, breitoval geformten, blutroten Knospen werden locker gefüllte, mittelgroße Blüten. Diese leuchten in kräftigem Blutrot mit einem Stich ins Orange, sind lange haltbar und verströmen einen leichten Duft. Bis zu 10 Blumen sitzen in Büscheln zusammen und bilden einen üppigen Flor. Die Laubblätter der unermüdlich blühenden Rose werden nicht sehr groß, glänzen leicht und sind mittelgrün gefärbt. Im Austrieb erscheinen sie rötlichgrün.

'Irish Wonder'

K

'Königin Beatrix'

Sortengruppe: Teehybriden

Abstammung und Herkunft: 1983 von Kordes in Deutschland aus der Kreuzung eines Sämlings mit 'Patricia' gezüchtet
Wuchs: kräftig, breitbuschig; straff aufrechte Triebe
Höhe: 60–80 cm
Pflanzabstand: etwa 40 cm
Blüte und Laub: Die großen, länglichen, kupfergelben Knospen sitzen einzeln an den langverzweigten Stielen oder stehen zu mehreren in kleinen Büscheln vereint. Sie öffnen sich zu mittelgroßen, gefüllten, pfirsichfarbenen Blumen, die ebenfalls kupfrig übertönt sind. Ihre leicht gewellten Blütenblätter verströmen einen geradezu berauschenden Duft. Die im Austrieb braunroten Laubblätter färben sich später dunkelgrün. Sie glänzen schwach, werden mittelgroß und stehen mäßig dicht an den Trieben.

'Königin der Rosen'

Synonyme: 'Colour Wonder', 'Queen of Roses'

Sortengruppe: Teehybriden

Abstammung und Herkunft: 1964 von Kordes in Deutschland gezüchtet, Eltern 'Kordes' Perfecta' und 'Super Star'
Wuchs: buschig; aufrechte, dicke, gut verzweigte Triebe
Höhe: 50–70 cm
Pflanzabstand: etwa 35 cm
Blüte und Laub: Die eiförmigen Knospen sitzen meist einzeln oder zusammen mit wenigen Seitenknospen an den langen Stielen. Sie entwickeln sich zu großen, stark gefüllten Blüten. Auf der Innenseite der Blütenblätter dominiert ein Lachsorangerot, während ihre Basis ebenso wie die Außenseiten goldgelb gefärbt sind. Bei Sonnenlicht erscheint dieses Goldgelb von einem leuchtenden Orangerot überhaucht. Im Verblühen hellen sich die Farben etwas auf. Von den sehr lange haltbaren Blumen geht ein angenehmer Duft aus. Die stark bestachelten Triebe sind dicht mit großen, ledrigen Blättern besetzt, deren Färbung im Austrieb rötlich- bis bronzegrün, später dunkelgrün ist.
Besonderes: ADR-Rose 1964; ideale Schnittrose

'Königin Beatrix'

'Königin der Rosen'

'Konrad Adenauer Rose'

Sortengruppe: Teehybriden

Abstammung und Herkunft: 1954 von Tantau in Deutschland aus der Kreuzung 'Crimson Glory' x 'Hens Verschuren' gezogen

'Konrad Adenauer Rose'

Wuchs: mittelstark, buschig; gut verzweigte Triebe
Höhe: 50–70 cm
Pflanzabstand: 35–40 cm
Blüte und Laub: Die spitz kegelförmigen, dunkelroten Knospen öffnen sich zu großen, dichtgefüllten Blüten, die einzeln oder zu mehreren auf starken Stielen stehen und ausgesprochen wetterfest sind. Charakteristisch ist ihr starker, geradezu berauschender Duft. Das dunkle, samtige Rot der Blumen besitzt einen karminroten Schimmer und leuchtet in wunderbarem Kontrast zu dem im Austrieb rötlichen, später mittelgrünen, leicht glänzenden Laub.
Besonderes: Die Sorte sollte nicht vor sehr helle, südseitige Wände gepflanzt werden, da die Blüten sonst verbrennen können.

'Konrad Henkel'

Synonym: 'Kordes' Rose Konrad Henkel'

Sortengruppe: Teehybriden

Abstammung und Herkunft: 1983 von Kordes in Deutschland aus der Kreuzung eines Sämlings mit 'Red Planet' gezüchtet
Wuchs: buschig; straff aufrechte Triebe, die sich gut verzweigen
Höhe: bis 80 cm
Pflanzabstand: 35–40 cm
Blüte und Laub: Die Rose bildet große dunkelrote Knospen, die spitzoval geformt sind und einzeln oder zu mehreren an langen, dicken Stielen sitzen. Daraus entfalten sich sehr große, mit zahlreichen leicht gewellten Blütenblättern gut gefüllte Blumen, deren samtiges Blutrot ihre edle Form unterstreicht. Lange Haltbarkeit und ein angenehmer Duft zeichnen die Blüten aus. Die großen, im Austrieb rötlichbraunen Laubblätter sind im voll entwickelten Zustand tief dunkelgrün und glänzen schwach.
Besonderes: Diese Sorte ist für den Schnitt besonders gut geeignet.

'Konrad Henkel'

L

'Lady Like'

Sortengruppe: Teehybriden

Abstammung und Herkunft: 1989 von Tantau in Deutschland gezüchtet; Eltern werden nicht bekanntgegeben
Wuchs: buschig; aufrechte, gut verzweigte Triebe
Höhe: bis 80 cm
Pflanzabstand: 35–40 cm
Blüte und Laub: Die großen, eleganten Knospen öffnen sich zu gut gefüllten Blüten. Diese leuchten in einem reinen, kräftigen Altrosa und bezaubern durch ihren starken, angenehmen Duft. Sie zeichnen sich ebenso durch Wetterfestigkeit aus wie die Laubblätter, die zudem besonders widerstandsfähig gegen Pilzerkrankungen aller Art sind. Das großblättrige, ledrig glänzende Laub ist im Austrieb noch rötlich übertönt, nimmt dann jedoch eine gleichmäßig tiefgrüne Färbung an.
Besonderes: ausgesprochen winterhart; gute Schnittrose

'Lady Rose'

Synonym: 'Kordes' Rose Lady Rose'

Sortengruppe: Teehybriden

Abstammung und Herkunft: 1979 von Kordes in Deutschland aus der Kreuzung eines Sämlings mit 'Träumerei' gezüchtet
Wuchs: mittelstark, breitbuschig; aufrechte, gut verzweigte Triebe, die willig nachtreiben
Höhe: 60–80 cm
Pflanzabstand: 35–40 cm
Blüte und Laub: Lange, spitzovale, lachsrote Knospen

'Lady Like'

stehen einzeln oder zu mehreren auf den kräftigen Trieben. Sie entfalten sich zu großen, becherförmigen, gefüllten Blüten, die einen angenehmen Duft verströmen. Ihre Farbe, ein kräftiges Lachsorange, verblaßt auch während des Verblühens nicht. Zudem reinigt sich die außerordentlich reichblütige Sorte gut selbst. Das großblättrige, dichte Laub ist anfangs rötlich, später mittelgrün gefärbt und matt.
Besonderes: gute Schnittrose; wird auch als Hochstammrose gezogen

'Lady Rose'

'Laminuette'

Sortengruppe: Floribunda-Rosen

Abstammung und Herkunft: 1969 von Lammerts in Kalifornien, USA, aus der Kreuzung 'Gloria Dei' x 'Rumba' gezogen
Wuchs: kräftig, buschig; reich verzweigte Triebe
Höhe: bis 60 cm
Pflanzabstand: etwa 35 cm
Blüte und Laub: Die Knospen dieser reichblühenden Rose öffnen sich zu mittelgroßen, gut gefüllten Blüten mit einer interessanten Färbung: Ihre breiten, herzförmig zugespitzten Blütenblätter strahlen rahmweiß bis weißlichrosa und besitzen einen gleichmäßig breiten, kirschroten Rand. Die wohlgeformten Blumen sind lange haltbar und verströmen einen leichten Duft. Das tiefgrüne, glänzende Laub bedeckt dicht die stark bestachelten Triebe.
Besonderes: gute Schnittrose

'Laminuette'

'Landora'

Synonym: 'Sunblest'

Sortengruppe: Teehybriden

Abstammung und Herkunft: 1970 von Tantau in Deutschland aus einem Sämling und 'King's Ransom' gezüchtet
Wuchs: kräftig, kompakt; vieltriebig, gut verzweigt
Höhe: 60–80 cm
Pflanzabstand: etwa 40 cm
Blüte und Laub: Die großen, schlanken, dunkelgelb gefärbten Knospen stehen oft zu mehreren an langstielig verzweigten Trieben. Sie entwickeln sich zu großen, dichtgefüllten, leicht duftenden Blumen. Die Blüten leuchten in einem reinen Kanariengelb, das sich im Verblühen etwas aufhellt, aber sonst recht farbbeständig ist. Ein reizvolles Farbspiel kann es im Herbst geben, wenn nach kalten Nächten die gelbe Blüte rosa überhaucht wirkt. Die robuste und gegen Krankheiten widerstandsfähige Rose besitzt zunächst hellgrüne, später dann dunklere Laubblätter, die leicht glänzen.
Besonderes: äußerst frostharte Sorte

'Landora'

'La Paloma '85'

Sortengruppe: Floribunda-Rosen

Abstammung und Herkunft: 1985 von Tantau in Deutschland gezüchtet; Eltern werden nicht bekanntgegeben
Wuchs: kräftig, buschig; aufrechte, gut verzweigte Triebe
Höhe: 60–70 cm
Pflanzabstand: 35–40 cm
Blüte und Laub: Diese reichblühende Rose bringt große, kegelförmige Knospen hervor, deren cremeweiße Farbe rötlich überlaufen ist. Sie stehen zu 5–6 in lockeren Büscheln zusammen und öffnen sich zu mittelgroßen, stark gefüllten Blüten. Diese leuchten im Aufblühen rahmweiß, voll erblüht dann in einem makellos reinen Weiß.

'La Paloma '85'

Mit der Zeit öffnen sich die Blumen vollständig, wobei sie sich als bemerkenswert wetterfest erweisen. Das ledrige, frischgrüne und stark glänzende Laub unterstreicht wirkungsvoll das Strahlen der Blüten. Wie die ganze Pflanze zeichnet es sich durch Robustheit und Widerstandsfähigkeit gegen Krankheiten aus.

'La Sevillana'

Sortengruppe: Floribunda-Rosen

Abstammung und Herkunft: 1978 von Meilland in Südfrankreich aus der Kreuzung [('Jolie Madame' x 'Zambra') x 'Super Star'] mit 'Rusticana' gezogen
Wuchs: stark, buschig; locker verzweigt
Höhe: 70–80 cm

'La Sevillana'

Pflanzabstand: etwa 35 cm
Blüte und Laub: Jeweils 3–5 blutrote Knospen stehen in lockeren Büscheln beisammen. Sie sind von dicker, kegelförmiger Gestalt und entwickeln sich zu mittelgroßen, halbgefüllten Blumen. Ihre schalenförmig angeordneten Blütenblätter prangen in leuchtendem Orangerot und öffnen sich vollständig, so daß die gelben Staubgefäße sichtbar werden. Die Blüten verfügen über eine gute Farbbeständigkeit, zeigen sich jedoch etwas empfindlich gegen Dauerregen. Im Austrieb sind die mittelgroßen, glänzenden Laubblätter der robusten Rose rötlichgrün, später dann dunkelgrün gefärbt.
Besonderes: ADR-Rose 1979; auch für rauhe Lagen geeignet; kann für niedrige Hecken verwendet werden

'Las Vegas'

Höhe: 70–80 cm
Pflanzabstand: 35–40 cm
Blüte und Laub: Langgestreckte, spitzovale Knospen stehen einzeln oder zu mehreren auf langen, dünnen Stielen. Aus ihnen bilden sich große, gefüllte Blumen, die schwach duften. Die Blüten beeindrucken durch ihre auffällige Färbung: In schönem Kontrast zur orangegelben Außenseite der Blütenblätter leuchtet ihre Innenseite in einem feurigen Orangerot. Die robuste Rose trägt mittelgroße, dunkelgrüne Laubblätter, die zart glänzen. Im Austrieb sind diese rötlich überlaufen.

Höhe: 40–60 cm
Pflanzabstand: etwa 35 cm
Blüte und Laub: Zahlreiche rundlich stumpfe Knospen stehen in recht kompakten Büscheln zusammen. Ihre blutrote Farbe tendiert ins Schwarz, und sie öffnen sich zu mittelgroßen, gut gefüllten Blumen, deren rosettenartig angeordnete Blütenblätter samtig schwarzrot schimmern. Die leicht nach Wildrosen duftenden Blüten sind lange haltbar und regenfest. Das dunkelgrüne Laub dieser reichblühenden Rose besitzt einen zarten Glanz.
Besonderes: sehr gute Frosthärte

'Lavaglut'

'Las Vegas'

Synonym: 'Kordes' Rose Las Vegas'

Sortengruppe: Teehybriden

Abstammung und Herkunft: 1981 von Kordes in Deutschland aus der Kreuzung 'Ludwigshafen am Rhein' x 'Feuerzauber' gezüchtet
Wuchs: stark, buschig; stark verzweigte Triebe

'Lavaglut'

Synonyme: 'Kordes' Rose Lavaglut', 'Intrigue'

Sortengruppe: Floribunda-Rosen

Abstammung und Herkunft: 1979 von Kordes in Deutschland aus 'Gruß an Bayern' und einem Sämling gezüchtet
Wuchs: breitbuschig; dicht verzweigt, willig nachtreibend

'Lilli Marleen'

Synonym: 'Lilli Marlene'

Sortengruppe: Floribunda-Rosen

Abstammung und Herkunft: 1959 von Kordes in Deutschland aus der Kreuzung ('Our Princess' x 'Rudolph Timm') mit 'Ama' gezüchtet
Wuchs: buschig; aufrechte, kräftig verzweigte Triebe

'Lilli Marleen'

Höhe: 50–70 cm
Pflanzabstand: etwa 40 cm
Blüte und Laub: Bei dieser überaus reich blühenden Sorte stehen bis zu 15 Blüten in Büscheln zusammen. Ihre stumpfkegeligen, blutroten Knospen öffnen sich zu großen, locker gefüllten Blütenschalen. Deren samtiges, mit einem Hauch von Scharlach überzogenes Tiefrot ist von ganz besonderer Leuchtkraft. Die Farbe bleibt bis zum Verblühen unverändert erhalten. Zudem zeichnen sich ihre leicht duftenden Blüten durch eine hohe Regenfestigkeit aus. Die sehr dicht stehenden, mittelgroßen Laubblätter zeigen sich im Austrieb rötlich, später dann mattgrün.
Besonderes: ADR-Rose 1960; auch für Höhenlagen geeignet

'Lolita'

'Lolita'

Synonyme: 'Kordes' Rose Lolita', 'Litakor'

Sortengruppe: Teehybriden

Abstammung und Herkunft: 1972 von Kordes in Deutschland aus der Kreuzung 'Dr. A. J. Verhage' x 'Königin der Rosen' gezüchtet
Wuchs: stark; aufrechte, kräftige Triebe, die willig nachtreiben
Höhe: 70–80 cm
Pflanzabstand: etwa 40 cm
Blüte und Laub: Die meist einzelnstehenden, kupfrig roten Knospen sind von länglicher, spitz kegelförmiger Gestalt. Aus ihnen entfalten sich sehr große, gut gefüllte Blüten in einem intensiven Orangegelb, das am Rand der Blütenblätter kupferfarben übertönt ist. Ihr Duft ist stark und geradezu berauschend. Die Blüten halten äußerst lange und sind gut selbstreinigend. Das im Austrieb noch rötliche, später mittelgrüne, matte Laub bedeckt reichlich die dicken Stiele.
Besonderes: ADR-Rose 1973

'Lübecker Rotspon'

'Lübecker Rotspon'

Sortengruppe: Floribunda-Rosen

Abstammung und Herkunft: 1990 von Tantau in Deutschland gezüchtet; Eltern werden nicht bekanntgegeben
Wuchs: buschig; straff aufrechte, gut verzweigte Triebe, die willig nachtreiben
Höhe: 60–70 cm
Pflanzabstand: etwa 40 cm
Blüte und Laub: Die dunkelroten Knospen stehen immer zu mehreren in Büscheln zusammen. Sie entwickeln sich zu mittelgroßen, gut gefüllten Blumen, die in einem samtig schimmernden Bordeauxrot prangen. In ihrer Form erinnern die Blüten an Edelrosen. Ein langanhaltender Flor sowie sauberes Verblühen zeichnen die Sorte aus. Die großen, recht dicht stehenden Laubblätter wirken etwas ledrig und sind dunkelgrün gefärbt.

'Ludwigshafen am Rhein'

Synonym: 'Kordes' Rose Ludwigshafen am Rhein'

Sortengruppe: Floribunda-Rosen

Abstammung und Herkunft: 1975 von Kordes in Deutschland eingeführt, Eltern 'Kardinal' und 'Pink Puff'
Wuchs: buschig; aufrechte, gut verzweigte Triebe
Höhe: 50–70 cm
Pflanzabstand: etwa 35 cm
Blüte und Laub: Die einzeln oder in kleinen, lockeren Büscheln zusammenstehenden, kegelförmigen Knospen sind von hell kirschroter Farbe. Sie öffnen sich spiralig zu sehr großen, stark gefüllten Blumen, die intensiv duften. Die lange haltbaren Blüten leuchten zunächst lachsorangefarben, später geht die Farbe in ein Karminrosa über. Sie verblühen sauber und werden von der gut nachtreibenden Pflanze rasch durch immer neue ersetzt. Die dichtstehenden Laubblätter zeigen sich im Austrieb rötlich, voll entfaltet dann dunkelgrün und leicht glänzend. Sie sind etwas anfällig für Sternrußtau.
Besonderes: ADR-Rose 1973

'Ludwigshafen am Rhein'

M

'Mabella'

Synonym: 'New Day'

Sortengruppe: Teehybriden

Abstammung und Herkunft: 1972 von Kordes in Deutschland aus der Kreuzung 'Roselandia' x 'Arlene Francis' gezogen

'Mabella'

Wuchs: kräftig; starke, gut verzweigte Triebe, die willig nachtreiben
Höhe: 50–70 cm
Pflanzabstand: etwa 35 cm
Blüte und Laub: Langgestreckte, dunkelgelbe Knospen blühen spiralig zu großen, locker gefüllten Blumen auf. Ihre Blütenblätter sind von einem leuchtenden Zitronengelb, das sich zum Rand hin leicht aufhellt, sonst aber recht farbbeständig ist. Die edel geformten Blüten verströmen einen starken Duft. Sie stehen meist einzeln auf den Stielen, können aber auch einige Seitenknospen besitzen. Das großblättrige, dichte Laub wirkt etwas stumpf. Im Austrieb sind die Blätter rötlich, später dann mittelgrün gefärbt.
Besonderes: ideale Schnittrose, deren Blüten auch in der Vase sehr lange halten

'Maidy'

'Maidy'

Sortengruppe: Zwergrosen

Abstammung und Herkunft: 1984 von Kordes in Deutschland aus der Kreuzung 'Regensberg' mit einem Sämling gezüchtet
Wuchs: mäßig stark, breitbuschig, kompakt
Höhe: 30–35 cm
Pflanzabstand: etwa 30 cm
Blüte und Laub: Die breiten, walzenförmigen Knospen stehen meist zu fünft bis acht in lockeren Büscheln zusammen. Sie sind außen hellrosa gefärbt und geben beim Entfalten blutrote, gut gefüllte Blüten frei, die sich mit der Zeit vollständig öffnen. Ihre runden, leicht zurückgerollten Blütenblätter tragen auf der silbrigweißen Außenseite einen roten Rand. Mit 5–6 cm Durchmesser werden die Blumen für Zwergrosen recht groß. Die unermüdlich blühende Sorte zeichnet sich durch gute Farbbeständigkeit und lange Haltbarkeit ihrer Blumen aus. Das dichte, moosgrüne, im Austrieb noch braunrot übertönte Laub glänzt schwach.

'Mainzer Fastnacht'

Synonyme: 'Blue Moon', 'Sissi'

Sortengruppe: Teehybriden

Abstammung und Herkunft: 1964 von Tantau in Deutschland aus der Kreuzung eines Sämlings von 'Sterling Silver' mit einem anderen Sämling gezogen
Wuchs: stark; straff aufrechte, langstielig verzweigte Triebe, die willig nachtreiben
Höhe: 70–80 cm
Pflanzabstand: etwa 35 cm
Blüte und Laub: Diese reichblühende Rose bildet spitze, karminviolette Knospen, die einzeln oder zu mehreren an den Stielen sitzen. Sie öffnen sich spiralig zu großen, locker gefüllten Blüten, die mit ihrer bei Rosen seltenen fliederlila Farbe überraschen. Im Verblühen hellt sich dieser Ton etwas auf. Die edel geformten Blumen verströmen einen intensiven Duft. Als ausgesprochen widerstandsfähig gegen Krankheiten erweist sich das dichte Laub. Die großen Blätter sind im Austrieb hellgrün mit rötlichem Schimmer, voll entfaltet dann frischgrün und leicht glänzend bis matt.
Besonderes: ADR-Rose 1964; ausgesprochen winterhart

'Mainzer Fastnacht'

'Märchenkönigin'

Sortengruppe: Teehybriden

Abstammung und Herkunft: 1986 von Kordes in Deutschland aus 'Königliche Hoheit' und einem Sämling gezüchtet
Wuchs: kräftig; starke, gut verzweigte Triebe
Höhe: bis 80 cm
Pflanzabstand: etwa 40 cm
Blüte und Laub: Meist stehen die großen, schlanken Knospen einzeln auf den lan-

'Märchenkönigin'

'Marlena'

gen Stielen. Sie entwickeln sich zu sehr großen, mit zahlreichen Blütenblättern gefüllten Blumen. Deren zunächst zartrosa Farbe geht mit der Zeit in ein leuchtendes Perlrosa über. Ein leichter Duft ist für diese robuste Sorte kennzeichnend. Ihre dunkelgrünen, schwach glänzenden Laubblätter bilden einen reizvollen Kontrast zu den hellen Blüten.

'Maria Callas'

Synonym: 'Miss All-American Beauty'

Sortengruppe: Teehybriden

Abstammung und Herkunft: 1965 von Meilland in Südfrankreich aus der Kreuzung 'Chrysler Imperial' x 'Karl Herbst' gezogen
Wuchs: kräftig, buschig; feste, gut verzweigte Triebe
Höhe: 60 – 80 cm
Pflanzabstand: etwa 40 cm
Blüte und Laub: Aus ovalen, edel geformten Knospen entstehen sehr große, gut gefüllte Blüten. Die Blütenblätter der stark duftenden Blume sind becherförmig angeordnet und schimmern in einem satten Karminrosa. Bemerkenswert ist ihre lange Haltbarkeit und gute Wetterfestigkeit. Das derbe, glänzende Laub ist im Austrieb mittelgrün, später dann dunkelgrün gefärbt und sehr robust.
Besonderes: ADR-Rose 1965; sehr gute Schnittrose

'Maria Callas'

'Mariandel'

Synonyme: 'Carl Philipp', 'The Times Rose', 'Kristian V'

Sortengruppe: Floribunda-Rosen

Abstammung und Herkunft: 1985 von Kordes in Deutschland aus der Kreuzung 'Tornado' mit einem Sämling gezüchtet
Wuchs: buschig aufrecht; locker verzweigte Triebe, die gut nachtreiben
Höhe: 70 – 90 cm
Pflanzabstand: 40 – 45 cm
Blüte und Laub: Die reichblühende Rose trägt kurze, dicke, schwarzrote Knospen, die zu dritt bis fünft in lockeren Dolden an den Stielen sitzen. Aus ihnen entwickeln sich mittelgroße, breit schalenförmige, gefüllte Blüten. Sie duften schwach nach Wildrosen und üben durch ihr Scharlachrot mit einem leicht samtigen Überzug eine gute Fernwirkung aus. Das im Verblühen ein wenig ins Karmin getönte Rot verblaut nicht, und die Blume blüht sauber ab. Die im Austrieb kräftig braun- bis purpurrot gefärbten Laubblätter werden mittelgroß und glänzen, nachdem sie sich voll entfaltet haben, in einem satten Grün.
Besonderes: sehr robuste und winterfeste Sorte

'Mariandel'

'Marlena'

Sortengruppe: Floribunda-Rosen

Abstammung und Herkunft: 1964 von Kordes in Deutschland aus der Kreuzung 'Gertrud Westphal' x 'Lilli Marleen' gezüchtet
Wuchs: mäßig stark, breitbuschig, kompakt; stark verzweigt
Höhe: 30 – 40 cm
Pflanzabstand: etwa 30 cm
Blüte und Laub: Bis zu 10 der kleinen dunkelroten Knospen sitzen in dichten Büscheln zusammen. Sie entfalten sich zu mittelgroßen, halbgefüllten, flachen Blütenschalen. Ein Hauch von Orange bringt das Dunkelrot der rundlichen Blütenblätter zum Leuchten. Die Blumen zeichnen sich durch ihre Farbbeständigkeit und gute Wet-

terfestigkeit aus. Die reich- und dauerblühende Sorte besitzt dichtes, leicht glänzendes Laub. Ihre im Austrieb rötlichen, später mittelgrünen Blätter sind etwas anfällig für Sternrußtau.
Besonderes: ADR-Rose 1964; auch für Kübel oder Balkonkästen geeignet

'Mazurka'

Sortengruppe: Floribunda-Rosen

Abstammung und Herkunft: von Meilland in Südfrankreich gezüchtet; Eltern und Jahr werden nicht bekanntgegeben
Wuchs: stark; reich verzweigte Triebe

'Mazurka'

Höhe: 100–120 cm
Pflanzabstand: etwa 45 cm
Blüte und Laub: Bei dieser reichblühenden Sorte sitzen die rundlichen, dunkelrosa Knospen immer zu mehreren an den Stielen. Sie öffnen sich zu mittelgroßen, leicht gefüllten Blütenbechern, die im Aufblühen eine hellrosa Färbung zeigen. Mit zunehmender Blühdauer ändert sich ihre Farbe zu Cremeweiß. Sie blühen sauber ab. Die schwach bestachelten Triebe sind mit großen dunkelgrünen Laubblättern besetzt.
Besonderes: ADR-Rose 1993

'Mildred Scheel'

Synonym: 'Deep Secret'

Sortengruppe: Teehybriden

Abstammung und Herkunft: 1976 von Tantau in Deutschland gezüchtet; Eltern werden nicht bekanntgegeben
Wuchs: kräftig, buschig; starke, gut verzweigte Triebe
Höhe: 60–80 cm
Pflanzabstand: etwa 40 cm
Blüte und Laub: Die reichblühende Rose bildet große, kegelförmige, schwarzrote Knospen, die meist einzeln oder mit 2–3 Seitenknospen an langstieligen Verzweigungen stehen. Daraus entfalten sich große, gut gefüllte Blüten, deren tiefes Dunkelrot zum Rand der Blätter hin in Schwarzrot übergeht. Die stark und lieblich duftenden Blumen erweisen sich als sehr haltbar, jedoch ein wenig empfindlich gegen

'Mildred Scheel'

Dauerregen. Die derben, widerstandsfähigen Laubblätter sind zunächst tiefrot, voll entfaltet dann dunkelgrün gefärbt.
Besonderes: ADR-Rose 1978

'Molde'

Synonym: 'Mistigri'

Sortengruppe: Floribunda-Rosen

Abstammung und Herkunft: 1964 von Tantau in Deutschland aus der Kreuzung zweier Sämlinge gezüchtet
Wuchs: mittelstark, buschig; aufrechte Triebe
Höhe: 40–60 cm
Pflanzabstand: etwa 35 cm
Blüte und Laub: Bis zu 15 und mehr der rundlich stumpfen, tiefrot gefärbten Knospen stehen bei der ausgesprochen reich blühenden Sorte in lockeren Büscheln zusammen. Sie öffnen sich zu mittelgroßen, gut gefüllten Blumen mit leicht gewellten Blütenblättern, die in kräftigem Blutorangerot leuchten. Bei Hitze dunkelt die Farbe etwas nach. Die mittelgroßen, glänzenden Laubblätter sind im Austrieb rötlich übertönt, später satt dunkelgrün.
Besonderes: ADR-Rose 1965; häufig für öffentliche Anlagen verwendet

'Molde'

'Monica'

Sortengruppe: Teehybriden

Abstammung und Herkunft: 1986 von Tantau in Deutschland gezüchtet; Eltern werden nicht bekanntgegeben
Wuchs: buschig; straff aufrechte, kräftige, gut verzweigte Triebe
Höhe: 80 cm
Pflanzabstand: 35–40 cm
Blüte und Laub: Die länglichen, spitzen Knospen stehen

'Monica'

einzeln oder zu mehreren auf den langen Stielen und sind kupferrot und gelb gefärbt. Nach dem Öffnen hellt sich die Farbe zu einem Lachsorangerot auf. Die edel geformten, stark gefüllten Blumen werden mittelgroß. Das dichte, dunkelgrüne Laub der üppig blühenden Rose glänzt auffallend.
Besonderes: gute Schnittrose

'Montana'

Sortengruppe: Floribunda-Rosen

Abstammung und Herkunft: 1974 von Tantau in Deutschland aus der Kreuzung 'Walzertraum' x 'Europeana' gezogen
Wuchs: kräftig, kompakt; straff aufrechte, unterschiedlich stark verzweigte Triebe
Höhe: 70 – 90 cm
Pflanzabstand: etwa 40 cm
Blüte und Laub: Die stumpfen, dunkelroten Knospen der äußerst reich blühenden Rose stehen einzeln oder sitzen zu wenigen in dichten Büscheln zusammen. Sie entwickeln sich zu mittelgroßen, locker gefüllten Blütenschalen, die ihre Mitte vollständig öffnen und schwach nach Wildrosen duften. Ihre leuchtend rote Farbe behalten die leicht gewellten Blütenblätter bis zum Verblühen. Das dichte, großblättrige, im Austrieb rötliche Laub färbt sich später dunkelgrün und glänzt stark.
Besonderes: ADR-Rose 1974; sehr frosthart

'Montana'

'Muttertag'

Synonyme: 'Mothersday', 'Morsdag', 'Fête des Mères'

Sortengruppe: Polyantha-Hybriden

Abstammung und Herkunft: 1950 von Grootendorst in den Niederlanden als ein Sport von 'Dick Koster' entdeckt
Wuchs: schwach, breitbuschig, gedrungen
Höhe: bis 35 cm
Pflanzabstand: etwa 30 cm
Blüte und Laub: Bis zu 20 der kleinen, rundlichen, roten Knospen stehen in dichten Büscheln zusammen. Sie entwickeln sich zu ballförmigen, locker gefüllten Blüten in einem leuchtenden Himbeerrot, die mit ihren 2,5 bis 3,5 cm Durchmesser zwar sehr klein sind, dafür aber um so reichlicher gebildet werden. Die schmal geschnittenen, zierlichen Laubblätter dieser Rose zeigen sich im Austrieb rötlich, voll entwickelt dann hellgrün und leicht glänzend.
Besonderes: gute Topfrose, auch für Pflanzgefäße und Balkonkästen geeignet

'Muttertag'

N

'Neues Europa'

'Neues Europa'

Synonyme: 'Kordes' Rose Neues Europa', 'Nouvelle Europe', 'New Europe'

Sortengruppe: Floribunda-Rosen

Abstammung und Herkunft: 1965 von Kordes in Deutschland aus der Kreuzung 'Korona' x 'Spartan' gezüchtet
Wuchs: mittelstark, buschig; aufrechte, gut verzweigte Triebe
Höhe: 50 – 60 cm
Pflanzabstand: etwa 35 cm
Blüte und Laub: Kegelförmige, scharlachrote Knospen, die zu mehreren in Büscheln zusammenstehen, öffnen sich zu großen, dichtgefüllten Blumen. Ihre im Aufblühen orangerote Farbe verwandelt sich nach und nach in ein Scharlachrot, das hohe Leuchtkraft besitzt. Die Blüten reinigen sich gut selbst und erweisen sich als recht wetterfest. Das zunächst rötlichgrüne Laub ist voll entfaltet dunkelgrün gefärbt. Wie schon das derbe, ledrig glänzende Aussehen vermuten läßt, sind die sehr großen Blätter ausgesprochen robust.

'Nicole'

Besonderes: ADR-Rose 1964; auch für Halbschatten geeignet

'Nicole'

Sortengruppe: Floribunda-Rosen

Abstammung und Herkunft: 1982 von Kordes in Deutschland aus einem Sämling und 'Bordure Rose' gezüchtet
Wuchs: aufrecht, buschig, kompakt; gut verzweigte Triebe
Höhe: bis 60 cm
Pflanzabstand: etwa 35 cm
Blüte und Laub: Die einzeln oder in Büscheln erscheinenden, spitzen, cremeweißen Knospen besitzen einen hellroten Rand. Sie entwickeln sich zu großen, gefüllten Blüten. Die schwach duftenden Blumen behalten die elegante Tönung der Knospen bei und erinnern damit ein wenig an Porzellanröschen. Sie sind ausgesprochen lange haltbar. Das großblättrige, frischgrüne, leicht glänzende Laub bildet einen hübschen Kontrast dazu.

'Nirvana'

Sortengruppe: Floribunda-Rosen

Abstammung und Herkunft: 1977 von Meilland in Südfrankreich aus der Kreuzung ('Meihartfor' x 'Kalinka') mit 'Centenaire de Lourdes' gezogen
Wuchs: kräftig, buschig; sehr dicht stehende Triebe

'Nirvana'

Höhe: 90–100 cm
Pflanzabstand: etwa 45 cm
Blüte und Laub: Die zartrosa Knospen dieser schwach duftenden Rose öffnen sich zu großen Blütenschalen. Sie erscheinen unermüdlich den ganzen Sommer über bis zum Frost. Während die äußeren Blütenblätter ein zartes Porzellanrosa zeigen, geht die Färbung zum Blüteninnern hin in ein kräftigeres Karminrosa über. Die großen, glänzenden Laubblätter sind mittelgrün und wirken leicht ledrig. Sie sind ausgesprochen robust.
Besonderes: kann auch für niedrige Hecken verwendet werden

O

'Olala'

Sortengruppe: Floribunda-Rosen

Abstammung und Herkunft: 1956 von Tantau in Deutschland aus der Kreuzung 'Fanal' x 'Crimson Glory' gezüchtet
Wuchs: stark, breit ausladend; kräftige Triebe

'Olala'

Höhe: 60–80 cm
Pflanzabstand: etwa 45 cm
Blüte und Laub: Bis zu 20 samtig blutrote, spitzovale Knospen sitzen in Büscheln zusammen. Daraus entstehen sehr große, locker gefüllte Blütenschalen. In der Mitte der blutroten, samtig schimmernden Blumen ist ein kleiner weißer Fleck sichtbar, aus dem sich die leuchtend gelben Staubfäden emporrecken. Im Verblühen verblaut das Tiefrot ein wenig. Die stark bestachelten Triebe dieser Rose sind mit dichtem Laubwerk bestückt. Im Austrieb zeigen sich die Blätter rot, später dann dunkelgrün, matt und etwas ledrig.

Besonderes: ADR-Rose 1956; auch für ungünstige Klimabereiche und Standorte gut geeignet

'Olympisches Feuer '92'

Sortengruppe: Floribunda-Rosen

Abstammung und Herkunft: 1992 von Tantau in Deutschland gezüchtet; Eltern werden nicht bekanntgegeben
Wuchs: kräftig, buschig
Höhe: 50–60 cm

'Olympisches Feuer '92'

Pflanzabstand: 30–35 cm
Blüte und Laub: Die zu mehreren in Büscheln zusammenstehenden Knospen sind von dunkelroter Farbe und rundlicher Form. Sie öffnen sich zu mittelgroßen, becherförmig gefüllten Blüten, die durch ihr leuchtendes Orangerot bestechen. Die Laubblätter der äußerst robusten und gegen Krankheiten widerstandsfähigen Sorte glänzen dunkelgrün und wirken etwas ledrig.

'Orange Meillandina'

'Orange Meillandina'

Sortengruppe: Zwergrosen

Abstammung und Herkunft: 1980 von Meilland in Südfrankreich aus der Kreuzung 'Tchin-Tchin' mit ('Baby Bettina' x 'Duchess of Windsor') gezüchtet
Wuchs: mittelstark, gedrungen, sehr buschig
Höhe: 30–40 cm
Pflanzabstand: 25–30 cm
Blüte und Laub: Aus den kleinen, kegelförmigen, lachsroten Knospen entwickeln sich mittelgroße, rosettenartig gefüllte Blumen. Ihr leuchtendes Signalrot bis Orangerot ist sehr farbbeständig und verblaßt nur bei großer Hitze etwas. Die im Austrieb hellgrünen, rot überhauchten Laubblätter werden voll entfaltet mittelgrün und glänzen leicht.
Besonderes: eignet sich auch hervorragend als Topf- oder Balkonkastenrose

'Orange Triumph'

Sortengruppe: Polyantha-Hybriden

Abstammung und Herkunft: 1937 von Kordes in Deutschland gezüchtet, Eltern 'Eva' und 'Solarium'
Wuchs: stark, sehr buschig
Höhe: bis 60 cm
Pflanzabstand: etwa 35 cm
Blüte und Laub: Diese reichblühende Sorte bringt dichte Büschel kleiner roter Knospen hervor. Die sich daraus entfaltenden, ebenfalls kleinen Blumen sind mit leicht gewellten, becherförmig angeordneten Blütenblättern gut gefüllt und bestechen durch ein kräftiges, ins Orange spielendes Scharlachrot. Die haltbaren Blüten duften schwach. Das tiefgrüne, glänzende Laub zeichnet sich durch seine Widerstandsfähigkeit gegen Krankheiten aus.
Besonderes: sehr frostharte Sorte

'Orange Triumph'

P

'Papa Meilland'

Sortengruppe: Teehybriden

Abstammung und Herkunft: 1963 von Meilland in Südfrankreich aus der Kreuzung 'Chrysler Imperial' x 'Charles Mallerin' gezüchtet
Wuchs: mittelstark; aufrechte Triebe

'Papa Meilland'

Höhe: 60–80 cm
Pflanzabstand: etwa 35 cm
Blüte und Laub: Die spitzen, elegant geformten, schwarzroten Knospen sitzen meist einzeln auf langen Stielen. Sie öffnen sich zu sehr großen, stark gefüllten Blüten, die einen geradezu betörenden Duft verströmen. Im Abblühen verblaut das samtig schimmernde, tiefe Dunkelrot der Blumen ein wenig. Die derben, ledrig glänzenden Laubblätter zeigen sich im Austrieb rot, später jedoch dunkelgrün. Die Sorte ist etwas anfällig für Mehltau.
Besonderes: braucht Halbschatten; gute Schnittrose

'Paprika'

Sortengruppe: Polyantha-Hybriden

Abstammung und Herkunft: 1958 von Tantau in Deutschland gezüchtet, Eltern 'Märchenland' und 'Schweizer Gruß'
Wuchs: kräftig, breitbuschig; straff aufrechte, locker verzweigte Triebe
Höhe: 50–60 cm
Pflanzabstand: 35–40 cm

Blüte und Laub: Eiförmige, schwärzlichrot gefärbte Knospen stehen zu fünft bis zehnt in den locker verzweigten

'Paprika'

Büscheln zusammen. Daraus entfalten sich große, halbgefüllte Blütenschalen mit leicht gewellten Blütenblättern. Das namengebende Paprikarot bildet einen hübschen Kontrast zu den gelben Staubgefäßen. Die Blumen erweisen sich als wetterbeständig und verfügen über eine gute Selbstreinigung. Das dichte und robuste Laubwerk ist im Austrieb rötlichgrün gefärbt, später dunkelgrün mit starkem Glanz.

'Pariser Charme'

Sortengruppe: Teehybriden, gelegentlich auch zu den Floribunda-Grandiflora-Hybriden gezählt

Abstammung und Herkunft: 1956 von Tantau in Deutschland aus der Kreuzung 'Spartan' x 'Primaballerina' gezogen

'Pariser Charme'

Wuchs: mittelstark, breitbuschig, kompakt
Höhe: 50 – 60 cm
Pflanzabstand: 35 – 40 cm
Blüte und Laub: Aus eiförmigen, lachsrosa Knospen öffnen sich große, dichtgefüllte Blüten, die einzeln oder in kleinen lockeren Büscheln an den Triebenden stehen. Sie leuchten in einem reinen, kräftigen Rosa, das leicht lachsfarben überhaucht ist und sich im Verblühen etwas aufhellt. Die lange haltbaren Blumen verströmen einen geradezu betörenden Duft. Hübsch dazu wirkt das dunkelgrüne, glänzende Laub, das im Austrieb noch rötlich schimmert.
Besonderes: ADR-Rose 1966; gute Schnittrose

'Pascali'

'Pascali'

Sortengruppe: Teehybriden

Abstammung und Herkunft: 1963 von Lens in Belgien aus der Kreuzung 'Queen Elizabeth' x 'White Butterfly' gezogen
Wuchs: kräftig, buschig, straff aufrecht; viel- und starktriebig
Höhe: 60 – 70 cm
Pflanzabstand: 35 – 40 cm
Blüte und Laub: Die sehr reich blühende Rose bringt schlanke, edel geformte Knospen von zart grünlichweißer Farbe hervor, die einzeln oder mit einigen Seitenknospen auf den Stielen sitzen. Sie öffnen sich zu großen, locker gefüllten Blüten. Die rahmweiße bis blendend weiße Blume wird im Verblühen schalenförmig flach, ist sehr lange haltbar und regenfest. Einen schönen Hintergrund bildet die tiefgrüne Färbung der großen, leicht glänzenden Laubblätter, die im Austrieb noch gelblichgrün sind.
Besonderes: sehr gute Schnittrose

'Peer Gynt'

Synonym: 'Kordes' Rose Peer Gynt'

Sortengruppe: Teehybriden

Abstammung und Herkunft: 1968 von Kordes in Deutschland aus der Kreuzung 'Königin der Rosen' x 'Goldrausch' gezüchtet
Wuchs: stark, straff aufrecht; gut nachwachsende, kräftige Triebe mit vielen Verzweigungen
Höhe: 60 – 90 cm
Pflanzabstand: etwa 40 cm
Blüte und Laub: Die tiefgelben Knospen mit leicht rötlichem Anflug sind von stumpf kegelförmiger Gestalt und sitzen meist einzeln oder mit wenigen Seitenknospen auf den dicken Stielen. Aus ihnen entwickeln sich große, stark gefüllte Blumen, deren kräftig goldgelbe Blütenblätter ein zarter roter Rand ziert. Sie zeichnen sich durch ihre gute Farbbeständigkeit und ihren angenehmen Duft aus. Das großblättrige, dichte Laubwerk ist im Austrieb rötlichgrün voll entfaltet dann sattgrün gefärbt. Es glänzt, wirkt etwas ledrig und ist äußerst robust.
Besonderes: sehr gute Schnittrose

'Peer Gynt'

'Peter Frankenfeld'

'Peter Frankenfeld'

Sortengruppe: Teehybriden

Abstammung und Herkunft: 1966 von Kordes in Deutschland gezüchtet, Eltern 'Ballet' und 'Florex'
Wuchs: sehr stark, straff aufrecht; viele Triebe, die gut verzweigt sind
Höhe: 60–90 cm
Pflanzabstand: etwa 40 cm
Blüte und Laub: Die unermüdlich blühende Sorte schmückt sich mit großen, tief karminroten Knospen, die meist einzeln auf den langstielig verzweigten Trieben sitzen. Sie entwickeln sich zu großen, stark gefüllten Blumen, die in einem kräftigen Karminrosa leuchten und einen leichten, angenehmen Duft verströmen. Die edel geformten Blüten zeichnen sich durch eine besonders gute Haltbarkeit aus. Die später dunkelgrün gefärbten, matten Laubblätter sind im Austrieb noch heller grün mit einer starken rötlichen Tönung. Sie werden mittelgroß und stehen ziemlich dicht.
Besonderes: gute Schnittrose; sehr frosthart

'Pfälzer Gold'

Sortengruppe: Floribunda-Rosen

Abstammung und Herkunft: 1982 von Tantau in Deutschland gezüchtet; Eltern werden nicht bekanntgegeben
Wuchs: mittelstark, aufrecht; kräftige Triebe, die sich gut verzweigen
Höhe: 40–60 cm
Pflanzabstand: etwa 35 cm
Blüte und Laub: Die großen, breit kegelförmigen Knospen stehen einzeln oder in Gruppen bis zu fünft auf den kräftigen Stielen. Ihr sattes Gelb wird von einem grünlichen Hauch überzogen. In tiefem Goldgelb leuchten die sich daraus entwickelnden großen, locker gefüllten Blüten, die ihre intensive Farbe bis zum Verblühen behalten und leicht duften. Das dunkelgrüne, glänzende Laub der robusten Sorte harmoniert gut mit der Blütenfarbe.
Im Austrieb sind die großen Blätter kupfrig getönt.

'Pfälzer Gold'

'Pigalle '85'

Sortengruppe: Floribunda-Rosen

Abstammung und Herkunft: 1984 von Meilland in Südfrankreich aus der Kreuzung ['Prince Igor' x ('Zambra' x 'Message')] mit 'King's Ransom' gezüchtet
Wuchs: stark, aufrecht; kräftige, locker verzweigte Triebe
Höhe: 60–80 cm
Pflanzabstand: etwa 40 cm

'Pigalle '85'

Blüte und Laub: Jeweils 3–5 rote, breit kegelförmige Knospen stehen in kleinen lockeren Büscheln zusammen. Daraus entfalten sich große, gut gefüllte und dazu äußerst regenfeste Blumen. Sie sind innen kupfergelb, nach außen hin zunehmend orangerot geflammt. Dieses sehr interessante Farbspiel behält seine Leuchtkraft bis zum Verblühen. Das dichte, großblättrige Laub ist mittelgrün, etwas ledrig und matt. Im Austrieb zeigt es sich noch heller und weist eine kupferfarbene Tönung auf.

'Pink La Sevillana'

'Pink La Sevillana'

Sortengruppe: Floribunda-Rosen

Abstammung und Herkunft: 1984 von Meilland in Südfrankreich als ein Sport von 'La Sevillana' entdeckt
Wuchs: stark, locker; Triebe wildrosenartig verzweigt
Höhe: 70–90 cm
Pflanzabstand: etwa 40 cm
Blüte und Laub: Kleine, spitz geformte Knospen sitzen zu dritt bis fünft auf langen, lockeren Verzweigungen. Sie öffnen sich zu mittelgroßen, halbgefüllten Blumen, die im Aufblühen ein kräftiges Rosa zeigen, das sich erst im Verblühen zu einem aparten Zartrosa aufhellt. Selbst bei längeren Regenperioden behalten sie ihre Farbe. Die mittelgroßen, dunkelgrünen Laubblätter glänzen leicht. Sie sind sehr robust und widerstandsfähig gegen Krankheiten.
Besonderes: ADR-Rose 1986; äußerst frosthart

'Pink Symphonie'

'Pink Symphonie'

Sortengruppe: Zwergrosen

Abstammung und Herkunft: 1987 von Meilland in Südfrankreich gezüchtet; Eltern werden nicht bekanntgegeben
Wuchs: kräftig, breitbuschig; dicht verzweigte Triebe
Höhe: 30–40 cm
Pflanzabstand: 30–35 cm
Blüte und Laub: Dunkelrosa Knospen von spitzkegeliger Form stehen in Büscheln von 3–5 zusammen. Sie entwickeln sich zu kleinen, gut gefüllten Blumen. Ihre Blütenblätter rollen sich im Aufblühen leicht zurück und geben die Blütenmitte frei, wodurch die gelbbraunen Staubgefäße sichtbar werden. Die Blumen zeigen ein reines Porzellanrosa, das sich im Verblühen aufhellt. Das dichtstehende, mittelgrüne Laub ist wie die gesamte Rose sehr robust und gilt als relativ widerstandsfähig gegenüber Mehltau und Sternrußtau.
Besonderes: ausgesprochen frosthart und auch für rauhe Lagen geeignet; läßt sich gut in Pflanzgefäßen kultivieren

'Piroschka'

Sortengruppe: Teehybriden

Abstammung und Herkunft: 1972 von Tantau in Deutschland aus der Kreuzung 'Duftwolke' x 'Dr. A. J. Verhage' gezüchtet
Wuchs: mäßig stark, aufrecht, buschig; gut verzweigte Triebe
Höhe: 60–70 cm
Pflanzabstand: etwa 35 cm
Blüte und Laub: Die früh- und reichblühende Sorte bildet kirschrote Knospen von rundlich eiförmiger Gestalt,

'Piroschka'

die zu mehreren an lockeren Verzweigungen zusammenstehen. Sie öffnen sich langsam und spiralig zu großen, locker gefüllten Blüten, die in einem reinen Rosa strahlen und einen starken, angenehmen Duft verströmen. Im Austrieb noch rotbraun, sind die Laubblätter im voll entfalteten Zustand matt dunkelgrün und kontrastieren sehr schön mit dem Flor.

'Play Rose'

Sortengruppe: Floribunda-Rosen

Abstammung und Herkunft: 1989 von Meilland in Südfrankreich aus der Kreuzung 'Decor Rose' mit ('Prairy Princesse' x 'Play Boy') gezogen
Wuchs: mäßig stark, buschig, aufrecht
Höhe: 60–80 cm

'Play Rose'

Pflanzabstand: etwa 40 cm
Blüte und Laub: Bis zu 10 der breitkegeligen, dunkelrosa Knospen stehen in Büscheln zusammen. Aus ihnen entfalten sich große, eher locker gefüllte Blumen in einem kräftig karminrosa bis rein rosa Farbton. Kennzeichnend für die sehr reich blühende Rose ist ihre Robustheit und Anspruchslosigkeit. Sie trägt mittelgrüne, schwach glänzende Laubblätter, die ausgesprochen widerstandsfähig gegen Krankheiten sind.
Besonderes: ADR-Rose 1989

'Polarstern'

Sortengruppe: Teehybriden

Abstammung und Herkunft: 1982 von Tantau in Deutschland gezüchtet; Eltern werden nicht bekanntgegeben
Wuchs: stark, straff aufrecht, buschig; kräftige Triebe, die sich im oberen Drittel langstielig verzweigen
Höhe: 80–100 cm
Pflanzabstand: 40–45 cm
Blüte und Laub: Die großen, edel geformten, weißen Knospen mit grünlichem bis gelblichem Schein öffnen sich spiralig zu sehr großen, gut gefüllten, eleganten Blumen. Die Blütenblätter sind stark zurückgerollt und erstrahlen in einem makellos reinen

Weiß. Meist stehen die nur schwach duftenden Blüten einzeln auf den Stielen. Sie sind wetterfest und lange haltbar. Das leicht glänzende und etwas ledrig wirkende, mittel- bis dunkelgrüne Laub erweist sich als sehr robust und widerstandsfähig gegen Krankheiten. Im Austrieb sind die großen Blätter noch heller grün gefärbt.
Besonderes: gute Schnittrose

'Polarstern'

'Prominent'

Synonym: 'Kordes' Rose Prominent'

Sortengruppe: Floribunda-Rosen

Abstammung und Herkunft: 1970 von Kordes in Deutschland aus der Kreuzung 'Königin der Rosen' x 'Zorina' gezüchtet
Wuchs: stark, sehr straff aufrecht; kräftige Triebe, rascher Neuaustrieb
Höhe: 60–90 cm
Pflanzabstand: etwa 40 cm
Blüte und Laub: Meist stehen die kegeligen, edel geformten Knospen einzeln auf den langen Stielen. Sie sind lachsziegelrot gefärbt und öffnen sich spiralig zu mittelgroßen, dichtgefüllten Blüten mit dreieckig zurückgerollten Blättern. Ihre orange- bis ziegelrote Farbe besitzt intensive Leuchtkraft. Die schwach duftenden Blüten halten sehr lange und verblühen sauber. Im Austrieb trägt die Rose rote, später dann stets mattgrüne, leicht ledrige Laubblätter, die etwas anfällig für Mehltau sind. Sie hüllen die stark bestachelten Triebe in üppiges Grün.
Besonderes: ADR-Rose 1971; ausgezeichnete Schnittrose

'Prominent'

'Pussta'

'Pussta'

Synonym: 'New Daily Mail'

Sortengruppe: Floribunda-Rosen

Abstammung und Herkunft: 1972 von Tantau in Deutschland gezüchtet, Eltern 'Letkis' und 'Walzertraum'
Wuchs: kräftig, aufrecht, buschig; unterschiedlich stark verzweigte Triebe
Höhe: 60–80 cm
Pflanzabstand: 35–40 cm
Blüte und Laub: Die stets reich blühende Sorte bringt schwärzlichrote Knospen von stumpf kegelförmiger Gestalt hervor, die zu recht dichten Büscheln zusammengefaßt sind. Aus ihnen bilden sich große, locker gefüllte, becherförmige Blüten. Ihr sattes Dunkelrot wird zum Rand hin samtig glänzend. Die schwach duftenden Blumen zeichnen sich durch eine gute Selbstreinigungskraft aus. Sehr dicht steht das glänzende Laub an den Trieben. Die großen Blätter sind zunächst rötlich, voll entfaltet dunkelgrün.
Besonderes: ADR-Rose 1972

Q

'Queen Elizabeth'

Synonym: 'The Queen Elizabeth Rose'

Sortengruppe: Floribunda-Rosen

Abstammung und Herkunft: 1954 von Lammerts in Kalifornien, USA, aus der Kreuzung 'Charlotte Armstrong' x 'Floradora' gezogen
Wuchs: sehr kräftig, straff aufrecht; unterschiedlich stark verzweigte Triebe
Höhe: 80–110 cm, oft deutlich höher
Pflanzabstand: etwa 45 cm
Blüte und Laub: Intensiv rosafarbene Knospen stehen zu dritt bis neunt auf langen Stielen in Büscheln zusammen. Mit ihrer Größe und der länglichen Form ähneln sie denen von Teehybriden. Sie entwickeln sich zu großen, becherförmigen, locker gefüllten Blumen, die ganz leicht duften. Das im Aufblühen silbrige Rosa der Blüten wandelt sich allmählich in ein reines Zartrosa um und hellt sich im Verblühen stärker auf. Die nur wenig bestachelten Triebe dieser reichblühenden Sorte tragen sehr große, robuste Blätter, die im Austrieb rötlich erscheinen, später dann dunkelgrün glänzen.
Besonderes: verträgt Halbschatten; auch für Hecken geeignet

'Queen Elizabeth'

R

'Rebecca'

Sortengruppe: Teehybriden

Abstammung und Herkunft: 1970 von Tantau in Deutschland gezüchtet, Eltern sind 'Konfetti' und 'Piccadilly'
Wuchs: buschig; kräftige, aufrechte Triebe, die willig nachtreiben

'Rebecca'

Höhe: 70–80 cm
Pflanzabstand: 35–40 cm
Blüte und Laub: Die kegelförmigen Knospen dieser äußerst blühfreudigen Sorte öffnen sich langsam zu sehr großen, gut gefüllten Blumen. Die Blütenblätter zeigen auf der Außenseite ein leuchtendes Goldgelb, während auf der Innenseite ein warmes Hellrot dominiert. Meist stehen die leicht duftenden Blüten einzeln auf langen Stielen, die große, glänzende Laubblätter tragen. Diese schimmern im Austrieb rötlich, erst später färben sie sich dann dunkelgrün.
Besonderes: ADR-Rose 1972; als Schnittrose geeignet; gute Frosthärte

'Ricarda'

Sortengruppe: Floribunda-Rosen

Abstammung und Herkunft: 1989 von Noack in Deutschland aus der Kreuzung 'Liebestraum' mit ('Liebestraum' x 'IGA '83 München') gezüchtet
Wuchs: straff aufrecht; gut verzweigte Triebe
Höhe: bis 80 cm
Pflanzabstand: etwa 35 cm
Blüte und Laub: Die in Büscheln zusammenstehenden hellroten Knospen wirken dick und kompakt. Aus ihnen entfalten sich die schwach gefüllten Blüten mit bis zu 7 cm Durchmesser. Sie öffnen ihre zinnoberroten Blütenblätter mit den stark gewellten Säumen weit, so daß die schmückenden, gelbbraunen Staubgefäße sichtbar werden. Die Blumen erweisen sich als ausgesprochen regenfest und gut selbstreinigend. Kleine mattgrüne Laubblätter sitzen ziemlich dicht an den kräftigen Stielen.
Besonderes: ADR-Rose 1989

'Ricarda'

'Rosali '83'

'Rosali '83'

Sortengruppe: Floribunda-Rosen

Abstammung und Herkunft: 1983 von Tantau in Deutschland gezüchtet; Eltern werden nicht bekanntgegeben
Wuchs: stark, buschig; schnell und kräftig durchtreibend
Höhe: 50–60 cm
Pflanzabstand: etwa 35 cm
Blüte und Laub: Bei dieser sehr blühwilligen Sorte stehen immer 3–10 Knospen in lockeren Büscheln dicht über dem Laub zusammen. Sie sind stumpf kegelförmig und kräftig rosa gefärbt. Spiralig entfalten sie sich zu mittelgroßen Blüten, deren Rosa an das von Apfelblüten erinnert. Die zahlreichen rundlichen Blütenblätter öffnen sich mit der Zeit vollständig und ergeben eine flache, rosettenähnliche Blume, die sauber verblüht. Ein leichter Duft geht von ihr aus. Das üppige Laub zeigt sich zunächst rot überlaufen, voll entfaltet glänzt es dann dunkelgrün.
Besonderes: sehr frosthart

'Rosamunde'

Sortengruppe: Floribunda-Rosen

Abstammung und Herkunft: 1975 von Kordes in Deutschland aus der Kreuzung 'Marlena' x 'Zorina' gezüchtet
Wuchs: mäßig stark, locker, breitbuschig; reich verzweigte Triebe

'Rosamunde'

Höhe: 40–50 cm
Pflanzabstand: etwa 35 cm
Blüte und Laub: Die breitovalen, karminrosa Knospen sind zu langstieligen Büscheln zusammengefaßt. Sie entwikkeln sich zu mittelgroßen, lokker gefüllten Blütenschalen. Mit ihren rundlichen, fast glatten Blütenblättern, deren kräftiges, zunächst lachsfarben getöntes Rosa über ein Reinrosa allmählich in ein Zartrosa übergeht, erwecken sie den Eindruck von Marzipanblüten. Die schwach duftenden Blumen zeichnen sich durch Regenfestigkeit, lange Haltbarkeit sowie sauberes Verblühen aus. Die mittelgroßen, mattgrünen Laubblätter sind im Austrieb hellgrün mit kupferfarbener Tönung.
Besonderes: sehr frosthart

'Rosenprinzessin Evi'

Sortengruppe: Teehybriden

Abstammung und Herkunft: 1976 von Hetzel in Deutschland aus der Kreuzung 'Nordia' x 'Sans Souci' gezüchtet
Wuchs: kräftig, aufrecht
Höhe: 60–70 cm
Pflanzabstand: etwa 35 cm
Blüte und Laub: Bis zu 5 rosafarbene Knospen sitzen in Büscheln zusammen. Die mittelgroßen, stark gefüllten Blüten, die sich daraus entfalten, behalten den Farbton bei und verströmen einen schwachen, angenehmen Duft. Das dichte, mittelgrüne und leicht glänzende Laub dieser robusten Rose ist ziemlich widerstandsfähig gegen Krankheiten.
Besonderes: Diese Sorte besitzt eine ausgesprochen gute Winterhärte

'Rosenprinzessin Evi'

'Rosi Mittermaier'

Synonym: 'Luminion'

Sortengruppe: Floribunda-Rosen

Abstammung und Herkunft: 1977 von Kordes in Deutschland aus der Kreuzung 'Hurra' x 'Peer Gynt' gezüchtet
Wuchs: mittelstark, buschig; dicht verzweigte, zuweilen etwas dünne Triebe
Höhe: 50–70 cm
Pflanzabstand: 35–40 cm
Blüte und Laub: Spitzovale Knospen von lachsziegelroter Farbe stehen zu 3–8 in lockeren Büscheln zusammen. Sie öffnen sich zu mittelgroßen Blumen, die mit glatten, rundlichen Blütenblättern dicht gefüllt sind. Das leuchtende Orangerot der Blüten besitzt eine hervorragende Fernwirkung, die bis zum sauberen Verblühen erhalten bleibt. Die Sorte ist ausgesprochen blühwillig, ihre mittelgrünen Laubblätter glänzen leicht und bilden ein dichtes Laubwerk. Im Austrieb sind sie dann rötlich überhaucht.

'Rosi Mittermaier'

'Roter Stern'

Synonyme: 'Exciting', 'Queen of Bermuda'

Sortengruppe: Teehybriden

Abstammung und Herkunft: 1958 von Meilland in Südfrankreich aus der Kreuzung 'Rouge Meilland' x 'Kordes' Sondermeldung' gezogen
Wuchs: kräftig, straff aufrecht; gut verzweigte Triebe, die willig nachtreiben
Höhe: 80–100 cm
Pflanzabstand: etwa 40 cm
Blüte und Laub: Die kurzen, breiten Knospen sitzen stets einzeln auf den langen Stielen und öffnen sich spiralig zu großen, gut gefüllten Blüten. Die Blütenblätter sind auf ihrer Außenseite schwarzrot, innen dagegen leuchtend mennigrot gefärbt. Das im Austrieb rötlichgrüne Laub wird voll entfaltet dunkelgrün und glänzt leicht, die mittelgroßen Blätter stehen locker an den Zweigen.
Besonderes: Die Sorte hat sich als wertvolle Schnittrose erwiesen, deren Blüten in der Vase sehr lange Zeit haltbar sind.

'Roter Stern'

'Rouge Meilland'

'Rouge Meilland'

Sortengruppe: Teehybriden

Abstammung und Herkunft: 1983 von Meilland in Südfrankreich gezüchtet; Eltern werden nicht bekanntgegeben
Wuchs: buschig, aufrecht; kräftige, reich verzweigte Triebe
Höhe: 60–80 cm
Pflanzabstand: etwa 35 cm
Blüte und Laub: Samtrote Knospen, die oval bis spitzkugelig geformt sind, öffnen sich zu sehr großen Blüten. Die dichtgefüllten Blumen leuchten in einem reinen, samtigen Rot, das bis zum Abblühen seine Intensität bewahrt. Meist sitzen die Blüten einzeln auf den Stielen, im Herbst jedoch treten sie häufiger zu mehreren in Büscheln auf. Die glänzenden, etwas ledrigen Laubblätter sind dunkelgrün gefärbt.
Besonderes: Bereits 1949 wurde von Meilland eine Rose namens 'Rouge Meilland' vorgestellt, die der hier beschriebenen im Aussehen ähnelt.

'Rumba'

Sortengruppe: Floribunda-Rosen

Abstammung und Herkunft: 1958 von Poulsen in Dänemark aus der Kreuzung 'Masquerade' mit ('Poulsen's Gruppenrose' x 'Floradora') gezüchtet
Wuchs: kräftig, buschig; dicht verzweigte Triebe
Höhe: 40–50 cm
Pflanzabstand: etwa 35 cm
Blüte und Laub: Die kleinen, stumpf kegelförmigen Knospen stehen zu 10–15 in doldigen Büscheln zusammen. Ihre gelbe Farbe ist mit roten Partien durchsetzt und gibt schon eine Vorahnung auf das kommende Farbspiel. Beim Aufblühen leuchtet die Mehrzahl der Blütenblätter in sattem Goldgelb, einige sind auch kupfrig rot überhaucht. In der Vollblüte verfärben sie sich immer mehr nach Rot. Nicht nur die Farbe, auch die Form der leicht würzig duftenden Blumen ändert sich: Die zunächst fast kugeligen, mittelgroßen, gefüllten Blüten werden zunehmend flacher. Voll entfaltet nimmt das im Austrieb hellgrüne Laub einen sattgrünen Farbton an, die ledrigen Blätter glänzen.

'Rumba'

S

'Sarabande'

'Sarabande'

Sortengruppe: Polyantha-Hybriden

Abstammung und Herkunft: 1957 von Meilland in Südfrankreich gezüchtet, Eltern 'Cocorico' und 'Moulin Rouge'
Wuchs: mittelstark, gedrungen, breitbuschig
Höhe: 35–45 cm
Pflanzabstand: etwa 35 cm
Blüte und Laub: Die reich- und dauerblühende Sorte bildet eiförmige, intensiv rote Knospen aus, von denen bis zu 10 in Büscheln zusammenstehen. Sie öffnen sich zu mittelgroßen, halbgefüllten Blütenschalen, deren goldgelbe Staubgefäße gut sichtbar sind. Das leuchtende Scharlach- bis Geranienrot der Blütenblätter übt eine starke Fernwirkung aus. Nur bei sehr großer Hitze können die ansonsten wetterfesten Blumen verblauen oder verblassen. Die sehr robusten, kaum krankheitsanfälligen Laubblätter sind im Austrieb rötlichgrün, voll entfaltet dann mittelgrün gefärbt, matt und von derber Struktur.

'Scarletta'

Sortengruppe: Zwergrosen

Abstammung und Herkunft: 1973 von de Ruiter in den Niederlanden aus der Kreuzung eines Sämlings mit ('Mandrina' x 'Baccara') gezogen
Wuchs: mittelstark, buschig; dichte, gut verzweigte Triebe
Höhe: 30–35 cm
Pflanzabstand: 30–35 cm
Blüte und Laub: Aus den stumpf kegelförmigen, blutroten Knospen entwickeln sich kleine, halbgefüllte Blüten. Die zierlichen Blumen sind in großen Büscheln zusammengefaßt und leuchten in einem kräftigen Scharlachrot, das sehr farbbeständig ist. Ein reicher und langanhaltender Flor sowie sauberes Verblühen zeichnen die Rose aus. Ihre mittelgroßen Laubblätter sind mattgrün und glänzen ein wenig. Im Austrieb erscheinen sie noch heller und zeigen einen leicht rötlichen Anflug.
Besonderes: auch für die Kultur in Töpfen und Balkonkästen geeignet

'Scarletta'

'Schloß Mannheim'

Sortengruppe: Floribunda-Rosen

Abstammung und Herkunft: 1975 von Kordes in Deutschland aus der Kreuzung 'Marlena' x 'Europeana' gezüchtet
Wuchs: mittelstark, breitbuschig; gut verzweigte Triebe
Höhe: 60–70 cm
Pflanzabstand: etwa 40 cm
Blüte und Laub: Die büscheligen Blütenstände bestehen aus 5–7 scharlachroten, kegelförmigen Knospen, die an langstieligen Verzweigungen sitzen. Sie öffnen sich zu mittelgroßen, rosettenartig gefüllten Blumen mit leicht welligen Blütenblättern. Im Aufblühen leuchtend blutorange, verblauen und verblassen sie im Verblühen ein wenig, sind aber gut selbstreinigend. Die ganz schwach duftende Sorte ist ausgesprochen blühfreudig und dabei sehr robust. Die ledrig wirkenden, dunkelgrünen Blätter sind im Austrieb rötlich getönt.
Besonderes: ADR-Rose 1972

'Schloß Mannheim'

'Schneeflocke'

Sortengruppe: Floribunda-Rosen

Abstammung und Herkunft: 1991 von Noack in Deutschland gezüchtet, Eltern 'Heidetraum' und 'Margaret Merril'
Wuchs: breitbuschig; gut nachtreibend
Höhe: 40–60 cm
Pflanzabstand: etwa 40 cm
Blüte und Laub: Bei dieser sehr reich blühenden Sorte sitzen bis zu 25 Knospen in Büscheln zusammen. Im Aufblühen strecken sich die dicklichen, weißen Knospen und entfalten sich zu mittelgroßen Blüten, die in einem reinen Weiß erstrahlen und zart duften. Die Blumen sind mit leicht gewellten Blütenblättern halb gefüllt und zeichnen sich durch ihre Wetterfestigkeit aus. Die sattgrüne Farbe des glänzenden Laubs harmoniert gut mit dem Weiß der Blüten. Die Blätter sind wie die ganze Pflanze ausgesprochen widerstandsfähig gegen Krankheiten.
Besonderes: ADR-Rose 1991

'Schneeflocke'

'Schweizer Gruß'

Synonyme: 'Rote Holländerin', 'Red Favorite', 'Salute à la Suisse'

Sortengruppe: Floribunda-Rosen

Abstammung und Herkunft: von Tantau in Deutschland aus der Kreuzung 'Karl Weinhausen' x 'Tantau's Triumph' gezogen und 1952 eingeführt
Wuchs: kräftig, buschig; gut verzweigte Triebe
Höhe: 60–70 cm
Pflanzabstand: etwa 35 cm

'Schweizer Gruß'

Blüte und Laub: Sehr zahlreich erscheinen die eiförmigen, schwarzroten Knospen und bilden lockere Büschel. Die sich daraus öffnenden schalenförmigen, mittelgroßen Blumen sind halb gefüllt und prangen in einem dunklen, samtigen Blutrot, das auch längere Regenfälle gut übersteht. Beim Aufblühen wird in der Mitte der leicht gewellten Blütenblätter allmählich ein Kranz gelber Staubgefäße sichtbar. Das großblättrige, gesunde, im Austrieb rötlich, später dunkelgrün glänzende Laub wirkt ledrig und steht recht dicht an den Zweigen.
Besonderes: ADR-Rose 1952; die Sorte ist winterhart und gedeiht auch in halbschattigen und höheren Lagen noch gut, verträgt aber keinesfalls heiße, trockene Standorte.

'Shocking Blue'

'Shocking Blue'

Synonym: 'Kordes' Rose Shocking Blue'

Sortengruppe: Floribunda-Rosen

Abstammung und Herkunft: 1974 von Kordes in Deutschland aus der Kreuzung eines Sämlings mit 'Silver Star' gezüchtet
Wuchs: aufrecht; schnell nachtreibende, kräftige Triebe mit guten Verzweigungen
Höhe: 50–60 cm
Pflanzabstand: etwa 35 cm
Blüte und Laub: Die großen, schlanken Blütenknospen ähneln denen der Teehybriden. Sie sind von einem intensiven Karminviolett und öffnen sich spiralig zu sehr stark duftenden, großen, locker gefüllten Blumen mit auffallend langen Blütenblättern. Sind sie voll erblüht, hellt sich ihr intensives Magentalila ein wenig auf. Die Blüten sitzen zu viert bis sechst an langen Stielen in Büscheln zusammen und sind gut selbstreinigend. Dichtes, glänzendes Laubwerk zeichnet die Sorte aus. Die großen Blätter sind im Austrieb rötlich überlaufen, danach aber vollständig dunkelgrün und etwas ledrig.
Besonderes: gute Schnittrose, deren Blüten sich in der Vase lange halten

'Sneprinsesse'

'Sneprinsesse'

Sortengruppe: Polyantha-Hybriden

Abstammung und Herkunft: 1946 von Grootendorst in den Niederlanden als ein Sport von 'Dick Koster' entdeckt
Wuchs: buschig, sehr niedrig bleibend
Höhe: bis 30 cm
Pflanzabstand: etwa 30 cm
Blüte und Laub: Die mittelgroßen Blüten sind von einem strahlenden reinen Weiß. Vereinzelt finden sich aber auch rote Blütenblätter in den dichtgefüllten Blumen. Die Blüten sind immer zu Büscheln zusammengefaßt und zeichnen sich durch eine sehr lange Haltbarkeit aus. Das hellgrüne Laub unterstreicht wirkungsvoll das zarte Erscheinungsbild der weißen Blütenpracht.
Besonderes: auch als Topfrose geeignet

'Sonnenkind'

Sortengruppe: Zwergrosen

Abstammung und Herkunft: 1986 von Kordes in Deutschland aus der Kreuzung 'Dorola' mit einem Sämling gezüchtet
Wuchs: buschig, gedrungen; gut verzweigte Triebe

'Sonnenkind'

Höhe: bis 35 cm
Pflanzabstand: 25–30 cm
Blüte und Laub: Gelbe Knospen, die denen von Edelrosen ähneln, entwickeln sich zu dichtgefüllten, mittelgroßen Blüten. Deren tief goldgelbe Blütenblätter rollen sich spitz nach außen und geben bei ihrem sauberen Verblühen die Blütenmitte frei. Die reichblühende Sorte erscheint über und über mit den lange haltbaren Blumen bedeckt. Das leicht glänzende Laub ist dunkelgrün gefärbt.
Besonderes: ideale Topf- oder Kübelrose

'Späth's Jubiläum'

Synonym: 'Späth 250'

Sortengruppe: Floribunda-Rosen

Abstammung und Herkunft: 1970 von Kordes in Deutschland aus der Kreuzung 'Castanet' mit einem Sämling von 'Spartan' gezogen
Wuchs: mäßig stark, buschig, aufrecht; kräftige und gut verzweigte Triebe
Höhe: 60–70 cm
Pflanzabstand: 35–40 cm
Blüte und Laub: Die kegelförmigen, lachsorangeroten Knospen stehen einzeln oder sitzen zu mehreren in Büscheln zusammen. Sie öffnen sich spiralig zu großen, locker gefüllten Blumen, die ebenfalls ein leuchtendes Lachsorangerot mit hervorragender Fernwirkung zeigen. Ihre dreieckig spitz zurückgerollten äußeren Blütenblätter geben ihnen eine überaus elegante Form. Sie duften leicht und sind etwas empfindlich gegen Dauerregen. Das dichte Laubwerk besteht aus dunkelgrünen, matten Blättern, die rötlich überhaucht sind.
Besonderes: sehr frostharte Sorte

'Späth's Jubiläum'

'Starina'

Sortengruppe: Zwergrosen

Abstammung und Herkunft: 1965 von Meilland in Südfrankreich aus der Kreuzung ('Dany Robin' x 'Fire King') mit 'Perla de Montserrat' gezüchtet
Wuchs: mittelstark, buschig und sehr kompakt; dicht verzweigte Triebe

'Starina'

Höhe: 20–30 cm
Pflanzabstand: etwa 30 cm
Blüte und Laub: Mehrere der lachsroten, edel geformten Knospen sind zu lockeren Büscheln zusammengefaßt. Sie öffnen sich spiralig zu kleinen, gefüllten, becherförmigen Blüten mit offener Mitte. Die lachsroten bis scharlachroten Blumen sind wetterbeständig und ähneln in ihrer Form ein wenig denen der Teehybriden. Zierliche, glänzende Laubblätter, die im Austrieb hellgrün, später dann mittelgrün gefärbt sind, untermalen den reichen Flor dieser Sorte.
Besonderes: ADR-Rose 1971; gute Topfrose

'Super Star'

Synonym: 'Tropicana'

Sortengruppe: Teehybriden

Abstammung und Herkunft: 1960 von Tantau in Deutschland aus der Kreuzung (Sämling x 'Gloria Dei') mit (Sämling x 'Alpenglühen') gezogen
Wuchs: sehr kräftig, straff aufrecht, buschig
Höhe: 60–80 cm, unter Glas auch höher
Pflanzabstand: etwa 40 cm
Blüte und Laub: Von den großen, spitz kegelförmigen, lachsorangefarbenen Knospen sitzen im ersten Flor einzelne, später dann bis zu drei an starken, langen Stielen. Sie entfalten sich zu großen, dichtgefüllten, sehr edel geformten Blumen, deren reines, klares Lachsorange bis zum Verblühen seine Leuchtkraft behält. Auch Regen beeinträchtigt die Schönheit der leicht duftenden Blüten nicht; nur bei starker Hitze und Sonne können

'Super Star'

sie ein wenig verblassen. Das im Austrieb rötliche, später mittelgrüne, derbe Laub ist etwas anfällig für Mehltau.
Besonderes: gut als Schnittrose geeignet

'Sutter's Gold'

Sortengruppe: Teehybriden

Abstammung und Herkunft: 1950 von Swim/Armstrong in Kalifornien, USA, gezüchtet, Eltern 'Charlotte Armstrong' und 'Signora'
Wuchs: stark, straff aufrecht; gut verzweigte Triebe
Höhe: 80–90 cm
Pflanzabstand: etwa 35 cm
Blüte und Laub: Die langgestreckten Knospen stehen teils einzeln, teils zu mehreren an unterschiedlich langen Verzweigungen. Sie sind von goldgelber Farbe und häufig rot geflammt oder kupferrot überzogen. Aus ihnen bilden sich große, locker gefüllte Blumen. Das helle Orangegelb der Blütenblätter ist besonders auf deren Außenseite rötlich geädert und getönt, verblaßt jedoch mit der Zeit. Die Rose beeindruckt durch einen intensiven Duft, eine sehr reiche Blüte sowie gute Wetterfestigkeit. Ihr großes, im Austrieb hell-, später dunkelgrünes Laub glänzt stark.
Besonderes: ideale Schnittrose

'Sutter's Gold'

T

'Tatjana'

Sortengruppe: Teehybriden

Abstammung und Herkunft: 1970 von Kordes in Deutschland gezüchtet, Eltern 'Liebeszauber' und 'Dr. h. c. Schröder'
Wuchs: mittelstark bis stark, buschig; dicke, dicht verzweigte Triebe

'Tatjana'

Höhe: 60–80 cm
Pflanzabstand: etwa 35 cm
Blüte und Laub: Meist stehen die großen, länglich spitzen, schwarzroten Knospen einzeln auf den langen Stielen. Geöffnet leuchten die sehr großen, gut gefüllten Blüten dann in einem tiefen Blutrot, das wunderbar samtig schimmert. Sie verströmen einen intensiven, angenehmen Duft. Bei zu starker Sonneneinstrahlung, z. B. vor hellen Südwänden, besteht die Gefahr, daß die Ränder der Blütenblätter verbrennen. Die großen, im Austrieb rötlichgrünen Laubblätter sind voll entwickelt dunkelgrün und glänzen leicht.
Besonderes: auch gut als Schnittrose geeignet

'Topsi'

'Topsi'

Sortengruppe: Floribunda-Rosen

Abstammung und Herkunft: 1971 von Tantau in Deutschland aus der Kreuzung 'Duftwolke' x 'Signalfeuer' gezüchtet
Wuchs: kompakt, buschig
Höhe: 30–35 cm
Pflanzabstand: etwa 30 cm
Blüte und Laub: Zahlreiche der stumpf kegelförmigen, tief orangerot gefärbten Knospen sind zu lockeren Büscheln zusammengefaßt. Sie öffnen sich vollständig zu mittelgroßen, halbgefüllten Blütenschalen. Das Geranienrot ihrer leicht gewellten Blütenblätter ist besonders feurig und büßt bis zum Verblühen nichts von seiner Leuchtkraft ein. Das dichte, matte, tiefgrüne Laub zeigt sich nur im Austrieb noch rötlich übertönt.

'Tornado'

Synonym: 'Kordes' Rose Tornado'

Sortengruppe: Floribunda-Rosen

Abstammung und Herkunft: 1973 von Kordes in Deutschland aus der Kreuzung 'Europeana' x 'Marlena' gezogen
Wuchs: mittelstark, aufrecht, buschig; stark verzweigte Triebe
Höhe: 50–80 cm
Pflanzabstand: etwa 40 cm
Blüte und Laub: Die kleinen orangeblutroten Knospen stehen zu mehreren in Büscheln zusammen. Sie entwickeln sich zu mittelgroßen,

'Tornado'

flachen, halbgefüllten Blütenschalen, die sich weit öffnen. Die ebenfalls orangeblutrot leuchtenden Blumen sind bei jedem Wetter äußerst farbbeständig und verblühen sauber. Ein leichter Duft kennzeichnet die robuste Rose, deren dichtes, tiefgrünes Laub stark glänzt. Im Austrieb sind die Blätter rötlich übertönt.
Besonderes: ADR-Rose 1972

'Träumerei'

Sortengruppe: Floribunda-Rosen

Abstammung und Herkunft: 1974 von Kordes in Deutschland aus der Kreuzung 'Königin der Rosen' mit einem Sämling gezogen
Wuchs: kräftig, aufrecht, breitbuschig; unterschiedlich stark verzweigte Triebe, die schnell durchtreiben
Höhe: 60–80 cm
Pflanzabstand: etwa 40 cm
Blüte und Laub: Die lachsroten Knospen von spitz kegelförmiger Gestalt sitzen einzeln oder zu fünft bis siebt an kurzstielig verzweigten Trieben. Sie öffnen sich spiralig zu großen, locker gefüllten Blütenbechern, die denen von Edelrosen ähneln. Die hummerfarbene Tönung der angenehm duftenden Blumen hellt sich mit der Zeit zu einem leuchtenden Lachsorange auf. Gute Haltbarkeit und Wetterfestigkeit sowie sauberes Verblühen kennzeichnen die robuste Sorte. Sie ist mit mittelgroßen, leicht glänzenden Blättern reichlich belaubt. Im Austrieb zeigen sie sich rötlich, später mattgrün.
Besonderes: ideale Schnittrose

'Träumerei'

'Travemünde'

Synonym: 'Kordes' Rose Travemünde'

Sortengruppe: Floribunda-Rosen

Abstammung und Herkunft: 1968 von Kordes in Deutschland eingeführt, Eltern 'Lilli Marleen' und 'Ama'
Wuchs: sehr stark, kompakt; breitbuschig verzweigte Triebe
Höhe: 50–70 cm
Pflanzabstand: 35–40 cm

'Travemünde'

Blüte und Laub: Die reichblühende Rose bildet edel geformte Knospen von samtig dunkelroter Farbe, die zu großen, kompakten Büscheln zusammengefaßt sind. Aus ihnen entstehen mittelgroße, mit zahlreichen Blütenblättern gut gefüllte Blumen, deren intensives Dunkelrot auch durch lange Regenperioden nichts von seiner Ausdruckskraft verliert. Das großblättrige, dichte Laub ist wie die ganze Pflanze sehr robust. Im Austrieb sind die Blätter kupfrig grün, voll entfaltet dann matt dunkelgrün gefärbt.
Besonderes: ADR-Rose 1966

'Trier 2000'

Sortengruppe: Floribunda-Rosen

Abstammung und Herkunft: 1985 von Kordes in Deutschland aus der Kreuzung (Sämling x 'Tornado') mit einem Sämling gezüchtet
Wuchs: kräftig, bis zu 70 cm breit; locker verzweigte Triebe, die gut nachtreiben
Höhe: 60–80 cm
Pflanzabstand: 40–50 cm
Blüte und Laub: Aus den rosafarbenen Knospen entstehen locker gefüllte, mittelgroße Blüten, deren reines und leuchtendes Rosa durch eine rötliche Äderung belebt wird. Die lange haltbaren Blumen bewahren ihren Farbton unverändert bis zum Verblühen. Die Ränder ihrer festen Blütenblätter sind gekerbt und gewellt, außerdem vor allem die der äußeren Blätter leicht nach hinten gerollt. Ein schwacher Duft geht von den in Büscheln stehenden Blüten aus. Die Sorte ist mit großen, im Austrieb rötlichen, später dann satt mittelgrünen und leicht glänzenden Blättern dicht belaubt.
Besonderes: auch für niedrige Hecken geeignet

'Trier 2000'

U

'Uwe Seeler'

'Uwe Seeler'

Synonyme: 'Kordes' Rose Uwe Seeler', 'Rainer Maria Rilke', 'Orange Vilmorin', 'Gitta Grumer'

Sortengruppe: Floribunda-Rosen

Abstammung und Herkunft: 1970 von Kordes in Deutschland aus der Kreuzung 'Queen Elizabeth' x 'Königin der Rosen' gezüchtet
Wuchs: sehr stark, straff aufrecht; willig nachtreibend
Höhe: 70–100 cm
Pflanzabstand: etwa 40 cm
Blüte und Laub: Die spitz kegelförmigen Knospen stehen teils einzeln, teils zu mehreren auf langen Stielen. Sie sind von zinnoberroter Farbe und geben im Öffnen große, locker gefüllte Blumen frei. Das leuchtende Lachsorange der Blüten übt eine gute Fernwirkung aus, erst im Verblühen hellt es sich etwas auf. Die Rose verblüht sauber und verströmt einen zarten Duft. Ihre großen, dichtstehenden Laubblätter sind ledrig und sehr robust. Im Austrieb noch rötlich, färben sie sich später dunkelgrün und glänzen.
Besonderes: gute Frosthärte

V

'Vatertag'

Synonyme: 'Orange Muttertag', 'Jour des Pères', 'Fête des Pères', 'Father's Day'

Sortengruppe: Polyantha-Hybriden, bisweilen auch zu den Zwergrosen gerechnet

Abstammung und Herkunft: 1959 von Tantau in Deutschland als ein Sport von 'Muttertag' entdeckt
Wuchs: schwach, breitbuschig, kompakt; gut nachtreibend
Höhe: 25–35 cm
Pflanzabstand: etwa 30 cm
Blüte und Laub: Die reichblühende Rose bildet kleine, rundliche, lachsrot gefärbte Knospen, die sich zu ebenfalls kleinen, kugeligen, locker gefüllten Blüten öffnen. Die Blumen leuchten in einem Lachsorangerot, das sehr farbbeständig ist und auch bei starker Sonneneinstrahlung kaum verblaßt. Im ersten Flor sind bis zu 25 Blüten in dichten Büscheln zusammengefaßt, in der Nachblüte deutlich weniger. Das zierliche, leicht glänzende, hellgrüne Laub steht locker an den Zweigen.
Besonderes: Diese Sorte ist ganz ausgezeichnet für die Kultur in Pflanzgefäßen geeignet.

'Vatertag'

'Vicky'

'Vicky'

Sortengruppe: Floribunda-Rosen

Abstammung und Herkunft: von Noack in Deutschland aus der Kreuzung 'Liebestraum' mit einem Sämling gezüchtet und im Jahr 1993 vorgestellt
Wuchs: mittelstark, buschig; unregelmäßig verzweigte Triebe
Höhe: 90–100 cm
Pflanzabstand: 40–45 cm
Blüte und Laub: Die großen, zugespitzten Knospen sind in einem dunklen Orange gefärbt und stehen immer zu mehreren in lockeren Büscheln. Sie entwickeln sich zu großen, schwach gefüllten Blumen, die sich erst im Verblühen vollkommen öffnen. Ihr leuchtendes Orangerot ist schon von weitem zu sehen. Die dunkelgrünen Laubblätter zeigen sich im Austrieb noch stark rötlich getönt, glänzen und sind wie die ganze übrige Pflanze äußerst robust.
Besonderes: ADR-Rose 1993

W

'Whisky'

Synonym: 'Whiskey Mac'

Sortengruppe: Teehybriden

Abstammung und Herkunft: 1967 von Tantau in Deutschland aus der Kreuzung eines Sämlings mit 'Dr. A. J. Verhage' gezüchtet
Wuchs: mittelstark, buschig; aufrechte, kräftige Triebe, die ständig nachtreiben
Höhe: 50–70 cm

'Whisky'

Pflanzabstand: etwa 35 cm
Blüte und Laub: Die langgestreckten, eiförmigen Knospen sitzen teils einzeln an den langen Haupttrieben, teils auch an ungewöhnlich langen Seitentrieben. Sie sind kupfrig rot gefärbt und öffnen sich zu sehr großen Blüten in einem reinen Bronze- bis Bernsteingelb. Die edlen, gut gefüllten Blumen mit leicht gewellten Blütenblättern verströmen einen starken Duft. Das recht schwach glänzende Laubwerk steht ziemlich dicht. Im Austrieb sind die großen Blätter rot, später dann dunkelgrün mit rötlichem Anflug.
Besonderes: benötigt einen Winterschutz; gute Schnittrose

'White Gem'

'White Gem'

Sortengruppe: Zwergrosen

Abstammung und Herkunft: 1978 von Meilland in Südfrankreich gezüchtet, Eltern 'Darling Flame' und 'Jack Frost'
Wuchs: mittelstark bis kräftig, aufrecht, etwas sparrig; Triebe unterschiedlich stark verzweigt
Höhe: 30–40 cm
Pflanzabstand: etwa 30 cm
Blüte und Laub: Aus den stumpf eiförmigen, unscheinbar grünlichweißen Knospen, von denen 5–15 in Büscheln zusammensitzen, entstehen strahlend weiße Blüten, die mit bis zu 5 cm Durchmesser für Zwergrosen recht groß werden. Die Blumen sind mit rosettenartig angeordneten Blütenblättern dicht gefüllt, deren Randpartien sich im Verblühen mit einem Hauch von Rosa überziehen. Voll entfaltet, färben sich die im Austrieb hellgrünen Laubblätter etwas dunkler und glänzen.
Besonderes: auch zur Kultur in größeren Pflanzgefäßen geeignet

'Wimi'

Synonym: 'Willy Millowitsch Rose'

Sortengruppe: Teehybriden

Abstammung und Herkunft: 1983 von Tantau in Deutschland gezüchtet; Eltern werden nicht bekanntgegeben
Wuchs: stark, buschig; kräftige Triebe, die schnell durchtreiben
Höhe: 70–80 cm
Pflanzabstand: etwa 40 cm
Blüte und Laub: Die reichblühende Rose bildet spitz geformte und kräftig rosa gefärbte Knospen aus. Diese öffnen sich zu sehr großen, gut gefüllten Blumen mit edler Form. Das silbrig schimmernde Rosa an der Basis der Blütenblätter geht zum Rand hin in ein kräftiges Pink über. Neben diesem effektvollen Farbverlauf ist auch ihr starker Duft ein charakteristisches Merkmal der Sorte. Die dunkelgrünen und glänzenden, im Austrieb rötlich überhauchten Laubblätter sind sehr robust und widerstandsfähig gegen Krankheiten.

'Wimi'

Z

'Zitronenjette'

'Zitronenjette'

Sortengruppe: Teehybriden

Abstammung und Herkunft: 1986 von Kordes in Deutschland gezüchtet, Eltern 'Sutter's Gold' und 'Landora'
Wuchs: kräftig, aufrecht; stark verzweigte Triebe
Höhe: 60–80 cm
Pflanzabstand: 35–40 cm
Blüte und Laub: Die Sorte bildet langgestreckte, edel geformte, gelbe Knospen, die einzeln oder in Büscheln auf den langen Stielen sitzen. Sie entfalten sich zu locker gefüllten, mittelgroßen Blumen, deren Zitronengelb der Rose zu ihrem Namen verhalf. Vor allem im Verblühen weist es einen leicht rötlichen Anflug auf. Die Blüten betören mit ihrem starken, lieblichen Duft. Das ledrige, dunkelgrün glänzende Laub harmoniert schön mit der Blütenfarbe. Im Austrieb ist es noch bronzefarben übertönt.

'Zwergenfee'

Synonym: 'Kordes' Rose Zwergenfee'

Sortengruppe: Zwergrosen

Abstammung und Herkunft: 1979 von Kordes in Deutschland aus der Kreuzung eines Zwergrosensämlings mit 'Träumerei' gezüchtet
Wuchs: mittelstark, aufrecht, buschig; locker verzweigte Triebe
Höhe: 30–35 cm
Pflanzabstand: etwa 30 cm
Blüte und Laub: Die kleinen, leuchtend blutroten Knospen von stumpf kegelförmiger Gestalt sind stets zu mehreren in Büscheln zusammengefaßt. Sie öffnen sich zu locker gefüllten Blumen, deren Orange- bis Scharlachblutrot leicht samtig glänzt und eine hohe Leuchtkraft

'Zwergenfee'

besitzt. Mit 5 cm Durchmesser sind die Blüten für Zwergrosen recht groß. Sie zeichnen sich durch sauberes Verblühen sowie Regenfestigkeit aus. Die im Austrieb rötlichgrünen Laubblätter sind voll entwikkelt mattgrün gefärbt.
Besonderes: auch als Topfrose, für Tröge und für Steingärten geeignet

'Zwergkönig '78'

Sortengruppe: Zwergrosen

Abstammung und Herkunft: 1978 von Kordes in Deutschland aus der Kreuzung eines Zwergrosensämlings mit 'Lilli Marleen' gezogen
Wuchs: mittelstark, aufrecht, kompakt; kräftige, locker verzweigte Triebe, die gut nachtreiben
Höhe: 30–50 cm
Pflanzabstand: 30–35 cm
Blüte und Laub: Die spitz kegelförmigen, samtig blutroten Knospen entfalten sich spiralig zu farbkräftigen Blumen, die für Zwergrosen recht groß sind. Die locker gefüllten Blüten öffnen sich vollständig und geben den Blick auf die goldgelben Staubgefäße frei, die einen konstrastierenden Farbtupfer in das leuchtende Blutrot bringen. Die samtige Farbe ist sehr beständig, nur bei starker Hitze können sich die Ränder der Blütenblätter

'Zwergkönig '78'

auch schwärzlichrot verfärben. Stets sind mehrere der regenfesten und sauber abblühenden Blumen in lockeren Büscheln zusammengefaßt. Das dichte, dunkelgrüne Laub glänzt leicht, im Austrieb ist es noch hellgrün gefärbt.
Besonderes: Diese Sorte zeigt eine ganz ausgesprochen gute Frosthärte. Sie ist auch bestens für niedrige Hekken und zur Kultur in Trögen oder großen Töpfen auf Balkon und Terrasse geeignet.

'Zwergkönigin '82'

Sortengruppe: Zwergrosen

Abstammung und Herkunft: 1982 von Kordes in Deutschland aus der Kreuzung 'Zwergkönig '78' x 'Sunday Times' gezüchtet
Wuchs: mittelstark, aufrecht, buschig; breit verzweigte Triebe
Höhe: 35–50 cm
Pflanzabstand: etwa 30 cm
Blüte und Laub: Die kleinen, rundlichen Knospen von hellroter Farbe stehen immer zu mehreren in Büscheln beieinander. Sie entwickeln sich zu locker gefüllten Blüten, die mit 5–7 cm Durchmesser für Zwergrosen erstaunlich groß werden. Ihre Blütenblätter sind leicht rosettenartig angeordnet und tragen ein kräftiges reines Rosa zur Schau, das im Verblühen zu Hellrosa verblaßt. Die lange haltbaren Blumen blühen sauber ab. Das zierliche, dunkelgrüne Laub glänzt sehr stark.

'Zwergkönigin '82'

Bodendeckerrosen von A–Z

Flächiger Wuchs und dichtes Laubwerk sind charakteristisch für Bodendeckerrosen (oben).

Dieser Rosengruppe wurde vor allem in der jüngsten Vergangenheit besonderes Augenmerk geschenkt, entsprechend hat sich auch das Sortenangebot erweitert. Der Name Bodendeckerrosen ist ein Sammelbegriff für Sorten unterschiedlicher Wuchsform, die sich gut zur flächigen Begrünung, eben zur Bodenbedeckung, eignen. Häufig wird die Sortengruppe daher auch als Bodenbedeckende Rosen bezeichnet.

Wuchs und Blüte

Wie schon erwähnt, gehören zu den Bodendeckerrosen Sorten mit ganz verschiedenen Wuchsformen: Schwachwüchsige niederliegende Sorten gibt es hier ebenso wie stark wachsende mit niederliegendem Wuchs, dabei aber häufig meterlangen Trieben; niedrige, buschige Sorten findet man ebenso wie hoch aufrechte Rosen mit überhängenden Trieben oder eher steif aufrecht wachsende Sorten (siehe Seite 22) – wobei die Übergänge gelegentlich fließend sind. Entsprechend der unterschiedlichen Wuchsformen zeigt auch die Höhe der Pflanzen eine sehr große Spannbreite: Sie bewegt sich von 25 cm bis zu 100 cm und mehr, so daß sich für alle Verwendungszwecke eine geeignete Sorte findet. Die Blüten der Bodendeckerrosen stehen im allgemeinen in Büscheln an dicht beblätterten Zweigen und erscheinen vor allem bei den neueren Züchtungen in großer Zahl bis zum Herbst. Unter den älteren Sorten finden sich jedoch auch solche, die nach einer

Manche Sorten, z. B. 'Lavender Dream', verwendet man auch wie niedrige Strauchrosen (unten).

Nach dem Abblühen reifen bei 'Dagmar Hastrup' leuchtend rote Hagebutten heran.

Die Blüten der Bodendeckerrosen schmiegen sich malerisch an die Treppenstufen und lockern das Grau der Betonsteine auf.

überschäumenden Hauptblüte nur noch deutlich schwächere Nachblüten hervorbringen. So unterschiedlich die Bodendeckerrosen wachsen, so verschieden sind auch ihre Blütenformen. Von einfachen Schalen über halbgefüllte Blumen bis hin zu dichten Pompons reicht die Palette.

Pflege

Bodenbedeckende Rosen sind im Vergleich zu den Beetrosen recht pflegeleicht. Einmal gepflanzt, kann man sie beinahe sich selbst überlassen. Ein Rückschnitt wird nur dann nötig, wenn sie allzusehr wuchern. Im Frühjahr nimmt man abgestorbenes, altes Holz heraus. Im Herbst werden die Rosen mit reifem Kompost versorgt.

Die buschig wachsende Sorte 'The Fairy' bildet mit ihren hellrosa Blütenbüscheln eine anmutige Umrahmung für das Wasserbecken.

Viele Bodendeckerrosen lassen sich auch im Beet zusammen mit Stauden und Sommerblumen reizvoll kombinieren.

Verwendung

Die Sorten dieser Rosengruppe werden häufig zur pflegeleichten Bepflanzung größerer Flächen eingesetzt. Bodendeckerrosen unterdrükken auf eine besonders aparte Art den Unkrautwuchs. Man pflanzt sie deshalb gern an nicht so einfach zugängliche Stellen, z. B. Böschungen oder Hänge. Einige Sorten eignen sich auch gut zur Begrünung von Mauerkronen. Buschig wachsende Bodendeckerrosen werden am besten mit Stauden oder Gräsern kombiniert (siehe Tabelle Seite 55 ff.).

'Scarlet Meidiland' besticht durch leuchtend rote Blüten.

D

'Dagmar Hastrup'

Synonyme: 'Frau Dagmar Hartopp', 'Fru Dagmar Hastrup'

Abstammung und Herkunft: 1914 von Poulsen in Dänemark aus einem Sämling von *Rosa rugosa* gezogen
Wuchs: steif aufrecht, breitbuschig, kompakt; kräftige Triebe
Höhe: 60–100 cm
Pflanzabstand: 50–70 cm
Blüte und Laub: Langgestreckte, karminrosa Knospen stehen einzeln oder in kleinen Büscheln an den kräftigen, dicht bestachelten Stielen. Sie entwickeln sich zu mittelgroßen, einfachen Blütenschalen, die leicht duften. Die pastellrosa Blütenblätter bilden einen hübschen Rahmen für den breiten Kranz leuchtend gelber Staubgefäße. Nach einem reichen ersten Flor zeigt die Sorte eine geringere Nachblüte. Die dichtstehenden, mittelgroßen und glänzenden Laubblätter sind im Austrieb hellgrün, später dann dunkelgrün und etwas runzelig. Im Herbst färben sie sich prächtig gelb.
Besonderes: Die Sorte kann auch für niedrige Hecken verwendet werden. Schneidet man Verblühtes nicht ab, reifen große gelbrote Hagebutten heran.

'Dagmar Hastrup'

F

'Ferdy'

'Ferdy'

Abstammung und Herkunft: 1984 von Keisei in Japan gezogen; Eltern werden nicht bekanntgegeben
Wuchs: mittelstark, flach bis aufrecht; bogig überhängende Triebe
Höhe: 70–90 cm
Pflanzabstand: 60–70 cm
Blüte und Laub: Spitze, fuchsienrosa Knospen sitzen in kleinen Büscheln perlschnurartig aufgereiht an den Trieben. Sie entfalten sich zu zierlichen, halbgefüllten Blumen, deren kräftiges Rosa von einer cremegelben Mitte wirkungsvoll durchbrochen wird. Die Sorte blüht zwar nur einmal, und zwar im Juni/Juli, dafür aber mit einer geradezu überschäumenden Blütenfülle. Das kleine mittelgrüne, leicht glänzende Laubwerk setzt sich jeweils aus 7 Fiederblättchen zusammen. Es gilt als ausgesprochen robust und widerstandsfähig gegen verschiedene Pilzkrankheiten.
Besonderes: Da die Rose am zweijährigen Holz blüht, darf sie im Frühjahr nicht geschnitten werden. Wenn sie sich übermäßig ausbreitet, nimmt man sie erst nach der Blüte etwas zurück.

'Fiona'

Abstammung und Herkunft: 1979 von Meilland in Südfrankreich gezüchtet; Eltern werden nicht bekanntgegeben
Wuchs: breitbuschig und hoch; teils bogig überhängende Triebe
Höhe: 50–60 cm; Triebe 70– 80 cm, bei dichter Pflanzung bis 130 cm lang
Pflanzabstand: 60–70 cm
Blüte und Laub: Die kegelförmigen, blutroten Knospen öffnen sich zu mittelgroßen, locker gefüllten Blüten. Meist stehen sie in dicken Büscheln zusammen und entfachen mit ihrer blutroten Farbe ein wahres Feuerwerk. Nur im Verblühen schwächt sich der kräftige Ton etwas ab. Die reich- und öfterblühende Rose schmückt sich mit dunkelgrünen, im Austrieb rötlich überhauchten, glänzenden Laubblättern. Sie stehen dicht und sind äußerst widerstandsfähig gegen Mehltau, allerdings etwas anfällig für Sternrußtau.
Besonderes: kann auch als Strauchrose verwendet werden

'Fiona'

H

'Heidekind'

Abstammung und Herkunft: 1985 von Kordes in Deutschland als ein Sport von 'The Fairy' eingeführt

'Heidekind'

Wuchs: kräftig, buschig; Triebe leicht bogig überhängend
Höhe: 60–80 cm
Pflanzabstand: 35–40 cm
Blüte und Laub: Dunkelrote Knospen von stumpf kegelförmiger Gestalt und mittelgroße Blütenschalen, die mit zahlreichen leicht gekerbten Blütenblättern vollständig gefüllt sind, kennzeichnen diese öfterblühende Sorte. Die Blumen sind zu großen Büscheln zusammengefaßt und wirken dadurch sehr üppig, ein Eindruck, der durch die lange haltbare, kirschrote Farbe noch verstärkt wird. Das dunkelgrüne, glänzende Laub bildet einen wunderschönen Hintergrund für die leuchtenden Blüten und ist sehr robust.

'Heidekönigin'

'Heideröslein Nozomi'

'Heidekönigin'

Synonym: 'Kaskadenrose'

Abstammung und Herkunft: 1985 von Kordes in Deutschland aus der Kreuzung 'Zwergkönig '78' mit einem Sämling gezüchtet
Wuchs: stark, flach niederliegend; bogenförmige Triebe, die bis zu 200 cm lang werden
Höhe: etwa 50 cm
Pflanzabstand: 60–120 cm
Blüte und Laub: Die kleinen kugeligen, dunkelrosa gefärbten Knospen der öfterblühenden Rose öffnen sich zu großen, locker gefüllten Blüten von rundlicher Form. Sie stehen in Büscheln am Ende der Triebe und bestechen durch ihren kräftigen, rosa Farbton. Die leicht nach Wildrosen duftenden Blumen verblühen sauber, und sie werden von kleinen frischgrünen, glänzenden Blättern umrahmt, die ein dichtes, dekoratives Laubwerk bilden. Wie die ganze Pflanze sind auch die Blätter sehr robust und außerordentlich widerstandsfähig gegen verschiedene Krankheiten.
Besonderes: Die Sorte läßt sich auch gut als Kaskadenrose oder, mit einer geeigneten Kletterhilfe, als Kletterrose an Pergolen verwenden.

'Heideröslein Nozomi'

Synonym: 'Nozomi'

Abstammung und Herkunft: 1968 von Onodera in Japan aus der Kreuzung 'Fairy Princess' x 'Sweet Fairy' gezüchtet
Wuchs: schwach, flach niederliegend; stark verzweigte Triebe
Höhe: 20–30 cm
Pflanzabstand: 45–60 cm
Blüte und Laub: Aus kleinen rosa Knospen öffnen sich zierliche, einfache Blüten in einem zarten Perlmuttrosa. Voll erblüht, leuchten sie innen fast weiß, die Außenseite dagegen ist rosa überhaucht. Ein üppiger und langanhaltender Flor zeichnet die Rose aus, deren Blumen in kleinen Büscheln zusammenstehen, zudem leicht duften und sauber verblühen. Die Nachblüte fällt allerdings nur schwach aus. Auch die Laubblätter wirken ausgesprochen zierlich. Im Austrieb sind sie hellgrün, voll entwickelt dunkler gefärbt und stark glänzend.
Besonderes: auch gut zur Kultur in Trögen geeignet

'Heideschnee'

'Heideschnee'

Abstammung und Herkunft: 1990 von Kordes in Deutschland aus der Kreuzung eines Sämlings mit 'Edelweiß' gezüchtet
Wuchs: aufrecht, breitbuschig; Triebe leicht bogig überhängend
Höhe: bis 70 cm
Pflanzabstand: etwa 35 cm
Blüte und Laub: Die einfachen, mittelgroßen Blüten, die aus kleinen weißen Knospen entstehen, erstrahlen in reinem Weiß und verströmen einen leichten Duft. Die sternförmigen Blumen sind immer zu großen Blütenständen zusammengefaßt und zeichnen sich durch eine gute Farbbeständigkeit sowie durch Regenfestigkeit aus. Das zierliche, glänzende Laub dieser öfterblühenden Rose bildet mit seiner dunkelgrünen Farbe einen sehr interessanten Kontrast zum Weiß der Blüten.

'Heidetraum'

'Heidetraum'

Abstammung und Herkunft: 1988 von Noack in Deutschland aus der Kreuzung 'Immensee' x 'Amanda' gezüchtet
Wuchs: buschig; bis 150 cm lange, niederliegende sowie auch bogig geneigte Triebe
Höhe: 80–100 cm
Pflanzabstand: 60–70 cm
Blüte und Laub: Die reich- und öfterblühende Sorte trägt kirschrote Knospen von kleiner, rundlicher Gestalt, die in dichten Büscheln beieinanderstehen. Sie entwickeln sich zu halbgefüllten, flachen Blütenschalen, deren herzförmige Blütenblätter karminrosarot gefärbt sind. Die Farbe hellt sich im Verblühen etwas auf und bekommt einen schwach bläulichen Anflug. Das im Austrieb hellgrüne, leicht kupfrig getönte Laub wird später mittel- bis dunkelgrün. Die Blätter glänzen stark und sind äußerst robust und widerstandsfähig gegen Krankheiten.
Besonderes: ADR-Rose 1990; auch als niedrige Strauchrose zu verwenden

I

'Immensee'

Synonym: 'Kordes' Rose Immensee'

Abstammung und Herkunft: 1982 bei Kordes in Deutschland aus der Kreuzung der Sorte 'The Fairy' mit einem Sämling von *Rosa wichuraiana* hervorgegangen
Wuchs: sehr stark, flach niederliegend; dünne, erst bogige, dann niederliegende Triebe, die bis zu 200 cm lang werden
Höhe: 30–50 cm
Pflanzabstand: ungefähr 100 cm
Blüte und Laub: In kleinen Büscheln stehen 10–20 kugelige, rosafarbene Knospen zusammen. Sie öffnen sich schalenförmig zu kleinen, einfachen Blumen mit herzförmigen Blütenblättern.
Die intensiv duftenden Blüten der einmalblühenden Sorte sind perlmuttrosa, ihre Staubgefäße leuchten gelb und werden häufig von Bienen als Nahrungsquelle aufgesucht.
Das sehr dicht stehende Laub ist ausgesprochen robust und gesund und bleibt bis weit in den Winter hinein an den Zweigen haften. Im Austrieb noch hellgrün, werden die zierlichen Blätter später dunkelgrün und ledrig und glänzen leicht.
Besonderes: Die nahe verwandte Sorte 'Weiße Immensee' zeigt den gleichen Wuchs, bringt jedoch weiße Blüten hervor.

'Immensee'

L

'Lavender Dream'

'Lavender Dream'

Abstammung und Herkunft: 1985 von Ilsink/Interplant in den Niederlanden gezüchtet, Eltern 'Yesterday' und 'Nastarana'
Wuchs: mäßig; leicht bogig überhängende, locker verzweigte Triebe
Höhe: 50–70 cm
Pflanzabstand: etwa 80 cm
Blüte und Laub: Bei der öfterblühenden Sorte entfalten sich zierliche Blumen aus den kleinen, kugeligen, dunkel lavendelfarbenen Knospen. Ihre schmalen, herzförmigen Blütenblätter bilden eine einfache Blütenschale von lavendelblauer Farbe, die sich durch lange Haltbarkeit, gute Regenfestigkeit und sauberes Verblühen auszeichnet. Durch ihr Gewicht biegen die üppigen Blütenbüschel, die einen intensiven Duft verströmen, die weichen Triebe nieder. Die mittelgroßen, dunkelgrünen Laubblätter mit rötlichen Adern glänzen leicht.
Besonderes: ADR-Rose 1987

M

'Marondo'

Abstammung und Herkunft: 1991 von Kordes in Deutschland eingeführt, Eltern 'Zwergkönig '78' und ein Sämling von *Rosa wichuraiana*
Wuchs: stark, zunächst aufrecht wachsend, dann flach niederliegend, breitbuschig
Höhe: bis 200 cm
Pflanzabstand: etwa 100 cm
Blüte und Laub: Die stumpf kegelförmigen, dunkelrosa Knospen der einmalblühenden Sorte stehen in lockeren Büscheln beisammen. Sie entwickeln sich zu mittelgroßen, halbgefüllten Blüten, die sich schalenförmig öffnen und dabei den Blick auf ihre gelben Staubgefäße freigeben. Das kräftige Rosa der aufblühenden Blumen hellt sich im Verblühen zu einem Zartrosa auf. Die langen, winterharten Triebe sind dicht mit frischgrünen, glänzenden Laubblättern besetzt.
Besonderes: ADR-Rose 1989; gut zur Befestigung von Böschungen geeignet

'Marondo'

'Max Graf'

Abstammung und Herkunft: 1919 von Bowditsch in Connecticut, USA, gezüchtet, Eltern vermutlich *Rosa rugosa* und *R. wichuraiana*
Wuchs: stark, flach niederliegend, buschig; viele, teils bogige, 1–3 m lange Triebe
Höhe: 40–60 cm
Pflanzabstand: 70–100 cm
Blüte und Laub: Die kleinen, kegelförmigen, karminroten Knospen öffnen sich zu mittelgroßen, einfachen Blütenschalen. Zunächst karminrosa, färben sie sich voll erblüht dann hellrosa mit noch hellerer Blütenmitte. Bei der nur einmal, dafür aber sehr reich blühenden Rose stehen die Blumen einzeln oder in kleinen Büscheln. Die bestachelten Triebe sind dicht mit mittelgroßen, glänzenden und etwas runzeligen Laubblättern besetzt, die im Austrieb hellgrün, später dunkelgrün gefärbt sind.
Besonderes: Die Rose ist absolut winterhart. Wie diese sind auch die im Wuchs sehr ähnlichen Sorten 'Rote Max Graf' mit leuchtend blutroten Blüten und 'Weiße Max Graf' mit rein weißen Blüten dichte und wertvolle Bodendecker.

'Max Graf'

'Mirato'

Abstammung und Herkunft: 1990 von Tantau in Deutschland gezüchtet; Eltern werden nicht bekanntgegeben
Wuchs: mittelstark, niedrig, breitbuschig; aufrechte wie auch niederliegende Triebe
Höhe: 40–60 cm, teils auch höher

'Mirato'

Pflanzabstand: etwa 50 cm
Blüte und Laub: Kleine, eiförmige, rote Knospen stehen bei der öfterblühenden Sorte in breiten Büscheln beieinander. Die sich daraus entfaltenden Blumen sind im Erblühen edelrosenähnlich geformt, flachen sich dann jedoch zu großen, gut gefüllten Blütenschalen ab. Ihr kräftiges Rosa behält seine Leuchtkraft bis zum Verblühen. Die Triebe sind dicht mit kleinen, ledrigen, glänzenden Laubblättern besetzt, die dunkelgrün bis kupfrig gefärbt sind.
Besonderes: ADR-Rose 1993; auch als Strauchrose und zum Begrünen von Böschungen geeignet

'Moje Hammarberg'

Abstammung und Herkunft: 1931 von Hammarberg in Schweden gezüchtet, Sämling von *Rosa rugosa*
Wuchs: stark, steif aufrecht, breitbuschig; dicht verzweigte, kurze Triebe
Höhe: 70–100 cm
Pflanzabstand: 50–70 cm

Blüte und Laub: An den Enden der starken Stiele bildet die öfterblühende Rose längliche, rotviolette Knospen, die einzeln stehen oder zu wenigen in Büscheln zusammengefaßt sind. Aus ihnen entwickeln sich mittelgroße bis große, halbgefüllte Blüten, die sich weit öffnen und einen intensiven, würzig süßen Duft verströmen. Ihre karmin- bis violettrosa Farbe verblaßt im Verblühen etwas. Die runzeligen Laubblätter, die dicht an den mit borstigen Stacheln bewehrten Trieben sitzen, stellen eine hübsche Untermalung des Flors dar. Im Austrieb glänzen sie noch hellgrün, voll entfaltet dann dunkelgrün. Schneidet man Verblühtes nicht ab, reifen aus den Blüten große rote Hagebutten heran.
Besonderes: Die völlig winterharte Rose ist recht salzverträglich, aber etwas kalkempfindlich. Sie läßt sich gut für niedrige Hecken und die Bepflanzung von Böschungen verwenden.

'Moje Hammarberg'

P

'Palmengarten Frankfurt'

Synonym: 'Kordes' Rose Palmengarten Frankfurt'

Abstammung und Herkunft: 1988 von Kordes in Deutschland aus der Kreuzung ('The Fairy' x 'Temple Bells') mit [('Bubble Bath' x 'Lilli Marleen') x 'Tornado'] gezüchtet
Wuchs: buschig; sehr breit ausladende bis überhängende Triebe, die gut nachtreiben
Höhe: 70–100 cm
Pflanzabstand: mindestens 70 cm
Blüte und Laub: Die sehr reichblütige Rose bildet kleine, walzenförmige Knospen von roter Farbe, die zu lockeren Blütenständen zusammengefaßt sind. Sie öffnen sich zu halbgefüllten, mittelgroßen Blütenschalen, deren gelbe Staubgefäße einen hübschen Farbklecks in das leicht karmingetönte Rosarot bringen. Die öfterblühende, pflegeleichte Sorte zeichnet sich durch eine hohe Selbstreinigungskraft aus. Ihre im Austrieb hellgrünen, später frischgrünen und stark glänzenden Laubblätter stellen einen äußerst aparten Blütenhintergrund dar.
Besonderes: ADR-Rose 1992; auch als einzelnstehende Strauchrose zu verwenden

'Palmengarten Frankfurt'

'Pink Bassino'

Abstammung und Herkunft: 1984 von Kordes in Deutschland aus der Kreuzung 'Weiße Immensee' x Sämling gezüchtet
Wuchs: mittelstark; leicht bogig überhängende, gut verzweigte Triebe
Höhe: 70–80 cm
Pflanzabstand: 50–70 cm
Blüte und Laub: Die kleinen, zugespitzten, dunkelrosa gefärbten Knospen sind zu Büscheln zusammengefaßt. Daraus öffnen sich einfache Blütenschalen, die eine mittlere Größe erreichen. Die großen, leicht gewellten, hellrosa bis weißlichrosa Blütenblätter umschließen einen leuchtend gelben Blütenboden. Der reizvolle Flor der öfterblühenden Rose wird untermalt von dunkelgrünen, gezähnten Laubblättern, die im Austrieb noch hellgrün gefärbt sind. Sie glänzen stark und wirken sehr robust.
Besonderes: ADR-Rose 1993; nahe mit ihr verwandt sind 'Bassino' mit gleicher Blütenfarbe, jedoch niederliegendem Wuchs und höchstens 25 cm Höhe sowie 'Royal Bassino' mit blutroten Blüten und ähnlichem Wuchs wie 'Pink Bassino'.

'Pink Bassino'

'Pink Meidiland'

Abstammung und Herkunft: 1984 bei Meilland in Südfrankreich aus der Kreuzung 'Meilland Decor Rose' x 'Nirvana' hervorgegangen
Wuchs: stark, breitbuschig, kompakt; unten dichttriebig, oben locker verzweigt
Höhe: 80–100 cm
Pflanzabstand: 60–80 cm
Blüte und Laub: Die karminroten Knospen von spitz eiförmiger Gestalt sind an den Enden der langstielig verzweigten Triebe zu lockeren Blütenständen zusammengefaßt. Sie entwickeln sich zu einfachen, mittelgroßen, schalenförmigen Blumen mit großen, leicht gewellten Blütenblättern. Im Aufblühen sind sie intensiv lachsrosa mit weißer Blütenmitte, aus der

die gelben Staubgefäße hervorleuchten. Die Blumen verblühen sauber, dabei hellt sich ihre kräftige Farbe etwas auf. Die Sorte gilt als gut nachblühend. Das dichte, ledrige Laubwerk erscheint im Austrieb kupfrig hellgrün, später glänzt es dunkelgrün.
Besonderes: ADR-Rose 1987; auch als Hecken- oder als Strauchrose geeignet. Eine Vielzahl nahe verwandter und ebenso gesunder und robuster Sorten stellen eine breite Farbpalette zur Auswahl. So gibt es 'Alba Meidiland' mit gefüllten, rein weißen Blüten, 'Cherry Meidiland' mit einfachen, roten Blüten, 'Flash Meidiland' mit einfachen, dunkelrosa Blüten, 'Magic Meidiland' mit gefüllten, dunkelrosa Blüten, 'Pearl Meidiland' mit gefüllten, pastellrosa Blüten, 'Red Meidiland' mit einfachen, dunkelroten Blüten, 'Scarlet Meidiland' mit locker gefüllten, orangeroten Blüten sowie 'White Meidiland' mit sehr stark gefüllten, rein weißen Blüten.

'Pink Meidiland'

R

'Repandia'

'Repandia'

Synonym: 'Kordes' Rose Repandia'

Abstammung und Herkunft: 1982 von Kordes in Deutschland aus der Kreuzung 'The Fairy' mit einem Sämling von *Rosa wichuraiana* gezüchtet
Wuchs: stark, flach niederliegend; bis zu 3 m lange Triebe
Höhe: 30–50 cm
Pflanzabstand: etwa 100 cm
Blüte und Laub: Die nur einmal blühende Sorte bildet in den Blattachseln und am Triebende große Büschel kegelförmiger, hell karminroter Knospen, die sich zu kleinen, einfachen Blütenschalen öffnen. Ihre herzförmigen Blütenblätter sind zunächst leuchtend rosa, voll erblüht dann zur Blütenmitte hin weißlich gefärbt, um sich im Verblühen noch weiter aufzuhellen. Die leicht duftenden Blumen zeichnen sich durch gute Haltbarkeit, Regenfestigkeit sowie sauberes Verblühen aus. Die robusten, lange an den Zweigen haftenden Laubblätter zeigen sich im Austrieb zunächst hellgrün, später dunkelgrün und glänzen stark.
Besonderes: ADR-Rose 1986; hervorragend für ein schnelles Begrünen von großen Freiflächen oder Böschungen geeignet

'Roseromantic'

'Roseromantic'

Abstammung und Herkunft: 1984 von Kordes in Deutschland aus der Kreuzung eines Sämlings mit 'Tornado' gezüchtet
Wuchs: buschig; leicht bogig überhängende, dünne, locker verzweigte Triebe
Höhe: 60–80 cm
Pflanzabstand: etwa 60 cm
Blüte und Laub: Bei dieser öfter- und überaus reich blühenden Rose stehen die dunkelrosa, spitzovalen Knospen in großen Büscheln zusammen. Sie erblühen zu einfachen, mittelgroßen Blumen, deren leicht gewellte Blütenblätter flach abgespreizt sind und so den Blick auf die schmückenden, goldgelben Staubgefäße freigeben. Die leicht duftenden Blüten sind von einer pastelligen, zartrosa Tönung, die sich mit der Zeit noch weiter aufhellt. Sehr apart wirkt dazu das kleinblättrige, dunkelgrüne, glänzende Laub, das im Austrieb noch hellgrün gefärbt ist.

S

'Satina'

Abstammung und Herkunft: 1992 von Tantau in Deutschland gezüchtet; Eltern werden nicht bekanntgegeben
Wuchs: mittelstark, niedrig, buschig, kompakt; Triebe zum Teil niederliegend
Höhe: 40–50 cm
Pflanzabstand: etwa 50 cm
Blüte und Laub: Die kleinen, rundlichen, dunkelrosa gefärbten Knospen öffnen sich zu mittelgroßen, halbgefüllten Blütenschalen, die schwach duften. Die Blütenblätter zeigen ein zartes bis kräftiges Rosa, und ihre weißliche Basis unterstreicht die augenfällige Wirkung der gelben Staubgefäße. Stets sind mehrere Blüten zu dichten Büscheln zusammengefaßt. Die reich- und öfterblühende, robuste Rose bildet kleine frischgrüne Laubblätter aus, die stark glänzen.

'Satina'

'Schneesturm'

'Schneesturm'

Abstammung und Herkunft: 1990 von Tantau in Deutschland gezüchtet; Eltern werden nicht bekanntgegeben
Wuchs: stark, breitbuschig, locker; lange, überhängende Triebe
Höhe: 80–100 cm
Pflanzabstand: 70–100 cm
Blüte und Laub: Cremeweiße Knospen von kleiner, kegelförmiger Gestalt stehen bei der öfterblühenden Sorte zu mehreren in lockeren Büscheln zusammen. Sie öffnen sich zu mittelgroßen bis großen, dichtgefüllten Blüten in reinem bis cremefarbenem Weiß. Einen hübschen Kontrast dazu bilden die mittelgrünen, etwas ledrigen, glänzenden Laubblätter. Sie sind lanzettlich geformt und robust und stehen dicht an den Trieben.
Besonderes: ADR-Rose 1993

'Sea Foam'

Abstammung und Herkunft: 1964 von Schwartz aus der Kreuzung [('White Dawn' x 'Rosenmärchen') x ('White Dawn' x 'Rosenmärchen')] und ('White Dawn' x 'Rosenmärchen') gezüchtet
Wuchs: breit; Triebe zuerst bogenförmig, später niederliegend und bis 150 cm lang, schnell nachtreibend
Höhe: bis 100 cm
Pflanzabstand: etwa 60 cm
Blüte und Laub: Aus den spitzovalen, zartrosa Knospen öffnen sich mittelgroße, stark gefüllte Blumen. Ihre zahlreichen Blütenblätter sind rosettenähnlich angeordnet und leuchten zunächst rein weiß mit einem zartrosa Hauch; mit der Zeit werden sie rahmweiß. Ein leichter Duft kennzeichnet die üppigen Blüten, die in Büscheln zusammenstehen und die reich- und öfterblühende Rose über und über bedecken. Das kleinblättrige, ledrig glänzende Laub unterstreicht mit seiner dunkelgrünen Farbe die Wirkung des strahlenden Flors.
Besonderes: Diese Sorte kann man auch als Strauchrose verwenden.

'Sea Foam'

'Smarty'

Synonym: 'Intersmart'

Abstammung und Herkunft: 1977 von Interplant in den Niederlanden aus der Kreuzung 'Yesterday' x Sämling gezüchtet
Wuchs: stark, breitbuschig; teilweise niederliegende Triebe, die bis 150 cm lang werden
Höhe: 80–100 cm
Pflanzabstand: 50–60 cm
Blüte und Laub: Die reich- und öfterblühende Sorte bildet zartrosa Knospen, die zu mehreren in Büscheln zusammenstehen. Aus ihnen entfalten sich einfache, mittelgroße Blütenschalen, die äußerst wetterbeständig sind und sauber verblühen. Die rahmweißen Blumen tragen einen rosafarbenen Schimmer, ihre Staubgefäße leuchten gelb. Das gesunde, leicht glänzende Laubwerk besteht aus mittelgroßen, hellgrünen Blättern.
Besonderes: auch als Kleinstrauchrose und zur Bepflanzung von Böschungen geeignet

'Smarty'

'Sommermärchen'

Abstammung und Herkunft: 1992 von Kordes in Deutschland gezüchtet, Eltern 'Weiße Immensee' und 'Bella Rosa'
Wuchs: stark, niedrig, breitbuschig
Höhe: bis 50 cm
Pflanzabstand: 40–60 cm
Blüte und Laub: Aus den kleinen, zugespitzten, dunkelrosa Knospen der öfterblühenden Sorte, die in dichten Büscheln beieinandersitzen, entstehen ebenfalls kleine, schalenförmige Blüten. Sie

sind mit leicht gewellten Blütenblättern halb gefüllt und zeigen ihre goldgelben Staubgefäße. Ihr intensives Pink behält seine Leuchtkraft bis zum sauberen Verblühen der Blumen. Das dunkelgrüne, stark glänzende Laub ist robust und wenig anfällig für Krankheiten.

'Sommermärchen'

'Sommerwind'

Abstammung und Herkunft: 1985 von Kordes in Deutschland aus der Kreuzung 'The Fairy' mit einem Sämling gezüchtet
Wuchs: niedrig, breitbuschig; stark verzweigte Triebe
Höhe: 50–60 cm
Pflanzabstand: etwa 40 cm
Blüte und Laub: Die spitzovalen Knospen von dunkelrosa bis roter Farbe sind zu Büscheln zusammengefaßt. Sie öffnen sich zu mittelgroßen, locker gefüllten Blütenschalen mit leicht gekerbten und gewellten Blättern. Das leuchtende reine Rosa der schwach duftenden Blumen hellt sich im Verblühen etwas auf. Die öfterblühende, pflegeleichte und robuste Rose zeichnet sich durch ein üppiges, frischgrün glänzendes Laubwerk aus.
Besonderes: ADR-Rose 1987

'Sommerwind'

'Swany'

Abstammung und Herkunft: 1977 von Meilland in Südfrankreich aus der Kreuzung *Rosa sempervirens* x 'Mlle Marthe Carron' gezogen
Wuchs: niedrig, breitbuschig; niederliegende oder bogig aufstrebende Triebe
Höhe: 40–50 cm
Pflanzabstand: 50–60 cm
Blüte und Laub: Aus den kugeligen, weißen Knospen der reich- und öfterblühenden Sorte entwickeln sich mittelgroße, dichtgefüllte, rosettenartige Blüten. Die schneeweißen Blumen sind anfangs in ihrer Mitte zartrosa überhaucht und ballonförmig. Später flachen sie ab und strahlen dann rein weiß. Die zu breiten Büscheln zusammengefaßten, regenfesten Blüten weisen bei feuchtem Wetter eine nur unzureichende Selbstreinigung auf. Das üppige Laub ist im Austrieb kupferfarben, voll entfaltet dann dunkelgrün gefärbt und glänzt stark.

'Swany'

T

'The Fairy'

Abstammung und Herkunft: 1932 von Bentall in England als ein Sport von 'Lady Godiva', die ihrerseits ein Sport von 'Dorothy Perkins' ist, eingeführt
Wuchs: mittelstark, breitbuschig; die äußeren der sehr dicht verzweigten Triebe bogig überhängend
Höhe: 60–70 cm
Pflanzabstand: 40–50 cm
Blüte und Laub: Diese robuste, öfterblühende Sorte bildet kleine rosa Knospen, die zu großen Büscheln vereint sind. Aus ihnen entstehen dichtgefüllte Blumen, deren zahlreiche Blütenblätter rosettenartig angeordnet sind. Ihr kräftiges Hellrosa geht in ein Zartrosa über, wenn sie voll erblüht sind. Zwar sind die Blumen klein, erscheinen aber in so großer Zahl, daß sie die Pflanze mit einem wahren Blütenteppich überziehen. Die ebenfalls kleinen, zierlichen Laubblätter glänzen stark. Sie sind anfangs hellgrün, voll entfaltet dann mittelgrün gefärbt.
Besonderes: Die sehr winterharte Sorte läßt sich auch gut als Strauchrose oder zur Bepflanzung von Böschungen verwenden.

'The Fairy'

Strauchrosen von A–Z

Diese Rosenklasse umfaßt die sog. Alten Rosen, nämlich Alba-Rosen, Bourbon-Rosen, China-Rosen, Damaszener-Rosen, Gallica-Rosen, Moosrosen, Noisette-Rosen, die Remontant-Rosen, Teerosen und Zentifolien (siehe Seite 23–26), weiterhin die neueren Züchtungen der Einmalblühenden und Öfterblühenden Strauchrosen (siehe Seite 26). Eine recht junge Gruppe stellen die Englischen Rosen (siehe Seite 26) dar, welche die Schönheit der Alten Rosen mit den guten Eigenschaften Moderner Rosen wie etwa Robustheit oder Remontieren (siehe Seite 26) vereinen.

Wuchs und Blüte

Ihrem Namen entsprechend wachsen Strauchrosen in der Regel buschig mit aufrechten, oftmals aber bogig überhängenden Trieben. Bei einigen Sorten sind diese lang und biegsam, teilweise vermögen diese Rosen sogar zu klettern. Mit einer geeigneten Hilfe, beispielsweise einem Spalier, können solche Sorten wie Kletterrosen gezogen werden. Auf diese Weise erreichen sie Höhen, die weit über das bei den Strauchrosen übliche Maß von etwa 1,5 bis 3 m hinausgehen. Solche Grenzfälle werden vielfach sowohl zu den Strauch- als auch zu den Kletterrosen gerechnet.
Die Vielfalt der Blütenformen bei Strauchrosen ist beeindruckend und reicht von einfachen Schalenblüten bis zu edelrosenähnlichen Blumen. Die Alten wie auch die Englischen Rosen warten häufig mit dichtgefüllten, barock wirkenden Blütenbällen auf, die oftmals geviertelt erscheinen und bei einigen Sorten geradezu verschwenderisch duften. Leider entfalten nicht alle Strauchrosen ihre Blütenpracht den ganzen Sommer über, wie es die modernen Öfterblühenden Strauchrosen tun. Manche blühen nur einmal im Frühsommer und zeigen allenfalls eine leichte Nachblüte. Entfernt man Verblühtes nicht, entwickeln sich bei einigen Sorten dekorative Hagebutten. Wie die Blütenform fällt auch das Laub der

Alba-Rosen (oben) betören durch stark duftende, weiße Blütenbälle. Bourbon-Rosen (unten) blühen von Juni bis zum Spätherbst.

Damaszener-Rosen (oben) bringen weiße oder rosa Blüten hervor. Englische Rosen (unten) ähneln in ihrem Aussehen den Alten Rosen.

Üppige, breit ausladende Büsche stehen am besten allein, wie etwa die Öfterblühende Strauchrose 'Angela'.

vielen Sorten ist eine weitere Düngung nicht nötig. Nur Rosen mit sehr üppigem, immer wiederkehrendem Flor sollten zusätzlich im Frühjahr oder Frühsommer eine Gabe Rosendünger erhalten.

Verwendung

Um der Schönheit der Blüten und dem malerischen Wuchs der Sträucher gerecht zu werden, pflanzt man Strauchrosen gewöhnlich einzeln oder allenfalls in kleinen Gruppen als Blickfang, z. B. in den Rasen oder vor eine dunkle Gehölzkulisse. Einige Sorten eignen sich auch für größere Pflanzungen oder sogar für Hecken. Niedrige Sorten, sog. Kleinstrauchrosen, lassen sich hervorragend im Beet verwenden, wo sie, ebenso wie die hohen Beetrosen, passende Begleiter erhalten sollten (siehe Tabelle Seite 55–57).

Strauchrosen recht unterschiedlich aus. Bei etlichen Sorten weisen die Blätter oft auch mehr als 5 Fiederblättchen auf.

Pflege

Anders als die Beetrosen werden Strauchrosen nicht regelmäßig zurückgeschnitten. Man nimmt lediglich im Frühjahr altes, abgestorbenes Holz heraus oder kürzt die Triebe von Büschen, die allzu mächtig geworden sind, behutsam ein. Vor allem bei Einmalblühenden Strauchrosen sollte man mit der Schere eher zurückhaltend umgehen, damit man sich nicht um den Blütenreichtum bringt (siehe Seite 86). Im Herbst wird der Boden unter den Sträuchern mit Kompost abgedeckt. Bei

Strauchrosen wie 'Old Blush' eignen sich hervorragend für attraktive lockere Blütenhecken.

A

'Abraham Darby'

'Abraham Darby'

Sortengruppe: Englische Rosen

Abstammung und Herkunft: 1985 von Austin in England aus der Kreuzung 'Yellow Cushion' x 'Aloha' gezogen
Wuchs: kräftig, buschig; lange, überhängende Triebe; manchmal auch kletternd
Höhe: 150–200 cm, kletternd bis 3 m
Blüte und Laub: Aus den runden, aprikosenfarbenen Knospen quellen pfirsichrosa getönte, gelb überhauchte Blütenblätter, die sich etwas nach innen rollen und langsam zu Gelbrosa verblassen. Sie bilden große, dichtgefüllte Blütenschalen, die einzeln oder in Büscheln an den langen Trieben stehen. Die Blüten erscheinen unablässig den ganzen Sommer hindurch und verströmen einen kräftigen Duft. Das dunkelgrüne, glänzende Laub ist sehr resistent gegen Krankheiten.
Besonderes: Die Sorte ist gut winterhart.

'Admired Miranda'

Sortengruppe: Englische Rosen

Abstammung und Herkunft: 1982 von Austin in England aus der Kreuzung 'The Friar' x 'The Friar' gezogen
Wuchs: schwach, aufrecht, einer Teehybride ähnlich
Höhe: bis 90 cm
Blüte und Laub: Dicke, lachsrosa Knospen stehen meist einzeln oder zu wenigen zusammen. Daraus entfalten sich mittelgroße, dichtgefüllte Blumen, deren Blütenblätter in einem zarten Rosa mit rötlich überhauchtem Rand eine schöne Rosette bilden. Die Rose zeichnet sich durch starken Duft und immer wiederkehrenden Blütenflor aus. Ihr mittelgrünes, leicht glänzendes Laub steht eher locker an den Trieben.

'Admired Miranda'

'Angela'

Sortengruppe: Öfterblühende Strauchrosen

Abstammung und Herkunft: 1984 von Kordes in Deutschland aus der Kreuzung 'Yesterday' x 'Peter Frankenfeld' gezogen

'Angela'

Wuchs: breitbuschig, aufrecht mit leicht überhängenden Trieben; locker verzweigt
Höhe: 100–130 cm
Blüte und Laub: Aus den kleinen, kegeligen, rosaroten Knospen erblühen mittelgroße, schalenförmige gefüllte Blüten in einem kräftigen Altrosa mit hellerer Mitte. Sie stehen in lockeren Büscheln zusammen. Diese robuste Strauchrose hat den Charme der Alten Rosen und blüht reich bis in den Herbst hinein. Das dichte Laub ist widerstandsfähig gegen Krankheiten, die glänzenden Blätter sind anfangs hell-, später mittelgrün gefärbt.
Besonderes: ADR-Rose 1982; sehr frostverträglich

B

'Baronne Adolphe de Rothschild'

Synonym: 'Baroness Rothschild'

Sortengruppe: Remontant-Rosen

Abstammung und Herkunft: 1868 von Pernet in Frankreich als ein Sport von 'Souvenir de la Reine d'Angleterre' entdeckt
Wuchs: sehr stark, aufrecht
Höhe: bis 120 cm
Blüte und Laub: Große, anfangs becher-, später fast schalenförmige Blumen entwickeln sich aus den rosafarbenen, länglichen Knospen. Sie sind üppig gefüllt mit seidenweichen Blütenblättern, deren kräftiges Rosa mit silbrigen Reflexen zur Blütenmitte hin dunkler wird. Die frühblühende Sorte zeigt einen reichen, immer wiederkehrenden Flor und duftet leicht. Ihre großen graugrünen Laubblätter sitzen dicht an den Trieben.

'Baronne Adolphe de Rothschild'

'Bischofsstadt Paderborn'

Synonym: 'Kordes' Rose Bischofsstadt Paderborn'

Sortengruppe: Öfterblühende Strauchrosen

Abstammung und Herkunft: 1964 von Kordes in Deutschland aus der Kreuzung 'Korona' x 'Spartan' gezüchtet

'Bischofsstadt Paderborn'

Wuchs: mäßig stark, buschig aufrecht; kräftig verzweigte Triebe
Höhe: 100–150 cm
Blüte und Laub: Die scharlachroten, spitzen Knospen öffnen sich zu flammend orange- bis zinnoberroten Blüten mit gelblichweißem Auge. Die mittelgroßen Blumen sind einfach, schalenförmig und von guter Haltbarkeit. Hervorragende Fernwirkung und hohe Selbstreinigungskraft zeichnen die reichblühende Sorte aus. Das glänzend tiefgrüne Laub besteht aus mittelgroßen Blättern und hat sich als außerordentlich widerstandsfähig gegen Krankheiten erwiesen.
Besonderes: ADR-Rose 1968; in geschützten Lagen als Kletterrose verwendbar

'Blanche Moreau'

Sortengruppe: Moosrosen

Abstammung und Herkunft: 1880 von Moreau-Robert in Frankreich aus der Kreuzung 'Comtesse de Murinais' x 'Quatre Saisons Blanc' gezüchtet

Wuchs: mittelstark, schlank; dicht bestachelte Triebe
Höhe: bis 150 cm
Blüte und Laub: Blütenstiele wie Kelchblätter sind dicht mit braunem Moos bedeckt, das an den Spitzen der rundlichen Knospen einen Blick auf die rein weißen Blütenblätter freigibt. Es öffnen sich wunderschöne kleine rahmweiße Blüten, die tellerförmig abgeflacht und stark gefüllt sind. Die spätblühende Rose bringt noch eine – allerdings schwächere – Nachblüte hervor und duftet sehr würzig harzig. Ihre Triebe tragen dunkelgrünes Laub, das mit den hellen Blüten stark kontrastiert.

'Blanche Moreau'

Besonderes: Diese Sorte benötigt einen nicht allzu trockenen, luftigen Platz, da sie sonst mehltauanfällig ist.

'Bonanza'

Sortengruppe: Öfterblühende Strauchrosen

Abstammung und Herkunft: 1983 von Kordes in Deutschland aus der Kreuzung eines Sämlings mit 'Arthur Bell' gezogen

'Bonanza'

Wuchs: stark, straff aufrecht, buschig; Triebe mit kräftigen Stacheln bewehrt
Höhe: 100–150 cm
Blüte und Laub: Gelbe Knospen mit roten Rändern öffnen sich spiralig zu großen, halbgefüllten Blütenschalen, deren leicht gewellte, goldgelbe Blätter zum Rand hin kupferrot überhaucht sind. Bei voll erblühten Blumen verblaßt die Färbung zu einem hellen Gelb mit rosa Saum. Die aparten, außerordentlich regenfesten Blüten werden von dem anfangs kupfrig getönten, später mittelgrünen, glänzenden und sehr robusten Laub aufs schönste zur Geltung gebracht.
Besonderes: ADR-Rose 1984; wegen ihrer aufrechten, kompakten Wuchsform auch für Hecken und Gruppenpflanzungen verwendbar

'Botzaris'

Sortengruppe: Damaszener-Rosen

Abstammung und Herkunft: unbekannt; seit 1856 beschrieben

Wuchs: schwach, aufrecht; Triebe stark bestachelt
Höhe: bis 120 cm
Blüte und Laub: Die kleinen, kugeligen, weißen Knospen sind am Rand kräftig rosa

'Botzaris'

gefärbt. Sie entfalten sich zu wunderbar duftenden Blütenschalen, die dicht gefüllt und oft deutlich geviertelt sind. Wenn die Blumen voll erblüht sind, zeigen sie in der Mitte ihrer leuchtend weißen Blütenblätter ein grünes Auge. Die reich und lange blühende Sorte trägt hellgrünes, robustes Laub.

'Boule de Neige'

Sortengruppe: Bourbon-Rosen

Abstammung und Herkunft: 1867 von Lacharme in Frankreich aus der Kreuzung 'Blanche Lafitte' x 'Sappho' gezüchtet
Wuchs: aufrecht, buschig; locker verzweigte Triebe
Höhe: bis 150 cm
Blüte und Laub: Die kugeligen, im geschlossenen Zustand noch purpurroten Knospen öffnen sich zu rein weißen, ballförmigen, dichtgefüllten Blüten. An den Rändern der Blütenblätter erinnert nur noch ein zarter roter Saum an die Knospenfarbe. Bis zum Herbst erscheinen die Blumen in Büscheln und verströmen einen kräftigen, fruchtigen Duft. An den Zweigen wächst dunkelgrünes, glänzendes Laub von etwas ledrigem Aussehen.
Besonderes: In rauhen Lagen sollte man dieser Rose einen Winterschutz geben.

'Boule de Neige'

'Bourbon Queen'

Synonyme: 'Queen of Bourbons', 'Reine des Îles Bourbon', 'Souvenir de la Princesse de Lamballe'

Sortengruppe: Bourbon-Rosen

Abstammung und Herkunft: 1834 von Mauget in Frankreich gezogen; Eltern unbekannt

'Bourbon Queen'

Wuchs: stark, aufrecht; locker verzweigte Triebe
Höhe: bis 2,5 m
Blüte und Laub: Aus rosafarbenen Knospen entwickeln sich große, halbgefüllte Blütenschalen, deren Rosa zur Mitte hin purpurn, zum Rand hin heller getönt ist. Sie zeichnen sich durch einen besonders intensiven Duft aus. Die Rose blüht im Sommer üppig und zeigt im Herbst noch einen zweiten, dann allerdings schwächeren Flor. Ihre mittelgrünen, rundlichen Laubblätter sind bläulich überhaucht.
Besonderes: Die Sorte ist ziemlich frosthart. Mit einer Kletterhilfe kann sie auch deutlich höher als 2,5 m werden.

'Brillant'

Synonym: 'Kordes' Rose Brillant'

Sortengruppe: Öfterblühende Strauchrosen

Abstammung und Herkunft: 1983 von Kordes in Deutschland aus der Kreuzung von ('Sympathie' x Sämling) mit einem Zwergrosensämling gezogen
Wuchs: stark; aufrechter, buschiger Strauch
Höhe: 100–150 cm
Blüte und Laub: Orangefarbene, spitzkugelige Knospen erblühen bis zum Herbst in immer wiederkehrender Fülle zu einem Blumenmeer in leuchtendem Orange. Die auffallende Farbe hält lange und verblaßt auch bei schlech-

ter Witterung nicht. Von den lockeren Büscheln der mittelgroßen, becherförmigen, gefüllten Blüten geht ein sanfter Wildrosenduft aus. Das Dunkelgrün des gegen Krankheiten sehr widerstandsfähigen, stark glänzenden Laubs

'Brillant'

bildet einen hübschen Kontrast zum kräftigen Orange der Blumen.

'Bullata'

Synonyme: 'Rose à Feuilles de Laitue', 'Lettuce-Leaved Rose'

Sortengruppe: Zentifolien

Abstammung und Herkunft: unbekannt; wahrscheinlich schon im 16. Jh. kultiviert, seit 1801 beschrieben
Wuchs: kräftig, breitbuschig
Höhe: etwa 180 cm
Blüte und Laub: Kleine, kugelige, dunkelrosa Knospen stehen in dichten Büscheln beieinander. Sie erblühen zu großen, stark gefüllten, duftenden Blumen in einem reinen Rosa, das in der Mitte dunkler, zum Rand hin heller getönt ist. Die ziemlich schweren Blüten neigen sich nach unten. Typisch für die einmalblühende Sorte sind die weichen, schlaff herabhängenden, zuerst noch rotbraunen bis bronzefarbenen Blätter,

'Bullata'

die sich später hellgrün färben und durch ihre gewellte, blasig gewölbte Oberfläche auffallen.

'Burghausen'

Sortengruppe: Öfterblühende Strauchrosen, häufig auch zu den Kletterrosen gezählt

Abstammung und Herkunft: 1989 von Kordes in Deutschland aus der Kreuzung ('Penelope' x 'Mix') mit ('Tornado' x 'Sympathie') gezogen
Wuchs: stark, breitbuschig, aufrecht; gut verzweigte Triebe
Höhe: bis 2,5 m
Blüte und Laub: Aus kurzen, dicken, blutroten Knos-

'Burghausen'

pen entstehen große, locker gefüllte, hellrote Blüten, die in kleinen Büscheln zusammenstehen. Die gewellten Blütenblätter formen eine flache Schale und umrahmen die gelben Staubgefäße in ihrer Mitte. Ohne Unterbrechung zeigt die Sorte einen herrlichen Blütenflor, der lange anhält und nicht verblaut. Das großblättrige, dunkelgrüne, matt glänzende Laub ist im Austrieb kupfrig überhaucht und sehr widerstandsfähig gegen Krankheiten.
Besonderes: ADR-Rose 1989; auch als Kletterrose verwendbar

C

'Cardinal de Richelieu'

'Cardinal de Richelieu'

Synonym: 'Rose Van Sian'

Sortengruppe: Gallica-Rosen

Abstammung und Herkunft: vom niederländischen Züchter van Sian gezogen, von Laffay in Frankreich um das Jahr 1840 verbreitet; Eltern unbekannt
Wuchs: stark, breitbuschig, aufrecht; Triebe wenig bestachelt
Höhe: 100–150 cm
Blüte und Laub: Aus den rundlichen, weinroten Knospen entwickeln sich mittelgroße, dichtgefüllte Blüten in einem samtigen Purpur- bis Weinrot mit silbergrauen Reflexen und oftmals weißlich überhauchter Mitte. Die anfangs ballförmigen Blumen werden allmählich flach und drehen ihre Blütenblätter nach außen. Sie erscheinen einmal im Jahr meist in Büscheln und duften süß. Das tiefgrüne Laub bildet einen hübschen Rahmen.

'Cécile Brunner'

Synonyme: 'Mlle Cécile Brunner', 'Mignon', 'The Sweetheart Rose', 'Maltese Rose'

Sortengruppe: China-Rosen, gelegentlich auch zu den Polyantha-Rosen gezählt

'Cécile Brunner'

Abstammung und Herkunft: von der Witwe Duchers um 1880 in Frankreich aus der Kreuzung von 'Mme de Tartas' entweder mit einer Polyantha- oder mit einer China-Rose gezogen
Wuchs: schwach, locker; gut verzweigte, zierliche, fast stachellose Triebe
Höhe: 60–100 cm
Blüte und Laub: Lachsfarbene, länglich spitze Knospen entfalten sich zu zierlichen, edel geformten Röschen, die immer flacher werden und ihre äußeren Blütenblätter nach hinten biegen. Die kleinen, gefüllten Blüten sind zart lachsrosa, am Rand etwas heller und in der Mitte gelblich überhaucht. Sie duften leicht und erscheinen während des ganzen Sommers. Kleine hellgrüne Laubblätter umspielen die Zweige in lokkerer Anordnung.
Besonderes: Die Sorte eignet sich gut als Schnittrose. Wegen ihrer langen Stiele sind die Blumen ideale „Knopflochrosen".

'Celsiana'

Synonym: 'Rosier de Cels'

Sortengruppe: Damaszener-Rosen

Abstammung und Herkunft: unbekannt; auf jeden Fall vor 1750 entstanden
Wuchs: kräftig, kompakt; überhängende Triebe

'Celsiana'

Höhe: bis 150 cm
Blüte und Laub: In hängenden Büscheln erscheinen die locker gefüllten, großen, flachen Blütenschalen. Die seidigen, wie zerknittert wirkenden Blütenblätter schimmern in zartem Rosa, das durch die Sonneneinstrahlung zu Rosaweiß verblaßt. Einen schönen Farbakzent setzen die auffälligen, leuchtend gelben Staubgefäße in ihrer Mitte. Von den Blumen der einmalblühenden Sorte geht ein intensiver Duft aus. An den Trieben steht weiches, helles, graugrünes Laub, das leicht duftet.

'Centenaire de Lourdes'

'Centenaire de Lourdes'

Synonyme: 'Mrs. Jones', 'Delge'

Sortengruppe: Öfterblühende Strauchrosen, manchmal auch zu den Floribunda-Rosen oder Teehybriden gezählt

Abstammung und Herkunft: aus der Kreuzung ('Frau Karl Druschki' x Sämling) mit einem Sämling hervorgegangen und 1958 vom Züchter Delbard-Chabert in Frankreich vorgestellt
Wuchs: stark, buschig; überhängende Triebe
Höhe: 150–200 cm
Blüte und Laub: Aus den kegelförmigen, rosaroten Knospen entfalten sich große, halbgefüllte Blütenschalen mit gewellten Blütenblättern, deren intensives Rosa zur Mitte hin in ein Hellrosa übergeht. Die Rose präsentiert ihre Blumen in lockeren Büscheln und zeichnet sich durch eine bis zum Herbst andauernde Blütenfülle aus. Ihre dunkelgrünen, mittelgroßen, leicht glänzenden Laubblätter sind gesund und robust.

'Charles Austin'

Sortengruppe: Englische Rosen

Abstammung und Herkunft: 1973 von Austin in England aus der Kreuzung 'Chaucer' x 'Aloha' gezüchtet
Wuchs: stark, buschig aufrecht
Höhe: bis 150 cm
Blüte und Laub: Kegelförmige, aprikosenfarbene Knospen öffnen sich zu großen, dichtgefüllten, geviertelten Blütenschalen, die an Alte

Rosen erinnern und einen kräftigen, fruchtigen Duft verströmen. Ungewöhnlich ist die Farbe dieser Rose: ein Aprikosengelb, das mit der Zeit etwas verblaßt und rosa überhaucht wirkt. Der erste Flor fällt sehr reich und üppig aus, die Nachblüte schwächer. Das großblättrige Laub glänzt hellgrün.

'Charles Austin'

'Charles de Mills'

Synonym: 'Bizarre Triomphant'

Sortengruppe: Gallica-Rosen

Abstammung und Herkunft: unbekannt
Wuchs: stark; aufrechte bis überhängende Triebe
Höhe: 120–150 cm
Blüte und Laub: Kugelige, dunkelrote Knospen stehen in Büscheln zusammen. Sie entfalten sich zu mittelgroßen, dichtgefüllten, flachen Blütenschalen von purpur- bis karminroter Färbung. Voll geöffnet, zeigen die duftenden Blumen eine geviertelte Mitte mit grünem Auge. Die Sorte blüht über viele Wochen hinweg. Ihr mattes Blattwerk ist graugrün und widerstandsfähig gegen Krankheiten.

'Charles de Mills'

'Chinatown'

'Chinatown'

Synonyme: 'Ville de Chine', 'China Town'

Sortengruppe: Öfterblühende Strauchrosen, bisweilen auch zu den Floribunda-Rosen gezählt

Abstammung und Herkunft: 1963 von Poulsen in Dänemark aus der Kreuzung 'Columbine' x 'Cläre Grammerstorf' gezüchtet
Wuchs: stark, aufrecht
Höhe: bis 150 cm
Blüte und Laub: Aus kegelförmigen, spitzen, gelb getönten Knospen erblühen große, dichtgefüllte Blumen. Sie stehen in Büscheln beieinander und leuchten in einem klaren Goldgelb, das manchmal an den Rändern zartrot überhaucht ist. Die Blumen erscheinen reich und andauernd und verbreiten einen schwachen Duft. Die hellgrünen, glänzenden Laubblätter wirken knackig und sind widerstandsfähig gegen Krankheiten.

'Conditorum'

'Conditorum'

Synonyme: Ungarische Rose, Konditor-Rose, *Rosa gallica* 'Conditorum'

Sortengruppe: Gallica-Rosen

Abstammung und Herkunft: unbekannt; sehr alte Sorte, aber erst 1889 von Dieck in Deutschland eingeführt und benannt
Wuchs: buschig, aufrecht
Höhe: 100–130 cm
Blüte und Laub: Kleine, kegelförmige, purpurrote Knospen stehen einzeln oder in lockeren Büscheln an den Zweigen. Sie entwickeln sich zu mittelgroßen, halbgefüllten Blütenschalen, die in einem wunderbaren Rubinrot bis Magentarosa mit purpurner Äderung leuchten. Die gelben Staubgefäße in ihrer Mitte bilden einen hübschen Kontrast dazu. Die Sorte blüht zwar nur einmal, dafür aber um so reicher und verströmt dann einen geradezu verschwenderischen Duft. Auch die matten, dunkelgrünen, mittelgroßen Laubblätter duften deutlich.
Besonderes: Blüten und Blätter dieser Rose wurden früher zum Einmachen und zur Herstellung von Konditorwaren und Rosenwasser genutzt.

'Constance Spry'

Sortengruppe: Englische Rosen

Abstammung und Herkunft: 1961 als erste der Englischen Rosen des englischen Züchters David Austin aus der Kreuzung 'Belle Isis' x 'Dainty Maid' entstanden
Wuchs: stark, hoch und buschig; Triebe sehr stachelig, auch kletternd
Höhe: 175–200 cm, als Kletterrose über 4 m
Blüte und Laub: Aus den rosafarbenen, kugeligen Knospen entfalten sich große, pfingstrosenartige, gefüllte Blüten von einem klaren, weichen Rosa. Die äußeren Blütenblätter biegen sich mit der Zeit etwas zurück und hellen sich dabei auf. Ein ausgeprägter süßer Duft nach Myrrhe kennzeichnet die Rose, die nur einmal blüht, und zwar im Juli, dann jedoch überaus reichlich. Ihre Blumen erscheinen entlang der Triebe, die graugrünes, gegen Krankheiten widerstandsfähiges Laub tragen. Im Austrieb sind die Blätter noch rotbraun gefärbt.
Besonderes: auch als Kletterrose zum Begrünen von Wänden und Zäunen geeignet

'Constance Spry'

'Cristata'

Synonyme: 'Chapeau de Napoléon', 'Crested Moss'

Sortengruppe: Moosrosen

Abstammung und Herkunft: 1820 zufällig in der Schweiz entdeckt, 1826 von Vibert in Frankreich beschrieben
Wuchs: locker, breitbuschig, ausladend
Höhe: bis 150 cm
Blüte und Laub: Die Besonderheit dieser Rose sind vergrößerte Kelchblätter mit moosartigen Auswüchsen, so daß geschlossene Knospen an den Dreispitz Napoleons erinnern. Die ballförmigen, dichtgefüllten Blüten in Silberrosa

'Cristata'

verbreiten einen wunderbaren Duft. Dichtstehendes, mattes, hellgrünes Laub bedeckt die Triebe der zwar nur einmal, dafür aber um so üppiger blühenden Sorte.
Besonderes: Bei sehr reicher Blüte kann eine Abstützung der ausladenden Triebe nötig sein.

D

'Dame Prudence'

'Dame Prudence'

Sortengruppe: Englische Rosen

Abstammung und Herkunft: 1969 von Austin in England aus der Kreuzung 'Ivory Fashion' mit ('Constance Spry' x 'Ma Perkins') gezüchtet
Wuchs: mittelstark, schlank
Höhe: 60–90 cm
Blüte und Laub: Aus den rosafarbenen, kegeligen Knospen öffnen sich große, gut gefüllte, duftende Blüten in immer wiederkehrender üppiger Pracht. Wie feinstes Porzellan schimmern die zartrosa, außen fast weißen Blütenblätter, die in der Mitte pfirsichfarben überhaucht sind. Das kleinblättrige, hellgrüne, matte Laub unterstreicht die zierliche Erscheinung der gesamten Pflanze.

'Dirigent'

Sortengruppe: Öfterblühende Strauchrosen

Abstammung und Herkunft: 1956 von Tantau in Deutschland aus der Kreuzung 'Fanal' x 'Karl Weinhausen' gezüchtet
Wuchs: stark, breitbuschig, aufrecht
Höhe: 150–180 cm
Blüte und Laub: Dunkelrote, kegelförmige Knospen entfalten sich zu halbgefüllten Blüten von mittlerer Größe. Wie Samt schimmern die Blumen in einem glühenden Blutrot. Die lockeren, großen Blütenbüschel erscheinen in reicher Fülle und sind ausgesprochen haltbar und sehr farbbeständig. Die großen, leicht glänzenden Laubblätter treiben rötlichgrün aus, werden später mittelgrün und stehen locker an den Trieben.
Besonderes: ADR-Rose 1958; kann auch für Gruppen- oder Heckenpflanzungen verwendet werden. Für diesen Fall empfiehlt sich ein Pflanzabstand von etwa 100 cm.

'Dirigent'

E

'Elmshorn'

'Elmshorn'

Sortengruppe: Öfterblühende Strauchrosen

Abstammung und Herkunft: 1950 von Kordes in Deutschland aus der Kreuzung 'Hamburg' x 'Verdun' gezogen
Wuchs: stark, aufrecht; dicht verzweigt
Höhe: 150–200 cm
Blüte und Laub: Kleine, stumpfovale, kirschrote Knospen erblühen zu ebenfalls kleinen, doch stark gefüllten Blüten, von denen 20–30 in großen Büscheln zusammenstehen. Beim Öffnen zeigen sich die Blumen hellrot, werden dann intensiv rosa und verblassen schließlich zu einem fast reinen Rosé. Die Sorte besticht durch eine üppige, bis in den Herbst anhaltende Blütenfülle. An den Zweigen sitzen hellgrüne, glänzende, etwas runzelige Blätter, die im Austrieb rötlich überhaucht sind.
Besonderes: ADR-Rose 1951

'Eyepaint'

Sortengruppe: Öfterblühende Strauchrosen

Abstammung und Herkunft: 1976 von McGredy in Nordirland aus der Kreuzung eines Sämlings mit 'Picasso' gezüchtet
Wuchs: mittelstark, aufrecht buschig
Höhe: 100–150 cm
Blüte und Laub: Eine Vielzahl zierlicher, spitzer Knospen verwandelt sich in kleine einfache Blüten, die in auffallend großen Dolden zusammenstehen. Die leicht gefransten Blütenblätter sind scharlachrot gefärbt und weisen in ihrer Mitte ein leuchtend weißes Auge auf. Bis zum Herbst erfreut die reichblühende Rose ohne Unterlaß mit diesem lebhaften Farbspiel. Ihre mittelgroßen Laubblätter glänzen hellgrün und wachsen recht dicht an den Trieben.
Besonderes: bei Trockenheit etwas anfällig für Sternrußtau

'Eyepaint'

F

'Fantin Latour'

Sortengruppe: Zentifolien

Abstammung und Herkunft: im 18. Jh. in Frankreich entstanden; Näheres unbekannt
Wuchs: kräftig, rundlich; Triebe wenig bestachelt
Höhe: 120–150 cm
Blüte und Laub: Aus dicken, rundlichen, dunkelrosa Knospen entfalten sich große,

'Fantin Latour'

dichtgefüllte, fast runde Blumen. Anfangs becherförmig, erinnern sie später mit ihren zurückgerollten Blütenblättern an die gerüschten Blüten von Pfingstrosen. Charakteristisch ist ihre muschelrosa Farbe, die zur Mitte hin um ein paar Nuancen dunkler wird und bei praller Sonne etwas verblaßt. Die Sorte blüht zwar nur einmal, dafür aber sehr reich, und verströmt einen süßlich-herben Duft. Das dunkelgrüne Laub bildet einen hübschen Kontrast zu den zartfarbenen Blumen.
Besonderes: Der Name dieser Sorte geht auf den französischen Maler Henri Fantin-Latour zurück, der viele Rosen seiner Zeit auf die Leinwand bannte.

'Félicité Parmentier'

Sortengruppe: Alba-Rosen

Abstammung und Herkunft: unbekannt; seit 1834 nachweislich in Kultur
Wuchs: kräftig, buschig; leicht überhängende Triebe
Höhe: 100–150 cm
Blüte und Laub: Kugelige, cremegelbe Knospen öffnen sich zu großen, sehr dicht gefüllten, ballförmigen Blüten, deren zartes Rosa an den Rändern zu Rahmweiß verblaßt. Die üppigen Blumen verströmen einen geradezu

'Félicité Parmentier'

berauschenden Duft. Am hellen Holz der einmalblühenden Pflanze wachsen grau- bis gelblichgrüne große Laubblätter.
Besonderes: Bei trockenem Boden und Hitze muß die Rose gut gegossen werden,

denn sonst entwickeln sich die Knospen nicht weiter und öffnen sich nicht. Die Blüten erscheinen oft in so großer Fülle, daß die Zweige gestützt werden sollten.

'Ferdinand Pichard'

'Ferdinand Pichard'

Sortengruppe: Remontant-Rosen

Abstammung und Herkunft: 1921 von Tanne in Frankreich gezogen; Abstammung unbekannt
Wuchs: stark; breiter, buschiger Strauch
Höhe: 120–200 cm
Blüte und Laub: Die kugeligen, rosa-weiß gefleckten Knospen lassen die auffallende Färbung der Blüten schon erahnen: Auf weißem Grund finden sich viele rosafarbene und auch karminrote Flecken und Streifen, die den Blütenblättern ein marmoriertes Aussehen verleihen. Die großen, schalenförmigen Blumen sind dicht gefüllt und bestechen durch einen ausgeprägten Duft. Sie stehen meist in Büscheln beieinander und erscheinen zuverlässig den ganzen Sommer hindurch. Die breiten, matten, sattgrünen Laubblätter harmonieren gut mit den lebhaft gezeichneten Blüten.
Besonderes: hervorragend als Schnittrose geeignet

'Feuerwerk'

Sortengruppe: Öfterblühende Strauchrosen

Abstammung und Herkunft: 1962 von Tantau in Deutschland aus der Kreuzung 'Allotria' x 'Spartan' gezüchtet
Wuchs: kräftig, aufrecht buschig
Höhe: etwa 150 cm, selten bis 200 cm
Blüte und Laub: Längliche, lachsrote Knospen brechen zu mittelgroßen, halbgefüllten Blütenschalen auf. Sie stehen in lockeren, kleinen Büscheln und sind feurig orange bis lachsrot gefärbt. Der Flor ist reich und anhaltend, die Blumen sind zudem recht farbbeständig und regenfest. An den Trieben steht glänzendes, mittelgrünes Laub, das im Austrieb eine leichte Kupfertönung aufweist.
Besonderes: Diese Sorte eignet sich auch ausgezeichnet für Gruppen- und Heckenpflanzungen; dabei ist ein Pflanzabstand von 100 bis 150 cm einzuhalten.

'Feuerwerk'

'Fontaine'

'Fontaine'

Synonym: 'Fountain'

Sortengruppe: Öfterblühende Strauchrosen

Abstammung und Herkunft: 1969 von Tantau in Deutschland aus der Kreuzung 'Olala' x 'Duftwolke' gezüchtet
Wuchs: mittelstark, breitbuschig; aufrechte, starke Triebe
Höhe: bis 200 cm
Blüte und Laub: Die dunkelroten Knospen, die an Edelrosen erinnern, öffnen sich zu sehr großen und locker gefüllten Blüten. Einzeln oder in kleinen Büscheln stehend, erscheinen sie in reicher Zahl und blühen außerordentlich lange. Die samtigen, leuchtend roten Blütenblätter sind äußerst farbbeständig. Das dichte, großblättrige, matte Laub zeigt sich zunächst während des Austriebs rötlich, wird später aber vollständig dunkelgrün.
Besonderes: Wegen der langen Stiele eignet sich die Rose auch ausgezeichnet zum Schnitt.

'Frau Karl Druschki'

Synonyme: 'Reine des Neiges', 'Snow Queen', 'White American Beauty', 'Schneekönigin'

Sortengruppe: Remontant-Rosen

Abstammung und Herkunft: 1901 von Lambert in Deutschland aus der Kreuzung 'Merveille de Lyon' x 'Mme Caroline Testout' gezogen
Wuchs: stark, aufrecht; Triebe kräftig bestachelt
Höhe: 100–120 cm

'Frau Karl Druschki'

Blüte und Laub: Ovale, weiße Knospen, die rosa überhaucht sind, entwickeln sich zu großen schneeweißen Blüten, deren Außenseite manchmal einen roten Schimmer zeigt. Die Blumen, die meist in Dreiergruppen an kurzen Stielen sitzen, entfalten sich langsam und behalten lange ein spitz gewölbtes Zentrum. Nach ihrer üppigen Hauptblüte im Juni schmückt sich die Rose im Herbst ein zweites Mal mit einem Blütenflor. Die Sorte ist etwas regenempfindlich: Ihre Knospen öffnen sich dann nicht. Das großblättrige, mattgrüne Laub steht dicht an den Trieben.

G

'Gloire de Dijon'

'Gloire de Dijon'

Sortengruppe: Teerosen, häufig auch zu den Kletterrosen gezählt

Abstammung und Herkunft: 1853 von Jacotot in Frankreich aus der Kreuzung einer unbekannten Teerose mit 'Souvenir de la Malmaison' gezogen
Wuchs: stark, aufrecht; lange Triebe
Höhe: 3–4 m
Blüte und Laub: Ein herrliches Farbspiel zeigen die Blüten dieser einzigen winterfesten Teerose. Dunkelorange Knospen entfalten sich zu großen, dichtgefüllten, gevierteilten Blumen von rahmweißer bis zartrosa Tönung, die gelblich, lachs- oder bernsteinfarben schattiert sein können. Je nach Standort und Witterung variiert der Farbton stark. Die Rose blüht reich und unermüdlich bis zum ersten Frost und verströmt einen wunderbaren Duft. Allerdings sind die Blumen etwas regenempfindlich. Das mattgrüne Laub ist an sehr trockenen Standorten ein wenig anfällig für den Sternrußtau.

Besonderes: Die Sorte, die auch als Kletterrose gezogen werden kann, ist eine gute Schnittrose. Obgleich sie als frosthart gilt, sollte man ihr in kalten Gebieten einen Winterschutz geben.

'Gloire de Mousseux'

Synonyme: 'Gloire des Mousseuses', 'Madame Albony'

Sortengruppe: Moosrosen

Abstammung und Herkunft: genaue Abstammung unbekannt; vermutlich 1852 von Laffay in Frankreich gezüchtet
Wuchs: mittelstark, aufrecht
Höhe: 100–130 cm
Blüte und Laub: Die rosa Knospen werden von auffallend langen, dicht mit grünem Moos bedeckten Kelchblättern umschlossen. Im Juni/Juli öffnen sie sich zu riesigen, üppig gefüllten Blütenschalen; sie zählen zu den größten unter den Rosen. Die Blütenblätter sind an den Rändern zurückgebogen und bestechen durch ein warmes Rosa, das zur Blütenmitte hin etwas dunkler wird. Große hellgrüne Laubblätter bedecken die an den Spitzen stets bemoosten Triebe.

'Gloire de Mousseux'

'Graham Thomas'

Sortengruppe: Englische Rosen

Abstammung und Herkunft: 1983 von Austin in England aus der Kreuzung 'Charles Austin' mit ('The Prioress' x 'Schneewittchen') gezüchtet
Wuchs: stark, buschig, aufrecht; leicht überhängende Triebe
Höhe: 120–150 cm
Blüte und Laub: Die dicken, gelben Knospen sind oft rötlich überhaucht. Beim Öffnen zeigen die Blüten eine aprikosenfarbene Tönung, die später in ein sattes Dunkelgelb übergeht und beim Verblühen stark verblaßt. Die mittelgroßen, gefüllten, becherförmigen Blumen stehen meist in Büscheln zusammen und erscheinen reichlich in immer wiederkehrender Pracht. Charakteristisch ist ihr Duft

'Graham Thomas'

nach Tee. Das weiche, hellgrüne, glänzende Laub stellt eine dichte Untermalung für den Flor dar und ist recht widerstandsfähig gegen Krankheiten.

'Grand Hotel'

'Grand Hotel'

Synonym: 'Grandhotel'

Sortengruppe: Öfterblühende Strauchrosen, wird häufig auch zu den Kletterrosen gezählt

Abstammung und Herkunft: 1975 von McGredy in Nordirland aus der Kreuzung 'Gruß an Heidelberg' x 'Schlösser's Brillant' gezogen
Wuchs: stark, buschig; kräftige, weit ausladende Triebe
Höhe: 150–200 cm, in günstigen Lagen bis 4 m
Blüte und Laub: Spitze, samtig dunkelrote Knospen entwickeln sich zu großen, locker gefüllten Blüten. Im Aufblühen leuchten die Blütenblätter scharlachrot, voll erblüht dann samtig blutrot, und ihre Farbe ist sehr beständig. Die einzeln oder in Büscheln stehenden Blumen erscheinen in großer Zahl und schmücken den Strauch bis in den Spätherbst hinein. Schneidet man sie nach der Blüte nicht zurück, bilden sich Hagebutten. Die Sorte ist wetterbeständig und verblüht sauber. Das glänzende, großblättrige Laub zeigt im Austrieb einen rötlichen Schimmer, wird später aber vollständig dunkelgrün. Die dichte Belaubung erweist sich als sehr widerstandsfähig gegen Krankheiten.
Besonderes: ADR-Rose 1977

'Great Maiden's Blush'

Synonyme: 'Cuisse de Nymphe', 'Cuisse de Nymphe émue', 'Maiden's Blush', 'Incarnata', 'La Virginale', 'Rosier Blanc Royal', 'La Séduisante'

Sortengruppe: Alba-Rosen

Abstammung und Herkunft: unbekannt; seit dem 15. Jh. in Kultur
Wuchs: stark; teilweise überhängende Triebe
Höhe: 1,5 bis 2,5 m
Blüte und Laub: Die runden, cremefarbenen Knospen sind rosig überhaucht, und sie wandeln sich zu großen, dichtgefüllten Blüten. Deren Färbung variiert von zartem Muschelrosa über Gelblichrosa bis zu Cremeweiß, doch immer ist die Blütenmitte rosa getönt. Die Blumen erscheinen zwar nur einmal im Jahr, gewöhnlich im Juni, dafür aber äußerst üppig, und sie verbreiten dann einen lieblichen Wildrosenduft. Das graugrüne Laub bildet den passenden Rahmen zum pastellfarbenen Flor.
Besonderes: Die Sorte 'Small Maiden's Blush' ist vermutlich ein Sport von 'Great Maiden's Blush'. Sie bleibt in Wuchs und Blüte etwas kleiner.

'Great Maiden's Blush'

'Gruß an Teplitz'

Sortengruppe: Bourbon-Rosen

Abstammung und Herkunft: 1897 von Geschwind in Ungarn aus der Kreuzung ('Sir Joseph Paxton' x 'Fellemberg') mit ('Papa Gontier' x 'Gloire des Rosomanes') gezogen
Wuchs: sehr stark, buschig; aufrechte, biegsame Triebe
Höhe: 180–200 cm, manchmal auch höher

'Gruß an Teplitz'

Blüte und Laub: Aus den spitzen, roten Knospen öffnen sich mittelgroße Blüten in einem leuchtenden samtigen Rot bis Karminrot, das mit der Zeit etwas nachdunkelt. Die becherförmigen Blumen sind locker gefüllt, erscheinen einzeln oder in Büscheln und verströmen einen würzigen Duft. Die Sorte blüht den ganzen Sommer hindurch reichlich. Ihre großen, gezähnten, im Austrieb noch roten Laubblätter verfärben sich bald in ein dunkles Bronzegrün.
Besonderes: Die Rose kann man auch gut an Wänden oder Pergolen emporklettern lassen, muß sie dann aber hochbinden.

H

'Hansa-Park'

Synonym: 'Hansapark'

Sortengruppe: Öfterblühende Strauchrosen

Abstammung und Herkunft: 1994 von Kordes in Deutschland aus der Kreuzung 'Sexy Rexy' x 'Via Mala' gezogen
Wuchs: aufrecht, buschig; kräftige Triebe
Höhe: bis 140 cm
Blüte und Laub: Schlanke, rosafarbene Knospen öffnen sich zu mittelgroßen und gut gefüllten Blumen, die schwach duften. Ihre Blütenblätter sind am Rand leicht gewellt und schimmern in einem zarten Altrosa. Die Sorte blüht reich und ausdauernd bis zum Herbst. An den dicken, dichtbelaubten Trieben stehen die Blumen in Büscheln zusammen. Sie bilden einen schönen Kontrast zu den dunkelgrünen, leicht glänzenden Laubblättern.

'Hansa-Park'

'Heritage'

'Heritage'

Sortengruppe: Englische Rosen

Abstammung und Herkunft: 1984 von Austin in England aus der Kreuzung eines Sämlings mit ('Schneewittchen' x 'Wife of Bath') gezüchtet
Wuchs: stark; buschiger, gut verzweigter Strauch; kaum bestachelte Triebe
Höhe: 120–150 cm
Blüte und Laub: Aus dikken, rosafarbenen Knospen quellen zartrosa Blütenblätter, die schließlich eine ebenmäßige, dichtgefüllte Schale bilden. Die mittelgroßen Blumen stehen in Büscheln eng beisammen und erscheinen unermüdlich bis zum Herbst. Sie verströmen ihren leichten Zitronenduft in geradezu verschwenderischer Intensität. Die zarten Laubblätter schimmern satt in glänzendem Dunkelgrün.

'Honorine de Brabant'

Sortengruppe: Bourbon-Rosen

Abstammung und Herkunft: unbekannt
Wuchs: stark, aufrecht, buschig; Triebe mit wenigen, aber sehr großen Stacheln
Höhe: 150–180 cm
Blüte und Laub: Die prallen, rosa marmorierten Knospen öffnen sich zu anfangs kugeligen, dann becherförmigen, großen, dichtgefüllten Blütenschalen. Eine außergewöhnliche Farbe und Zeichnung zeigen die geviertelt angeordneten Blütenblätter: Sie sind hellrosa gesprenkelt und tragen purpurne, karminrote und dunkelrosa Streifen. Die Rose verströmt einen süßen, schweren Duft und blüht bis in den Herbst hinein. Ihre Triebe sind mit ledrigen, großen hellgrünen Laubblättern besetzt.
Besonderes: Die Sorte zieht man auch als Kletterrose.

'Honorine de Brabant'

I

'Ilse Haberland'

'Ilse Haberland'

Sortengruppe: Öfterblühende Strauchrosen

Abstammung und Herkunft: 1956 von Kordes in Deutschland aus der Kreuzung 'Obergärtner Wiebicke' x 'Gloria Dei' gezüchtet
Wuchs: mittelstark, sehr breitbuschig; gut verzweigt mit starken, bogigen Trieben
Höhe: 150–180 cm
Blüte und Laub: Aus edelrosenähnlichen, spitzovalen Knospen in intensivem Rosa öffnen sich große, locker gefüllte Blüten. Ihr Karminrosa mit lachsfarbenem Hauch verblaßt im Verblühen zu Hellrosa. Die Blumen stehen einzeln oder in Büscheln zusammen und zeichnen sich durch lange Haltbarkeit und starken Duft aus. Das dichte Laub glänzt hellgrün.
Besonderes: Mit ihrem buschigen Wuchs und den bogig überhängenden Trieben pflanzt man die Sorte am besten einzeln.

'Isphahan'

Synonyme: 'Rose d'Isfahan', 'Pompon des Princes'

Sortengruppe: Damaszener-Rosen

Abstammung und Herkunft: stammt aus dem Mittleren Osten und war bereits vor 1832 in Kultur; Näheres jedoch unbekannt
Wuchs: stark, breitbuschig; leicht überhängende Triebe
Höhe: 150–200 cm
Blüte und Laub: Aus nikkenden, dunkelrosa Knospen entwickeln sich mittelgroße, gefüllte, hellrosa Blüten, die zu mehreren in Büscheln beisammenstehen. Im Zentrum zeigen sich die Blütenblätter dunkler, kürzer und deutlich gefältelt. Sie duften süßlich und sind sehr farb- und formbeständig. Die Sorte blüht zwar nur einmal, doch dafür außerordentlich lange und reich. Einen schönen Kontrast zum zarten Pastell des Flors bildet das glänzende Sattgrün der kleinen, rundlichen Laubblätter.

'Isphahan'

Besonderes: Die Blüten dieser Rose eignen sich ausgezeichnet als Schnittblumen, denn sie behalten Duft, Form und Farbe lange bei. Sehr hübsch sind Ton-in-Ton-Sträuße, die das helle Rosa dieser Sorte wirkungsvoll aufgreifen.

K

'Königin von Dänemark'

Synonyme: 'Queen of Denmark', 'Naissance de Venus', 'Belle Courtisane'

Sortengruppe: Alba-Rosen

'Königin von Dänemark'

Abstammung und Herkunft: 1816 von Booth in Deutschland gezogen, Namengebung aber erst 1826; Eltern unbekannt
Wuchs: stark, aufrecht, locker; biegsame Triebe
Höhe: 150–200 cm
Blüte und Laub: Aus Büscheln dicker, dunkel karminrosa Knospen öffnen sich zart porzellanrosa Blüten mit einem dunkelrosa Zentrum. Die mittelgroßen Blumenschalen sind dicht gefüllt, geviertelt und verbreiten einen wunderbaren süßlichen Duft. Die Rose blüht nur einmal, der Flor ist aber recht wetterbeständig. Auch das bläulichgrüne Laub der frostharten Sorte ist ziemlich robust und erweist sich zudem als widerstandsfähig gegen Krankheiten.

'Kronprinzessin Viktoria'

Sortengruppe: Bourbon-Rosen

Abstammung und Herkunft: Sport von 'Souvenir de la Malmaison', von dem Deutschen Vollert 1886 oder auch 1887 entdeckt und 1888 von der Berliner Baumschule Späth in den Handel gebracht
Wuchs: schwach, niedrig, buschig
Höhe: 70–130 cm
Blüte und Laub: Aus dikken, rundlichen Knospen entstehen anfangs schalenförmige, später flache Blüten, deren Blütenblätter einen

'Kronprinzessin Viktoria'

fünfzackigen Stern bilden. Die sehr großen, dichtgefüllten, rahmweißen Blumen schimmern im Innern zart zitronengelb und verströmen einen süßen Duft. Der immer wiederkehrende Flor zeigt sich im Früh- und Spätsommer in besonders reicher Fülle an den Zweigen. Bei anhaltend feuchter Witterung allerdings öffnen sich die Blüten nur schlecht und verlieren ihre Farbe. Das hellgrüne Laub dieser Sorte besteht aus breitfiedrigen Blättern und bildet eine hübsche Umrahmung für die sehr großen zartfarbigen Blütenbälle.

L

'La Reine Victoria'

Synonym: 'Reine Victoria'

Sortengruppe: Bourbon-Rosen

Abstammung und Herkunft: 1872 von Schwartz in Frankreich gezogen; Eltern unbekannt
Wuchs: schlank, aufrecht; dünne, überhängende Triebe
Höhe: 100–150 cm
Blüte und Laub: Dicke, spitze, dunkelrosa Knospen öffnen sich zu mittelgroßen, dichtgefüllten Blüten in einem kräftigen Rosa. Die seidigen Blütenblätter wölben sich muschelförmig und bilden kugelige bis becherförmige Blumen, die stark duften und bis zum Verwelken ihr Aussehen bewahren. Sie stehen in kleinen Büscheln zusammen und erscheinen unermüdlich bis zum Frost. Einen hübschen Kontrast zu den barock anmutenden Blüten stellen die hellgrünen, spitzen Laubblätter dar.

'La Reine Victoria'

'Lichtkönigin Lucia'

'Lichtkönigin Lucia'

Sortengruppe: Öfterblühende Strauchrosen

Abstammung und Herkunft: 1966 von Kordes in Deutschland aus der Kreuzung 'Zitronenfalter' x 'Climbing Cläre Grammerstorf' gezogen
Wuchs: straff aufrecht, dichtbuschig; viele stark bestachelte, kräftige Triebe
Höhe: 100–150 cm
Blüte und Laub: Die großen, edelrosenähnlichen, spitzovalen Knospen sind intensiv zitronengelb gefärbt und öffnen sich spiralförmig zu mittelgroßen, gefüllten Blüten. Im Aufblühen sind diese noch goldgelb, nehmen dann aber ein lange haltbares Zitronengelb an, das sich nur im Verblühen etwas aufhellt. Einen schönen Kontrast dazu bilden die roten Staubfäden in der Blütenmitte. Die Blumen stehen einzeln oder sitzen in Büscheln zusammen und erscheinen in großer Fülle und Leuchtkraft bis zum Herbst. Das im Austrieb noch hellgrüne Laub glänzt später sattgrün und wirkt etwas ledrig.
Besonderes: ADR-Rose 1968; winterharte Sorte, die sich auch für kleine Gärten eignet

'Lordly Oberon'

Sortengruppe: Englische Rosen

Abstammung und Herkunft: 1982 von Austin in England vorgestellt; Eltern werden nicht bekanntgegeben
Wuchs: stark, buschig
Höhe: 120–150 cm
Blüte und Laub: Anfangs noch grünliche Knospen entfalten sich zu zartrosa gefärbten Blüten, die einen intensiven Duft verströmen. Die äußeren Blütenblätter der großen, schalenförmigen, gut gefüllten Blumen wölben sich leicht nach hinten. Die öfterblühende Sorte besitzt gesundes, mittelgrünes Laub, das im Austrieb rötlich überhaucht ist.

'Lordly Oberon'

'Louise Odier'

'Louise Odier'

Synonym: 'Mme de Stella'

Sortengruppe: Bourbon-Rosen

Abstammung und Herkunft: 1851 von Margottin in Frankreich gezogen; Eltern unbekannt
Wuchs: stark, buschig, aufrecht
Höhe: 150–180 cm
Blüte und Laub: Kugelige, rosafarbene Knospen entfalten sich zu dichtgefüllten, großen Blüten, die intensiv duften. Die leuchtend rosaroten Blütenblätter bilden gleichmäßige, kamelienähnliche Blütenschalen. Die Blumen erscheinen in recht dichten Büscheln bis in den Herbst hinein – oft in solcher Fülle, daß sich die Zweige unter ihrem Gewicht neigen. Das matte, hellgrüne Laub untermalt die Blütenpracht dezent.
Besonderes: haltbare, duftende Schnittrose

'Lydia'

'Lydia'

Sortengruppe: Öfterblühende Strauchrosen

Abstammung und Herkunft: 1973 von Kordes in Deutschland aus der Kreuzung eines Sämlings mit 'Circus' gezogen
Wuchs: mittelstark, aufrecht, breitbuschig; dicke, kräftige Triebe
Höhe: 150–200 cm
Blüte und Laub: In lockeren Büscheln stehen die bronzefarbenen, kegelförmigen Knospen zusammen, die sich zu großen, halbgefüllten Blüten öffnen. Die Rose besticht durch ein auffälliges Farbspiel: Im Aufblühen bronze-orangerot gefärbt, leuchten die Blumen voll erblüht in einem intensiven Orange, das zum Rand hin kupferrot verläuft, in der Mitte jedoch in einem klaren Goldgelb. Im Verblühen nehmen die Blütenblätter einen satten Orangeton an. Durch die lange Haltbarkeit der einzelnen Blüten zeigen sich immer verschiedene Farbstadien nebeneinander am Strauch. Die reichblühende Sorte verfügt zudem über eine gute Selbstreinigungskraft. Einen ruhigen Hintergrund für den Flor bildet das dichte, großblättrige, schwach glänzende Laub, das im Austrieb rötlich, später dann vollständig dunkelgrün ist.

M

'Maréchal Niel'

Sortengruppe: Noisette-Rosen

Abstammung und Herkunft: Sämling von 'Chromatella' (Synonym: 'Cloth of Gold') oder von 'Isabella Gray', 1857 von Pradel in Frankreich gefunden, 1864 von Verdier in den Handel gebracht
Wuchs: stark, kletternd; dünne, deshalb häufig hängende Triebe
Höhe: 3–4 m, in geschützter Lage bis 8 m
Blüte und Laub: Elegant geformte, spitze Knospen brechen zu großen, dichtgefüllten Blütenbechern auf, die ein helles Goldgelb bis mattes Schwefelgelb zur Schau tragen und einen wunderbaren Duft verströmen. Ihr Gewicht läßt die schweren Blüten an den schwachen Trieben herabhängen. Die Laubblätter sind zart, frischgrün und verteilen sich eher sparsam, doch gleichmäßig über die Zweige.
Besonderes: Die mehrmals blühende Sorte ist frostempfindlich und verträgt keine Temperaturen unter 3 °C. Sie gedeiht nur in geschützten Lagen, an Wänden, Spalieren und in Weinbaugebieten. Doch ist sie für die Kultur im Glashaus sehr beliebt.

'Maréchal Niel'

'Mary Rose'

Sortengruppe: Englische Rosen

Abstammung und Herkunft: 1983 von Austin in England aus der Kreuzung 'Wife of Bath' x 'The Miller' gezüchtet
Wuchs: stark; aufrechter, buschiger Strauch mit guter Verzweigung; stark bestachelte Triebe
Höhe: 120–150 cm

'Mary Rose'

Blüte und Laub: Dunkelrosa, spitzovale Knospen öffnen sich zu großen, locker gefüllten Blütenschalen in kräftigem Rosa, das mit der Zeit etwas verblaßt. Die Blumen erscheinen zahlreich und ausdauernd bis in den Herbst hinein und verbreiten einen süßen Duft. Sehr reizvoll unterstreicht das widerstandsfähige mattgrüne Laub die Wirkung der Blüten.
Besonderes: Die Sorte erweist sich als sehr schnittverträglich.

'Maxima'

Synonyme: *Rosa* x *alba* 'Maxima', Jakobiten-Rose, 'Great Double White'

Sortengruppe: Alba-Rosen

Abstammung und Herkunft: aus Europa; Eltern unbekannt, aber vermutlich ein Sport von *Rosa* x *alba* 'Semiplena', schon vor dem 16. Jh. in Kultur
Wuchs: stark, dichtbuschig; bogig überhängende Triebe
Höhe: 2 bis 2,5 m
Blüte und Laub: Die weißen, rosa überhauchten Knospen öffnen sich zu großen rahmweißen Blumen, die während des Aufblühens einen rosa Schimmer tragen. Unter dem Gewicht der rundlichen, unregelmäßig locker gefüllten Blüten, die im Juni in

'Maxima'

Büscheln zusammenstehen, biegen sich vor allem junge Triebe häufig nach unten. Das graugrüne, etwas derbe Laubwerk ist kräftig und widerstandsfähig gegen Krankheiten.
Besonderes: Zuweilen schlägt die Sorte in die ungefüllte Form 'Semiplena' zurück.

'Mme Alfred Carrière'

'Mme Alfred Carrière'

Sortengruppe: Noisette-Rosen, wird aber auch zu den Kletterrosen gezählt

Abstammung und Herkunft: 1879 von Schwartz in Frankreich gezogen; Eltern unbekannt
Wuchs: sehr stark; lange, schmale, kletternde Triebe
Höhe: 3–6 m
Blüte und Laub: Die großen, locker gefüllten Blüten entfalten sich aus kegelförmigen, spitzen, cremeweißen Knospen. Im Aufblühen zeigen sie ein Zartrosa, das schnell zu Rahmweiß verblaßt; manchmal jedoch bleibt in der Mitte ein rosa Hauch erhalten. Die Blumen sind kugelig gerundet, duften stark und stehen in Büscheln zusammen. Sie erscheinen mit kurzen Unterbrechungen den ganzen Sommer hindurch. Das hellgrüne, großblättrige Laub untermalt den Flor aufs hübscheste.
Besonderes: Die Rose läßt sich sowohl als frei stehender Strauch wie auch als Kletterrose ziehen. Sie eignet sich überdies für nordseitige Lagen.

'Mme Ernest Calvat'

Synonym: 'Pink Bourbon'

Sortengruppe: Bourbon-Rosen

'Mme Ernest Calvat'

Abstammung und Herkunft: Sport von 'Mme Isaac Pereire', 1888 von dem Züchter Schwartz in Frankreich eingeführt
Wuchs: stark, aufrecht, buschig; kräftige, lange Triebe
Höhe: 150–200 cm
Blüte und Laub: Aus den kugeligen, rosa Knospen entwickeln sich große, dichtgefüllte, im Innern geviertelte Blütenbälle, die einen warmen Rosaton tragen. Sie verbreiten einen geradezu betörenden Duft und erscheinen zuverlässig in immer wiederkehrender Fülle. Die anfangs rötlich bronzefarbenen Laubblätter färben sich später kräftig mittelgrün.
Besonderes: Diese Sorte kann an einem Gerüst auch genausogut als Kletterrose gezogen werden.

'Mme Hardy'

Sortengruppe: Damaszener-Rosen

Abstammung und Herkunft: 1832 von Hardy in Frankreich gezüchtet; Eltern unbekannt
Wuchs: stark, aufrecht, breitbuschig; sehr stachelige, lange Triebe
Höhe: 150–200 cm
Blüte und Laub: Die weißen, zartrosa überhauchten Knospen sind in Büscheln angeordnet. Sie entfalten sich zu rein weißen, großen, flachen Blütenschalen, die dicht gefüllt sind und herrlich duften. Die randständigen Blütenblätter biegen sich nach außen, während sich die inneren etwas einrollen und ein smaragdgrünes Knopfauge freigeben. Die Sorte blüht nur

'Mme Hardy'

einmal im Juni, jedoch überaus reich. Ihre Triebe sind gleichmäßig von kleinblättrigem, mattem, hellgrünem Laub bedeckt.
Besonderes: Man sollte die Sorte bevorzugt an einen freien, luftigen Standort pflanzen, da sie sonst etwas anfällig ist für Mehltau.

'Mme Isaac Pereire'

Sortengruppe: Bourbon-Rosen

Abstammung und Herkunft: 1881 von Garçon in Frankreich gezüchtet; Eltern unbekannt
Wuchs: sehr stark, aufrecht, buschig; kräftige, sehr stachelige Triebe
Höhe: 2–3 m, als Kletterrose noch höher
Blüte und Laub: Die dicken, purpurnen Knospen entfalten sich zu sehr großen, dichtgefüllten Blütenschalen, deren Blütenblätter sich an den Rändern nach außen rollen und so einen hübschen Wirbel bilden. Sie leuchten in einem kräftigen Dunkelrosa, das purpurrot schattiert ist. Voll erblüht, hängen die großen, schweren Blumen etwas herab und verbreiten einen geradezu himbeerähnlichen Duft. Die Sorte trägt bis in den Herbst hinein einen reichen Blütenflor. Ihr großblättriges, dunkelgrünes Laub steht in üppiger Fülle an den Zweigen.
Besonderes: auch als Kletterrose geeignet; benötigt an kalten Standorten einen Winterschutz

'Mme Isaac Pereire'

'Mme Plantier'

'Mme Plantier'

Sortengruppe: Alba-Rosen

Abstammung und Herkunft: 1835 von Plantier in Frankreich gezüchtet; Eltern unbekannt
Wuchs: stark, ausladend; locker verzweigte, überhängende, schlanke Triebe
Höhe: 1,6 bis 3 m, kann als Kletterrose bis 6 m erreichen
Blüte und Laub: Die kugeligen, rahmweißen Knospen sind rötlich überhaucht und öffnen sich zu rein weißen Blütenschalen mit anfangs cremefarbener, später grüner Mitte. Die Blütenblätter stehen dicht beieinander und bilden mittelgroße, stark duftende Blumen, die auf langen Stielen sitzen und zu großen Büscheln zusammengefaßt sind. Zwar blüht die Rose nur einmal, dafür jedoch überreich. Ihr olivgrünes Laubwerk ist kleinblättrig und zierlich.
Besonderes: Mit einer geeigneten Stütze kann die Sorte sehr gut auch als Kletterrose gezogen werden. Sie ist außerdem sehr winterhart.

'Mozart'

Sortengruppe: Öfterblühende Strauchrosen

Abstammung und Herkunft: 1937 vom deutschen Züchter Lambert aus der Kreuzung 'Robin Hood' x 'Rote Pharisäer' gezogen

'Mozart'

Wuchs: mittelstark, breitbuschig; zuerst aufrechte, später überhängende, schlanke Triebe
Höhe: 80–150 cm
Blüte und Laub: Eine Vielzahl kleiner, spitzer Knospen steht in großen Büscheln zusammen. Den ganzen Sommer über öffnen sie sich zu kleinen, einfachen Blütenschalen in einem kräftigen Karminrosa mit rötlichem Rand. Aus ihrer weißen Mitte leuchten die gelben Staubfäden heraus. Die Triebe tragen zierliches, hellgrünes Laub.
Besonderes: Die Rose eignet sich gut für eine Gruppenpflanzung. Es werden 3 Pflanzen pro Quadratmeter benötigt.

'Mrs. John Laing'

Sortengruppe: Remontant-Rosen

Abstammung und Herkunft: 1887 von dem englischen Züchter Bennett aus einem Sämling von 'Francois Michelon' gezogen

Wuchs: stark; aufrechter, lockerer Strauch; dünne, borstig bestachelte Triebe

'Mrs. John Laing'

'Muscosa'

Höhe: 100–150 cm
Blüte und Laub: Die spitzen, rosafarbenen Knospen stehen in kleinen Büscheln zusammen und entfalten sich zu sehr großen, ballförmigen Blüten mit starkem, wunderbarem Duft. Ihr klares, zartes Rosa wird von silbrigen, zuweilen auch lilafarbenen Schattierungen unterbrochen. Die ausgesprochen regenfesten Blumen sind dicht mit gewellten Blütenblättern gefüllt und erscheinen in ununterbrochener Fülle während des ganzen Sommers. Das hellgrüne, matte Laub ist recht widerstandsfähig gegen Krankheiten und Schädlingsbefall.

'Muscosa'

Synonyme: 'Communis', 'Common Moss', 'Old Pink Moss', *Centifolia muscosa*

Sortengruppe: Moosrosen

Abstammung und Herkunft: Sport von *Rosa centifolia*, seit 1720 in Holland, seit 1724 in England in Kultur
Wuchs: kräftig, locker; überhängende Triebe
Höhe: 150–200 cm
Blüte und Laub: Die kugeligen, dunkelrosa Knospen öffnen sich zu mittelgroßen, intensiv rosafarbenen, dichtgefüllten Blüten, die zum Rand hin heller werden. Blütenstiele, Kelchbecher und Kelchblätter sind stark bemoost, d. h. dicht mit rötlichbraunen Drüsenborsten besetzt. Die intensiv duftende Sorte blüht überaus reich von Juni bis August. Das recht grob gezähnte und mattgrüne Laub bildet einen hübschen Rahmen für den pastellfarbenen Flor.
Besonderes: Die Sorte 'Muscosa Rubra' besitzt dunkelrote, 'Muscosa Alba' weiße Blüten; beide werden jedoch nur 100–150 cm hoch.

N

'Nymphenburg'

Sortengruppe: Öfterblühende Strauchrosen, gelegentlich auch zu den Floribunda-Rosen gezählt

Abstammung und Herkunft: 1954 von Kordes in Deutschland aus der Kreuzung 'Sangerhausen' x 'Sunmist' gezogen
Wuchs: kräftig, aufrecht; überhängende, gut verzweigte Triebe
Höhe: bis 180 cm
Blüte und Laub: Kegelförmige, dunkelrosa Knospen erblühen zu großen, halbgefüllten, flachen Blütenschalen. Ihr zartes Lachsrosa zeigt einen Hauch von Orange, zum Rand nimmt die Rottönung etwas zu, zur Mitte hin verblaßt die Färbung fast zu Gelb. Die Blumen stehen in großen Büscheln zusammen und verbreiten einen starken, angenehmen Duft. Den ganzen Sommer über dauert die Blütezeit an. Das Laubwerk besteht aus großen, glänzenden, dunkelgrünen Blättern und ist dicht und widerstandsfähig gegen Krankheiten.
Besonderes: Die Sorte eignet sich mit einem Pflanzabstand von 60–100 cm auch zur Gruppenpflanzung oder als Heckenrose.

'Nymphenburg'

O

'Officinalis'

Synonyme: Apotheker-Rose, 'Rote Rose von Lancaster', 'Provins-Rose', Gefüllte Essigrose, *Rosa gallica* 'Officinalis', *Rosa provincialis*

Sortengruppe: Gallica-Rosen

Abstammung und Herkunft: schon im 14. Jh. in Frankreich, vor allem in der Stadt Provins, bekannt, wohl aus Damaskus eingeführt

'Officinalis'

Wuchs: aufrecht, buschig; bildet Ausläufer
Höhe: 70–150 cm
Blüte und Laub: Spitzovale, rote Knospen öffnen sich zu mittelgroßen Blüten in hellem Karminrot. Die Intensität dieser Farbe hängt jedoch von den klimatischen Bedingungen ab: Bei heißer Witterung zeigen sich die Blütenblätter viel blasser als bei kühlerem Wetter. In der Mitte der halbgefüllten Blumen strahlen leuchtend gelbe Staubgefäße wie kleine Kronen. Die zwar nur einmal, dafür aber üppig blühende Sorte zeichnet sich durch einen starken Duft aus. An ihren Trieben steht derbes, dunkel graugrünes Laub. Im Herbst entwickeln sich große

dunkelrote Hagebutten von kugeliger bis ovaler Form.
Besonderes: Aus den zerriebenen Blütenblättern dieser alten Sorte stellten Apotheker ein duftendes Pulver her.

'Old Blush'

Synonyme: 'Parson's Pink China', 'Monthly Rose', *Rosa chinensis pallida, Rosa bengalensis*

Sortengruppe: China-Rosen

Abstammung und Herkunft: sehr alte Sorte aus China, seit etwa 1793 in Europa eingeführt; Eltern unbekannt

'Old Blush'

Wuchs: stark, aufrecht; gut verzweigte Triebe
Höhe: 100–150 cm
Blüte und Laub: Zierliche, spitze, dunkelrosa Knospen stehen in Büscheln zusammen und entfalten sich zu mittelgroßen, halbgefüllten Blüten. Ihr sanftes Rosa dunkelt mit der Zeit etwas nach. Die Sorte duftet schwach nach Wicken und bringt nach einer stärkeren Hauptblüte im Juni/Juli immer wieder einige Blüten hervor, weshalb sie früher 'Monthly Rose' (Monatsrose) genannt wurde. Das dunkelgrüne Laub glänzt.
Besonderes: In warmem Klima wird die Sorte bis zu 3,5 m hoch. Sie kann auch gut als Kletterrose gezogen werden.

'Oratam'

'Oratam'

Sortengruppe: Damaszener-Rosen

Abstammung und Herkunft: 1939 von Jacobus in den USA aus der Kreuzung *Rosa* x *damascena* mit 'Souvenir de Claudius Pernet' hervorgegangen
Wuchs: stark, buschig; kräftige Triebe
Höhe: 130–150 cm
Blüte und Laub: Die rundlichen, hellrosa Knospen sind dunkel karminrot gerändert und entfalten sich zu sehr großen, gefüllten Blüten mit starkem Duft und besonders auffallender Färbung: Ihre rosa Blütenblätter tragen einen kupfrigen Saum, an der Basis und an den Unterseiten zeigen sie sich gelb. Zwar blüht die Sorte nur einmal, dafür aber außerordentlich reich. Großblättriges, hellgrünes Laubwerk untermalt den Flor.

P

'Parkjuwel'

Synonym: 'Parkjewel'

Sortengruppe: Einmalblühende Strauchrosen, Moosrosen

Abstammung und Herkunft: 1950 von Kordes in Deutschland aus der Kreuzung 'Kordes' Sondermeldung' mit einer roten Moosrose gezüchtet
Wuchs: stark, buschig; breit ausladende Triebe
Höhe: 150–180 cm
Blüte und Laub: Auf den bemoosten Blütenstielen stehen dunkelrosa, ebenfalls dicht bemooste Knospen, die sich zu sehr großen Blüten in einem leuchtenden Rosarot öffnen. Die Blumen haben eine kugelige Form, sind üppig gefüllt und duften stark. An den auffällig stacheligen Zweigen sitzt runzeliges, lederartiges, sattgrünes Laub. Die nur einmal, aber überreich blühende Sorte ist robust und frosthart.

'Parkjuwel'

'Parkzauber'

'Parkzauber'

Sortengruppe: Einmalblühende Strauchrosen, Moosrosen

Abstammung und Herkunft: 1956 von Kordes in Deutschland aus der Kreuzung 'Kordes' Sondermeldung' x 'Nuits d'Young' gezogen
Wuchs: kräftig, aufrecht, breitbuschig
Höhe: 120–150 cm

Blüte und Laub: Die reichlich erscheinenden rundlichen, roten Knospen stehen auf geraden, festen Stielen und sind stark mit borstigem Moos besetzt. Sie öffnen sich zu großen, gut gefüllten Blüten, die dunkel- bis feuerrot leuchten und einen milden Duft verbreiten. Das meist dreiblättrige derbe Laub schimmert dunkelgrün.

'Paul Neyron'

Sortengruppe: Remontant-Rosen

Abstammung und Herkunft: 1869 von Levet in Frankreich aus der Kreuzung 'Victor Verdier' x 'Anna de Diesbach' gezogen

'Paul Neyron'

Wuchs: stark; robuster, aufrechter, breit wachsender Strauch; kräftige, wenig bestachelte Triebe
Höhe: 100–180 cm
Blüte und Laub: Aus kugeligen, dicken, rosafarbenen Knospen erblühen sehr große Blumen in einem charakteristischen blaustichigen Rosa, dem sog. Neyron-Rosa. Die breiten Blütenblätter formen zunächst kugelige Becher und brechen dann zu großen Schalen mit dicht gefälteltem Innern auf. Meist stehen mehrere Blüten an auffällig langen, kräftigen Stielen beieinander. Sie verbreiten einen leichten, angenehmen Duft. Die Sorte zeigt einen reichen Flor und blüht zuverlässig nach. Ihre Triebe werden von dem frischgrünen, matten, großblättrigen Laub gut bedeckt.

'Pompon de Bourgogne'

Sortengruppe: Zentifolien

Abstammung und Herkunft: vor 1830 in Dijon in Frankreich gefunden; Eltern unbekannt
Wuchs: klein, kompakt, aufrecht; gut verzweigte Triebe
Höhe: 50–80 cm
Blüte und Laub: Zierliche, runde Knospen entfalten sich zu kleinen, flachen, gefüllten Blumen. Die Blütenblätter sind zartrosa gefärbt und hellen sich zum Rand hin weißlich auf. Die Sorte verbreitet einen würzigen Duft. Sie blüht zwar nur einmal, doch dafür überreich. An den fein bestachelten Trieben wächst matt dunkelgrünes Laub, das sich meist aus 7 Fiederblättchen zusammensetzt.
Besonderes: Die weitgehend frostharte Rose eignet sich auch zum Bepflanzen von Kübeln auf Balkon und Terrasse.

'Pompon de Bourgogne'

Q

'Quatre Saisons'

'Quatre Saisons'

Synonyme: 'Rose de Quatre Saisons', 'Autumn Damask', 'Monthly Rose', *Rosa* x *damascena* var. *semperflorens*

Sortengruppe: Damaszener-Rosen

Abstammung und Herkunft: gilt heute als Sport von 'Quatre Saisons Blanc Mousseux', wahrscheinlich schon in vorchristlicher Zeit bekannt
Wuchs: locker, breitbuschig
Höhe: 100–150 cm
Blüte und Laub: Die spitzen, rosa Knospen entfalten sich zu locker gefüllten, oft auch geviertelten, großen Blüten, die einen intensiven Duft verströmen. Ihre Blütenblätter in seidigem, reinem Rosa wirken manchmal etwas geknittert und lassen in ihrer Mitte ein Auge frei. Die Rose trägt ihren üppigen Hauptflor im Juni/Juli, blüht aber noch bis in den Herbst hinein nach. Die ziemlich stacheligen Zweige schmücken sich mit weichem, graugrünem Laub, das manchmal auch gelbgrün gefärbt sein kann.

Besonderes: Die Sorte neigt dazu, in die Stammform zurückzuschlagen, und trägt dann am selben Strauch auch weiße Blüten.

'Quatre Saisons Blanc Mousseux'

Synonyme: 'Perpetual White Moss', 'Rosier de Thioville', *Rosa* x *damascena* 'Bifera Alba Muscosa'

Sortengruppe: Damaszener-Rosen

Abstammung und Herkunft: vermutlich bereits seit 50 v. Chr. im antiken Paestum (heute Italien) in Kultur
Wuchs: locker, ausladend; stark bestachelte Triebe
Höhe: 120–160 cm
Blüte und Laub: Die spitzen Knospen sind ebenso wie die Blütenstiele stark bräunlichgrün bemoost. Aus ihnen erblühen locker gefüllte Blumen in einem klaren Weiß, die einen betörenden, intensiven Duft verströmen. Bis in den Herbst hinein entfaltet die Sorte immer wieder neue Blüten. Frisch ausgetriebene Laubblätter sind anfangs etwas eingerollt und mit drüsigen, braunen Borsten besetzt.

'Quatre Saisons Blanc Mousseux'

R

'Raubritter'

Synonym: 'Macrantha Raubritter'

Sortengruppe: Einmalblühende Strauchrosen, oft auch zu den Kletterrosen gezählt

Abstammung und Herkunft: 1936 von Kordes in Deutschland aus der Kreuzung 'Daisy Hill' x 'Solarium' gezogen

'Raubritter'

Wuchs: kräftig; dichtbuschiger Strauch mit langen, kriechenden Trieben; auch als Kletterrose zu verwenden
Höhe: 100–200 cm, als Kletterrose bis 3 m
Blüte und Laub: Die runden, rosafarbenen Knospen öffnen sich zu kleinen, ballförmigen, halbgefüllten Blüten, die einzeln oder in Büscheln entlang der Triebe stehen. Das zarte Purpurrosa der Blumen hellt sich mit der Zeit weiter auf. Die Sorte besticht durch ihren ungewöhnlichen Blütenreichtum. In schönem Kontrast zum leuchtenden Flor steht das stark geäderte, ledrige, dunkelgrüne Laub, das nach der Blüte allerdings etwas anfällig für Mehltau ist.

'Richard Strauß'

Sortengruppe: Öfterblühende Strauchrosen

Abstammung und Herkunft: 1989 von Noack in Deutschland aus der Kreuzung 'Immensee' x 'Mozart' gezogen

Wuchs: mittelstark, breitbuschig; bogig überhängende, zum Teil niederliegende Triebe
Höhe: 80–130 cm
Blüte und Laub: In kegelförmigen Büscheln sitzen 30 bis 50 kleine, dicke, rosa Knospen zusammen und öffnen sich zu gleichfalls kleinen, einfachen Blütenschalen. Zur Mitte hin gehen die leuchtend rosaroten Blütenblätter in fast reines Weiß über. Die robuste Sorte blüht reich und ohne Unterlaß bis in den Herbst hinein. Das Laub treibt hellgrün aus, glänzt voll entwikkelt jedoch mittelgrün.
Besonderes: ADR-Rose 1991; eignet sich mit einem Pflanzabstand von 100 bis 130 cm auch zu flächiger Anpflanzung

'Richard Strauß'

'Rokoko'

Sortengruppe: Öfterblühende Strauchrosen

Abstammung und Herkunft: 1987 von Tantau in Deutschland gezüchtet; die Eltern werden nicht bekanntgegeben

'Rokoko'

Wuchs: mittelstark, breitbuschig; gut verzweigte Triebe
Höhe: bis 140 cm
Blüte und Laub: Spitzovale, gelbliche Knospen entfalten sich zu großen, locker gefüllten Blüten, die in der Mitte goldgelbe Staubgefäße zeigen. Die Blütenfarbe erscheint wie eine Mischung aus zartem Rosé und Cremegelb, die Blütenblätter sind leicht gewellt. Einen interessanten Kontrast dazu bildet das großblättrige, dunkelgrüne, matte Laub, das im Austrieb rötlich schimmert. Die wetterfeste und frostharte Sorte erfreut mit ihrer immer wiederkehrenden Blütenfülle.

'Romanze'

'Romanze'

Sortengruppe: Öfterblühende Strauchrosen

Abstammung und Herkunft: 1984 von Tantau in Deutschland gezüchtet; Eltern werden nicht bekanntgegeben
Wuchs: buschig, aufrecht; gut verzweigte Triebe
Höhe: 120–150 cm
Blüte und Laub: Die edel geformten, spitzen, kirschroten Knospen entfalten sich zu anfangs becher-, später schalenförmigen, großen, locker gefüllten Blüten. Sie stehen in Büscheln zusammen und strahlen in einem leuchtenden Pink. Sehr apart wirken die hübsch gewellten Blütenblätter, die zart nach Wildrosen duften. Das robuste, dichte Laub treibt kräftig rötlich gefärbt aus, wird später jedoch vollständig dunkelgrün und glänzend. Die sehr frostharte Sorte blüht unermüdlich bis zum Herbst.
Besonderes: ADR-Rose 1986

'Rosa Mundi'

'Rosa Mundi'

Synonyme: 'Versicolor', *Rosa mundi, R. rosamundi, R. gallica versicolor, R. gallica variegata*

Sortengruppe: Gallica-Rosen

Abstammung und Herkunft: Sport von 'Officinalis', sehr alte Sorte, bereits 1583 von dem niederländischen Botaniker Carolus Clusius erwähnt
Wuchs: mittelstark, aufrecht, buschig
Höhe: 70–100 cm
Blüte und Laub: Schon die runden, rot und rosa marmorierten Knospen lassen die auffallend karminrot, rosa sowie weiß gestreiften und gesprenkelten Blüten dieser Rose erahnen. Die großen, locker halbgefüllten Blumen geben den Blick auf dichte, goldgelbe Staubgefäße in ihrer Mitte frei und duften stark. Hin und wieder fallen vereinzelte Blüten in die einheitlich rote Färbung der Stammsorte zurück. 'Rosa Mundi' blüht nur einmal, dafür aber sehr üppig, ist widerstandsfähig gegen Krankheiten und winterhart. Ihre Zweige tragen dichtes, dunkelgrünes Laub.
Besonderes: Die schon sehr alte Sorte wurde einer Legende zufolge nach Fayre Rosamunde, der Mätresse des englischen Königs Heinrich II., benannt, die 1176 starb.

'Rosario'

'Rosario'

Sortengruppe: Öfterblühende Strauchrosen

Abstammung und Herkunft: 1993 von Tantau in Deutschland gezüchtet; Eltern werden nicht bekanntgegeben
Wuchs: stark, buschig; gut verzweigte, lange, bogig überhängende Triebe
Höhe: bis 140 cm
Blüte und Laub: Aus den kegelförmigen, dunkelrosa Knospen entwickeln sich große, schwach duftende Blumen in einem leuchtenden, reinen Rosa. Die gut gefüllten Blütenschalen zeigen eine leicht gedrehte Mitte. Sie werden im Verblühen etwas flacher und stehen in lockeren Dolden zusammen. Einen hübschen Rahmen dazu bildet das dunkelgrüne, glänzende, üppige Laub. Die Sorte ist sehr robust und reichblühend.
Besonderes: kann auch als Kletterrose gezogen werden

'Rosarium Uetersen'

Synonym: 'Kordes' Rose Rosarium Uetersen'

Sortengruppe: Öfterblühende Strauchrosen, häufig auch zu den Kletterrosen gezählt

Abstammung und Herkunft: 1977 von Kordes in Deutschland aus der Kreuzung eines Sämlings mit 'Karlsruhe' gezogen
Wuchs: mittelstark, aufrecht, buschig; überhängende Triebe
Höhe: bis 200 cm, als Kletterrose bis 3 m
Blüte und Laub: Die spitzovalen, dunkelrosa Knospen öffnen sich unermüdlich bis in den Herbst hinein. Die Blütenblätter der großen, dichtgefüllten Blumen liegen dachziegel-

'Rosarium Uetersen'

artig übereinander und sind anfangs leuchtend tiefrosa, später silbrigrosa gefärbt. An den Trieben steht großblättriges, mittelgrünes, stark glänzendes Laub, das im Austrieb rötlich schimmert. Die Rose ist außerordentlich robust, frosthart und blüht reich und langanhaltend.
Besonderes: Die Sorte kann als Kletterrose hochgebunden werden, findet aber vor allem als Hochstammrose Verwendung. Als solche zählt sie zu den schönsten der sog. Trauerrosen.

'Rose de Resht'

Synonym: 'Rose de Rescht'

Sortengruppe: Damaszener-Rosen

Abstammung und Herkunft: Herkunft und Alter unbekannt; 1950 von Nancy Linsay aus Persien mitgebracht und in England eingeführt
Wuchs: mittelstark, buschig
Höhe: 100–120 cm
Blüte und Laub: Aus den kugeligen, dunkelrosa Knospen entfalten sich mittelgroße, kirsch- bis hell purpurrote Blumen, die im Abblühen zu einem Lilaton verblassen. Die Blütenblätter formen sich zu dichtgefüllten, pomponartigen Rosetten, die auf kurzen, kräftigen Blütenstielen meist zu mehreren zusammenstehen und intensiv duften. Das

'Rose de Resht'

üppige, derbe, dunkelgrüne Laub bildet einen kontrastreichen Hintergrund für die immer wieder erscheinenden, leuchtenden Blütenbälle.
Besonderes: Um die Blühfreudigkeit der Sorte zu erhalten, sollten die Pflanzen etwa alle 5 Jahre oder bei nachlassender Blüte stark zurückgeschnitten werden.

'Rosenresli'

Synonym: 'Korresli'

Sortengruppe: Öfterblühende Strauchrosen

Abstammung und Herkunft: 1982 von Kordes in Deutschland aus der Kreuzung 'New Dawn' x 'Primaballerina' gezüchtet
Wuchs: stark, aufrecht, buschig; überhängende Triebe
Höhe: 150–200 cm
Blüte und Laub: Die mittelgroßen, spitzovalen Knospen stehen in Büscheln zusammen und öffnen sich zu großen, gefüllten, edlen Blüten. Diese prangen in einem kräftigen Dunkelrosa mit orangefarbenem Schimmer und verbreiten einen besonders starken Duft. Das glänzende, dunkelgrüne Laub der öfterblühenden Sorte ist äußerst robust und widerstandsfähig gegen Krankheiten.
Besonderes: ADR-Rose 1984; kann mit einer Stütze auch als Kletterrose gezogen werden

'Rosenresli'

'Rote Woge'

'Rote Woge'

Sortengruppe: Öfterblühende Strauchrosen

Abstammung und Herkunft: 1990 von Meilland in Südfrankreich gezüchtet; Eltern werden nicht bekanntgegeben
Wuchs: mittelstark, breitbuschig
Höhe: 80–100 cm
Blüte und Laub: Aus den Büscheln großer, kegelförmiger, dunkelroter Knospen entfalten sich mittelgroße, locker gefüllte Blüten in einem leuchtenden Blutrot. Die Blumen erscheinen in reicher Zahl bis in den Herbst hinein und reinigen sich gut selbst. Das dunkelgrüne, leicht glänzende Laub ist widerstandsfähig gegen Krankheiten.
Besonderes: ADR-Rose 1992; braucht viel Platz; auch für Gruppenpflanzung oder Hecken geeignet, erfordert dann einen Pflanzabstand von etwa 100–120 cm

S

'Sachsengruß'

Synonym: 'Tendresse'

Sortengruppe: Remontant-Rosen

Abstammung und Herkunft: 1912 vom deutschen Züchter Neubert aus der Kreuzung 'Frau Karl Druschki' x 'Mme Jules Gravereaux' gezogen
Wuchs: sehr stark, aufrecht; locker verzweigte Triebe
Höhe: 140–160 cm
Blüte und Laub: Lange, spitze, dunkel karminrote Knospen stehen einzeln oder in lockeren Büscheln an den Trieben. Die stark gefüllten, sehr großen Blüten, die sich aus ihnen entwickeln, schimmern in einem rosig überhauchten Weiß, das zur Mitte hin kräftiger rosa wird. Ein angenehmer Duft geht von den Blumen aus. Das mittelgrüne Laub bildet einen hübschen Kontrast zu dem reichen und immer wiederkehrenden Blütenflor.

'Sachsengruß'

'Scharlachglut'

'Scharlachglut'

Synonym: 'Scarlet Fire'

Sortengruppe: Einmalblühende Strauchrosen

Abstammung und Herkunft: 1952 von Kordes in Deutschland aus der Kreuzung 'Poinsettia' x *Rosa gallica* 'Splendens' gezogen
Wuchs: mittelstark, breitbuschig; locker verzweigte, bogig überhängende Triebe
Höhe: 2–3 m
Blüte und Laub: Die samtroten, kugeligen Knospen stehen einzeln oder zu kleinen Büscheln zusammengefaßt an den Zweigen. Sie öffnen sich zu sehr großen, einfachen, flachen Blütenschalen, die anfangs samtig purpurrot, voll erblüht dann scharlachrot gefärbt sind. Im Verblühen geht die Tönung der Blütenblätter in Karminrot über. In ihrer Mitte leuchten goldgelbe Staubgefäße. Die Sorte blüht zwar nur einmal, dafür aber überreich, und sie reinigt sich gut selbst. Im Herbst bildet sie kugelige, kirschrote Hagebutten. Die großen, matt dunkelgrünen Laubblätter zeigen im Austrieb einen bronzefarbenen Schimmer.

'Schneewittchen'

Synonyme: 'Iceberg', 'Fee des Neiges'

'Schneewittchen'

Sortengruppe: Öfterblühende Strauchrosen

Abstammung und Herkunft: 1958 von Kordes in Deutschland aus der Kreuzung 'Robin Hood' x 'Virgo' gezüchtet
Wuchs: buschig, aufrecht; lockere, bogig überhängende Triebe
Höhe: 100–150 cm
Blüte und Laub: Die schlanken, grünlichweißen Knospen sind oft rosig überhaucht und stehen in kleinen Büscheln beisammen. Aus ihnen öffnen sich mittelgroße, gut gefüllte Blüten in reinstem Schneeweiß, die voll erblüht abflachen und ein gelbes Auge zeigen. Die Blütenbüschel duften stark und erscheinen unermüdlich bis zum Frost in reicher Fülle. Unter dem Gewicht der Blumen neigen sich häufig die Triebe. Die großen, schlanken Laubblätter treiben hellgrün aus, werden dann aber glänzend mittelgrün.
Besonderes: ADR-Rose 1960; Weltrose 1983. Die Sorte wird auch als Hochstammrose gezogen; eine kletternde Mutante ist 'Climbing Schneewittchen'.

'Semiplena'

Synonyme: 'Weiße Rose von York', 'Semi-Plena', *Rosa* x *alba* 'Semiplena'

Sortengruppe: Alba-Rosen

Abstammung und Herkunft: aus Europa, spätestens seit dem 16. Jh. bekannt
Wuchs: stark, aufrecht; kräftige, bogig überhängende Zweige
Höhe: 2–3 m
Blüte und Laub: Die spitzovalen, grünlichweißen Knospen öffnen sich zu großen

'Semiplena'

rein weißen Blumen. In der Mitte zeigen die nur leicht gefüllten Blüten ein dickes Büschel goldgelber Staubfäden. Die nur einmal, dann aber überreich blühende Rose verströmt einen intensiven süßen Duft. Und im Herbst schmückt sich der Strauch mit zahlreichen roten, länglichovalen Hagebutten. An den Trieben steht großblättriges, mattes, graugrünes Laub.
Besonderes: Von alters her wird diese Rose in Bulgarien zur Gewinnung von Rosenöl angebaut. Die sehr ähnliche, leicht mit ihr zu verwechselnde Sorte 'Suaveolens' trägt etwas stärker gefüllte Blüten.

'Shalom'

Sortengruppe: Öfterblühende Strauchrosen

Abstammung und Herkunft: 1972 vom dänischen Züchter Poulsen aus der Kreuzung 'Korona'-Sämling x 'Korona'-Sämling gezogen
Wuchs: mittelstark, straff aufrecht, schlank
Höhe: 150–200 cm
Blüte und Laub: Große scharlachrote Knospen sitzen einzeln oder in Büscheln an starken Trieben und erblühen zu großen, dichtgefüllten Blu-

'Shalom'

men in einem leuchtenden Scharlachrot. Die Blüten erscheinen zwar relativ spät, dafür aber immer wieder bis weit in den Herbst hinein. Sie zeichnen sich durch gute Farbbeständigkeit aus. Das großblättrige, matte, mittelgrüne Laub ist im Austrieb noch rötlich überlaufen und bildet ein ziemlich dichtes Blätterwerk.

'Sissinghurst Castle'

Synonym: 'Rose des Maures'

Sortengruppe: Gallica-Rosen

Abstammung und Herkunft: unbekannt; alte

'Sissinghurst Castle'

Sorte, in Sissinghurst Castle, England, entdeckt und seit 1947 eingeführt
Wuchs: mittelstark; kleiner Strauch mit dünnen Trieben; bildet leicht Ausläufer
Höhe: 90–100 cm
Blüte und Laub: Aus den karminroten, stumpfovalen Knospen öffnen sich mittelgroße, halbgefüllte Blumen mit gutem Duft. Die Blütenblätter sind tief purpur- bis karminrot gefärbt, in der Mitte, an den Rändern und auf den Unterseiten etwas blasser, mitunter sogar weißfleckig. Auffällig leuchten im Zentrum der Blüte goldgelbe Staubfäden. Die Triebe der einmalblühenden Sorte tragen kleinblättriges, mittelgrünes Laub.
Besonderes: Die Rose eignet sich auch zur Kultur in Töpfen und Kübeln; überdies verträgt sie Schatten.

'Souvenir de la Malmaison'

Synonyme: 'Queen of Beauty', 'Fragrance'

Sortengruppe: Bourbon-Rosen

Abstammung und Herkunft: 1843 vom französischen Züchter Béluze aus der Kreuzung 'Mme Desprez' mit einer Teerose gezogen
Wuchs: schwach, niedrig; schlanke Triebe
Höhe: 50–100 cm
Blüte und Laub: Aus den dicken, zartrosa Knospen quellen cremeweiße, rosa überhauchte Blumen hervor, die mit der Zeit weißlich verblassen. Die sehr großen, zunächst kugeligen Blütenschalen flachen später ab, sind dicht gefüllt und geviertelt. Sie verströmen einen wunderbaren Duft. Bei nasser Witterung öffnen sich die Blüten jedoch schlecht. Die Sorte blüht im Herbst etwas nach. Das hellgrüne, breitfiedrige Laub bildet eine hübsche Untermalung für den prächtigen Flor.

'Souvenir de la Malmaison'

Besonderes: Die winterharte Sorte kann in klimatisch günstigen Gebieten auch als Kletterrose gezogen werden.

'Stadt Kiel'

'Stadt Kiel'

Sortengruppe: Öfterblühende Strauchrosen

Abstammung und Herkunft: 1962 von Kordes in Deutschland aus der Kreuzung 'Minna Kordes' x 'Floradora' gezüchtet
Wuchs: stark, straff aufrecht; gut verzweigte Triebe
Höhe: bis 150 cm
Blüte und Laub: Kegelförmige, dunkelrote Knospen öffnen sich zu edelrosenähnlich geformten, mittelgroßen Blüten, die büschelweise und in immer wiederkehrender Fülle erscheinen. Die blutroten Blumen mit einem Hauch von Orange verströmen einen angenehmen, leichten Duft und erweisen sich als ausgesprochen widerstandsfähig gegen Witterungseinflüsse. Mit ihrer tiefgrünen Farbe bilden die großen, dichtstehenden Laubblätter einen schönen Kontrast zu dem leuchtenden Flor.

T

'The Squire'

Sortengruppe: Englische Rosen

Abstammung und Herkunft: 1977 von Austin in England aus der Kreuzung 'The Night' x 'Château de Clos Vougeot' gezüchtet
Wuchs: kräftig; lockerer Strauch
Höhe: 100–120 cm
Blüte und Laub: Dicke, ovale, tiefrote Knospen öffnen sich zu großen, dichtgefüllten Blütenschalen in einem satten, dunklen Karminrot, das auch bei schlechter Witterung nicht verblaßt. Sogar Hitzeperioden überstehen die hübschen Blumen, ohne ihre kräftige Farbe einzubüßen. Den ganzen Sommer über erscheinen immer wieder neue Blüten, die einen betörend starken Duft verströmen. Das grob strukturierte Laub der etwas krankheitsanfälligen Sorte ist im Austrieb rotbraun, färbt sich aber bald glänzend dunkelgrün.

'The Squire'

'Trigintipetala'

Synonyme: 'Kazanlik', Rose von Kazanlik, Bulgarische Ölrose

Sortengruppe: Damaszener-Rosen

'Trigintipetala'

Abstammung und Herkunft: unbekannt; eine sehr alte Sorte aus dem Mittleren Osten, seit 1889 durch Dieck in Deutschland verbreitet
Wuchs: sehr stark, locker; überhängende Triebe
Höhe: 1,5 bis 3 m
Blüte und Laub: Aus schlanken, rosa Knospen erblühen mittelgroße, halbgefüllte Blumen, deren Blütenblätter etwas unordentlich wirken. Die nur einmal, und zwar im Juni/Juli erscheinenden Blüten schimmern seidig hellrosa mit leichter Maserung und verbreiten einen intensiven süßen Duft. An den Trieben sitzt mattes, dunkelgrünes Laub.
Besonderes: In Bulgarien wird diese Rose seit etwa 300 Jahren zur Gewinnung von Rosenöl angebaut.

'Tuscany'

Synonyme: 'Old Velvet Rose', 'Velvet Rose', 'Old Velvet', Alte Samtrose

Sortengruppe: Gallica-Rosen

Abstammung und Herkunft: unbekannt; erstmals 1596 von dem Arzt Gerard in England beschrieben
Wuchs: stark, aufrecht; bildet Ausläufer
Höhe: 100–150 cm
Blüte und Laub: Aus den kugeligen, dunkelroten Knospen entfalten sich große, halbgefüllte, flache Blütenschalen, die einen leichten Duft verbreiten. Farbe und Oberfläche der Blüten erinnern an feinsten Samt. Sie schimmern in einem bräunlichen Karminrot mit violetten Schattierungen, das zur Mitte hin von weißlichen Flecken aufgelockert wird. Im Zentrum der Blüten leuchten auffällige goldgelbe Staubfäden. Die Sorte blüht nur einmal, doch überreich, und ist frosthart. Einen wunderschönen Kontrast zu den prächtigen Blumen bilden die mattgrünen kleinen Laubblätter.
Besonderes: Sehr ähnlich sieht 'Tuscany Superb' aus, die jedoch größere und außerdem dichter gefüllte Blüten mit nur schwachem Duft sowie größere Laubblätter besitzt.

'Tuscany'

U

'Ulrich Brunner Fils'

Synonym: 'Ulrich Brunner'

Sortengruppe: Remontant-Rosen

Abstammung und Herkunft: 1882 von Levet in Frankreich gezogen, entweder Sport von 'Anna de Diesbach' oder von 'Paul Neyron'
Wuchs: stark, aufrecht, schmal
Höhe: 160–200 cm
Blüte und Laub: Die kugeligen, roten Knospen sitzen stets zu mehreren beisammen und öffnen sich zu großen kirschroten, locker gefüllten Blütenschalen, die stark duften. An den Unterseiten sind die breiten Blütenblätter etwas heller gefärbt, im Abblühen verblassen sie zu Rosa. Die Sorte zeigt ihren reichen Flor unermüdlich bis in den Herbst, ist aber etwas empfindlich gegen nasse Witterung. An den Trieben sitzt gesundes, dunkelgrün glänzendes Laub.

V

'Variegata di Bologna'

Sortengruppe: Bourbon-Rosen

Abstammung und Herkunft: 1909 von Lodi-Bonfiglioli in Italien aus einer unbekannten Kreuzung gezogen
Wuchs: kräftig, buschig, aufrecht
Höhe: 150–180 cm
Blüte und Laub: Die kugeligen, karminroten Knospen stehen meist in Büscheln zu dritt bis fünft zusammen und entfalten sich zu dichtgefüllten, duftenden Blütenschalen. Die mittelgroßen, geviertelten Blumen sind auffällig karminrot bis purpurn mit weißen Streifen und Marmorierungen. Nach einem üppigen ersten Flor erscheinen die Blüten zwar in deutlich geringerer Zahl, dafür aber immer wieder bis in den Herbst hinein. Das hellgrüne, matte Laub ist bei ungünstigem Standort ein wenig anfällig für Sternrußtau.

'Variegata di Bologna'

'Viridiflora'

Synonyme: Grüne Rose, 'The Green Rose', 'Monstrosa'

Sortengruppe: China-Rosen

Abstammung und Herkunft: unbekannt; 1833 in den USA wahrscheinlich als Mutation einer *Rosa chinensis* entstanden
Wuchs: klein, aufrecht
Höhe: 60–80 cm
Blüte und Laub: Aus den Büscheln grünlicher Knospen entwickeln sich kleine, gefüllte, grüne, später bronzerot getönte Blumen. Sie stellen eine Kuriosität dar: Bestehen sie doch aus deformierten, blütenblattartigen Kelchblättern mit ausgefransten Rändern und haben keine Staubgefäße. Die Rose duftet würzig und blüht reich und ausdauernd.
Besonderes: Die eigenartigen Blüten dieser Rose machen sich ausgezeichnet als Bestandteil von Blumenarrangements.

'Ulrich Brunner Fils'

'Viridiflora'

'Vogelpark Walsrode'

Synonym: 'Kordes' Rose Vogelpark Walsrode'

Sortengruppe: Öfterblühende Strauchrosen

Abstammung und Herkunft: 1986 von Kordes in Deutschland aus der Kreuzung ('Lampion' x 'Träumerei' x 'Shrubby Pink') mit 'New Dawn' gezüchtet
Wuchs: breitbuschig; locker verzweigte Triebe
Höhe: bis 150 cm
Blüte und Laub: Aus spitzovalen, rosa Knospen öffnen sich zartrosa Blüten, die sich mit der Zeit etwas aufhellen. Die Blumen sind groß und locker gefüllt mit offener Mitte. Sie sitzen in Büscheln beieinander und duften leicht. Bis in den Herbst hinein schmückt sich diese Rose unermüdlich mit ihrem reichen Flor. An den Trieben steht zierliches, glänzend grünes Laub.
Besonderes: ADR-Rose 1989; die Sorte ist robust und winterhart und kann auch an ungünstigere Stellen gepflanzt werden.

'Vogelpark Walsrode'

W

'Westerland'

Synonym: 'Kordes' Rose Westerland'

Sortengruppe: Öfterblühende Strauchrosen

Abstammung und Herkunft: 1969 von Kordes in Deutschland aus der Kreuzung 'Friedrich Wörlein' x 'Circus' gezüchtet
Wuchs: stark, breitbuschig; bogig geneigte Triebe
Höhe: bis 200 cm
Blüte und Laub: Bis zu 10 der kegelförmigen, kupferroten Knospen stehen in Büscheln zusammen. Sie erblühen zu großen, locker gefüllten Blumen, die einen starken Duft verströmen. Die Bernsteinfarbe der gewellten Blütenblätter ist orange überhaucht und nimmt im Verblühen einen rosa Schimmer an. Der üppige Flor erscheint schon sehr früh und schmückt den Strauch bis zum Frost. Die Triebe tragen dichtes Laubwerk aus großen, glänzenden Blättern. Im Austrieb sind diese noch rötlich überlaufen, färben sich später aber dunkelgrün.
Besonderes: ADR-Rose 1974

'Westerland'

'Wilhelm'

Synonym: 'Skyrocket'

Sortengruppe: Öfterblühende Strauchrosen

'Wilhelm'

Abstammung und Herkunft: 1934 von Kordes in Deutschland aus der Kreuzung 'Robin Hood' x 'J. C. Thornton' gezüchtet
Wuchs: stark, aufrecht; leicht überhängende Triebe
Höhe: bis 200 cm
Blüte und Laub: Aus kegelförmigen, dunkelroten Knospen öffnen sich große, halbgefüllte Blüten, die blutrot leuchten und in der Mitte ihre goldgelben Staubgefäße zeigen. Sie erscheinen ohne Unterbrechung und stehen in Büscheln zusammen, die im Herbst sogar üppiger als im Sommer sind. An den Zweigen wächst mittelgroßes, frischgrünes Laub. Die außerordentlich robuste, widerstandsfähige Sorte ist frosthart und gedeiht auch noch im Halbschatten.

'Windrush'

Sortengruppe: Englische Rosen

Abstammung und Herkunft: 1984 von Austin in England aus der Kreuzung eines Sämlings mit 'Conrad Ferdinand Meyer' gezüchtet

'Windrush'

Wuchs: stark, breitbuschig
Höhe: 120–150 cm
Blüte und Laub: Die schlanken, gelben Knospen sind rot überhaucht und entfalten sich zu einfachen, sehr großen Blüten mit wildrosenähnlichem Charakter. Die flachen, zart zitronengelben Blütenschalen umgeben ein dichtes Büschel hellgelber Staubgefäße. Sie verbreiten einen sanften Wildrosenduft. Die Sorte ist reich- und öfterblühend und widerstandsfähig gegen Krankheiten. An den kräftigen Trieben steht üppiges, hellgrünes Laub.

Y

'York und Lancaster'

Synonym: *Rosa* x *damascena* 'Versicolor'

Sortengruppe: Damaszener-Rosen

Abstammung und Herkunft: unbekannt; sehr alte Sorte, schon 1551 von dem spanischen Botaniker Monardes erwähnt
Wuchs: mittelstark, buschig; gut verzweigte, überhängende Triebe
Höhe: 100–150 cm
Blüte und Laub: Charakteristisch für diese Rose ist die unterschiedliche Färbung der Blüten an ein und demselben Strauch. So stehen in den lockeren, langstieligen Büscheln halb rosa, halb weiß getönte Blumen neben ganz rosafarbenen und völlig weißen Blüten. Die großen Blumen, die sich aus kugeligen, hellrosa Knospen öffnen, sind halb gefüllt, zeigen meist ihre gelben Staubgefäße und verbreiten einen starken Duft. Die Sorte blüht nur einmal, dafür aber sehr reich. Ihr Laub ist graugrün und recht weich.
Besonderes: Der Name dieser alten Rosensorte mit den zweifarbigen Blüten soll an die sog. Rosenkriege zwischen den englischen Herrscherhäusern York und Lancaster erinnern, die je eine weiße bzw. rote Rose in ihren Wappen trugen.

'York und Lancaster'

Z

'Zephirine Drouhin'

Synonym: Stachellose Rose

Sortengruppe: Bourbon-Rosen

Abstammung und Herkunft: 1868 von Bizot in Frankreich gezogen; Eltern unbekannt
Wuchs: stark; kräftiger, dichter Strauch mit langen, fast völlig stachellosen Trieben; die Sorte kann auch sehr gut als Kletterrose verwendet werden.
Höhe: 180–200 cm, als Kletterrose bis 4 m

'Zephirine Drouhin'

Blüte und Laub: Aus den dunkelrosa, spitzovalen Knospen erblühen große, leuchtend karminrosa bis hellrote Blüten, die in verschwenderischer, immer wiederkehrender Fülle erscheinen. Die flachen Blütenschalen sind halb gefüllt, duften süß und behalten Form und Farbe selbst bei länger andauernden Regenperioden. Ihre kräftige Tönung hebt sich schön von den sattgrünen Laubblättchen ab, die im Austrieb bronzefarben überhaucht sind.
Besonderes: Heiße und trockene Standorte sollten bei dieser Sorte vermieden werden, da sie sonst etwas mehltauanfällig ist. Sie erweist sich als gut schnittverträglich und kann genausogut als Strauch klein gehalten oder aber als Kletterrose hochgebunden werden.

'Zigeunerknabe'

'Zigeunerknabe'

Synonym: 'Gipsy Boy'

Sortengruppe: Bourbon-Rosen

Abstammung und Herkunft: wahrscheinlich ein Sämling von 'Russelliana', 1909 vom deutschen Züchter Lambert vorgestellt
Wuchs: stark, kompakt; überhängende Triebe
Höhe: 1,5 bis 2,5 m
Blüte und Laub: Aus den kugeligen, purpurroten Knospen entfalten sich mittelgroße, halbgefüllte Blüten. Das anfängliche Karminrot der Blütenblätter vertieft sich mit der Zeit zu kräftigem Purpurviolett, wodurch ein schöner Kontrast zu den leuchtend goldgelben Staubgefäßen entsteht. Die stark duftenden Blumen erscheinen überreich in großen Büscheln. Meist zeigt die Sorte nur einen Flor, bringt jedoch manchmal noch eine schwache Nachblüte hervor. Im Herbst schmückt sie sich mit großen, kugeligen Hagebutten in leuchtendem Orangerot. Die Zweige des frostharten Strauchs tragen üppiges, dunkelgrünes Laub.
Besonderes: Die Sorte kann auch als Kletterrose gezogen werden.

Kletterrosen von A–Z

Kletterrosen sind sozusagen die Akrobaten unter den Rosen. Mühelos erklimmen einige Sorten Höhen von 6 m und mehr oder bilden undurchdringliche Dickichte – man denke nur an das Märchen von Dornröschen.
Wie die Strauchrosen kann man auch die Gruppe der Kletterrosen in Einmalblühende und Öfterblühende gliedern. Im folgenden werden bei den Angaben zum Wuchs der einzelnen Sorten zusätzlich Climber und Rambler unterschieden, eine aus England kommende Differenzierung, die sich auch hierzulande immer weiter verbreitet.

Mit solch wunderschönen Kletterrosen lassen sich gerade alte Häuser fast in romantische Dornröschenschlösser verwandeln.

Wuchs und Blüte

Kletterrosen sind sog. Spreizklimmer, die sich mit Hilfe ihrer oft hakig gekrümmten Stacheln an einem Untergrund, z. B. einer rauhen Mauer oder einem Baumstamm, festhalten und so daran in die Höhe wachsen. Charakteristisch für Climber sind ein aufrechter Wuchs und starke Triebe. Sie können im allgemeinen ohne stützende Unterlage klettern. Einige Sorten bilden aber auch richtige Büsche und lassen sich damit wie Strauchrosen verwenden. Oftmals werden sie dann beiden Gruppen zugeordnet.
Als Rambler bezeichnet man indessen Kletterrosen mit langen, dünnen, kriechenden oder hängenden Trieben. In die Höhe gelangen sie im Gegensatz zu den Climbern nur mit Hilfe einer Stütze – sei es nun ein Gebüsch, ein Baum oder ein spezielles Gerüst –, an der sie in der Regel festgebunden werden. Ohne Kletterhilfe breiten viele ihre Triebe am Boden aus und sind somit ebenso als Bodendecker einzusetzen.
Wie bei den Strauchrosen finden sich auch in der Gruppe der Kletterrosen sehr vielgestaltige Blüten: sowohl einfache als auch dichtgefüllte, dazu alle denkbaren Zwischenstufen. Vor allem unter den Ramblern gibt es zahlreiche einfach- und einmalblühende Sorten, die aber in ihrem Blütenreichtum den anderen keineswegs nachstehen.

Pflege

Kletterrosen sollte man stets möglichst behutsam schneiden, um ihre Blühfreudigkeit zu erhalten und sie immer wieder zu verjüngen. Bei einmalblühenden Sorten greift man erst nach der Blüte zur Schere. So kann man noch das ganze Blütenschauspiel genießen, und außerdem läßt sich dann leichter beurteilen, welche Zweige herausgenommen werden müssen. Öfterblühende Kletterrosen lichtet man im Frühjahr vorsichtig aus: Altes Holz wird herausgenommen, Seitentriebe werden gekürzt, die Langtriebe neu verteilt (siehe Seite 87). Im Herbst ist es Zeit, die Rosen mit Kompost zu versorgen und anzuhäufeln. Empfindliche Sorten erhalten in rauhen Lagen zusätzlich einen Winterschutz aus Reisig, Jute oder Sackleinen, den man im Frühjahr rechtzeitig vor dem Austrieb entfernen muß.

Verwendung

Kletterrosen sind die idealen Pflanzen für Romantiker. Sie eignen sich hervorragend dazu, Mauern oder Hauswände zu verschönern, Pergolen in verwunschene Märchenwinkel zu verwandeln, Rosenbögen zu zaubern, Bäume zu überwachsen – der Phantasie sind fast keine Grenzen gesetzt. Mit Ramblern kann man undurchdringliche Barrieren schaffen, läßt man sie beispielsweise in einer Wildhecke wuchern. Besonders gelungene Effekte lassen sich hierbei mit einer Kombination verschiedenfarbiger Sorten erzielen, die, wenn sie sich ineinander verschlingen, auf den ersten Blick wie eine Pflanze mit zweierlei Blüten wirken.

Die Kletterrosen verschönern mit ihren duftigen Blüten jeden Zaun.

A

'Albéric Barbier'

Sortengruppe: Einmalblühende Kletterrosen

Abstammung und Herkunft: Kreuzung einer *Rosa wichuraiana* mit 'Shirley Hibbard', im Jahr 1900 vom französischen Züchter Barbier gezogen
Wuchs: stark; Rambler mit langen, biegsamen Trieben
Höhe: 5–7 m
Blüte und Laub: Aus den kleinen gelben Knospen entwickeln sich cremeweiße Blüten mit gelber Mitte, die einzeln oder in Büscheln erblühen. Sie sind groß, dicht gefüllt und verbreiten einen intensiven Duft nach Äpfeln. Die Sorte bringt nach der ersten reichen Blütenfülle noch eine schwächere Nachblüte hervor. Ihre Triebe tragen kleinblättriges, stark glänzendes, tiefgrünes Laub.

'Albéric Barbier'

'Alchymist'

'Alchymist'

Sortengruppe: Einmalblühende Kletterrosen

Abstammung und Herkunft: 1956 von Kordes in Deutschland aus der Kreuzung einer Hybride von *Rosa rubiginosa* mit 'Golden Glow' gezogen
Wuchs: kräftig; robuster, aufrechter Climber
Höhe: 2–4 m
Blüte und Laub: Die rundlich dicken, gelben Knospen zeigen einen roten Schimmer und lassen so die gold- bis orangegelbe, rötlich schattierte Färbung der geöffneten Blumen schon erahnen. Die großen Blüten sind dicht gefüllt, in der Mitte häufig geviertelt und verbreiten einen angenehmen Duft. Das glänzende, grüne Laub zeigt im Austrieb oft einen bronzefarbenen Hauch. Es hebt die ungewöhnlich aparten Blüten ganz besonders wirkungsvoll hervor.

'Alexandre Girault'

Sortengruppe: Einmalblühende Kletterrosen

Abstammung und Herkunft: Kreuzung einer *Rosa wichuraiana* mit 'Papa Gontier', 1909 vom französischen Züchter Barbier auf den Markt gebracht
Wuchs: stark; Rambler mit langen, überhängenden Trieben
Höhe: 3,5 bis 4 m
Blüte und Laub: Aus den rundlichen, kräftig rosa gefärbten Knospen entfalten sich mittelgroße Blumen in Rosa bis Lachsrosa mit weißlichen Streifen. In der Mitte der flachen, gefüllten Blüten schimmert ein gelber Fleck, die Rückseiten der Blütenblätter leuchten weißlichrosa.

'Alexandre Girault'

Die Sorte blüht zwar nur einmal, dafür aber sehr reich in dicken Büscheln, und die Blumen verbreiten einen intensiven, fruchtigen Duft. Die glänzenden, dunkelgrünen Laubblätter bestehen aus jeweils 7 Fiederblättchen.

'American Pillar'

Sortengruppe: Einmalblühende Kletterrosen

Abstammung und Herkunft: 1902 von van Fleet in den USA aus der Kreuzung (*Rosa wichuraiana* x *R. setigera*) mit 'Red Letter Day' gezüchtet

Wuchs: stark; Rambler mit überhängenden Trieben
Höhe: 4–6 m
Blüte und Laub: In dichten Blütentrauben sitzen die einfachen, mittelgroßen Blumen auf starken Stielen beieinander. Sie entfalten sich aus kegelförmigen, dunkel karminroten Knospen und prangen in kräftigem Karminrosa.

'American Pillar'

In ihrer Mitte leuchten ein weißes Auge und goldgelbe Staubfäden. Die Sorte blüht in überwältigender Fülle. Das großblättrige, glänzend dunkelgrüne Laub sieht etwas ledrig aus und steht ziemlich dicht.
Besonderes: Die Rose verträgt Frost und kann sogar in Hochlagen gepflanzt werden. Sie benötigt jedoch einen luftigen Standort, da sie sonst etwas mehltauanfällig ist.

B

'Bobby James'

'Bobby James'

Synonym: 'Bobbie James'

Sortengruppe: Einmalblühende Kletterrosen

Abstammung und Herkunft: 1961 in der amerikanischen Rosenschule Sunningdale gezüchtet; Eltern unbekannt
Wuchs: sehr stark; Rambler mit überhängenden Trieben
Höhe: 4–6 m und mehr
Blüte und Laub: Einmal im Jahr schmückt sich die Sorte mit großen Büscheln unzählig vieler Blumen, die sich aus den kugeligen, cremeweißen Knospen öffnen. Die kleinen, einfachen bis leicht halbgefüllten, flachen Blütenschalen verströmen einen starken wildrosenähnlichen Duft. Einen hübschen Kontrast zu den cremeweißen Blütenblättern bilden die gelben Staubgefäße in der Mitte. Die recht üppigen Laubblätter sind von einem kräftigen, bräunlichen Grün und wirken wie glänzend poliert.
Besonderes: Diese Sorte eignet sich sehr gut dazu, Bäume damit bewachsen zu lassen.

C

'Clair Matin'

Sortengruppe: Öfterblühende Kletterrosen

Abstammung und Herkunft: 1960 von Meilland in Frankreich aus der Kreuzung 'Fashion' mit [('Kordes' Sondermeldung' x 'Orange Triumph') x 'Phyllis Bide')] gezüchtet
Wuchs: stark; gut verzweigter Climber mit dicken Trieben
Höhe: 2–3 m
Blüte und Laub: Das Rosa der spitzovalen Knospen wirkt wie von einem orangefarbenen Hauch überzogen. Die mittelgroßen, halbgefüllten Blumen erscheinen in großen, dichten Büscheln, öffnen sich becherförmig, werden dann aber flacher und zeigen einen Kranz goldgelber Staubgefäße in ihrer Mitte. Die Blütenblätter schimmern in einem zarten Porzellanrosa und entfalten einen angenehmen Duft. Diese Sorte blüht sehr reich und andauernd bis zum Frost. An den Trieben steht widerstandsfähiges, glänzend dunkelgrünes Laub von etwas ledrigem Aussehen.
Besonderes: dank ihrer dicken Triebe auch als Strauchrose zu verwenden

'Compassion'

Synonym: 'Belle de Londres'

Sortengruppe: Öfterblühende Kletterrosen

Abstammung und Herkunft: 1974 von Harkness in England aus der Kreuzung 'White Cockade' x 'Primaballerina' gezogen
Wuchs: kräftig; buschig wachsender, straff aufrechter Climber
Höhe: 2–3 m
Blüte und Laub: Die großen, stumpfovalen Knospen sind gelb mit rötlichem Rand und entfalten sich zu ebenfalls großen, halbgefüllten, edel geformten Blumen. Das weiche Lachsrosa der Blütenblätter weist goldgelbe und orangefarbene Schattierungen auf.

'Clair Matin'

'Compassion'

Es stehen immer mehrere Blüten in Büscheln zusammen, und sie erscheinen den ganzen Sommer lang in verschwenderischer Fülle. Die Sorte duftet gut, ist frosthart und wetterfest. Das im Austrieb zunächst rote, später dunkelgrüne, glänzende Laub erweist sich als außerordentlich robust und widerstandsfähig gegen Krankheiten.
Besonderes: ADR-Rose 1976

'Coral Dawn'

'Coral Dawn'

Sortengruppe: Öfterblühende Kletterrosen

Abstammung und Herkunft: 1952 von den amerikanischen Züchtern Boerner/Jackson & Perkins aus der Kreuzung ('New Dawn'-Sämling x gelbe Teehybride) mit einer orangeroten Polyantha-Rose gezogen
Wuchs: kräftig; aufrecht wachsender Climber
Höhe: 2–3 m
Blüte und Laub: Aus rundlichen, dunkelrosa Knospen erblühen edel geformte, sehr große Blumen in zartem Korallenrosa. Sie sind locker gefüllt, duften angenehm und stehen einzeln oder in kleinen Büscheln an den Trieben. Die Rose blüht reich und fast ununterbrochen bis in den Herbst hinein. Ihre Triebe tragen glänzend dunkelgrünes, gegen Krankheiten widerstandsfähiges Laub.

D

'Danse du Feu'

Synonym: 'Spectacular'

Sortengruppe: Öfterblühende Kletterrosen

Abstammung und Herkunft: 1953 von Mallerin in Frankreich aus der Kreuzung 'Paul's Scarlet Climber' mit einem Sämling von *Rosa multiflora* gezüchtet
Wuchs: stark; aufrechter Climber mit kräftigen Trieben
Höhe: 3 bis 3,5 m
Blüte und Laub: Die schön geformten roten Knospen öffnen sich flach zu mittelgroßen, locker gefüllten Blüten in einem leuchtenden, orange getönten Ziegelrot. Die leicht duftenden Blumen erscheinen einzeln oder in Büscheln den ganzen Sommer hindurch. An den Trieben steht dichtes, gegen Krankheiten widerstandsfähiges Blattwerk, das bronzebraun austreibt, sich später jedoch glänzend grün färbt.

'Danse du Feu'

'Direktor Benschop'

Synonym: 'City of York'

Sortengruppe: Einmalblühende Kletterrosen

Abstammung und Herkunft: 1945 von Tantau in Deutschland aus der Kreuzung 'Prof. Gnau' x 'Dorothy Perkins' gezogen
Wuchs: stark; kräftiger Climber
Höhe: 3 bis 4,5 m

'Direktor Benschop'

Blüte und Laub: Aus länglich spitzen, gelblichweißen Knospen entfalten sich mittelgroße, halbgefüllte Blumen, die in Büscheln von 5 bis 10 beisammenstehen. Sie öffnen sich rundlich und flachen dann ab zu rahmweißen Blütenschalen mit goldgelben Staubbeuteln in ihrer Mitte. Der überaus reiche Flor dieser Rose ist lange haltbar. An den stämmigen, gut verzweigten Trieben steht dichtes, glänzend grünes Laub.

'Dortmund'

Synonym: 'Kordes' Rose Dortmund'

Sortengruppe: Öfterblühende Kletterrosen

Abstammung und Herkunft: 1955 von Kordes in Deutschland aus der Kreuzung eines Sämlings mit *Rosa kordesii* gezogen
Wuchs: stark; sehr kräftiger Climber mit ziemlich langen Trieben
Höhe: 3–4 m
Blüte und Laub: Aus unzähligen spitzen, dunkelroten Knospen öffnen sich große, einfache, leicht duftende Blüten. Sie stehen in dicken Büscheln zusammen und leuchten in feurigem Blutrot. Ein großes weißes Auge umgibt die gelben Staubgefäße in der Blütenmitte. Die außerordentlich kräftige und frostharte Sorte zeichnet sich durch einen immer wiederkehrenden, reichen Blütenflor aus. Ihre kleinen, robusten Laubblätter glänzen tiefgrün und haben eine gewellte Oberfläche.
Besonderes: ADR-Rose 1954

'Dortmund'

F

'Flammentanz'

'Flammentanz'

Sortengruppe: Einmalblühende Kletterrosen

Abstammung und Herkunft: 1955 von Kordes in Deutschland aus der Kreuzung einer Hybride von *Rosa rubiginosa* mit *R. kordesii* gezogen
Wuchs: sehr stark; Rambler mit ausladenden Trieben
Höhe: 3–5 m
Blüte und Laub: Aus rundlichen, dicken, dunkelroten Knospen entfalten sich mittelgroße, gut gefüllte Blütenschalen. Anfangs noch leuchtend feuerrot, zeigen sie sich im Verblühen dann manchmal etwas violett überhaucht. Die Blumen blühen zwar nur einmal, stehen dafür aber außergewöhnlich üppig in großen Büscheln beisammen. Unter der Last der Blütenfülle beugen sich die langen Triebe, die reich mit mattgrünem, großblättrigem Laub bestückt sind. Die Sorte ist äußerst robust und frosthart.
Besonderes: ADR-Rose 1952; wird auch als Trauerrose gezogen

G

'Goldener Olymp'

Sortengruppe: Öfterblühende Kletterrosen

Abstammung und Herkunft: 1984 von Kordes in Deutschland aus der Kreuzung eines Sämlings mit 'Goldstern' gezüchtet
Wuchs: stark; aufrechter, buschiger Climber mit gut verzweigten, kräftigen Trieben
Höhe: 1,5 bis 2,5 m
Blüte und Laub: Oval und edel geformt sind die gelben Knospen. Sie erblühen zu großen, gut gefüllten Blumen, die in immer wiederkehrender Fülle neu erscheinen. Die in Büscheln stehenden, stark duftenden Blüten bestechen

'Goldener Olymp'

durch ihre kräftige goldgelbe Tönung mit einem Hauch von Kupfer. Selbst bei schlechter Witterung büßen sie nichts von ihrer Schönheit ein. Die großblättrige, dunkelgrüne Belaubung ist dicht und zudem widerstandsfähig gegen Krankheiten. Sie verdeckt fast völlig die Zweige.
Besonderes: Die Sorte zeichnet sich durch gute Frosthärte aus und kann deshalb auch in rauheren Lagen hervorragend zur Begrünung von Pergolen und Spalieren dienen.

'Golden Showers'

'Golden Showers'

Sortengruppe: Öfterblühende Kletterrosen

Abstammung und Herkunft: 1956 von Lammerts in Kalifornien, USA, aus der Kreuzung 'Charlotte Armstrong' x 'Captain Thomas' gezogen
Wuchs: sehr stark; aufrecht buschiger Climber
Höhe: 2–3 m
Blüte und Laub: Die länglichen, spitzen, goldgelben Knospen stehen einzeln an den Stielen oder zu mehreren zusammen. Große, locker gefüllte, edle Blüten in einem kräftigen Zitronengelb entfalten sich daraus und machen dem Namen der Sorte alle Ehre. Sie verströmen einen leichten Duft. Im Verblühen verblassen die Blumen etwas und werden flacher. Die Rose blüht schon sehr früh und dann andauernd bis zum ersten Frost.
Besonderes: Die Sorte ist auch gut als frei stehende Strauchrose zu verwenden. Sie kann einzeln oder in kleinen Gruppen gepflanzt werden.

I

'Ilse Krohn Superior'

Sortengruppe: Öfterblühende Kletterrosen

Abstammung und Herkunft: 1964 von Kordes in Deutschland als Sport von 'Ilse Krohn' gezogen
Wuchs: stark; aufrechter Climber mit langen Trieben
Höhe: 2–3 m
Blüte und Laub: Rundliche, grünlich- bis cremeweiße Knospen stehen zu mehreren in kleinen Büscheln zusammen und erblühen zu großen, edel geformten, stark gefüllten Blumen. Die herrlich duftenden Blüten öffnen sich in zartem Cremeweiß, erstrahlen dann aber in einem gut beständigen, blendend reinen Weiß. Die reichblühende Sorte ist sehr frosthart. Ihre großen, glänzenden Laubblätter treiben hellgrün aus, färben sich später jedoch vollständig dunkelgrün.

'Ilse Krohn Superior'

L

'Lawinia'

Sortengruppe: Öfterblühende Kletterrosen

Abstammung und Herkunft: 1980 von Tantau in Deutschland gezogen; die

'Lawinia'

Eltern werden nicht bekanntgegeben
Wuchs: stark; aufrechter, buschiger Climber mit kräftigen, dicken Trieben
Höhe: 2–3 m
Blüte und Laub: Schlanke, rosafarbene Knospen öffnen sich zu großen, gefüllten Blütenschalen in reinem, leuchtendem Rosa. Die außerordentlich wetterbeständigen Blumen duften angenehm und erscheinen zahlreich und ausdauernd bis zum ersten Frost. In schönem Kontrast dazu steht das großblättrige, dichte Laub in leicht glänzendem Dunkelgrün, das im Austrieb rötlich überhaucht ist.

M

'Morning Jewel'

Sortengruppe: Öfterblühende Kletterrosen

Abstammung und Herkunft: 1968 von dem englischen Züchter Cocker aus der Kreuzung 'New Dawn' x 'Red Dandy' gezogen
Wuchs: kräftig; aufrechter Climber

'Morning Jewel'

Höhe: 2,5 bis 3 m
Blüte und Laub: Karminrote, breitovale Knospen entfalten sich zu mittelgroßen, tief karminrosa gefärbten Blüten, die stets zu mehreren beisammenstehen. In voller Blüte öffnen sich die leicht duftenden, locker gefüllten Blumen weit. Die Rose zeigt einen reichen, immer wiederkehrenden Blütenflor. Ihre Triebe sind dicht mit mittelgroßen, glänzenden, dunkelgrünen Laubblättern besetzt, die im Austrieb noch rötlich überhaucht wirken.
Besonderes: ADR-Rose 1975; braucht 2,5 bis 3 m Platz

N

'New Dawn'

'New Dawn'

Sortengruppe: Öfterblühende Kletterrosen

Abstammung und Herkunft: 1930 von der amerikanischen Rosenschule Somerset als Sport von 'Dr. W. van Fleet' gezogen
Wuchs: stark; breit ausladender Rambler mit überhängenden Trieben
Höhe: 3–4 m
Blüte und Laub: Kleine, spitze, hellrosa Knospen stehen zu wenigen in Büscheln beieinander und entfalten sich zu zartrosa Blumen, die fast weißlich verblühen. Die locker gefüllten, mittelgroßen Blüten sind edel geformt und verströmen einen intensiven Duft nach Apfelblüten. Sie erscheinen immer wieder bis zum Frost. Das kleinblättrige, glänzende Laub treibt hellgrün aus, wird dann aber tiefgrün. Die Sorte ist sehr winterhart und widerstandsfähig.
Besonderes: 'New Dawn' erhielt das U.S. Plant-Patent Nr. 1 (siehe Seite 98); auch als Trauerrose und als Schnittrose geeignet

P

'Parkdirektor Riggers'

Sortengruppe: Öfterblühende Kletterrosen

Abstammung und Herkunft: 1957 von Kordes in Deutschland aus der Kreuzung *Rosa kordesii* x 'Our Princess' gezogen
Wuchs: stark; aufrechter Climber mit langen Trieben
Höhe: 3–4 m
Blüte und Laub: Kegelförmige, dunkelrote Knospen stehen in großen Büscheln zusammen. Sie öffnen sich zu mittelgroßen, einfachen bis locker halbgefüllten Blüten, die in einem wunderbar samtigen Blutrot schimmern. Die Blumen verströmen einen leichten Duft und erscheinen den ganzen Sommer hindurch. Das Laub ist glänzend dunkelgrün und bietet einen schönen, kontrastreichen Hintergrund für die farbkräftigen Blüten.
Besonderes: ADR-Rose 1960

'Parkdirektor Riggers'

'Paul Noël'

Sortengruppe: Einmalblühende Kletterrosen

Abstammung und Herkunft: 1913 von Tanne in Deutschland aus der Kreuzung *Rosa wichuraiana* x 'Monsieur Tillier' gezogen
Wuchs: buschig; Rambler mit langen, biegsamen, auch kriechenden Trieben

'Paul Noël'

Höhe: 3–4 m
Blüte und Laub: Die kegelförmigen, spitzen Knospen sind dunkelrosa gefärbt, und sie erscheinen in kleinen Büscheln. Daraus erblühen mittelgroße, dichtgefüllte Blumen in einem kräftig gelblichrosa Farbton. Sie verbreiten einen starken Teerosenduft. Die Rose blüht reich im Juni/Juli, bis zum Herbst kann es zudem auch noch schwächere Nachblüten geben. Das glänzend grüne Laub besteht aus siebenfiedrigen, kleinen Blättern, steht aber ziemlich dicht.
Besonderes: Werden die langen Triebe der Sorte nicht hochgebunden, eignet sie sich auch ganz ausgezeichnet als Bodendeckerrose.

'Paul's Scarlet Climber'

Sortengruppe: Einmalblühende Kletterrosen

Abstammung und Herkunft: 1916 von Paul in England gezogen, wahrscheinlich Kreuzung eines Sämlings von 'Paul's Carmine Pillar' mit 'Rêve d'Or'
Wuchs: stark; buschig aufrechter Climber mit kräftigen Trieben
Höhe: 3–4 m
Blüte und Laub: Aus kegelförmigen, tief blutroten Knospen entfalten sich blutrote Blumen, die in Büscheln zusammenstehen. Die mittelgroßen, halbgefüllten Blüten sind bei jeder Witterung sehr haltbar, verblauen im Verblühen jedoch ein wenig. Nach ihrem überreichen Flor bringt die Sorte manchmal noch eine schwache Nachblüte hervor. Die Triebe sind dicht mit großblättrigem, dunkelgrünem, gegen Krankheiten resistentem Laub besetzt, das im Austrieb rötlichgrün ist.
Besonderes: Die winterharte Rose ist auch für rauhe Lagen geeignet.

'Paul's Scarlet Climber'

R

'Rambling Rector'

Sortengruppe: Einmalblühende Kletterrosen

Abstammung und Herkunft: alte Sorte; Abstammung unbekannt
Wuchs: stark; dicht verzweigter Rambler mit stark bestachelten, biegsamen Trieben
Höhe: 4–6 m
Blüte und Laub: Viele kleine cremeweiße Knospen stehen in großen Büscheln zusammen und öffnen sich zu einer überschäumenden Fülle weißer Blumen. Die zierlichen, duftenden Einzelblütchen sind halb gefüllt und zeigen in der Mitte jeweils einen Kranz gelber Staubgefäße. Das üppige, kleinblättrige Laub ist graugrün und flaumig behaart. Im Herbst schmückt sich die Rose mit vielen roten Hagebutten.
Besonderes: Die robuste Sorte eignet sich gut dazu, sie an Bäumen oder Hecken hochklettern zu lassen.

'Rambling Rector'

'Ramira'

Sortengruppe: Öfterblühende Kletterrosen

Abstammung und Herkunft: 1988 von Kordes in Deutschland aus der Kreuzung 'Lawinia' mit ('Königin der Rosen' x 'Goldrausch') gezüchtet
Wuchs: stark; buschig aufrechter Climber; bildet viele Bodentriebe
Höhe: bis 2,5 m
Blüte und Laub: Aus den spitzen, dunkelrosa Knospen erblühen große, edel geformte Blumen in leuchtendem Rosa. Sie sitzen einzeln oder auch in Büscheln an den Trieben und verbreiten einen leichten Wildrosenduft. Die locker gefüllten Blüten erscheinen immer wieder bis zum Herbst. Sie sind sehr farbbeständig, wetterfest und verblühen sauber. Das großblättrige, glänzend dunkelgrüne Laub ist robust wie die ganze Rose.

'Ramira'

S

'Santana'

'Santana'

Sortengruppe: Öfterblühende Kletterrosen

Abstammung und Herkunft: 1984 von Tantau in Deutschland gezogen; die Eltern werden nicht bekanntgegeben
Wuchs: stark; buschig aufrechter Climber
Höhe: 2–3 m
Blüte und Laub: Edelrosenähnliche, dunkelrote Knospen erblühen zu außergewöhnlich großen Blüten in sattem, dunklem Blutrot, das sich als haltbar erweist. Die Blumen sind stark gefüllt, duften leicht und erscheinen in immer wiederkehrender Fülle. An den dicken Trieben wächst großblättriges, auffallend glänzendes Laub von lederartigem Aussehen. Die Sorte zeichnet sich durch gute Frosthärte und Widerstandsfähigkeit sowie durch Wetterfestigkeit der Blüten aus.

'Schwanensee'

Synonym: 'Swan Lake'

Sortengruppe: Öfterblühende Kletterrosen

Abstammung und Herkunft: 1968 von McGredy in Nordirland aus der Kreuzung 'Gruß an Heidelberg' x 'Memoriam' gezüchtet
Wuchs: kräftig; straff aufrechter Climber
Höhe: 2–3 m
Blüte und Laub: Die kugeligen, weißen Knospen sind rosa überlaufen und öffnen sich zu strahlend weißen Blüten mit einem blaßrosa Hauch in der Mitte. Die großen Blumen, die in Büscheln beieinanderstehen, sind edel geformt, dicht gefüllt und erscheinen den ganzen Sommer über reichlich. Einen schönen Hintergrund bildet das glänzend dunkelgrüne, rundliche Laub.
Besonderes: auch als Strauchrose zu verwenden

'Schwanensee'

'Super Excelsa'

Sortengruppe: Öfterblühende Kletterrosen

Abstammung und Herkunft: 1986 von Hetzel in Deutschland aus der Kreuzung zweier Sämlinge von 'Excelsa' gezogen
Wuchs: mittelstark; Rambler mit schlanken, biegsamen Trieben; niederliegend, aufgebunden jedoch kletternd

'Super Excelsa'

Höhe: 1,5 bis 2,5 m
Blüte und Laub: Die kleinen, dicken, rosa Knospen sind silbrig überhaucht und stehen in dichten Büscheln am Ende der langen Triebe. Aus ihnen entfalten sich kleine, dichtgefüllte, karminrosa Blüten, die im Verblühen eine violette Tönung annehmen. Durch die Mitte der Blütenblätter zieht sich ein weißer Streifen. Die Sorte zeigt einen reichen, langanhaltenden Flor und blüht gut nach. An den Trieben wächst leicht glänzendes, zunächst hellgrünes, später mittelgrünes Laub aus kleinen, siebenfiedrigen Einzelblättern.
Besonderes: ADR-Rose 1991; 'Super Excelsa' stellt eine Verbesserung der bekannten Sorte 'Excelsa' dar. Sie ist widerstandsfähiger und hat eine längere Blütezeit. Werden die Triebe nicht hochgebunden, kann sie auch als Bodendeckerrose verwendet werden. Die Sorte wird überdies als Trauerrose gezogen.

'Sympathie'

Sortengruppe: Öfterblühende Kletterrosen

Abstammung und Herkunft: 1964 von Kordes in Deutschland aus der Kreuzung 'Wilhelm Hansmann' x 'Don Juan' gezüchtet
Wuchs: stark; buschiger, aufrechter Climber mit kräftigen Trieben
Höhe: 3–4 m
Blüte und Laub: Aus großen, edlen, dunkelroten Knospen entfalten sich schön geformte, große, leicht gefüllte Blüten in einem samtigen Dunkelrot. Die Blumen stehen einzeln oder auch in kleinen Büscheln und erscheinen bereits früh und unermüdlich in reicher Zahl. Die robuste Rose verbreitet einen Wildrosenduft und blüht sauber ab. Das mittelgroße, glänzende Laub treibt rötlich aus, färbt sich dann vollständig tiefgrün.
Besonderes: ADR-Rose 1966; auch Hochstammrose

'Sympathie'

V

'Veilchenblau'

'Veilchenblau'

Synonym: 'Violet Blue'

Sortengruppe: Einmalblühende Kletterrosen

Abstammung und Herkunft: 1909 von Schmidt in Deutschland aus der Kreuzung 'Crimson Rambler' x 'Erinnerung an Brod' gezüchtet
Wuchs: stark; vieltriebiger Rambler
Höhe: 3–4 m
Blüte und Laub: Die kleinen, kugeligen Knospen sind tief purpurrot gefärbt. In großen und zudem dichten Büscheln erscheinen gut duftende, kleine, locker gefüllte Blüten in Purpurviolett mit einem weißen Auge. Die Farbe verändert sich im Verblühen zu bläulichem Lila und verblaßt schließlich zu Lilagrau. Der nur einmalige, dafür aber überreiche Flor wird von den schmalen, langen, mittelgrünen Laubblättern hübsch untermalt.
Besonderes: Die winterharte Sorte ist auch für halbschattige Standorte geeignet.

'Venusta Pendula'

Sortengruppe: Einmalblühende Kletterrosen

Abstammung und Herkunft: Hybride unbekannter Herkunft von *Rosa arvensis*, 1928 von Kordes in Deutschland wieder eingeführt
Wuchs: sehr stark; Rambler mit langen Trieben
Höhe: bis 6 m

'Venusta Pendula'

Blüte und Laub: Aus den karminrosa Knospen erscheinen kleine, halbgefüllte, flache Blütenschalen, die in dichten Büscheln zusammenstehen. Die Blumen leuchten zartrosa bis weiß, im Verblühen jedoch fast rein weiß. Die Sorte duftet zwar nicht und blüht nur einmal, dafür aber außerordentlich reich. An den Trieben sitzen mittelgroße, spitze Laubblätter von matt dunkelgrüner Färbung.
Besonderes: Die frostharte und robuste Rose ist auch für Halbschatten geeignet.

Wildrosen von A–Z

Die Mandarinrose 'Nevada' gilt als eine der schönsten Wildrosensorten. Mit ihrer überschäumenden Blütenpracht und dem etwas überhängenden Wuchs ist sie ein besonderer Blickfang im Garten.

Viele Wildrosensorten wie z. B. die Kartoffelrose 'Robusta' warten mit üppiger Blütenfülle auf.

Die Gattung *Rosa* umfaßt über 100 Arten, deren natürliche Verbreitungsgebiete sich über die gesamte Nordhalbkugel verteilen. Schon früh begannen die Menschen, Rosen zu kultivieren, mit ihnen zu experimentieren und sie miteinander zu kreuzen – immer in der Hoffnung, die erwünschten Eigenschaften beider Elternteile in deren Nachkommen zu vereinen. So entstanden im Lauf der Zeit die Modernen Rosen (siehe Seite 17 ff.). Die nachfolgend aufgeführten Wildarten sind entweder in Mitteleuropa heimisch oder schon lange hier eingebürgert. Einige von ihnen wurden züchterisch besonders intensiv bearbeitet. Das Ergebnis sind wunderschöne Sorten, die den natürlichen Charme ihrer wildwachsenden Eltern eindrucksvoll mit der Üppigkeit Moderner Rosen verbinden. Sie werden jeweils bei der betreffenden Art vorgestellt.

Wuchs und Blüte

So groß die Anzahl der Arten ist, so vielgestaltig ist auch ihr Aussehen. Die Wuchsformen reichen von niederliegend und kriechend über kletternd bis zu buschig aufrecht. Sogar ein und dieselbe Art kann so unterschiedlich ausfallen, daß es bisweilen nicht nur dem Laien schwerfällt, sie zu erkennen. Von *Rosa canina*, der heimischen Hundsrose, gibt es z. B. etwa 60 Varietäten und Formen.
Auch in ihrer Bewehrung unterscheiden sich die Rosen: Die Stacheln mancher Arten

sind spitz und gerade, andere bilden krumme Haken, und einige weisen sogar verschieden aussehende Stacheln an einem Trieb auf.
Wie bei allen Rosen sind auch bei den Wildrosen die Laubblätter aus einer ungeraden Zahl von Teilblättchen zusammengesetzt. Gewöhnlich gehen 7 oder 9, bei manchen Arten aber auch bis zu 15 derartiger Fiederblättchen von der zentralen Blattspindel aus. Die Blüten sind in der Regel einfach und erscheinen meist nur einmal im späten Frühjahr oder Frühsommer. Sie sitzen einzeln oder in Büscheln an den Zweigen und ver-

Die in der Regel einfachen Blüten der verschiedenen Wildrosenarten und ihrer Sorten sind von ganz besonderem Reiz.

strömen häufig einen für die jeweilige Art charakteristischen Duft. Bei manchen dieser Rosen kann es im Spätsommer zu einer leichten Nachblüte kommen. Ausnahmen finden sich vor allem unter den Sorten, die mit halbgefüllten oder gefüllten Blüten aufwarten: Sie bringen ihren Flor während des ganzen Sommers immer wieder neu hervor.
Wildrosen haben aber noch mehr zu bieten als nur hübsche Blüten. Im Spätsommer und Herbst entwickeln sich aus den verwelkten Blumen leuchtende Hagebutten, die oftmals bis in den Winter hinein an den Zweigen haften und den dann eher tristen Garten mit hübschen Farbtupfern beleben.

Auch von den Wildrosen gibt es Sorten, die einen sehr verschwenderischen Duft verströmen, etwa die Kartoffelrose 'Hansa'.

Die Chinesische Goldrose macht ihrem Namen alle Ehre, denn ihre gelben Blütenkaskaden erinnern an einen Goldregen.

Pflege

Die meisten Arten benötigen so gut wie keine Pflege. Außer dem gelegentlichen Herausnehmen alter, abgestorbener Triebe oder einem behutsamen Einkürzen zu mächtig gewordener Sträucher bleibt kaum etwas zu tun. Viele Wildrosen sind ausgesprochene Hungerkünstler und gedeihen auch noch auf sehr nährstoffarmen Böden. Eine Düngung ist daher überflüssig. Öfterblühende Sorten kann man im Herbst mit Kompost versorgen, das genügt im allgemeinen.

Verwendung

Ihrem natürlichen Charme entsprechend passen Wildrosen besonders gut in naturnahe Gärten, wo man sie je nach Wuchs sowohl als Solitäre als auch in Hecken pflanzen kann. Wegen ihrer schmackhaften Früchte werden viele Arten von Vögeln als Nahrungsquelle sehr geschätzt. Aber auch in der Küche erfreuen sich die Vitamin-C-reichen Hagebutten großer Beliebtheit. Sie lassen sich in Form von Gelee, als Mus, Kompott oder als Tee genießen (siehe Seite 106 f.).

Die Kriechrose eignet sich gut zur Begrünung von Hängen.

Rosa acicularis
Nadelrose

Synonym: *R. carelica*

Herkunft: Nordeuropa, Nordamerika, Nordostasien; kommt als einzige Rose noch nördlich des Polarkreises vor
Wuchs: strauchig; schlanke Triebe, die dicht mit weichen Borsten und geraden, dünnen Stacheln besetzt sind, bisweilen jedoch auch unbewehrt bleiben
Höhe: bis 100 cm, Sorten auch höher
Blüte und Laub: Dunkelrosa, kegelförmige Knospen öffnen sich zu einfachen, kleinen Blüten, die meist einzeln an den Zweigen sitzen. Sie erscheinen zwar nur einmal im Jahr, dafür aber schon im Mai/Juni. Die Blumen leuchten in einem kräftigen, dunklen Rosa und verströmen einen leichten, angenehmen Duft. Das Laub ist drei- bis siebenfiedrig, stumpfgrün und unterseits weich behaart.
Früchte: trägt ab dem Spätsommer birnenförmige und unbehaarte Hagebutten in leuchtendem Rot
Sorten: 'Dornröschen' (halbgefüllte, hellrote, später rosafarbene Blüten, Höhe 100–150 cm), 'Pike's Peak' (halbgefüllte, hellrote Blüten mit weißer Mitte, Höhe 180–200 cm)
Besonderes: auch für rauhe Lagen geeignet

Rosa acicularis 'Dornröschen'

Rosa arvensis
Kriechrose, Feldrose

Herkunft: Mittel- und Südeuropa
Wuchs: flach niederliegend, auch kletternd oder kriechend; bogenförmige Triebe mit sichelförmigen Stacheln
Höhe: 50–200 cm
Blüte und Laub: Die weißen, kugeligen Knospen mit rotem Anflug sitzen meist einzeln auf den dünnen Stielen. Von Juni bis Juli öffnen sie sich zu kleinen, einfachen Blumen, deren herzförmige Blütenblätter flach abgespreizt sind. Ihr strahlend reines Weiß wird durch die leuchtend goldgelben Staubgefäße zusätzlich betont. Die leicht duftende Rose besitzt mattes, hellgrünes Laub, das im Austrieb rötlich übertönt ist.
Früchte: ab September kleine, kugelige bis längliche Hagebutten von hellroter Farbe
Besonderes: Die Kriechrose liebt lichten Schatten bis Halbschatten, sie verträgt keine starke Hitze.

Rosa arvensis

Rosa canina
Hundsrose

Herkunft: Europa, Westasien, Nordafrika
Wuchs: kräftig, breitbuschig; hoher Strauch mit bogig überhängenden Zweigen; kann mit seinen hakigen Stacheln klettern
Höhe: 2–3 m
Blüte und Laub: Aus den kegelförmigen, rosa Knospen entwickeln sich einfache, mittelgroße Blütenschalen, in deren Mitte dicht gepackt die gelben Staubgefäße sitzen. Im Aufblühen zeigen sich die Blütenblätter noch zartrosa, nach dem Öffnen werden sie fast weiß. Typisch für die einzeln oder in Büscheln stehenden Blumen, die von Juni bis August erscheinen, ist der leichte Wildrosenduft. Das glatte, hellgrüne Laub besitzt einen blaugrauen Schimmer und färbt sich im Herbst fahlgelb.
Früchte: ab Oktober orangefarbene bis scharlachrote, länglichovale, glänzende Hagebutten

Rosa canina 'Kiese'

Rosa canina

Sorte: 'Kiese' (Blüten kirschrot mit weißer Mitte, im Wuchs etwas niedriger)
Besonderes: sehr veränderliche und formenreiche Art; Auslesen und Formen sind wichtige Veredelungsunterlagen; gedeiht selbst noch auf nährstoffarmen Böden

Rosa foetida
Fuchsrose

Synonym: *R. lutea*

Herkunft: Kleinasien, Iran bis Afghanistan, Nordwesthimalaja
Wuchs: locker; schlanke Triebe mit wenigen, ungleichmäßigen Stacheln
Höhe: bis 150 cm, Sorten auch höher
Blüte und Laub: Im Juni öffnen sich die dunkelgelben Knospen zu einfachen, mittelgroßen Blüten von tiefgelber Farbe. Meist stehen die Blumen einzeln, manchmal aber auch zu zweit an den Zweigen. Sie verströmen einen strengen, unangenehmen Geruch. Das Laub ist frischgrün und an der Unterseite drüsig behaart.

Früchte: kugelige, ziegelrote Hagebutten, teilweise auch mit Borsten
Sorten: 'Persian Yellow' (auch *R. lutea persiana*; goldgelbe, locker gefüllte Blüten, Höhe 150 cm), 'Bicolor' (auch *R. lutea bicolor*, *R. punicea*, 'Austrian Copper', Kapuzinerrose; einfache Blüten, außen orangescharlachrot, innen goldgelb, Höhe 200 cm)
Besonderes: Stammform der gelben und orangefarbenen Gartenrosen

Rosa glauca
Rotblättrige Rose, Hechtrose

Rosa glauca

Synonyme: *R. rubrifolia*, *R. ferruginea*

Herkunft: Europäische Gebirge
Wuchs: locker, aufrecht; kaum bestachelte Triebe
Höhe: bis 3 m
Blüte und Laub: Dunkelrosa Knospen entfalten sich im Juni zu einfachen, kleinen Blüten, die in Büscheln zusammenstehen. Sie sind von einem kräftigen Rosa bis Karminrot und zeigen ein weißes Auge. Die goldgelben Staubgefäße bilden einen hübschen Kontrast zu den Blütenblättern. Die scharf gesägten Laubblätter stehen locker und sind mit ihrer rötlichgrünen, blau bereiften Tönung ein besonderer Schmuck. Allerdings sind sie etwas rostanfällig.

Rosa foetida (unten) sowie deren Sorten 'Bicolor' (links oben) und 'Persian Yellow' (links unten)

Früchte: kleine, kugelige, leuchtend rote Hagebutten
Besonderes: Die sonnen- und wärmeliebende Rose ist anspruchslos und frosthart. Sie eignet sich hervorragend zur Begrünung von sonnigen Böschungen oder Hängen, ja sogar von Steinfugen und Mauerkanten.

Rosa hugonis
Chinesische Goldrose

Herkunft: Mittelchina
Wuchs: mittelstark bis stark; breitbuschig mit leicht überhängenden Trieben, dünne Stacheln und Borsten
Höhe: 1,5 bis 2,5 m
Blüte und Laub: Die frühblühende Wildrose bildet zierliche, gelbe Knospen, die sich von Mai bis Juni zu einfachen, kleinen Blüten öffnen. Meist stehen sie einzeln, aber dafür in sehr großer Zahl an kurzen Seitentrieben. Ihre rundlichen, schalenförmig angeordneten Blütenblätter leuchten in einem reinem Hellgelb, daher der Name Goldrose. Das kleinblättrige, mattgrüne Laub ist im Austrieb noch hellgrün.
Früchte: breitkugelige Hagebutten von schwarzroter Farbe

Rosa hugonis

Besonderes: Die Art ist gut frosthart und auch für trockene Standorte geeignet. Wegen der überreichen Blüte verwendet man sie am besten als Solitärrose.

Rosa moschata 'Ghislaine de Féligonde'

Rosa moschata
Moschusrose

Herkunft: vermutlich Kleinasien bis Südchina
Wuchs: locker; kahle Triebe, nur wenig bestachelt
Höhe: 3–5 m, Sorten auch niedriger
Blüte und Laub: Länglich eiförmige, weiße Knospen entwickeln sich zu mittelgroßen, einfachen weißen Blüten, die einen intensiven Moschusduft verströmen. Die Blumen stehen meist zu dritt in Büscheln am Ende der Triebe zusammen. Ungewöhnlich ist die späte Blütezeit von August bis zum Frost. Das tiefgrüne Laub ist an den Blattspitzen rötlich überhaucht, die Blattunterseiten wirken eher grau. Die Blättchen selbst sind glatt und kahl, die Blattstiele mit Drüsen und Borsten besetzt.
Früchte: eiförmige bis runde Hagebutten, die meist fein behaart und drüsig sind
Sorten: 'Felicia' (lachsrosa, locker gefüllte Blüten, öfterblühend, Höhe bis 200 cm), 'Ghislaine de Féligonde' (rosa bis elfenbeinfarbene, locker gefüllte Blüten, öfterblühend, Höhe 2–3 m)
Besonderes: häufig zur Züchtung von Öfterblühenden Strauchrosen verwendet

Rosa moyesii
Mandarinrose

Herkunft: Westchina
Wuchs: stark, sparrig, straff aufrecht, im unteren Teil nur wenig verzweigt; Triebe kaum bestachelt
Höhe: 2–3 m, Sorten auch niedriger oder höher
Blüte und Laub: Kleine, breite, tiefrote Knospen stehen meist einzeln oder zu zweit bis dritt zusammen. Sie entfalten sich im Juni zu mittelgroßen, einfachen Blumen, die intensiv purpurrot leuchten. Das Gelb der Staubblätter bildet dazu einen auffallenden Kontrast. Die Laubblätter sind lang und schmal, die zahlreichen ovalen Fiederblättchen leuchten hellgrün.

Rosa moyesii 'Marguerite Hilling'

Früchte: große, flaschenförmige Hagebutten, die borstig-drüsig behaart sind
Sorten: 'Geranium' (scharlachrote Blüten, gelbe Staubgefäße, Höhe bis 200 cm), 'Marguerite Hilling' (auch 'Pink Nevada'; rosa Blüten, Höhe bis 200 cm), 'Nevada' (cremefarbene bis rein weiße Blüten, überhängende, fast stachellose Triebe, Höhe bis 2,5 m), 'Highdownensis' (karminrote Blüten mit weißer Mitte, überhängende Triebe, Höhe bis 3,5 m)
Besonderes: Die Mandarinrose wirkt am besten als Einzelpflanze, ihre Sorten eignen sich dagegen auch ganz ausgezeichnet für Hecken.

Rosa multiflora
Vielblütige Rose

Synonym: *R. polyantha*

Herkunft: Japan, China und Korea
Wuchs: kräftig, bogig überhängend, teils kletternd, teils niederliegend; stark verzweigte Triebe, die nur wenig bestachelt sind
Höhe: 1,5 bis 3 m
Blüte und Laub: Von Juni bis Juli öffnen sich die zier-

Rosa multiflora

lichen, weißen Knospen zu einfachen, ziemlich kleinen Blüten, die einen leichten Duft verströmen. Sie stehen in so dichten Büscheln zusammen, daß die Rose wie in eine weiße Blütenwolke gehüllt erscheint. Ihre schwach glänzenden Laubblätter sind im Austrieb hellgrün, später mittelgrün und bleiben bis zum Winter an den Zweigen haften.
Früchte: erbsengroße, kugelige, rote Hagebutten
Besonderes: wichtige Veredelungsunterlage; häufig zur Kreuzung von Kletterrosen verwendet; sowohl für Wildhecken als auch für Einzelstand und zur Bepflanzung von Böschungen gut geeignet

Rosa nitida
Glanzrose

Herkunft: Östliches Nordamerika
Wuchs: aufrecht, dichtbuschig, ausläuferbildend; Triebe mit dünnen, borstigen Stacheln besetzt
Höhe: 50–70 cm
Blüte und Laub: Die langen, kegelförmigen, karminroten Knospen stehen einzeln oder sind zu wenigen in lockeren Büscheln vereint. Aus ihnen entfalten sich im Juni und Juli kleine bis mittelgroße, einfache Blumen. Die großen, leuchtend rosa gefärbten Blütenblätter sind zu einer flachen Blütenschale angeordnet, in deren Mitte die goldgelben Staubgefäße leuchten.

Rosa nitida

Das Laubwerk besteht aus kleinen dunkelgrünen Blättern, die auf der Oberseite stark glänzen und sich im Herbst braunrot färben.
Früchte: kugelige, scharlachrote Hagebutten mit wenigen Borsten; bleiben lange an den Zweigen haften
Besonderes: für Flächenpflanzungen oder niedrige Hecken gut geeignet

Rosa omeiensis f. pteracantha
Stacheldrahtrose

Synonyme: *R. omeiensis* 'Pteracantha', *R. sericea* var. *pteracantha*

Herkunft: China
Wuchs: stark, breit ausladend, ausläuferbildend; vieltriebig mit auffallend roten, sehr breiten und flachen Stacheln

Rosa omeiensis f. pteracantha

Höhe: 2–3 m, teilweise auch höher
Blüte und Laub: Die sehr reich blühende Rose öffnet schon im Mai ihre kleinen weißen Knospen. Es entstehen einfache, weiße Blüten mit meist nur 4 herzförmigen Blütenblättern. Die kleinen Blumen sitzen fast immer einzeln an den Trieben, die mit zierlichen, glänzenden Laubblättern besetzt sind. Im Austrieb noch hellgrün, nehmen die voll entfalteten Blätter eine mittelgrüne Färbung an.
Früchte: kleine rote Hagebutten
Besonderes: Die Rose macht sich gut im Einzelstand. Mehrreihig im Abstand von 150 bis 200 cm gepflanzt, bildet sie undurchdringliche Hecken; allerdings ist der Platzbedarf dafür sehr hoch.

Rosa pendulina
Alpen-Rose, Alpen-Heckenrose, Alpen-Hagrose

Synonym: *R. alpina*

Herkunft: Gebirge West-, Mittel-, Süd- und Osteuropas
Wuchs: aufrecht buschig; waagrecht abstehende bis überhängende Triebe, die meist nur im unteren Bereich bestachelt sind, und dies nur spärlich
Höhe: 0,5 bis 3 m
Blüte und Laub: Aus den spitzovalen, rosafarbenen Knospen entfalten sich mittelgroße, einfach geformte Blüten in einem leuchtenden Rosarot bis Purpurrot mit weißem Auge und auffallend gelben Staubgefäßen. Sie stehen meist einzeln und erscheinen von Ende Mai bis Juni. Das frischgrüne Laubwerk aus relativ großen Blättern bildet einen hübschen Rahmen

Rosa pendulina

dazu. Im Herbst besticht es durch seine gelbe Tönung.
Früchte: flaschenförmige, dunkelrote Hagebutten, die bis in den Winter an den Zweigen haftenbleiben
Besonderes: Die schattenverträgliche, sehr frostharte Rose läßt sich gut zum Begrünen von Zäunen und für Hecken verwenden.

Rosa pimpinellifolia
Bibernellrose, Dünenrose

Synonym: *R. spinosissima*

Herkunft: Europa und Zentralasien
Wuchs: mittelstark, ausläufertreibend; aufrechte bis leicht bogig geneigte Triebe mit zahlreichen Stacheln und Borsten
Höhe: 20–100 cm, ältere Solitärpflanzen und Sorten auch höher
Blüte und Laub: In der Zeit von Ende Mai bis Juni öffnen sich die kugeligen, hellgelben Knospen zu einfachen, mittelgroßen Blumen, die ganz schwach duften. Sie stehen meist einzeln oder zu wenigen zusammengefaßt und leuchten weiß, seltener auch gelb oder rosafarben. Das früh aus-

Sorten von *Rosa pimpinellifolia*

Sorte	Höhe in m	Blüten	Blütezeit	Duft	Bemerkung
'Morgenrot'	0,6 bis 0,8	mittelgroß, einfach, leuchtend rot	öfter	–	buschiger Wuchs
'Golden Wings'	1,2 bis 1,5	groß, einfach, rahmgelb	öfter	–	sehr auffällige orangerote Staubgefäße
'Frühlingsschnee'	1,5 bis 2	groß, gefüllt, schneeweiß	Mai	leicht	kräftiger Wuchs
'Frühlingsduft'	bis 2	groß, gefüllt, lachsrosa	Mai	sehr stark	derbes Laub
'Frühlingszauber'	bis 2	groß, einfach bis halb gefüllt, hellrot	Mai	sehr stark	breit ausladend; große, orangefarbene Früchte
'Maigold'	2 bis 2,5	groß, halb gefüllt, goldgelb	Mai	stark	sehr reich blühend; hoher Platzbedarf
'Frühlingsgold'	2,5 bis 3	groß, einfach bis halb gefüllt, goldgelb	Mai	leicht	überreich blühend
'Frühlingsanfang'	bis 3	groß, einfach, elfenbeinweiß	Mai	stark	dichtbuschig; derbes Laub

Rosa pimpinellifolia

Rosa pimpinellifolia 'Frühlingsgold'

Rosa pimpinellifolia 'Maigold'

Rosa pimpinellifolia 'Frühlingszauber'

treibende, zierliche Laub zeigt sich zunächst hellgrün, voll entfaltet dann mattgrün und am Rand gesägt.
Früchte: kleine bräunliche bis purpurschwarze, flach kugelige Hagebutten
Besonderes: Die Art verträgt nährstoffarme Böden sowie Salz, deshalb ist sie hervorragend zur Dünenbefestigung und Bepflanzung von Straßenböschungen geeignet. Sie wurde für viele Züchtungen verwendet.

Rosa roxburghii

Rosa roxburghii
Kastanienrose, Chestnutrose

Synonym: *R. microphylla*

Herkunft: Japan und China
Wuchs: streng aufrecht, sparrig; Triebe mit abblätternder Rinde, unterhalb der Blätter mit paarigen Stacheln besetzt
Höhe: bis 2,5 m
Blüte und Laub: Anfang Juni öffnen sich die spitzovalen Knospen zu mittelgroßen, gefüllten Blumen von zart hellrosa Farbe. Sie verströmen einen angenehmen Duft. Die Laubblätter setzen sich aus einer Vielzahl kleiner, länglicher Fiederblättchen zusammen, die etwas behaart und fein gesägt sind.
Früchte: kugelige, grüne Hagebutten, die mit Stacheln besetzt sind und an Kastanien erinnern
Besonderes: *R. roxburghii* ist eine Kulturform, die in China schon sehr früh gezogen worden ist. Sie wurde 1824 über Kalkutta nach England importiert. *R. roxburghii* f. *normalis* wurde erst 1908 in China entdeckt. Sie besitzt einfache, weiße bis blaßrosa Blüten.

Rosa rubiginosa
Weinrose,
Schottische Zaunrose

Synonyme: *R. eglanteria*, 'Sweet Briar'

Herkunft: Europa und Westasien, in Nordamerika eingebürgert und dort weit verbreitet
Wuchs: stark, zuerst aufrecht, später überhängend; Triebe dicht mit hakigen Dornen und Borsten besetzt
Höhe: 2 bis 2,5 m, Sorten auch höher
Blüte und Laub: Die Art bildet längliche, rosa Knospen, die einzeln oder zu wenigen an den Stielen sitzen. Sie entwickeln sich von Juni bis Juli zu kleinen, einfachen, hellrosa Blumen. Das matte, zu Anfang hellgrüne Laub wird voll entfaltet dunkelgrün. Charakteristisch für die Rose ist

Rosa rubiginosa 'Magnifica'

Rosa rubiginosa 'Fritz Nobis'

Rosa rubiginosa 'Rosenwunder'

Sorten von *Rosa rubiginosa*

Sorte	Höhe in m	Blüten	Blütezeit	Duft	Bemerkung
'Fritz Nobis'	bis 2	groß, gefüllt, lachsrosa, innen weiß	Juni/Juli	stark	dichtes Laubwerk
'Goldbusch'	bis 2	groß, halb gefüllt, goldgelb	Juni	leicht	sehr reich blühend
'Janet's Pride'	bis 2	mittelgroß, halb gefüllt, pink und weiß	Juni	–	leicht duftendes Laub
'Magnifica'	2 bis 3	groß, halb gefüllt, rosa- bis lachsfarben	Juni	leicht	starkwüchsig
'Rosenwunder'	2 bis 3	groß, halb gefüllt, hellrot	Juni	stark	lange haftende Früchte
'Lucy Bertram'	bis 3	klein, einfach, dunkel karminrot	Juni	–	duftendes Laub

ein starker Duft nach Äpfeln, der vor allem von den mit Drüsenhaaren besetzten Blättern, aber auch von den Blüten ausgeht. Besonders intensiv ist er wahrzunehmen, wenn Regen oder Tau die Pflanzen benetzt.
Früchte: eiförmige, orange- bis scharlachrote Hagebutten
Besonderes: Die Art ist kalkliebend und daher nicht für saure, sandige Böden geeignet. Sie läßt sich gut zur Begrünung von Böschungen und Hängen, aber auch zur Anlage von Wildhecken einsetzen. Man hat sie häufig zur Züchtung verwendet.

Rosa rugosa
Kartoffelrose

Synonym: *R. regeliana*

Herkunft: Japan, Nordchina, Korea
Wuchs: kräftig, aufrecht, breitbuschig; sehr dicht verzweigte Triebe mit vielen geraden Stacheln und Borsten
Höhe: 100–200 cm, Sorten auch höher
Blüte und Laub: Die großen, spitzovalen, roten Knospen sitzen einzeln oder in kleinen Büscheln auf kurzen, borstigen Stielen. Sie entfalten sich zu einfachen, mittelgroßen Blütenschalen, die

Rosa rugosa 'F. J. Grootendorst'

Sorten von *Rosa rugosa*

Sorte	Höhe in m	Blüten	Blütezeit	Duft	Bemerkung
'Pink Grootendorst'	1 bis 1,5	klein, halb gefüllt, rosa	öfter	–	Sport von 'F. J. Grootendorst'
'Rheinaupark'	1,2 bis 1,5	mittelgroß, gefüllt, scharlachrot	öfter	leicht	rosettenartig angeordnete Blütenblätter
'F. J. Grootendorst'	1,3 bis 1,5	klein, halb gefüllt, karminrot	öfter	–	Nelkenrose; nelkenartig gefranste Blütenblätter
'Mrs. Anthony Waterer'	bis 1,5	groß, halb gefüllt, dunkel kirschrot	öfter	leicht	buschiger Wuchs
'Roseraie de l'Haye'	bis 1,8	groß, gefüllt, purpurrot	öfter	stark	buschig wachsend
'Hansa'	1,5 bis 2	groß, gefüllt, rotviolett	öfter	stark	stark bestachelt; große rote Früchte
'Robusta'	1,5 bis 2	groß, einfach, blutrot	öfter	leicht	ADR-Rose 1980; robust; stark bestachelt
'Pink Robusta'	bis 2	groß, halb gefüllt, rein rosa	öfter	leicht	reichblühend; robust; stark bestachelt
'Rugelda'	bis 2	groß, gefüllt, zitronengelb	öfter	–	ADR-Rose 1992; stark bestachelt
'Nova Zembla'	bis 2,5	groß, gefüllt, rosa bis weiß	Juni	leicht	reichblühend
'Conrad Ferdinand Meyer'	2 bis 3	groß, gefüllt, silbrigrosa	öfter	stark	alte Parkrose; stark bestachelt

Rosa rugosa 'Pink Grootendorst'
Rosa rugosa 'Rugelda'

Rosa rugosa 'Roseraie de l'Haye'
Rosa rugosa 'Conrad Ferdinand Meyer'

Rosa rugosa

Rosa rugosa 'Rheinaupark'

leicht und angenehm duften. Ihre großen Blütenblätter sind rosarot bis violettrot gefärbt, manchmal entwickeln sich auch rein weiße Blumen. Die Hauptblüte der Rose liegt im Juni, doch blüht sie bis Mitte September laufend etwas nach. Das dichte Laub wird von dunkelgrünen, stark runzeligen und sehr robusten Blättern gebildet, die sich im Herbst goldgelb färben.
Früchte: sehr große, flach kugelige Hagebutten von oranger bis ziegelroter Farbe; aufgrund ihres hohen Fruchtfleischanteils sind sie gut für Konfitüren zu verwenden
Besonderes: Die Rose ist salzverträglich, aber kalkempfindlich und recht wasserbedürftig, sonst jedoch sehr widerstandsfähig und anspruchslos. Sie wurde oft zu Züchtungen Öfterblühender Strauchrosen verwendet.

Rosa tomentosa

Filzrose, Waldrose

Herkunft: Kaukasus, Kleinasien, Europa, mit Ausnahme

Rosa tomentosa

des hohen Nordens und des äußersten Südens
Wuchs: breitbuschig, aufrecht bis weit bogig überhängend; Triebe mit großen, dicken Stacheln, die sowohl gerade als auch gebogen sein können
Höhe: 2–3 m
Blüte und Laub: Zartrosa Knospen öffnen sich im Juni zu einfachen, kleinen Blüten. Die schalenförmig angeordneten Blütenblätter strahlen im Aufblühen hellrosa, werden später jedoch weiß und verströmen einen leichten Duft. Die zierlichen, gesägten Laubblättchen sind mittelgrün gefärbt. Auf ihrer Unterseite fällt eine filzige und drüsige Behaarung auf, die für die Rose namengebend war. Die Blattoberseite dagegen ist nur fein behaart.
Früchte: kugelige, rote Hagebutten
Besonderes: Die Filzrose eignet sich gut für Heidegärten.

Rosa sweginzowii

Herkunft: Nordwestchina
Wuchs: sehr stark, dichtbuschig und breit ausladend; dicke, stark verzweigte, auch überhängende Triebe, die mit großen, flachen Stacheln bewehrt sind
Höhe: 2,5 bis 5 m
Blüte und Laub: Die kleinen rosaroten Knospen stehen einzeln oder zu wenigen in Büscheln an den Stielen. Sie öffnen sich im Juni zu mittelgroßen, einfachen Blüten, die hellrosa gefärbt sind. An den Blattstielen sitzen viele kleine, gesägte Fiederblättchen. Sie sind im Austrieb hellgrün, voll entfaltet dann mittelgrün und auf der Unterseite behaart.

Rosa sweginzowii

Früchte: große, flaschenförmige, langgestielte Hagebutten von hellroter bis orangeroter Farbe
Sorte: 'Macrocarpa' (karminrosa Blüten, größere Früchte als bei der Art, Höhe 2,5 bis 3 m)

Adressen

Verein Deutscher Rosenfreunde e.V. (VDR)
Geschäftsstelle
Waldseestr. 14
76530 Baden-Baden
Mitglieder erhalten viermal im Jahr die Zeitschrift „Rosenbogen“ und ein Jahrbuch. Sie können an dem jährlich stattfindenden Rosenkongreß sowie an VDR-Studienreisen teilnehmen. In regionalen Zusammenschlüssen, den Freundeskreisen des VDR, wird die aktive Beschäftigung mit der Rose durch Vortragsabende, Kurse, Seminare und Besichtigungsreisen gefördert.

Verband Deutscher Landwirtschaftlicher Untersuchungs- und Forschungsanstalten
Bismarckstr. 41 A
64293 Darmstadt

Bund deutscher Baumschulen (BdB)
Bismarckstr. 49
25421 Pinneberg

Bezugsquellen

W. Kordes' Söhne
25365 Klein Offenseth-Sparrieshoop
Sortiment aller Rosenklassen

Rosen Tantau
Tornescher Weg 13
25436 Uetersen bei Hamburg
Sortiment aller Rosenklassen

Ingwer J. Jensen
Am Schloßpark 2 b
24960 Glücksburg
Alte, historische und seltene Rosen sowie Sortiment aller Rosenklassen

Rosenschule Reinhard Noack
Im Fenne 54
33334 Gütersloh
Sortiment aller Rosenklassen außer Wildrosen

BKN Strobel
Wedeler Weg 62
25421 Pinneberg
Sortiment aller Rosenklassen

Rosen-Union
Steinfurther Hauptstr. 25–27
61231 Bad Nauheim-Steinfurth
Alte, historische und seltene Rosen sowie Sortiment aller Rosenklassen

Rosenhof Walter Schultheis
Bad Nauheimer Str. 3–7
61231 Bad Nauheim-Steinfurth
Alte, historische und seltene Rosen sowie Sortiment aller Rosenklassen

Rosenkulturen Richard Huber
CH-5605 Dottikon
Sortiment aller Rosenklassen

David Austin Limited
Bowling Green Lane
Albrighton
Wolverhampton WV7 3HB
England
Englische Rosen sowie Sortiment aller Rosenklassen, Korrespondenz in deutscher Sprache möglich

Diese Adressenliste erhebt keinen Anspruch auf Vollständigkeit. Wer Genaueres über das Angebot der einzelnen Bezugsquellen wissen möchte, wendet sich am besten telefonisch oder schriftlich an die Firmen. Schriftlichen Anfragen sollte stets ein frankierter Rückumschlag beiliegen.

Pflanzenschutzdienst in der Bundesrepublik Deutschland

Bundesministerium und Bundesanstalten

Bundesministerium für Ernährung, Landwirtschaft und Forsten
– Referat Pflanzenschutz –
Rochusstraße 1
53123 Bonn

Biologische Bundesanstalt für Land- und Forstwirtschaft
Königin-Luise-Straße 19
14195 Berlin

Biologische Bundesanstalt für Land- und Forstwirtschaft
Messeweg 11/12
38104 Braunschweig

Bundesanstalt für Züchtungsforschung an Kulturpflanzen
Neuer Weg 22/23
06484 Quedlinburg

Pflanzenschutzdienst der Länder

Baden-Württemberg
Landesanstalt für Pflanzenschutz
Reinsburgstraße 107
70197 Stuttgart

Bayern
Bayerische Landesanstalt für Bodenkultur und Pflanzenbau
– Abteilung Pflanzenschutz –
Menzinger Straße 54
80638 München

Berlin
Pflanzenschutzamt Berlin
Mohriner Allee 137
12347 Berlin

Brandenburg
Landesamt für Ernährung, Landwirtschaft und Flurneuordnung
– Dezernat Pflanzenschutzdienst (Abteilung 3) –
Wildbahn/PF 379
15236 Frankfurt/Oder

Bremen
Der Senator für Umweltschutz und Stadtentwicklung
– Pflanzenschutzdienst –
Slevogtstraße 48
28209 Bremen

Hamburg
Institut für Angewandte Botanik der Universität Hamburg
– Abteilung Pflanzenschutz (Pflanzenschutzamt Hamburg) –
Marseiller Straße 7
20355 Hamburg

Hessen
Hessisches Landesamt für Regionalentwicklung und Landwirtschaft
– Pflanzenschutzdienst –
Friedrich-Wilhelm-von-Steuben-Straße 2
60487 Frankfurt

Mecklenburg-Vorpommern
Landespflanzenschutzamt Mecklenburg-Vorpommern
Sitz Rostock
Graf-Lippe-Straße 1
18059 Rostock

Niedersachsen
Landwirtschaftskammer Hannover
– Pflanzenschutzamt –
Wunstorfer Landstraße 9
30453 Hannover

Landwirtschaftskammer Weser-Ems
– Pflanzenschutzamt –
Sedanstraße 4
26121 Oldenburg

Nordrhein-Westfalen
Pflanzenschutzamt der Landwirtschaftskammer Rheinland
Siebengebirgsstraße 200
53229 Bonn

Institut für Pflanzenschutz, Saatgutuntersuchung und Bienenkunde der Landwirtschaftskammer Westfalen-Lippe
Nevinghoff 40
48147 Münster

Rheinland-Pfalz
Landespflanzenschutzamt Rheinland-Pfalz
Essenheimer Straße 144
55128 Mainz

Saarland
Landwirtschaftskammer für das Saarland
– Pflanzenschutzamt –
Lessingstraße 12
66121 Saarbrücken

Sachsen
Sächsische Landesanstalt für Landwirtschaft
Institut für Integrierten Pflanzenschutz
Stübelallee 2
01307 Dresden

Sachsen-Anhalt
Landespflanzenschutzamt Sachsen-Anhalt, Halle
Sitz Magdeburg
Zum Waldsee 1
39114 Magdeburg

Schleswig-Holstein
Pflanzenschutzamt des Landes Schleswig-Holstein
Westring 383
24118 Kiel

Thüringen
Thüringer Landesverwaltungsamt
Abt. Landwirtschaft
– Referat 808/Pflanzenschutzdienst –
Carl-August-Allee 4 a
99423 Weimar

Pflanzenschutzdienst in Österreich

Bundesanstalt für Pflanzenschutz
Trunnerstraße 5
1020 Wien

Magistrat der Stadt Wien
MA 42: Stadtgartenamt
Am Heumarkt 2 b
1030 Wien

Österreichische Gartenbaugesellschaft
Parkring 12
1010 Wien

Pflanzenschutzdienst in der Schweiz

Bundesamt für Landwirtschaft
– Sektion Zertifizierung und Pflanzenschutz –
Mattenhofstraße 5
3003 Bern

Register

Halbfette Seitenzahlen bedeuten, daß es sich um einen ausführlichen Eintrag handelt. *Kursive* Seitenzahlen weisen auf eine Abbildung hin.

A

B

C

S

Bildnachweis

Titelfoto: M. Pforr, Langenpreising
AgriMedia, Pinneberg-Waldenau: 92 l.
–/Haeble 184 r.u.
Archiv f. Kunst u. Geschichte, Berlin: 10 l., 11 l., 11 r., 13 M., 14 l., 104 l.u.
J. Becker, Hilden: 15 r.u., 21 l.o., 26 u., 28 M.u., 28 r.u., 37 u., 41 u., 49 u., 63 u., 69 r., 92 r.u., 110 o., 122, 131 o., 135 r.o., 135 r.u., 137 r.u., 139 o., 142 M., 145 M., 153 o., 154 r.o., 157 l.u., 158 r.o., 158 r.u., 173 l.u., 176 l.o., 189 l.o., 190 l.u., 191 l.u., 212 r.o., 214 r., 216 l.o., 217 r.u., 222 l.
*BKN Strobel, Dokumentation Meilland, Pinneberg: 65, 153 l.u., 170 M.o., 181 M.u., 206 r.o.
U. Borstell, Essen: 21 u., 25 l., 26 r.o., 27 u., 36, 42, 47, 52 o., 52 u., 58 r.u., 59 l.o., 62 u., 63 o., 66 r., 70 o., 82 l.o., 88, 99 u., 107 r.u., 115 r.o., 125 l.u., 148 r., 164 r.u., 174 l.u., 175 u., 177 r.o., 182 l.o., 190 M.u., 204 l., 209 r.u., 230 M.o., 231 r.u.
R. Bühl, Stuttgart: 121 o.
Bildarchiv de Cuveland, Norderstedt: 58 l.u., 227 r.u.
Die Grüne Fotoagentur, Bonn:
–/Henseler 115 l., 115 r.u., 116 u., 118 r., 119 M., 119 r., 120 l.o., 121 u.
H. Eisenbeiss, Egling: 14 r., 142 l.u., 167 r.u., 198 l.o., 223 l.
T. Hagen, Dachau: 29, 46 o., 48 o., 111 u., 116 o., 195 o., 197 o.
D. Herbel, München: 148 u., 179 r.o.
Rosenzüchter Karl Hetzel, Oberderdingen: 162 l.u.
P. Himmelhuber, Regensburg: 18 r.u., 28 l.o., 28 l.u., 77 r., 78 r., 82 r.u., 84 r.o., 93 r., 95 r.u., 100 u., 101 l., 101 r., 119 l.u., 126 l.u., 134 l.o., 134 r.u., 138 M., 142 r.o., 150 l.u., 152 r.o., 154 l.o., 154 r.o., 160 r.u., 161 r.o., 162 o., 166 l.u., 200 l.o., 222/223, 224 o., 225 l.o., 228 M.l., 230 r.u.
Institut für botanisch-ökologische Beratung, München: 17 l., 17 r., 18 l.u., 24, 25 r., 26 l.o., 39 l.o., 59 r.o., 63 M., 64, 68 u., 72, 94 l.o., 94 M.o., 94 r.o., 97 l., 104 u., 126 r.o., 126 r.u., 127 l.u., 128 l.o., 128 l.u., 129 l., 130 r.o., 131 l.u., 132 l.u., 132 r.u., 134 r.o., 136 r.u., 138 r.o., 139 r., 139 u., 141 r.o., 141 r.u., 143 o., 144 r.o., 145 r., 146 l.o., 146 l.u., 147 l.o., 147 l.u., 149 r., 149 u., 151 l., 151 M., 152 l.o., 155 M.r., 156 l.o., 156 r.o., 156 r.u., 159 o., 159 l.u., 159 r.u., 160 l.u., 161 l.u., 165 r.o., 166 o., 167 l.o., 167 r.o., 172 l.o., 172 u., 173 r.u., 174 l.o., 175 l.o., 179 l.u., 180 u., 182 l.u., 184 r.o., 186 l.o., 187 l.u., 189 r.o., 192 r.o., 192 u., 193 l., 194 l.u., 198 l.u., 198 r.u., 199 u., 205 l.o., 207 r.u., 210 o., 211 M.u., 212 M., 214 o., 214 l.u., 215 r.u., 216 l.u., 216 r.u., 216 r., 218 M.l., 219 o., 219 M.u., 219 r.u., 220 l.o., 221 r.o., 221 r.u., 222 o., 224 l.u., 226 o., 229 l.
*I. J. Jensen GmbH, Glücksburg: 32 r., 61 o., 97 M., 98 o., 99 r., 184 l.o., 184 l.u., 187 r.o., 188 u., 189 r.u., 193 o., 194 l.o., 194 r.o., 196 r.o., 196 l.u., 196 r.u., 197 r., 197 r.u., 198 r.o., 200 l.u., 201 r., 203 o., 203 l., 205 l.u., 208 o., 211 r.u., 225 l.u., 226 r.u., 229 l.u., 230 r.o.
M. Klose, Witten: 49 o., 118 l.
*W. Kordes' Söhne, Rosenschulen, Klein Offenseth-Sparrieshoop: 62 o., 68 o., 76 u., 94 r.u., 96 r.o., 126 M.r., 127 l.o., 133 o., 136 l.u., 137 l.o., 138 l.u., 140 l.u., 141 l.u., 143 r., 145 l.o., 146 r.o., 147 r.u., 148 o., 150 r.u., 157 o., 157 r.u., 158 l.o., 160 r.o., 165 M.o., 165 r.u., 168 o., 168 r.u., 169 l.o., 170 r.o., 171 l.u., 174 r.o., 175 r.o., 176 r.o., 176 u., 177 l., 178 l., 178 M., 178 r., 179 l.o., 181 l., 185 l., 185 r.u., 187 l.o., 187 M., 195 l.u., 196 l.o., 200 r.u., 202 r.o., 206 l.o., 206 r.u., 207 o., 208 M.l., 208 r.u., 209 r.o., 211 l.u., 218 M.r., 220 r.o., 220 l.u., 224 r.u., 225 r.o., 229 r.u., 230 M.u., 231 r.o.
Landesanstalt für Pflanzenschutz, Stuttgart: 117 u.
–/Geigenmüller 112 u.
Mein schöner Garten, Offenburg:
–/Fischer 106 r.o.
*Baum- u. Rosenschulen R. Noack, Gütersloh: 169 r.o., 204 r.o.
E. Pforr, Langenpreising: 100 o., 190 r.u.
M. Pforr, Langenpreising: 39 u., 50, 71, 90, 108, 109, 111 o., 120 l.u., 141 l.o., 163 u., 182 r.o., 212 l.u., 228 l.u.
Plant Pictures World Wide, Haarlem: 54 u., 209 l.o., 228 r.u., 229 o.
–/Smit 230 l.u.
W. Redeleit, Bienenbüttel: 78 l., 80 o., 81 r., 82. l.u., 83 l., 83 r.
Reinhard-Tierfoto, Heiligkreuzsteinach-Eiterbach: 16 l.u., 16 r.o., 19 r., 22 l.o., 23 r., 27 o., 37 o., 38 r., 62 M., 69 l., 70 u., 75 r., 81 l., 84 l., 84 r.u., 107 l.u., 107 r.o., 128 r.u., 129 r.o., 130 l.o., 130 r.u., 132 r.o., 133 l.u., 133 r.u., 136 r.o., 137 r.o., 140 o., 140 r.o., 143 l., 143 u., 144 l.u., 145 l.u., 146 r.u., 149 o., 150 l.o., 152 l.u., 152 r.u., 154 l.u., 155 o., 155 M.l., 156 l.u., 160 l.o., 161 r.u., 162 r.u., 163 l.o., 164 r.o., 165 l.o., 167 l.u., 168 l.u., 169 u., 171 o., 181 M.o., 185 r.o., 186 r.u., 190 o., 199 l.o., 200 r.o., 202 l.o., 202 l.u., 203 l.u., 206 l.u., 207 l.u., 209 l.u., 210 r.u., 217 l.u., 218 l.u., 220 r.u., 227 l.u., 231 l.o.
K. Reithmeier, Freising: 117 o., 120 r.u.
*Rosen Tantau, Uetersen: 128 r.o., 131 r.u., 134 l.u., 139 l., 147 r.o., 150 r.o., 151 r., 153 r.u., 155 u., 158 l.u., 161 l.o., 166 r.u., 170 l.o., 170 u., 177 r.u., 179 r.u., 180 l.o., 201 l.o., 204 r.u., 205 r.
S+F klett-floradruck, Filderstadt: 208 M.r.
F. Sauer, Karlsfeld: 112 o.
B. Schaefer, Berlin: 121 M.
T. Schneiders, Lindau: 13 l.u., 38 l.
U. Schneiders, Breitbrunn: 9, 32 l.o., 32 l.u., 35, 46 u., 58 l.o., 61 u., 67 o., 73, 74 u., 80 u., 91, 104 l.o., 123, 124, 125 r.o., 173 l.o., 213 o., 225 M.l.
Rosenhof Schultheis, Bad Nauheim-Steinfurth: 93 l.u., 203 r.u.
S. Seidl, Altdorf-Eugenbach: 8, 16 u., 106 l.o., 129 r.u., 132 l.o., 163 r.o., 174 r.u., 186 r., 188 r.o., 191 l.o., 192 l.o., 194 r.u., 202 r.u., 210 l.u., 221 l.u., 228 M.r.
Silvestris Fotoservice, Kastl:
–/Brockhaus 113
–/Bühler 95 r.o.
–/Hanneforth 96 l.
–/Lindenburger 106 l.u.
–/Jakobi 228 o.
–/Pfeiffer 110 u.
SOA, London:
–/Crichton 15 r.o., 19 l., 19 u., 21 r.o., 23 l., 34, 48 l., 54 o., 59 r.u., 60 l., 60 r., 74 o., 85, 86, 97 r., 102 l. 104 r., 105 l.o., 105 r.o., 114, 119 l.o., 136 l.o., 144 r.u., 173 r.o., 180 r.o., 183 u., 188 l.o., 189 l.u., 191 M.u., 193 r., 195 r.u., 197 l.u., 199 r., 201 u., 213 r., 215 o., 215 l., 217 r.o., 219 l.u., 225 r.u.
–/Glover 16 l.o., 18 o., 22 u., 31, 33, 67 r., 75 l., 77 l., 92 r.o., 95 l., 102 r., 172 r.o., 191 r.u.
G. u. S. Stein, Vastorf: 98 u.
G. u. R. Steinberger, Bad Tölz: 41 o.
F. Strauß, Au/Hallertau: 22 r.o., 39 r.o., 93 l.o., 125 l.o., 130 l.u., 171 r.u., 181 r.u., 182 r.u., 211 o., 217 l.o., 218 r.o., 223 r.o.
The Bridgeman Art Library, London: 10 r., 12, 13 l.o., 13 r.u., 15 u.
Verlag Aenne Burda, Offenburg: 105 u.
M. F. Wetterwald, Offenburg: 127 r., 135 l.u., 164 l., 183 o., 226 l.u.
R. Witt, Ottenhofen: 66 u., 223 r.u., 231 l.u.
XENIEL-Dia, Neuhaus a. d. F.:
–/Spohn 76 o.,125 r.u., 227 l.o.

* Die Dias wurden von der Firma zur Verfügung gestellt.

Abbildungen im Inhaltsverzeichnis und auf der Rückseite des Einbandes: aus dem Inhalt

Für die kundige Fachberatung bei der Auswahl der Abbildungen im lexikalischen Teil danken wir Herrn Prof. Dr. Josef Sieber und Herrn Hans Hemauer.